KB145332

Zucked
마크 저커버그의 배신

Zucked
마크 저커버그의 배신

민주주의의 최대 위협,
페이스북의 멘토가 적이 된 사연

로저 맥나미 지음 김상현 옮김

i!i
에이콘

에이콘출판의 기틀을 마련하신 故 정완재 선생님 (1935-2004)

매일 나에게 영감을 주는 아내 앤에게 이 책을 바친다

기술은 선하지도 악하지도 않으며, 그렇다고 중립적이지도 않다.

– 멜빈 크랜즈버그Melvin Kranzberg의 기술의 제1원칙

우리가 처음 문제를 만들어낼 때 사용한 것과
동일한 사고방식으로는 문제를 해결할 수 없다.

– 알버트 아인슈타인Albert Einstein

궁극적으로 IT 업계가 정말로 신경 쓰는 것은 우리를 미래로 인도하는
것이지만, 문제는 기술적 진보와 사회적 진보를 뒤섞어 버린다는 점이다.

– 제나 워덤Jenna Wortham

이 책에 쏟아진 찬사

「파이낸셜 타임스Financial Times」가 선정한 2019년 최고 경영서 중 하나!

첨단 기술 분야의 성공 기업을 가려내고 해당 산업을 옹호하는 데 수십 년을 바친 한 남자가 어떻게, 왜 IT 산업의 개혁을 외치는 사회 운동 쪽으로 대전환했는지를 솔직하고도 매우 흥미진진하게 들려주는 고백담

– 뉴욕 타임스 「북 리뷰Book Review」

성장과 데이터에 과도하게 집착하는 페이스북 기업 문화를 향한 시기적절한 비판이다… 『마크 저커버그의 배신』은 지난 2년간 벌어진 일련의 페이스북 스캔들이 어떤 연원과 맥락을 갖는지 명쾌하게 보여주는 첫 번째 역작이다… 맥나미는 페이스북을 IT 산업의 역사적 맥락 안에서 규정하는 데 탁월하다.

– 「파이낸셜 타임스」

빼어난 신간…맥나미는 소셜 네트워크 분야의 가장 신랄한 비평가 중 한사람으로, 노련하고 설득력이 뛰어난 사람이기도 하다. 『마크 저커버그의

배신』에서 맥나미는 페이스북을 비롯한 IT 대기업이 어떻게 민주주의의 끔찍한 위협으로 성장했는지 명쾌하게 설명한다. 그리고 한 발 더 나아가 구체적인 해법을 제시한다…맥나미의 비판에 주목하게 되는 이유는 그가 실리콘밸리의 내부자로 쌓은 신뢰 때문이다. 그는 또한 소셜미디어의 해악을 지적한 테드^{TED} 강연이나 「미디엄^{Medium}」 칼럼의 복잡하거나 두서없는 내용을 이해하기 쉽고 명료하게 풀어내는 재주가 뛰어나다…맥나미는 단순히 "불이야!"라고 외치기만 하지 않는다. 부각된 문제를 풀 수 있는 프레임워크도 제시한다…이 책은 소셜미디어가 어디에서 잘못됐는지, 잘못을 어떻게 바로잡아야 할지 궁금한 사람들에게 유용한 입문서다.

– 「로이터 통신^{Reuters}」

『마크 저커버그의 배신』을 영화 「소셜 네트워크」가 끝난 다음에 전개되는 이야기로 생각하라. 페이스북의 초기 투자자이자 저커버그의 멘토였던 맥나미는 2016년 미국 대선을 배경으로 페이스북의 실패한 리더십과 그를 악용한 외부 세력 그리고 필터 버블을 조장하는 알고리즘 등을 씨줄과 날줄로 엮어 흥미롭게 이야기를 전개한다.

– 「할리우드 리포터^{Hollywood Reporter}」

빼어난 소셜미디어의 역사서이자, 그것이 인류 사회에 점점 더 큰 위협으로 작용한다는 점을 간과하지 말라는 경고성 선언이다.

– 미 도서관협회 「북리스트^{Booklist}」

페이스북에 어떤 입장을 취하든, 독자들은 한때 페이스북의 가장 열렬한 후원자였던 인물이 가장 맹렬한 비판자로 변한 이유를 알고 싶을 것이다.

– 「비즈니스 인사이더Business Insider」

페이스북, 구글, 아마존 같은 소위 '빅테크Big Tech'가 초래하는 정치적 위험성을 잘 설명해주는 종합 입문서다.

– 「퍼블리셔스 위클리Publishers Weekly」

일종의 회고록이자 고발서인『마크 저커버그의 배신』은 페이스북의 역사를 짚는 가운데 페이스북이 저질러 온 '침입적 감시와 부주의한 개인정보 공유 및 행동 수정'이 우발적인 실수가 아니라 '사상 유례없는 규모와 영향력을 확보하기 위한' 의도적 행태였으며, 실상 천문학적 성공의 기반이었음을 생생하게 보여준다. 이런 역사적 접근법을 통해 맥나미는 현재 우리 사회의 문제가 페이스북의 철학적 소스 코드와 긴밀한 상관 관계에 있다는 결론을 이끌어낸다.

– 「북포럼Bookforum」

막강한 권력을 가진 기업을 운영하는 사람들이 주위의 충고를 경청하지 않고, 윤리적 책임을 행사하지 않으며, 신뢰를 기업의 최고 가치로 삼지 않을 때 발생할 수 있는 재앙적 결과를 생생하게 포착하고 있다.

– 마크 베니오프Marc Benioff, 세일즈포스Salesforce의 회장 겸 공동 CEO

맥나미는 온라인 환경, 특히 소셜 네트워킹 플랫폼의 심각한 문제를 짚고 있다. 이 책은 사이버 스페이스의 사회적 영향을 이해하고 싶어하는 모든 이의 필독서다.

로저 맥나미는 수사관의 코를 가진 투자가다. 아무런 두려움도 없이 당당한 맥나미의 비판은 그가 페이스북 경영진과 맺은 개인적 친분과 IT 분야의 오랜 경험 때문에 더욱 설득력이 높다. 독자가 테크놀로지를 문제로 보든 해법으로 보든 맥나미의 지적은 귀 기울일 가치가 있다. 우리의 민주주의가 걸린 문제이기 때문이다.

전설적인 투자가, 기타의 거장, 명쾌한 저자인 로저 맥나미는 실로 흥미로운 인물이다. 이 책은 그의 진심을 담은 회고록이자 소셜미디어의 어두운 면을 날카롭게 파헤친 고발서다. 스크린을 보며 시간을 보내는 사람이라면 누구든 맥나미의 열정적인 책을 읽어봐야 한다.

날로 심화되는 '빅테크'의 독점 체제에서 절대 권력과 전방위적 감시 기술이 정치와 시민 공동체를 어떻게 부패시킬 수 있는지 생생하게 보여주는 충격적 회고록이다. 이 책은 정치, 반독점, 법률에 관한 명쾌한 시각으로 재런 러니어^{Jaron Lanier}의 경고를 보완하며, 인터넷 시대에 프라이버시와 품위, 건전한 시민 사회를 유지하기 위해 활동가와 정책 입안자들이 반드시 읽어봐야 할 양서다.

페이스북이 민주주의에 심각한 위험이 된 점은 말할 것도 없이, 페이스북이 가장 사랑받는 젊은이에서 사춘기의 문제아로 어떻게 변했는지 더없이 흥미로우면서도 재미있는 이야기를 들려준다. 페이지를 한 장씩 넘기면서 웃어야 할지 울어야 할지 모를 만큼 충격적인 폭로로 가득하다.

– 팀 우Tim Wu, 『주목하지 않을 권리The Attention Merchants』(알키, 2019),
『The Curse of Bigness』(Columbia Global Reports, 2018)의 저자

추출 기술에 대한 합리적이고 논쟁의 여지가 많은 사례다.

– 미 서평지 「커커스 리뷰Kirkus Review」

지은이 소개

로저 맥나미^{Roger McNamee}

35년간 실리콘밸리의 투자자로 활약하며 다양한 벤처, 크로스오버, 사모 펀드를 공동 설립해 성공적으로 운영했다. 최근 운영 중인 '엘리베이션 ^{Elevation}' 펀드에는 록밴드의 전설인 U2의 보노^{Bono}도 공동 설립자로 참여하고 있다. 예일대학교에서 학사를, 다트머스대학교의 터크 경영대학원에서 MBA를 받았다. 밴드 '문앨리스^{Moonalice}'와 '두비 데시벨^{Doobie Decibel}'에서 베이스와 기타를 연주하며, 『New Normal』(한언, 2005)과 『The Moonalice Legend: Posters and Words, Volumes 1-9』을 집필하기도 했다. 미국의 영화전문 방송사인 HBO의 드라마 「실리콘밸리」의 시즌 2부터 시즌 6까지 기술 자문을 맡았고, 위키미디어 재단을 창립하는 데 필요한 자금 모금을 담당했다.

감사의 글

나는 트리스탄 해리스^{Tristan Harris}와 2017년 4월에 만나 함께 추구하기로 한 대의를 널리 알리기 위해 이 책을 썼다. 그 이후 수십 명이 인터넷 플랫폼이 몰고 온 위협을 대중에게 알리는 데 자발적으로 시간과 에너지, 명성을 제공했다. 아내 앤은 누구보다 먼저 나에게 2016년 선거 전에 저커버그와 샌드버그에게 연락을 해보라고 충고했고, 내가 하는 모든 일을 적극 응원해 줬다.

「파이낸셜 타임스^{Financial Times}」의 칼럼니스트 라나 포루하^{Rana Foroohar}는 내게 책을 쓰라고 권하면서 출판 에이전트인 앤드류 와일리^{Andrew Wylie}를 소개해 줬다. 앤드류는 펭귄 랜덤하우스출판사의 앤 고도프^{Ann Godoff}와 이 책의 편집을 맡게 된 스콧 모이어스^{Scott Moyers}를 소개해 줬다. 펭귄 출판팀은 정말 훌륭했다. 특히 새라 헛슨^{Sarah Hutson}, 매트 보이드^{Matt Boyd}, 엘리자베스 칼라마리^{Elizabeth Calamari}, 케이틀린 오쇼너시^{Caitlin O'Shaughnessy}, 크리스토퍼 리처즈^{Christopher Richards}, 미아 카운슬^{Mia Council}에게 감사의 말을 전한다.

많은 사람이 이 책의 원고를 읽고 소중한 의견을 내줬다. 앤 맥나미^{Ann McNamee}, 주디 에스트린^{Judy Estrin}, 캐럴 웨스턴^{Carol Weston}, 조앤 립먼

Joanne Lipman, 배리 린Barry Lynn, 길라드 에델만Gilad Edelman, 트리스탄 해리스, 르네 디레스타Renée DiResta, 샌디 파라킬라스Sandy Parakilas, 크리스 켈리Chris Kelly, 존 라자루스Jon Lazarus, 케빈 들레이니Kevin Delaney, 라나 포루하, 다이앤 스타인버그Diane Steinberg, 리자 드워스킨Lizza Dwoskin, 앤드류 샤피로Andrew Shapiro, 프랭클린 포어, 제리 존스Jerry Jones, 제임스 자코피James Jacoby에게 감사한다.

인간중심 기술센터Center for Humane Technology로 결실을 맺게 해준 팀원인 트리스탄 해리스, 르네 디레스타, 린 폭스Lynn Fox, 샌디 파라킬라스, 태비스 맥긴Tavis McGinn, 랜디마 페르난도Randima Fernando, 에이자 라스킨Aza Raskin, 맥스 스토슬Max Stossel, 기욤 채슬럿Guillaume Chaslot, 캐시 오닐Cathy O'Neil, 케일리치 디 와인가르트−라이언Cailleach Dé Weingart-Ryan, 팸 밀러Pam Miller 그리고 샘 페리Sam Perry에게 감사를 전한다. 여러분의 에너지와 헌신은 내게 항상 영감을 준다.

거의 1년 가까이, 매주 여러 시간을 들여 내가 이 책의 기반이 된 생각을 제대로 정리할 수 있도록 도와준 주디 에스트린에게 특별히 감사를 전한다. '벅스 오브 우드사이드Buck's of Woodside' 레스토랑은 이 책에 나오는 모든 미팅이 잘 진행되도록 도와줬고, 우리 머릿속의 생각을 현실로 바꾸는 데 중요한 역할을 했다. 레스토랑 소유주인 재미스 맥니븐Jamis MacNiven에게 고마움을 전한다.

쇼샤나 주보프Shoshana Zuboff 교수의 저서 『감시 자본주의 시대The Age of Surveillance Capitalism』는 인터넷 플랫폼에 관한 논의를 근본적으로 바꿔놓았다. 주보프 교수는 책과 후속 대화를 통해 내게 감시 자본주의와 구글 및 페이스북의 사업 관행을 깊이 이해하도록 이끌었고, 내 투쟁과 이 개정본을 쓰는 데도 많은 도움을 줬음에 감사의 마음을 전한다.

2017년 말과 2018년 초, 아무런 보상도 기대하지 않고 십여 명의 언론 인들에게 연락해 사태를 수습해 준 두 절친 폴 크랜홀드Paul Kranhold와 린지 앤드류스Lindsay Andrews에게 조금은 겸연쩍은 마음으로 감사하다고 말하고 싶다. 당시 엘리베이션 파트너즈가 성공적으로 기금 조성을 마치고 나서 웹사이트에서 언론인들의 연락 정보를 내렸어야 하는데 깜빡 잊어 버렸다.

조너선 태플린Jonathan Taplin은 내가 2016년에 목격한 경제적, 정치적 상황을 더 잘 이해할 수 있게 해준 책을 썼다. 미 CBS 뉴스 프로그램인 「60분60 Minutes」의 프로듀서인 앤디 바스트Andy Bast는 트리스탄 해리스와 오리지널 인터뷰를 제작했다. 브렌다 리피Brenda Rippee는 「60분」과 「빌 마의 리얼타임Real Time with Bill Maher」에 출연하는 해리스의 메이크업을 담당했을 뿐 아니라 해리스를 아리아나 허핑턴Ariana Huffington에게 소개해 줬고, 내가 빌 마Bill Maher의 프로그램에 출연할 때도 메이크업을 담당했다. 보통 에밀리 창Emily Chang이 진행하는 「블룸버그 테크Bloomberg Tech」는 해리스와 나를 함께 초대해 대담을 가졌다. 캐롤린 하이드Caroline Hyde, 캔디 쳉Candy Cheng, 아리아나 허핑턴, 미국인권연맹American Civil Liberties Union의 벤 위즈너Ben Wizner, 미국 상원 보좌관인 라피 마르티나Rafi Martina에게 초창기 해리스와 나를 지원해준 데 대해 감사하다는 인사를 전한다. 해리스의 강연을 주선하고 우리를 격려해준 테드TED의 크리스 앤더슨Chris Anderson과 신디 스티버스Cyndi Stivers에게도 감사한다. 일라이 패리서Eli Pariser는 우리에게 필요한 영감과 보충 자료를 제공해 줬다. 존 보스위크John Borthwick는 여러 시간을 들여 해리스와 내 가설이 갖는 시사점을 모색하는 데 도움을 줬다.

두 기관은 처음부터 우리의 대의를 헌신적으로 지원했다. 배리 린, 새라 밀러^{Sarah Miller}, 맷 스톨러^{Matt Stoller}를 비롯한 오픈마켓 인스티튜트^{OMI,} ^{Open Market Institute} 팀은 2017년 여름과 가을에 의회의 여러 홀을 안내하면서 주요 인사들에게 우리를 소개해 줬다. OMI와 관계를 맺고 있던 팀 우 교수, 프랭클린 포어, 제퍼 티치아웃^{Zephyr Teachout}, 알 프랑켄^{Al Franken} 전직 상원의원에게도 감사함을 전한다. 오랜 친구인 짐 스타이어^{Jim Steyer}는 커먼 센스 미디어^{Common Sense Media}를 설립해 부모와 자녀들이 바람직하게 미디어를 소비하도록 도와주면서 자연스럽게 인터넷 플랫폼의 비판자가 됐다. 스타이어와 그의 동료들은 인간중심 기술센터에 사무실을 내줬고, 관련 이벤트를 기획하면서 그 존재를 세상에 알릴 수 있게 해 줬다. 커먼 센스 미디어는 캘리포니아 의회가 프라이버시와 봇^{bot} 이용을 반대하는 법안을 제정하는 데 주도적인 역할을 했다. 브루스 리드^{Bruce Reed}의 조언 덕택에 우리는 워싱턴에서 뜻한 바를 이룰 수 있었다. 엘렌 팩^{Ellen} ^{Pack}, 엘리자베스 갈리시아^{Elizabeth Galicia}, 리사 코엔^{Lisa Cohen}, 리즈 헤거티^{Liz Hegarty}, 콜비 진틀^{Colby Zintl}, 제프 가브리엘^{Jeff Gabriel}, 테사 림^{Tessa Lim}, 리즈 클라인^{Liz Klein}, 아리엘 폭스 존슨^{Ariel Fox Johnson}, 재드 더닝^{Jad Dunning}에게도 감사한다.

마크 워너^{Mark Warner} 상원의원은 우리의 우려를 처음으로 포용해준 의원이었다. 민주주의를 수호하는 그의 리더십에 깊은 감사를 표한다. 엘리자베스 워렌^{Elizabeth Warren} 상원의원은 IT 산업에 대한 전통적 반독점 규제를 지지한 첫 정치인이었다. 연방거래위원회^{FTC}의 터렐 맥스위니^{Terrell McSweeney}는 우리에게 규제 기관으로서 FTC가 어떤 역할을 수행하는지 설명해 줬다.

페이스북에 대한 나의 우려는 「USA 투데이」에 처음 실렸는데 편집장인 조앤 립먼의 의뢰 덕분이었다. 「USA 투데이」는 4개월에 걸쳐 칼럼을 세 차례 게재하면서 나의 주장을 널리 알릴 수 있게 해줬다. 내가 고정 토론자로 출연했던 CNBC 방송사의 뉴스 프로그램인 「스쿼크 앨리Squawk Alley」에서는 나의 첫 번째 「USA 투데이」 칼럼을 소개하면서 이후의 상황 전개를 적극 추적해 보도했다. 벤 톰슨Ben Thompson, 칼 퀸타닐라Carl Quintanilla, 존 포트John Fortt, 모건 브레넌Morgan Brennan, 「스쿼크 앨리」 제작진에게 감사의 마음을 전한다.

나는 알리 벨시Ali Velshi를 2017년 5월 뉴욕 증권시장 현장에서 「스쿼크 앨리」를 방송할 때 처음 만났다. 해리스와 내가 동행한 첫 뉴욕 출장이었고, 알리는 우리의 우려에 관심을 보였다. 이후 얼마 있지 않아 알리는 MSNBC에서 자신의 프로그램을 하게 됐고, 10월부터 우리의 이야기를 소개하기 시작했다. 그는 무엇이 문제인지 잘 이해하고 있고, 시청자들은 그런 덕을 크게 보고 있다. MSNBC 방송사의 메이크업과 제작에 관여하는 릴리 코르보Lily Corvo와 새라 수민스키Sarah Suminski의 탁월한 능력은 늘 감탄을 자아낸다. 나는 방송국을 배경으로 하는 시트콤인 「30 Rock」의 배우 휴게실을 찾을 때마다 그곳을 출입하는 사람들의 풍부한 정보와 지식 덕분에 새로운 통찰을 얻곤 했다. 페이스북 상황에 법률적 해석을 더해준 아리 멜버Ari Melber와 역사, 정치, 정부에 대한 해박한 지식으로 해당 상황을 분석해 준 로렌스 오도넬Lawrence O'Donnell에 고맙게 생각한다. 케이티 투르Katy Tur는 뛰어난 언론인이고 트럼프가 언론의 자유를 공격할 때 첫 표적이었다. 투르는 밴드 피시Phish의 열혈 팬이기도 해서 내 집필에 도움이 됐다. MSNBC의 다른 초대 출연진도 중요한 통찰을 제공해 줬다. 나는 특히 클린트 와츠Clint Watts, 조이스 밴스Joyce vance와 에디 글로드 주니어Eddie Glaude Jr.에게 감사를 전하고 싶다. 크리스 잰싱Chris Jansing, 데이비드 구라David Gura, 조앤 덴요Joanne Denyeau, 저스틴 올리버Justin Oliver, 마이클 와이스Michael Weiss에게도 고맙다는 말을 전한다.

「워싱턴 먼슬리Washington Monthly」에 기고할 원고를 의뢰한 폴 글래스트리스Paul Glastris와 길라드 에델만Gilad Edelman이 아니었다면 이 책은 나올 수 없었을 것이며, 내가 책을 쓸 준비가 됐다는 것을 깨닫게 해 줬다. 그 글은 우리가 상상했던 것보다 훨씬 더 많은 영향을 미쳤다. 고마워요. 친구들!

인터넷 플랫폼에 대한 중독과 그에 따른 결과를 다큐멘터리로 제작한 제프 올로스키Jeff Orlowski, 리사 로즈Lissa Rhodes, 로리 데이비드Laurie David, 그리고 헤더 라이스만Heather Reisman에게 깊은 감사를 표한다. 2016년 대선에 미친 소셜미디어의 영향을 심층 보도한 미국 PBS 방송사 프로그램인 「프런트라인Frontline」의 제임스 자코비, 앤야 버그Anya Bourg, 레이니 애런슨Raney Aronson, 데이나 프리스트Dana Priest와 제작진에게도 감사한다. 이들이 만든 다큐멘터리 「Facebook Dilemma」는 피바디 상Peabody Award을 받았다. 더불어 러시아의 선거 개입을 심도 깊게 파헤친 제럴린 화이트 드레이퍼스Geralyn White Dreyfous, 카림 아머Karim Armer 그리고 다큐멘터리 팀에도 감사함을 전한다. 이들의 작품 「The Great Hack」은 케임브리지 애널리티카Cambridge Analytica 스캔들의 전모가 드러나게 된 경로를 보여준다.

우연한 행운 덕택에 우리 팀은 「가디언The Guardian」과 「워싱턴 포스트

Washington Post」의 관심을 받게 됐다. 영국의 「가디언」은 「옵저버Observer」와 제휴해 영국 데이터 분석업체 케임브리지 애널리티카 이야기를 특종으로 터뜨렸다. 우리는 폴 루이스Paul Lewis, 올리비아 솔론Olivia Solon, 줄리아 캐리 웡Julia Carrie Wong, 아만다 폰타넬라-칸Amanda Fontanella-Khan과 함께 작업했다. 모두에게 고맙다. 「워싱턴 포스트」에서는 주로 엘리자베스 드워스킨Elizabeth Dwoskin, 루스 마커스Ruth Marcus와 긴밀하게 작업했다. 두 사람 다 고마워요! 「월스트리트 저널The Wall Street Journal」에 훌륭한 프로필 기사를 써준 벳시 모리스Betsy Morris에게도 고맙다. 프라이버시 프로젝트에 에세이를 기고할 기회를 준 브라이언 지텔Brian Zittel과 「뉴욕 타임스」에도 감사한다.

CBS 「디스 모닝This Morning」의 게일 킹Gayle King, 노라 오도넬Nora O'Donnell과 존 디커슨John Dickerson은 우리 이야기를 광범위한 시청자층에 널리 알려줬다. 치트라 와다니Chitra Wadhwani에게도 감사한다. 조 링 켄트Jo Ling Kent와 키아라 소틸레Chiara Sottile는 페이스북에 관한 중대 사안을 발굴해 NBC 방송국에 소개했다. 감사합니다! 내 오랜 친구인 마리아 바티로모Maria Bartiromo와 폭스 비즈니스의 섭외 담당자인 에릭 스피나토Eric Spinato에게도 진심으로 감사의 말을 전한다. 폭스사의 터커 칼슨Tucker Carlson은 소셜미디어가 어린이와 십대에 미치는 부작용에 초점을 맞췄다. 폭스사의 아침 간판 프로그램인 「폭스와 친구들Fox & Friends」의 스티브 두시Steve Doocy는 프라이버시에 중점을 두었다. 알렉산더 매커스킬Alexander McCaskill과 앤드류 머레이Andrew Murray에게도 깊은 감사를 표한다. 우리의 이야기를 시청자들과 공유해준 PBS 방송사의 저녁 뉴스 프로그램인 「뉴스아워NewsHour」의 하리 스리니바산Hari Sreenivasan과 팀에 감사한다. 영국의 뉴스 전문 제작사인 ITN의 「채널 4^{Channel 4}」는 케임브리지 애널리티카와 페이스북에 대한 굵직굵직한 뉴스를 보도했다. 그러한 이야기를 제작해준 여러분 모두에게 감사의 말을 전한다.

페이스북 사연을 깊이 파헤쳐준 모든 라디오 프로그램에도 감사의 마음을 표한다. 특히 캐나다의 CBC 라디오, 영국의 BBC 라디오, 미국 NPR의 「모닝 에디션^{Morning Edition}」, 블룸버그 라디오에 감사한다. 특히 블룸버그의 새라 프라이어^{Sara Frier}와 셀리나 왕^{Selina Wang}에게도 감사한다.

언론인인 데이비드 커크패트릭^{David Kirkpatrick}은 2016년 대선 직후 저커버그를 인터뷰하면서 페이스북이 투표에 영향을 미쳤느냐는 질문에 "말도 안 되는 이야기입니다.^{it's crazy}"라는 반응을 이끌어내고, 그로부터 1년 뒤 주최한 콘퍼런스의 많은 부분을 인터넷 플랫폼의 부작용을 분석하는 데 할애했다. 데이비드의 격려는 내게 커다란 힘이 됐다.

내게 좋은 지침을 제공해 준 여러 언론인과 오피니언 작가들도 빼놓을 수 없다. 특히 자이넵 투펙치^{Zeynep Tufekci}, 카라 스위셔^{Kara Swisher}, 도니 오설리번^{Donnie O'Sullivan}, 찰리 와첼^{Charlie Wartzel}, 케이시 뉴턴^{Casey Newton}, 에이프릴 글레이저^{April Glaser}, 윌 오레무스^{Will Oremus}, 프랭클린 포어, 팀 우, 노암 코헨^{Noam Cohen}, 파하드 만주^{Farhad Manjoo}, 맷 로젠버그^{Matt Rosenberg}, 닉 빌턴^{Nick Bilton}, 커트 와그너^{Kurt Wagner}, 댄 프로머^{Dan Frommer}, 줄리아 아이오프^{Julia Ioffe}, 벳시 우드러프^{Betsy Woodruff}, 찰스 피어스^{Charles Pierce}, 조시 마셜^{Josh Marshall}, 벤 스미스^{Ben Smith}, 브리타니 카이저^{Brittany Kaiser}, 니얼 퍼거슨^{Niall Ferguson}, 노엄 아이젠^{Norm Eisen}, 프레드 워사이머^{Fred Wertheimer}(그는 나의 워싱턴 로비도 도왔다)를 기억하고자 한다.

나를 만나준 미국 의회의 모든 의원과 보좌관들에게 감사하다는 말을 전한다. 리처드 블루멘털Richard Blumenthal, 코리 부커Cory Booker, 셔로드 브라운Sherrod Brown, 알 프랑켄Al Franken, 오린 해치Orrin Hatch, 더그 존스Doug Jones, 팀 케인Tim Kaine, 존 케네디John Kennedy, 에이미 클로부커Amy Klobuchar, 에드워드 마키Edward Markey, 제프 머클리Jeff Merkley, 게리 피터스Gary Peters, 티나 스미스Tina Smith, 존 테스터Jon Tester, 마크 워너와 엘리자베스 워렌 의원이 그들이다. 보좌관들로는 특히 엘리자베스 팰코니Elizabeth Falcone, 조엘 켈시Joel Kelsey, 샘 사이먼Sam Simon, 콜린 앤더슨Collin Anderson, 에릭 펠드만Eric Feldman, 케이틀린 스티븐슨Caitlyn Stephenson, 레슬리 힐턴Leslie Hylton, 바카리 미들턴Bakari Middleton, 제프 롱Jeff Long, 조셉 웬더Joseph Wender, 스테파니 아크파Stephanie Akpa, 브리타니 새들러Brittany Sadler, 로렌 오펜하이머Lauren Oppenheimer 그리고 로라 업디그로브Laura Updegrove에게 감사한다. 친절한 다이앤 블래그먼Diane Blagman도 언급해 두고자 한다.

하원 간부들인 낸시 펠로시Nancy Pelosi 하원의장과 애덤 시프Adam Schiff는 해당 사안을 파헤치고 우리 팀이 하원에 메시지를 널리 전파할 수 있도록 도와줬다. 감사합니다! 하원의원인 캐시 캐스터Kathy Castor, 데이비드 시칠린David Cicilline, 마이크 도일Mike Doyle, 애나 에슈Anna Eshoo, 브라이언 피츠제럴드Brian Fitzgerald, 조시 고트하이머Josh Gottheimer, 조 케네디Joe Kennedy, 로 카나Ro Khanna, 바버라 리Barbara Lee, 조이 로프그렌Zoe Lofgren, 세스 몰턴Seth Moulton, 프랭크 팰론Frank Pallone, 재키 스파이어Jackie Speier 그리고 에릭 스월웰Eric Swalwell에게 사의를 표한다. 보좌관들로는 케네스 디그래프Kenneth DeGraff, Z. J. 헐Z. J. Hull, 린다 코헨Linda Cohen, 토마스 이거Thomas Eager, 마 비타Maher Bitar, 안젤라 발레스Angela Valles와 슬레이드 본드

Slade Bond를 특히 기억하고 싶다. 루서 로우Luther Lowe는 워싱턴 정가의 역학 관계를 잘 설명해 줬다. 래리 어빙Larry Irving과 존 바텔John Battelle은 내가 메시지를 P&GProcter & Gamble에 더 효과적으로 전달할 수 있도록 도와줬다.

전직 뉴욕주 검찰총장인 에릭 슈나이더만Eric Schneiderman은 나를 만나주고, 인터넷 플랫폼이 소비자 보호 법규를 어겼을 수 있다는 점을 최초로 인식한 분이었다. 노아 슈타인Noah Stein과 그의 유능한 동료들에게 감사한다.

훌륭한 법률 조언을 해준 윌리엄 슐츠William Schultz와 앤드류 골드파브Andrew Goldfarb에게 감사함을 전한다. 에린 매킨Erin McKean은 페이스북에 대한 인식의 변화가 언어에서 어떻게 드러나는지 설명해 줬다.

조지 소로스George Soros와 타미코Tamiko Soros 두 분께도 큰 빚을 졌다. 조지는 다보스의 세계경제포럼 콘퍼런스에서 내가 「워싱턴 먼슬리」에 기고한 글을 바탕으로 한 연설을 했고, 나에게 큰 통찰과 아이디어를 제공해 줬다. 마이클 바숑Michael Vachon에게도 특별한 감사의 뜻을 전한다.

이 여정에서 내가 만난 사람들 중 가장 인상적인 인물은 네덜란드 출신인 유럽의회의 마리에티예 샤아케Marietje Schaake 의원이다. 샤아케는 사회의 요구와 기술 플랫폼의 이익 간의 균형을 모색하는 분야에서 선도자라 할 만하다. 매년 개인 민주주의 포럼Personal Democracy Forum을 기획하는 시민단체 '시빅 홀Civic Hall'의 앤드류 라시에즈Andrew Rasiej와 미카 시프리Micah Sifry는 샤아케를 내게 소개해 줬고, 이상적이고 깊이 헌신하는 시민을 위한 기술 세계를 나에게 보여줬다. 감사합니다!

수많은 사람이 곳곳에서 나타나 내가 주요 이슈를 더 잘 이해하는 데 도움을 줬다. 아슈칸 솔타니Ashkan Soltani, 와엘 고님Wael Ghonim, 로렌스 레식Lawrence Lessig, 로렌스 트라이브Laurence Tribe, 래리 크레이머Larry Kramer, 마이클 홀리Michael Hawley, 존 베인Jon Vein, 로버트 러스틱 박사Dr. Robert Lustig, 스캇 갤러웨이Scott Galloway, 크리스 휴즈Chris Hughes, 로라 로젠버거Laura Rosenberger, 캐런 콘블러Karen Kornbluh, 샐리 허바드Sally Hubbard, T 본 버넷T Bone Burnett, 캘리 쿠리Callie Khouri, 대니얼 존스Daniel Jones, 글렌 심슨Glenn Simpson, 저스틴 헨드릭스Justin Hendrix, 라이언 굿맨Ryan Goodman, 시바 바이디야나단Siva Vaidhyanathan, B. J. 포그B. J. Fogg 그리고 롭 라이너Rob Reiner와 미셸 라이너 Michele Reiner, 이 모든 분에게 감사를 전한다.

나의 대의를 처음부터 지지해준 마크 베니오프에게 심심한 사의를 표한다. 「워싱턴 먼슬리」에 기고한 내 글을 공유해준 팀 버너스-리Tim Berners-Lee에게 감사한다. 소셜미디어에 대해 나의 눈과 귀가 돼준 게일 반스Gail Barnes에게 고맙다. 여러 영감과 아이디어, 통찰을 이끌어내는 질문으로 나를 도와준 알렉스 나이트Alex Knight, 바비 구들랫Bobby Goodlatte, 데이비드 카디널David Cardinal, 찰스 그린스테드Charles Grinstead, 존 루이니Jon Luini, 마이클 차오Michael Tchao, 빌 조이Bill Joy, 빌 앳킨슨Bill Atkinson, 개럿 그루너Garrett Gruener, 앤드류 샤피로에게 고마움을 표한다. 고객의 개인정보와 자유를 보호하겠다고 약속한 팀 쿡Tim Cook과 애플 임직원에게 고마움을 전한다.

보노Bono는 이 책을 쓰는 작업의 초기 단계에서 귀중한 조언을 해줬다.

허브 샌들러Herb Sandler, 안젤로 카루소네Angelo Carusone, 멜리사 라이언Melissa Ryan, 레베카 렌Rebecca Lenn, 에릭 파인버그Eric Feinberg, 젠트리 레인Gentry Lane, 크리스토퍼 와일리Christopher Wylie에게도 감사한다.

인간중심 기술센터를 지원해준 오미드야르 네트워크Omidyar Network, 나이트 재단Knight Foundation, 휴렛 재단Hewlett Foundation과 포드 재단Ford Foundation에 사의를 전한다.

내가 미치지 않고 정상적인 삶을 유지할 수 있게 도와준 나의 밴드 문앨리스 멤버인 배리 슬레스Barry Sless, 피트 시어즈Pete Sears, 존 몰로John Molo 그리고 가끔 밴드에 합류하는 제이슨 크로스비Jason Crosby와 케이티 스킨Katie Skene에게 고맙다는 말을 전한다. 우리 팀 멤버인 댄 잉글리시Dan English, 제나 레보위츠Jenna Lebowitz, 팀 스티글러Tim Stiegler, 데릭 월즈Derek Walls, 아서 로사토Arthur Rosato, 패트릭 스포러Patrick Spohrer, 조 탱Joe Tang, 대니 쇼Danny Schow, 크리스 쇼Chris Shaw, 알렉산드라 피셔Alexandra Fischer, 닉 서나크Nick Cernak, 밥 민킨Bob Minkin, 루퍼트 콜즈Rupert Coles, 제이미 소야Jamie Soja, 마이클 와인슈타인Michael Weinstein, 게일 반스, 모두에게 감사한다. 문앨리스의 열혈 팬들에게도 감사의 맘을 전하고 싶다. 여러분이 우리에게 얼마나 중요한지 잘 알 것이다. 더불어 레보Lebo, 제이 레인Jay Lane, 멜빈 실즈Melvin Seals, 레스터 체임버스Lester Chambers, 딜런 체임버스Dylan Chambers, 다비 굴드Darby Gould, 레슬리 그랜트Lesley Grant, 론 캣 스피어맨RonKat Spearman, 제임스 내쉬James Nash, 그렉 로이아코노Greg Loiacono, 피트 라베졸리Pete Lavezzoli, 스투 앨런Stu Allen, 제프 페르손Jeff Pehrson, 돈 홀리데이Dawn Holliday, 그레이엄 레시Grahame Lesh, 알렉스 조던Alex Jordan, 엘리어트 펙Elliott Peck, 코너 오설리번Connor O'Sullivan, 빌 월튼Bill Walton과 로리 월튼Lori Walton, 밥 위어Bob Weir, 미키 하트Mickey Hart, 제프 치멘티Jeff Chimenti, 로즈 솔로몬Rose Solomon, 스캇 구버만Scott Guberman, T 시스터즈T Sisters, 브라더스 코마토스Brothers Comatose, 카린 콘Karin Conn에게

24

도 감사한다.

또한 로리 레니Rory Lenny, 로빈 개스콘Robin Gascon, 돈 라폰드Dawn Lafond, 지트 던Gitte Dunn, 디어뮈드 해링턴Diarmuid Harrington, 피터 매퀘이드 Peter McQuaid, 토드 쉬플리Todd Shipley, 식스토 멘데즈Sixto Mendez, 밥 린지 Bob Linzy, 프란 모티Fran Mottie, 닉 메리웨더Nick Meriwether, 팀 매퀘이드Tim McQuaid, 제프 아이델슨Jeff Idelson의 도움도 기억하고자 한다.

앤 맥나미, 헌터 벨Hunter Bell, 제프 보웬Jeff Bowen, 레베카 티시Rebekah Tisch와 리처드 테일러 경Sir Richard Taylor이 이끄는 '아더 월드Other world' 팀 원들에게 감사한다. 여러분의 열성적인 지원은 정말 큰 힘이 됐다.

브렌트 카츠Brent Katz 감독과 엔지니어 패트릭 피츠제럴드Patrick Fitzgerald 덕분에 『마크 저커버그의 배신』 오디오 북 녹음은 놀랍도록 재미있었다. 두 사람에게 고맙다. 『마크 저커버그의 배신』을 홍보하기 위한 북투어는 2019년 마지막 주에 시작해 중단없이 6월 말까지 이어졌다. 5개월 동안 나는 150회 이상의 공개 행사, 백여 건이 넘는 기자 회견 및 수백 건의 크 고 작은 모임에 참여했다. 펭귄 출판사Penguin Books의 리즈 칼라마리Liz Calamari, 홍보대행사 슈리브-윌리엄스Shreve-Williams의 크리스 아티스Chris Artis, 앤 맥나미의 지원 없이는 불가능했을 것이다. 그렉 설리번Gregg Sullivan은 훌륭한 소셜 마케팅 캠페인을 만들어 뉴욕 지하철에 광고를 하 도록 독려했다. 존 보스위크John Borthwick는 나의 첫 번째 이벤트 장소를 제공했다. 여러 행사를 진행해 준 존 마코프John Markoff, 엘리자베스 드워 스킨, 카라 스위셔, 주디 에스트린에게 감사한다. SXSW에서 나를 인터 뷰한 닉 톰슨Nick Thompson, 라이브토크/LALiveTalks/LA의 윌로우 베이Willow Bay와 테드 합테-가브르Ted Habte-Gabr 그리고 TED 팟캐스트의 크리스 앤더슨에게 특별한 감사를 전한다. 「타임Time」 잡지에 멋진 커버스토리를 써 준 에드워드 펠젠탈Edward Felsenthal과 루카스 위트먼Lucas Wittman에게 감사한다. 내 책의 발췌문과 긴 인터뷰를 게재한 「런던 타임스London Times」와 멋진 리뷰를 쓴 「뉴욕 타임스」와 「가디언」에 감사한다. 헤더 리스먼Heather Reisman, 밥 램지Bob Ramsey, 짐 발실리Jim Balsillie는 캐나다에서 큰 도움을 줬다. 친구들에게 고맙다. 자신의 쇼 「온 더 미디어On the Media」에 초대한 밥 가필드Bob Garfield, 라디오 방송 「1A」에 불러준 조슈아 존슨Joshua Johnson 그리고 포럼Forum에서 기회를 준 마이클 크래스니Michael Krasny에게 감사한다. 자신들의 팟캐스트와 쇼에 초대해준 샘 해리스Sam Harris, 카라 스위셔, 저스틴 롱Justin Long, 제이슨 칼라카니스Jason Calacanis, 닉 빌턴Nick Bilton, 제임스 알투셔James Altucher, 브래드 리스티Brad Listi 등에도 감사한다. 마지막으로 『마크 저커버그의 배신』 양장본을 구입해 뉴욕 타임스의 베스트셀러로 만들어 준 수천 명의 독자들께도 감사의 마음을 전한다.

이들 모두와 여기에 미처 적지 못한 더 많은 분이 이 책을 출간할 수 있게 도와줬다. 만약 내가 잊고 빠뜨린 사람이 있다면 사과한다. 이 책에 어떤 오류가 있다면 모두 내 책임이다.

내 마음속 두 영웅, 캐롤 캐드왈라더Carole Cadwalladr와 클래런스 존스Clarence Jones에게 특별한 감사를 전하고자 한다. 캐롤은 내가 만난 가장 용기 있는 언론인이다. 클래런스는 내가 벌이는 운동이 성공할 수 있도록 전략적이고 영적인 조언을 제공했다. 두 사람은 내게 큰 영감을 줬다.

옮긴이 소개

김상현

캐나다에서 정보공개 및 프라이버시 전문가로 일하고 있다. 서울대학교를 졸업하고 10여년 동안 시사저널, 주간 동아, 동아닷컴, 한경닷컴 등에서 기자로 일하다 2001년 캐나다로 이주해 토론토대학교, 앨버타대학교에서 개인정보보호와 프라이버시를 공부했다. 캐나다 온타리오주 정부와 앨버타주 정부, 브리티시 콜럼비아^(BC)주의 의료서비스 기관 등에서 정보공개 담당관, 개인정보보호 책임자, 프라이버시 관리자 등으로 일했다. 지금은 밴쿠버 아일랜드의 수도권청^(Capital Regional District)에서 정보공개 및 개인정보보호를 담당하고 있다. 개인정보보호와 프라이버시 분야의 자격증인 CIPP/C(캐나다), CIPT(IT 분야), CIPM(프로그램 경영), FIP(정보 프라이버시 펠로) 등을 취득했다. 저서로『유럽연합의 개인정보보호법 GDPR』(커뮤니케이션북스, 2018), 『디지털 프라이버시』(커뮤니케이션북스, 2018), 『인터넷의 거품을 걷어라』(미래 M&B, 2000)가 있고, 번역서로『공개 사과의 기술』(문예출판사, 2016), 『디지털 파괴』(문예출판사, 2014), 『통제하거나 통제되거나』(민음사, 2011)가 있다. 에이콘출판사에서 펴낸 번역서로『에브리데이 크립토그래피2/e』(2019), 『보이지 않게, 아무도 몰래, 흔적도 없이』(2017), 『보안의 미학 Beautiful Security』(2015), 『똑똑한 정보 밥상 Information Diet』(2012), 『불편한 인터넷』(2012), 『디지털휴머니즘』(2011) 등이 있다.

옮긴이의 말

원서 제목은 도발적이다. 『Zucked^{저크트}』의 저크^{Zuck}는 페이스북의 설립자이자 최고경영자인 마크 저커버그^{Mark Zuckerberg}를 가리킨다. 북미의 언론은 종종 그의 이름을 '저크'라고 부른다. 그러니까 저크트는 '저커버그에게 속았다'라거나 '저커버그에게 당했다', '저커버그의 포로가 됐다' 쯤으로 해석할 수 있을 것이다. 2018년 초 세상을 뜨겁게 달군 초대형 프라이버시 침해 사건인 케임브리지 애널리티카 스캔들을 기억하는 사람이라면이 표현이 함축하는 바를 선뜻 이해할 수 있을 것이다.

페이스북이 이용자들의 개인정보를 제대로 보호하지 않고 있다는 이야기는 더 이상 뉴스거리가 되기 어렵다. 그만큼 페이스북의 개인 프라이버시 침해 이력은 빈번하고 오래됐다. 그런 사실은 인터넷에 '페이스북'과 '프라이버시'를 키워드로 넣어 지난 뉴스를 한 번 살펴보는 것만으로도 충분하다. 페이스북을 쓴다는 것은 프라이버시 침해의 위험을 어느 정도 감수한다는 뜻이라고 봐도 지나치지 않다. 그래도 페이스북의 이용자는 날로 늘어나기만 한다. 회원수가 이미 20억 명을 훌쩍 넘긴 페이스북의 영향력은 몇 년 전에 자회사로 인수한 인스타그램^{Instagram}과 왓츠앱^{WhatsApp} 이용자까지 더하면 그 유례를 찾아볼 수 없을 만큼 광범위하다. 회원 규모만 따지면 중국과 인도의 인구를 압도한다.

2018년에 일어난 케임브리지 애널리티카 스캔들은 페이스북의 영향력이 프라이버시 침해 수준을 넘어 정치적, 사회적, 문화적(특히 정치적) 차원으로 확대됐음을 뚜렷이 보여준 증거였다. 페이스북이 단지 이용자들을 서로 연결하고, 커뮤니티를 만들게 해주고, 정보를 교환하는 곳만이 아니라 사실은 강력한 정치적 통제 수단으로 진화했음을 드러낸 계기였다.

전문 IT 투자자인 로저 맥나미는 페이스북의 불온하면서도 가공할 만한 진화 양상을 누구보다도 가까이서 목격하고 체험한 인물이라고 할 수 있다. 초창기 마크 저커버그의 멘토로 페이스북과 인연을 맺은 맥나미는 불과 몇 년 전까지도 페이스북의 열렬한 후원자이자 응원군이었다. 사상 유례없이 빠른 성장세와 그럼에도 불구하고 놀라운 적응력과 유연성으로 이용자들의 높은 만족도를 유지하는 경영 능력에 아낌없는 찬사를 보냈다. 그러다 어느 순간 페이스북의 어두운 면을 보게 된다. 2016년 미국 대통령 선거를 앞두고 페이스북이 온갖 거짓 정보와 루머와 중상모략의 진원지로 심화되고 확장되는 현상을 목격하고 만다. 민주주의의 발전을 돕는 윤활유가 아니라 도리어 민주주의를 왜곡하고, 전체주의를 부추기고, 가짜 뉴스와 거짓 정보의 확산을 도모하는 위험한 무기로 전락하는 과정을 확인한 것이다. 더욱 걱정스러운 대목은 페이스북이 자발적으로 그런 방향을 선택했다는 점이다. 끊임없는 성장과 확대를 지상목표로 내세운 결과였다.

이 책은 저자가 어떤 이유와 근거로 페이스북의 열렬한 후원자에서 강력한 반대자로 변신하게 됐는지 흥미진진하게 들려준다. 온 세상 사람을 연결하고 온라인 공동체를 건설하게 해준다는 페이스북의 비전이 현실에서 어떤 부작용과 비극을 불러일으켰는지 보여준다. 특히 네트워크 인프라가 상대적으로 취약한 아시아의 여러 나라에 페이스북이 어떤 방법으로 진입하고 확산돼 사실상 '인터넷=페이스북'의 지위를 굳히게 됐는지, 어떻게 사실상의 국민 뉴스 채널로 자리잡았는지, 정부의 효과적인 정보 통제와 왜곡의 수단으로 이용되기에 이르렀는지 보여준다. 그리고 미얀마 정부가 로힝야Rohingya 소수 민족에게 끔찍한 인종 청소를 자행하고 정당화하는 도구로 어떻게 이용했는지도 알 수 있다.

맥나미는 페이스북을 더 이상 자유롭게 방치해서는 결코 안 된다고 강조하며, 정부의 적절한 규제 조치가 하루빨리 마련돼야 한다고 주장한다. 페이스북만이 아니다. 소위 'FAANG'으로 축약되는 초대형 IT 기업, 즉 페이스북, 아마존, 애플, 넷플릭스, 구글을 더 이상 자유 경쟁에 맡겨서는 안 된다고 역설한다. 이들은 이미 스탠더드 오일이나 U.S. 스틸, AT&T 같은 과거 독점 기업이 행사하던 영향력을 훨씬 뛰어넘었고, 하루빨리 이들을 적절히 규제하고 분리하지 않으면 경제적 측면뿐 아니라 정치적, 사회적, 문화적으로도 돌이킬 수 없는 부작용을 초래할 것이라고 경고한다.

이제 점점 더 많은 사람이 페이스북을 비롯한 소셜미디어에서 뉴스와 정보, 혹은 가짜 뉴스와 거짓 정보를 얻고 있다. 그럴수록 이들의 정치적, 사회적, 문화적 중요성은 더 커질 수밖에 없다. 더욱이 올해는 미국의 대통령 선거가 있는 해다. 2016년에 벌어진 것 같은 거짓 정보의 창궐과 러시아 세력의 음험한 선거 개입이 다시 일어나지 않을 것이라고 장담할 근거는 어디에도 없다. 아니, 페이스북과 트위터, 구글 같은 빅테크가 적절한 규제와 견제를 받지 않는 한, 오히려 더욱 심각한 정보 왜곡과 좌우 대립 현상이 초래될 것이라고 봐야 옳다.

이 책에서 맥나미는 개별 이용자의 입장에서 어떤 시각과 자세로 페이스북을 바라봐야 하는지 중요한 통찰을 제공한다. 그에 따르면 페이스북은 아예 끊는 게 좋다. 하지만 극단적 조치가 어렵다면 몇 가지 조심하고 명심해야 할 내용이 있다. 맥나미는 그런 내용을 찬찬히, 설득력 있게 독자에게 들려준다. 부디 맥나미의 조언을 듣는 독자가 많이 생기기를 기원한다.

우연찮게도 나는 2년 전에 페이스북을 끊었다. 한국에 있는 가족과 친구들을 생각하면 참 어려운 결정이었다. 아쉬움도 컸고, 한동안 금단 현상도 겪었다. 하지만 지금은 끊기를 잘했다고 생각한다. 맥나미의 책을 번역하면서 더더욱 끊기를 잘했다고 느꼈다. 그만큼 자유로운 시간도 덤으로 얻었다고 자부한다. 이 책은 더없이 흥미로우면서도 배울 게 많은 양서다. 좋은 책을 번역할 기회를 주신 에이콘출판사의 권성준 사장님께 감사의 말씀을 올린다. 아내 김영신과 두 아들 동준, 성준에게 사랑한다는 말을 전한다.

차례

들어가며

기술은 하인으로는 유용하지만 주인으로는 위험하다.

– 크리스티안 루스 랑에^{Christian Lous Lange}

2016년 11월 9일

"러시아가 페이스북으로 선거를 뒤집었다고!"

미국 대통령 선거 다음 날, 내 쪽의 이야기는 그렇게 시작됐다. 나는 페이스북의 미디어 제휴부문장인 댄 로즈^{Dan Rose}를 만나는 중이었다. 로즈는 나의 분개한 태도에 적잖이 당황했겠지만 적어도 겉으로는 잘 숨기고 있었다.

먼저 배경부터 설명해야겠다. 나는 오랫동안 기술 투자자이자 IT 전도사로 지내왔다. IT는 내 직업이자 열정을 품은 분야였지만 2016년이 되자 전문 투자업무에서 벗어나 은퇴를 고려하고 있었다. 나는 페이스북 설립자인 마크 저커버그^{Mark Zuckerberg}(친구와 동료들은 그를 '저크^{Zuck}'라고 불렀다)의 초창기 자문역이었다. 나는 10년간 진정한 페이스북 신봉자였다. 심지어 이 글을 쓰는 지금도 나는 여전히 페이스북의 주식을 보유하고 있다. 나 자신의 협소한 이기심의 관점에서 본다면 나는 페이스북을 공격할 아무런 이유가 없었다. 내가 반反페이스북 활동가가 되리라고는 상상도 하지 못했다. 나는 이를테면 알프레드 히치콕Alfred Hitchcock의 영화 「이창裏窓, Rear window」(1954)에 나오는 주인공인 제임스 스튜어트James Stewart와 비슷한 처지였다. 그는 다리를 다쳐 일을 할 수 없게 되자 거실에 앉아 창문 밖으로 이웃들의 일상을 관찰한다. 그러던 어느 날 범죄로 추정되는 사건이 일어나는 것을 목격하고 어떻게 해야 좋을지 자신에게 묻는다. 내 경우에는 불완전한 정보에서 현명한 결론을 도출하기 위해 경력을 쌓아왔는데, 2016년 초 어느 날 페이스북에서 수상한 일이 벌어지는 것을 감지했다. 나는 의심스런 실마리를 하나둘 찾아내기 시작했고, 마침내 재앙을 발견했다. 처음에는 페이스북이 피해자라고 생각해 친구들에게 그런 점을 경고하려고 했다. 하지만 이후 몇 달에 걸쳐 새롭게 알아낸 사실에 나는 충격을 받았고 깊이 실망했다. 내가 페이스북에 가졌던 신뢰가 잘못된 것이었음을 깨달았다.

이 책에서 나는 왜 페이스북이 스스로 변화하거나 변화될 필요가 있다고 확신하게 됐는지와 그런 변화를 시도하기 위해 어떤 노력을 기울였는지 설명한다. 페이스북은 대다수 이용자에게 매력적인 경험을 제공했음에도 미국에게는 끔찍한 일을 저질렀다. 페이스북에 대한 인식을 바꾼 내 경험담을 통해 독자들이 페이스북의 위협을 명확히 이해하는 데 도움을 얻기를 바란다. 그 과정에서 페이스북 같은 인터넷 플랫폼internet platform이 사람들의 주의를 조작하기 위해 어떤 기술을 사용하는지 내가 아는 바를 공유하려고 한다. 나쁜 의도를 가진 개인이나 기관이 페이스북과 다른 플랫폼 디자인을 이용해 무고한 사람들을 어떻게 해치고, 심지어 죽이기까지 하는 방법을 설명할 것이다. 자신들의 디자인 선택과 비즈니스 결정에 따른 결과의 책임을 부정하는 인터넷 플랫폼 회사가 민주주의를 훼손하는 방법을 폭로한다. 이런 기업들의 문화가 어떻게 해서 직원들이 성공으로 인한 부작용에도 무관심하게 만드는지를 보여준다. 이 글을 쓰는 지금도 그런 현상을 막을 방도는 전혀 없는 것 같아 안타까울 뿐이다.

이것은 믿음에 관한 이야기다. 페이스북과 구글을 비롯한 기술 플랫폼은 초기 IT 기업 세대가 지난 50여 년간 축적해 온 신뢰와 선의의 수혜자들이다. 이들은 사람들의 신뢰에 편승해 인간 심리의 약점을 파고드는 정교한 기법으로 개인정보를 수집하고 부당하게 이용했으며, 이용자들의 권리를 보호하지 않는 사업 모델을 교묘하게 만들었다. 이용자들은 이제 애용하는 제품을 의심해야 하고, 온라인 행태를 바꿔야 하며, 인터넷 플랫폼에 적절한 책임을 물어야 하고, 정책 입안자들에게 공익을 위해 플랫폼을 규제하라고 강력히 요구해야 한다.

이것은 특권에 관한 이야기다. 눈부신 성공을 거둔 이들이 자신들의 목표에만 몰두한 나머지 다른 사람들의 권리와 특권을 망각할 수 있음을 보여준다. 다른 분야에서는 명석한 사람들이 그들의 이용자에게도 자기 결정권이 있다는 사실을 어떻게 놓칠 수 있는지 드러난다. 어떻게 성공이 친구들의 비판은 고사하고 건설적인 피드백조차 수용하지 않을 만큼 심각한 자만을 키울 수 있는지 알려준다. 세상에서 가장 열심히 일하고 생산적인 사람들 중 일부는 그들의 행동이 일으키는 결과에 눈이 멀어 자신들의 특권을 지키기 위해 기꺼이 민주주의조차 위험에 빠뜨릴 수 있다.

이것은 권력에 관한 이야기이기도 하다. 선의를 가진 사람들의 손에 있는 최고의 아이디어조차도 여전히 끔찍하게 잘못될 수 있음을 묘사한다. 규제되지 않은 자본주의, 중독성 있는 기술 그리고 권위주의적 가치가 실리콘밸리 특유의 매정한 경쟁 풍토 및 오만한 태도와 결합해 선량한 수십억 이용자들에 쏟아지는 불안을 상상해보라. 나는 페이스북이 지배하는 소셜미디어와 주목 경제attention economy의 혁명이 이용자들에게 가치를 안겨주는 것처럼 행세하지만, 실상은 우리의 민주주의, 공중보건 및 개인정보와 경제에 미치는 지독한 재앙을 은폐해 왔음을 세상이 알게 될 날이 2년 전 내가 생각했던 것보다 더 빨리 올 거라고 생각한다. 소셜미디어와 주목 경제가 그런 식으로 할 필요는 없었다. 이를 바로잡는 데는 공동 노력이 필요할 것이다.

역사가들이 이 부분의 역사를 기록한다면 나는 페이스북이 성장하는 과정에서 저커버그와 셰릴 샌드버그Sheryl Sandberg, 그들의 팀이 내린 그릇된 결정에 비교적 관대할 것으로 추측한다. 진심이다. 실수는 삶의 일부이고, 신생기업을 세계적 규모로 키우는 것은 엄청나게 어려운 일이다. 내가 페이스북을 비판하는 대목은 – 훗날 역사가 비판할 부분도 – 비판과 증거에 대한 경영진의 반응이다. 이들은 자신들이 내린 선택과 그로 인한 끔찍한 결과에 책임을 짐으로써 그들 자신의 이야기에서 영웅이 될 기회가 있었다. 그 대신에 저커버그와 샌드버그는 다른 길을 택했다.

이 이야기는 아직 진행 중이다. 나는 이 책을 경고의 의미로 썼다. 내 목표는 독자들에게 위기 상황을 알리고, 어떻게 그리고 왜 그런 일이 벌어졌는지 이해하도록 돕고, 앞으로 나아갈 길을 제시하는 것이다. 그 과정에서 내가 성취하고 싶은 한 가지가 있다면 독자들이 해결책에서 각자 해야 할 역할이 있음을 알리는 것이다. 나는 모든 독자가 그런 기회를 받아들이기를 바란다.

페이스북과 다른 인터넷 플랫폼이 일으킨 최악의 피해는 이미 과거사

일 가능성도 있지만, 스마트 머니smart money[1]가 투자할 곳은 거기가 아니다. 가장 유력한 경우는 페이스북과 다른 소셜미디어 기술 및 사업 모델이 정부 개입, 또는 이용자 저항의 형태로 적절히 대항하는 힘이 나타나 변화를 강요할 때까지 민주주의와 공중보건, 개인정보 및 혁신을 계속 훼손하리라는 점이다.

2016년 대통령 선거 열흘 전, 나는 마크 저커버그와 페이스북의 최고운영책임자COO인 셰릴 샌드버그에게 연락했다. 나는 두 사람을 친구로 생각하고 있었고, 그래서 악의적인 세력이 페이스북의 아키텍처와 사업 모델을 악용해 무고한 사람들에게 피해를 입히고 있으며, 페이스북이 사회에 긍정적으로 기여할 수 있는 잠재력을 제대로 발휘하지 못한다는 우려를 전달할 의도였다. 두 페이지짜리 메모에서 나는 페이스북 직원이 실제로 저지른 일은 아니지만, 페이스북 알고리즘과 광고 모델, 자동화, 기업 문화 및 가치 시스템에 의해 모든 것이 가능해진 많은 피해 사례를 인용했다. 기업 문화와 우선 순위 때문에 직원과 이용자들이 피해를 입은 사례도 제시했다. 나는 해당 메모를 부록으로 포함시켰다.

저커버그는 세계를 하나로 모으겠다는 야심으로 페이스북을 만들었다. 그를 만났을 당시에는 미처 몰랐지만 나중에 나는 그의 이상주의가 현실주의와 공감 의식이 결여돼 있음을 깨닫게 됐다. 그는 모두가 자기와 똑같은 방식으로 페이스북을 바라보고 사용한다고 믿고, 얼마나 쉽게 해

---

1 스마트 머니: 고수익의 단기차익을 노리는 기관이나 개인투자자들이 장세 변화를 신속하게 파악해 투자하는 자금을 뜻하는 말이다. '단기 이동성 자금'이라고도 부른다(출처: 두산백과, 문화관광부 고시 제2003-1호).

당 플랫폼이 악용돼 피해를 입힐 수 있는지 모르는 듯했다. 그는 데이터에서 개인정보의 가치를 인정하지 않았고, 그 반대로 공개와 공유를 극대화하는 데 총력을 쏟았다. 모든 문제는 더 많은, 혹은 더 나은 코드로 해결할 수 있다는 듯이 회사를 운영했다. 그는 전례 없는 규모와 영향력을 추구하기 위해 개인정보를 침해하는 감시와 부주의한 공유 그리고 이용자의 행동 수정behavior modification 등을 받아들였다. 감시, 이용자 개인정보 공유 및 이용자가 적극적으로 정보를 공유하게 만드는 행동 수정 등은 페이스북 성공의 기반이다. 이용자들은 페이스북 성장의 연료이고, 일부 경우는 성장의 희생자다.

저커버그와 셰릴에게 연락할 당시, 내가 가진 것이라곤 악의적인 세력이 페이스북을 이용해 해악을 끼치고 있다는 가설뿐이었다. 나는 내가 본 사례가 플랫폼 설계와 기업 문화에 도사린 시스템적 결함을 반영한다고 추측했다. 나는 대통령 선거에 대한 위협을 강조하지는 않았다. 당시만 해도 페이스북의 악용이 대통령 선거 결과에 영향을 미칠 것이라고는 상상할 수 없었고, 널리 예상한 대로 힐러리 클린턴Hillary Clinton이 당선되는 경우 회사 측이 내가 제기한 우려를 묵살하기를 원치 않았기 때문이다. 나는 페이스북이 결함을 고쳐야 하며, 그렇지 않을 경우 브랜드 이미지와 이용자들의 신뢰가 타격을 입을 것이라고 경고했다. 아직 직접적으로 해를 끼친 적은 없지만 페이스북은 무기로 사용되고 있었고, 이용자들은 회사가 자신들을 보호해줄 것으로 기대할 권리가 있었다.

해당 메모는 IT 블로그인 「리코드Recode」의 요청으로 내가 써둔 기명 칼럼의 원고 초안이었다. 내 우려는 2016년 한 해 동안 꾸준히 쌓여오다 러시아가 미국 대통령 선거에 개입하려고 시도한다는 뉴스와 함께 절정에 달했다. 내가 봐온 것에 갈수록 더 놀랐고, 기명 칼럼의 논조는 그런 상황을 잘 반영하고 있었다. 아내 앤은 해당 논평을 게재하기 전에 저커버그와 셰릴에게 먼저 보내라고 현명하게 조언했다. 나는 페이스북 초기 저커버그의 여러 자문역 중 한 명이었고, 셰릴이 회사의 최고운영책임자로 합류하는 데 일조를 했다. 2009년 이후로 페이스북에 직접 관여하지는 않았지만 나는 여전히 열성 팬이었다. 실리콘밸리에서 가장 성공한 기업 중 하나로 꼽히는 페이스북의 성장에 조금이나마 기여했다는 사실은 내 34년 경력의 진정한 하이라이트 중 하나였다. 앤은 칼럼을 통한 소통은 잘못된 언론 반응을 초래해 페이스북이 내 우려를 받아들이기 어렵게 만들 수 있다고 지적했다. 내 목표는 페이스북의 문제를 고치는 것이지 누구를 망신 주려는 게 아니었다. 나는 저커버그와 셰릴이 의도적으로 잘못을 저질렀다고는 생각하지 않았다. 선의의 전략이 의도치 않은 결과로 이어진 경우일 가능성이 더 컸다. 나는 저커버그와는 몇 차례 이메일을 주고받은 것 말고는 7년 동안 직접 이야기를 나눈 적이 없었지만, 셰릴과는 이따금씩 대화를 주고받았다. 나는 한때 페이스북에 상당한 가치를 제공했기 때문에 그들이 내 우려를 진지하게 받아들일 거라는 예상이 무모하지는 않았다. 내 목표는 저커버그와 셰릴이 적절한 조치를 취하도록 설득하는 것이었다. 칼럼 발행은 며칠 늦출 수 있었다.

저커버그와 셰릴은 몇 시간 만에 이메일로 각자 답장을 보내왔다. 그들의 대답은 정중했지만 긍정적이지는 않았다. 이들은 내가 지적한 문제가 이례적인 부분으로 회사 차원에서 이미 처리했지만, 더 상세히 견해를 피력할 수 있도록 고위 중역과 미팅을 주선하겠다고 제안했다. 이들이 내세운 사람은 페이스북의 핵심 멤버로 나와도 친숙한 댄 로즈였다. 나는 대통령 선거 전까지 적어도 두 차례 댄과 이야기를 나눴다. 매번 그는 참을성 있게 내 말을 경청했고, 저커버그와 셰릴이 했던 말을 되풀이하면서 한 가지 중요한 내용을 덧붙였다. 바로 페이스북은 기술적으로 '플랫폼'이지 미디어 회사가 아니며, 따라서 페이스북은 제3자의 행위에 아무런 책임이 없다는 주장이었다. 그는 그런 부분이 문제를 해결하기에 충분하다는 듯이 말했다.

댄 로즈는 매우 현명한 사람이지만 페이스북에서 정책을 세우지는 않는다. 정책을 세우는 것은 저커버그의 역할이다. 댄의 역할은 저커버그의 지시를 수행하는 것이다. 저커버그와 직접 대화를 나눌 수 있다면 더 좋았겠지만 그건 선택사항이 아니었으므로, 나로서는 주어진 조건을 최대한 활용하는 수밖에 없었다. 당연히 페이스북은 외부에 나의 우려를 알리는 것을 원치 않았고, 나는 그런 대화를 비밀로 유지하는 편이 내가 염려하는 바를 경영진에게 조사하도록 설득할 가능성이 훨씬 더 높다고 생각했다. 대통령 선거 직후 댄에게 분노를 터뜨렸을 때 그는 여전히 내 시각에 회의적이었고, 해당 사안을 단순히 홍보PR 문제로 취급하는 듯했다. 그의 임무는 나를 진정시켜 내 우려를 불식시키는 일이었다. 그는 그 점에서는 성공하지 못했지만 한 가지는 승리했다고 주장할 수 있을 것이다. 나는 그 기명 칼럼을 끝내 게재하지 않았다. 늘 낙관론자였던 나는 사적인 대화를 지속한다면 페이스북은 결국 해당 사안을 심각하게 받아들일 것으로 기대했다.

나는 페이스북이 내부 조사에 나서도록 설득하겠다는 바람으로 계속 댄에게 전화를 걸고 이메일을 보냈다. 당시 페이스북을 적극 이용하는 인구는 17억 명이었다. 페이스북의 성공은 이용자의 신뢰에 달려 있었다.

만약 이용자들이 외부 세력이 일으킨 피해를 페이스북이 책임져야 한다고 판단한다면, 아무런 법적 안전 장치도 페이스북의 브랜드 피해를 막지 못할 것이다. 회사는 너무 큰 위험을 감수하고 있었다. 나는 페이스북에 기회가 있다고 조언했다. 일례로 1982년 시카고의 소매점 진열대에 놓인 타이레놀 병에 누군가가 독극물을 넣었을 때 존슨앤존슨J&J, Johnson&Johnson이 대처한 사례를 따를 수 있었다. J&J는 즉각 모든 소매점에 배포된 타이레놀 병을 전량 수거했고, 조작할 수 없도록 설계된 포장 방식을 개발할 때까지 해당 제품을 다시 시장에 내놓지 않았다. 회사는 단기적으로 매출에 타격을 입었지만 소비자의 신뢰를 크게 높이는 보상을 받았다. 물론 J&J는 타이레놀 병에 독극물을 넣지 않았다. 정신병자가 저지른 문제 정도로 무시하고 넘어갈 수도 있었다. 그 대신 J&J는 소비자를 보호할 책임이 있음을 인정하고, 가능한 한 가장 안전한 행동 방침을 택했다. 나는 페이스북이 그와 동일한 조치를 취함으로써 잠재적 재난을 승리로 바꿀 수 있으리라 생각했다.

이 지점에서 내가 직면한 한 가지 문제는 내 주장을 입증할 데이터가 없다는 점이었다. 내가 가진 것은 IT 분야에서 전문 투자자로 오랫동안 경력을 갈고 닦은 직감뿐이었다.

2016년 2월, 미국 대통령을 뽑는 첫 번째 예비선거에서 나는 처음으로 페이스북을 심각하게 걱정하기 시작했다. 정치광이었던 나는 하루에 몇 시간씩 뉴스를 읽고 페이스북 포스팅을 보면서 상당한 시간을 보냈다. 나는 버니 샌더스Bernie Sanders를 지지하는 선거운동과 표면상 관련된 페이스북 그룹에서 나왔다며 친구들이 공유한 불온한 이미지가 페이스북에서 급증하는 상황을 감지했다. 해당 이미지는 힐러리 클린턴을 지독히 여성

혐오적 시각으로 묘사한 내용이었다. 그것이 버니 샌더스 진영에서 나왔다고 상상하기는 불가능했다. 더욱 걱정스럽게도 해당 이미지는 바이러스처럼 급속히 유포되고 있었다. 내 친구들도 그런 이미지를 공유했다. 그리고 새로운 혐오성 이미지가 매일 올라오고 있었다.

나는 페이스북에서 메시지가 확산되는 방식을 잘 알고 있었다. 내가 '문앨리스'라는 음악 밴드의 일원으로 제2의 커리어를 개척하면서 팬들과 긴밀히 소통하는 밴드의 페이스북 페이지를 오랫동안 관리해왔기 때문이다. 이 샌더스 관련 페이지에서 나오는 이미지의 급속한 확산은 유기적으로 보이지 않았다. 해당 페이지들은 어떻게 내 친구들을 찾았을까? 내 친구들은 어떻게 해당 페이지를 찾았을까? 페이스북상의 그룹은 하루아침에 성장하지 않는다. 나는 해당 이미지를 퍼뜨리는 페이스북 그룹에 가입하게끔 돈을 내고 광고를 했을 것이라고 추측했다. 누가 그랬을까? 나는 알 수 없었다. 부적절한 이미지가 홍수처럼 퍼져나갔고, 이 현상은 내 불안감을 가중시켰다.

더 걱정스러운 현상들이 내 주의를 끌었다. 이를테면 2016년 3월, 나는 페이스북의 프로그래밍 툴을 악용해 '블랙 라이브즈 매터[Black Lives Matter][2]' 운동에 관심을 표시한 이용자들의 정보를 수집하는 그룹에 대한 뉴스 보도를 접했다. 이들은 관련 정보를 경찰 측에 팔아 넘겼다. 페이스북은 해당 그룹을 차단했지만 이미 회복할 수 없는 피해가 발생한 다음이었다. 이 경우에도 악의적인 세력이 페이스북 툴을 이용해 선량한 사람들

---

2 '흑인의 목숨도 소중하다'는 뜻의 'Black Lives Matter'를 구호로 내세운 미국의 흑인 민권 운동 – 옮긴이

에게 피해를 입혔다.

2016년 6월, 영국은 국민투표를 통해 유럽연합^{EU} 탈퇴를 결정했다. 탈퇴 찬성이라는 투표 결과는 엄청난 충격이었다. 여론조사는 EU '잔류'를 지지하는 쪽이 '탈퇴'를 주장하는 쪽보다 4%쯤 더 높다고 진단했지만 정확히 그 반대 현상이 벌어졌기 때문이다. 누구도 엄청난 반전의 이유를 찾지 못했다. 한 가지 반전을 설명할 수 있는 생각이 내 머릿속에서 떠올랐다. 혹시 탈퇴 지지 세력이 페이스북의 아키텍처 덕을 보았기 때문은 아닐까? 잔류 찬성 진영이 이길 것으로 본 이유는 영국이 EU와 유리한 계약 관계로 유로화 대신 자체 통화인 파운드화를 유지하면서도 회원국의 모든 혜택을 누리고 있었기 때문이다. 런던은 명백한 유럽의 금융 허브였고, 영국 시민들은 유럽 전역에서 자유롭게 비즈니스와 여행을 할 수 있었다. 잔류 찬성 진영의 '대세를 유지하자$^{stay\ the\ course}$'는 메시지는 영리한 경제 논리에 근거한 것이었지만 감정이 결여돼 있었다. 탈퇴 지지 세력은 두 가지의 강렬한 감정적 호소에 기초해 캠페인을 전개했다. 이들은 현실과 허구가 뒤섞인 논리로 영국의 여러 문제가 이민자들 탓이라며 인종적 민족주의에 호소했다. 또한 브렉시트^{Brexit}가 막대한 비용 절감 효과를 가져올 것이며, 그렇게 절감된 비용은 국가보건서비스^{NHS}를 향상시키는 데 사용될 것이라고 약속했다. 실상은 외국인 혐오적인^{xenophobic} 제안을 이타적으로 포장해 유권자들의 지지를 유도하는 발상이었다.

브렉시트의 충격적인 결과는 다음과 같은 가설을 가능케 했다. 선거전에서 페이스북은 중립적이거나 긍정적 정서에 기반한 메시지보다 공포와 분노에 호소한 캠페인 메시지가 더 유리하게 작동하도록 돕는다는 가설이다. 그 이유는 페이스북의 광고 비즈니스 모델이 사람들의 참여도에 좌우되며, 더 높은 참여는 우리의 가장 기본적인 감정을 자극하는 데서 촉발되기 때문이다. 당시 내가 몰랐던 사실은 즐거움도 작용하기 때문에 강아지, 고양이 비디오와 아기 사진들이 인기가 많지만, 행복한 내용의 콘텐츠를 보는 사람들의 반응이 다 같지 않다는 점이다. 이를테면 어떤 사람들은 시샘을 하게 된다. 예를 들어 공포와 분노처럼 '도마뱀의 뇌lizard brain' 같은 감정이 더 일률적인 반응을 이끌어내고, 일반 대중 사이에서 더 맹렬히 전파된다. 이용자들이 분노하면 더 많은 콘텐츠를 소비하고 공유한다. 이용자들의 '도마뱀의 뇌'를 깨우려 온갖 수단을 다 쓰는 페이스북으로서는 감정에 좌우되지 않는 이용자들은 상대적으로 가치가 거의 없다. 페이스북은 치밀한 감시를 통해 모든 이용자에 대한 방대한 프로필을 만들어왔고, 해당 데이터를 활용해 각 이용자에게 맞춤화된 「트루먼 쇼」를 제공한다. 태어나서부터 어른이 될 때까지 평생을 텔레비전 쇼의 주인공으로 사는 남자의 이야기를 다룬 짐 캐리 주연의 영화와 흡사한 상황이다. 페이스북은 이용자들에게 '그들이 원하는 바'를 주는 것으로 시작하지만, 내부 알고리즘은 이용자 주의를 페이스북이 원하는 방향으로 유도하도록 설계돼 있다. 이용자들을 겁주거나 열 받게 만들면 페이스북에 머무르는 시간이 증가한다는 사실을 알기 때문에, 알고리즘은 이용자의 감정을 자극하도록 계산된 포스팅을 고른다. 이용자들이 주목하는 경우 페이스북은 이를 '참여engagement'라고 부르지만, 목표는 광고 가치를 더 높여주는 행동 수정이다. 이런 점을 2016년에 이해했더라면 얼마나 좋았을까 아쉬울 뿐이다. 페이스북은 설립된 지 15년밖에 되지 않았지만 미국에서 네 번째로 시장 가치가 높은 회사로 꼽힌다. 그리고 그 가치는 더없이 정교하고 치밀한 감시와 행동 수정에서 비롯한다.

새로운 기술이 처음 우리의 일상에 들어오면 마술 트릭처럼 놀랍고 신기하다. 해당 기술에 특별한 지위를 부여하고 마치 신생아처럼 취급한다. 성공적인 기술 제품은 서서히 우리의 일상과 통합된다. 얼마 안 가우리는 해당 제품이 존재하기 전에 어떻게 살았는지 잊어버린다. 우리 대다수는 지금 스마트폰과 페이스북, 구글 같은 인터넷 플랫폼과 그런 관계를 맺고 있다. 그들이 주는 혜택은 너무나 확실해서 그것 없이 사는 일은 상상할 수조차 없다. 확실하지 않은 대목은 기술 제품이 우리를 변화시키는 방식이다. 라디오, 텔레비전 및 개인용 컴퓨터를 포함해 전화기 발명 이후 모든 세대에서 이 과정이 반복돼 왔다. 긍정적인 면에서는 신기술이 새로운 세상을 열어 이전 세대는 접근할 수 없었던 지식에 접근할 수 있게 됐다. 신기술은 우리가 놀라운 것을 만들고 발전시킬 수 있게 했다. 그러나 그 모든 가치에는 비용이 있다. 텔레비전부터 시작해서 기술은 우리가 사회와 소통하는 방식을 바꿔 시민 참여는 콘텐츠와 아이디어의 수동적 소비로, 대화는 디지털 통신으로 대체됐다. 기술은 교묘하고 끈질기게 우리를 시민에서 소비자로 전환하는 데 기여했다. 시민이 된다는 것은 적극적인 상태이고, 소비자가 된다는 것은 수동적인 상태다. 50여 년간 서서히 진행되던 변화는 인터넷 플랫폼의 등장과 더불어 극적으로 가속화했다. 우리는 혜택을 즐길 준비는 돼 있었지만 어두운 면에는 무방비 상태였다. 불행하게도 그런 급속한 변화를 이끌어낸 기술 혁신의 진원지인 실리콘밸리의 기업가들도 마찬가지 상황이었다는 점이다.

만약 이 책의 독자도 나처럼 민주주의의 지지자라면 이런 상황에 불안해하는 것이 당연하다. 페이스북은 대다수 민주주의 나라에서 강력한 뉴스 정보원으로 자리잡았다. 놀랍게도 페이스북은 각국이 투표소 밖에서 아이디어를 공유하고, 의견을 형성하며 사회 현안을 토론하는 공론장으로 발전했다. 그러나 페이스북은 단순한 포럼이 아니다. 이윤극대화를 꾀하는 개인이 경영하는 기업이다. 정치적 사안이든 다른 문제든 우리의 일거수일투족에 영향을 미치는 거대한 인공지능이다. 페이스북이 내리는 사소한 결정조차 페이스북이 접촉한 모든 이용자에게 영향을 주면서 공론장을 통해 반향을 일으킨다. 정작 이용자들은 그런 페이스북의 영향력을 제대로 인식하지 못한다는 사실은 효력을 더욱 증폭시킨다. 만약 페이스북이 선동적인 캠페인을 더 선호한다면 민주주의는 고통을 겪게 된다.

2016년 8월 새로운 충격파가 몰려왔다. 언론은 러시아가 미국의 민주당 전국위원회DNC와 민주당 의회선거위원회DCCC의 서버를 해킹한 배후였음을 확인했다. DNC 해킹에서 도난당한 이메일은 위키리크스Wikileaks를 통해 유포돼 힐러리 클린턴 진영에 커다란 피해를 입혔다. DCCC 의장은 공화당원들에게 도난당한 데이터를 의회 유세에 사용하지 말아 달라고 간청했다. 나는 그 전에 나를 심란하게 만들었던 페이스북 문제들도 혹시 러시아 쪽과 관련된 것은 아닐까 궁금했다.

내가 페이스북과 관련된 칼럼을 쓰기 직전에 탐사보도 전문 매체인 「프로퍼블리카ProPublica」는 페이스북의 광고 툴이 부동산 소유자가 인종에 따라 세입자를 차별할 수 있도록 해 '공정주택거래법Fair Housing Act'을 위반했다고 폭로했다. 미국 주택도시개발부The Department of Housing and Urban Development는 수사를 시작했다가 이후 중단했지만 2018년 4월 수사를 재개했다. 여기에서도 페이스북 아키텍처와 사업 모델은 악의적 세력이 선량한 사람들에게 피해를 입힐 수 있도록 했음을 보여준다.

영화 「이창」의 제임스 스튜어트처럼 나는 내가 목격한 모든 상황을 이해하기에는 충분한 데이터나 통찰력을 갖지 못했고, 그래서 사안을 더 파고들었다. 대통령 선거가 끝난 뒤 몇 주에 걸쳐 분석 작업에 몰두하는 동안 댄 로즈는 내게 믿기 어려운 인내심을 보여줬다. 그는 더 많은 피해 사례를 보내달라고 독려했고, 나도 그렇게 했다. 그럼에도 바뀐 것은 없었다. 댄은 꼼짝도 하지 않았다. 2017년 2월, 대선 후 3개월 이상이 지난 뒤 나는 댄과 그의 동료들을 끝내 설득하지 못했다고 결론을 내렸다. 다른 전략이 필요했다. 페이스북은 민주주의에 대해 명백하고 현존하는 위험으로 남아있다. 광고주들에게 페이스북을 더욱 매력적인 플랫폼으로 만들었던 동일한 툴이 또한 사람들에게 해를 끼치는 데도 악용될 수 있었다. 페이스북은 날이 갈수록 더 강력해지고 있었다. 페이스북의 인공지능 엔진은 모든 이용자에 관해 더 많은 정보를 수집했다. 해당 알고리즘은 이용자들이 감정에 치우쳐 버튼을 누르도록 더 효과적으로 부추겼다. 광고주용 툴도 지속적으로 향상됐다. 범죄 수단으로 악용할 경우 페이스북은 무엇보다도 더 강력한 무기였다. 그리고 다음 선거(2018년 미국 중간 선거)가 빠르게 다가오고 있었다.

그럼에도 경영진 누구도 이런 위험을 인지하지 못한 것 같았다. 2017년 초 트럼프 진영의 관계자들이 러시아 정부와 긴밀하게 연계돼 있다는 사실이 드러났다. 2016년 6월, 트럼프 타워에서 트럼프 진영의 핵심 멤버들과 스파이로 의심되는 러시아 인사들의 회동에 관한 세부 내용이 폭로됐다. 의회는 해당 회동의 진상을 파악하기 위한 정보위원회의 수사를 시작했다.

그러나 소셜미디어 플랫폼, 특히 페이스북이 2016년 선거에서 수행한 역할에 대한 공식 우려는 나오지 않았다. 공식 수사가 진행되지 않는 한 소셜미디어를 통한 불법 개입은 계속될 가능성이 높아졌다. 만약 누군가가 신속하게 대응하지 않는다면 우리의 민주주의 절차는 외부의 영향력에 좌우될 수 있었다. 2018년 중간 선거는 우리가 2016년 대선 때 본 것보다 더 큰 간섭을 받을 수밖에 없다. 미국의 헌법은 많은 문제를 예상했지만 외국이 선거에 아무런 성과 없이 개입할 가능성은 없었다. 가만히 앉아서 지켜볼 수가 없었다. 나는 누군가의 도움이 필요했고, 계획이 필요했다. 도움이 먼저든 계획이 먼저든 순서는 상관없었다.

내 생애 가장 이상했던 미팅

신기술은 그 자체로는 선하지도 악하지도 않다. 전적으로 사람들이 어떤
용도로 사용하는지에 달렸을 뿐이다. - 데이비드 웡^{David Wong}

나는 먼저 페이스북과 어떻게 인연을 맺게 됐는지부터 이야기해야
할 것 같다. 2006년 중반, 페이스북의 개인정보보호 최고책임자
CPO인 크리스 켈리^{Chis Kelly}가 내게 이메일을 보내왔다. 자신의 상사가 실
존 위기에 처해 있고, 편견 없는 사람의 조언이 필요하다며 마크 저커버
그를 만나볼 용의가 있느냐는 내용이었다.

페이스북은 2년 밖에 안 된 신생기업이었고 저커버그는 스물 두 살, 나
는 쉰 살이었다. 당시 페이스북 플랫폼은 대학생, 동문 이메일 주소를 가
진 대학원생, 고등학생들로 국한돼 있었다. 페이스북의 대표 특징으로

꼽히는 뉴스 피드^{News Feed}는 아직 존재하지 않았으며, 전년도 매출액은 9백만 달러에 불과했다. 그러나 페이스북은 이미 분명해 보이는 엄청난 잠재력을 갖고 있었고, 나는 그 설립자를 만날 기회에 기꺼이 응했다.

저커버그는 어깨에 메신저 백을 메고 내 사무실에 나타났다. 나는 당시 캘리포니아주 먼로파크의 샌드힐 로드에 있는 엘리베이션 파트너즈 Elevation Partners를 운영하고 있었다. U2의 보노와 나는 2004년에 이 회사를 설립했다. 애플의 전직 최고재무책임자^{CFO}인 프레드 앤더슨^{Fred Anderson}, 일렉트로닉 아츠^{Electronic Arts}의 전 사장인 존 리치티엘로^{John Riccitiello} 그리고 투자 전문가인 브렛 펄먼^{Brett Perlman}과 마크 보드닉^{Mark Bodnick}이 회사에 합류했다. 우리는 회의실 중 하나를 거실로 개조해 커다란 아케이드 비디오 게임 시스템을 설치했는데, 그곳에서 저커버그와 만났다. 우리는 문을 닫고 편안한 의자에 1미터쯤 떨어져 앉았다. 우리 말고는 아무도 그 방에 없었다.

이것이 첫 미팅이었으므로 나는 저커버그가 자신의 실존 위기에 관해 말하기 전에 먼저 무엇이든 한마디 하고 싶었다.

"마크, 아직 그런 일이 벌어지지 않았다면 곧 마이크로소프트나 야후^{Yahoo}가 페이스북을 10억 달러에 사겠다고 나올 걸세. 자네 부모, 이사회, 경영진, 직원들은 그런 제안을 받아들이라고 말할 거야. 매각으로 얻게 될 지분이면 6억 5천만 달러쯤 되니 세상을 바꿀 수 있을 거라고 말할 거야. 자네의 주관 벤처 투자사는 자네의 다음 회사도 지원할 테니 또다른 기회를 만들 수 있을 거라고 약속하겠지.

페이스북은 자네 회사지만 팔아서는 안 된다고 생각하네. 대기업은 페이스북을 망쳐버릴 거야. 나는 자네가 구글 이래 가장 중요한 회사를 키우고 있고, 머지않아 지금의 구글보다 더 커질 거라고 믿네. 자네는 이전의 소셜미디어 플랫폼에 비해 두 가지 커다란 이점을 갖고 있어. 하나는 이용자의 실제 신원을 고집한다는 것이고, 또 하나는 소비자들에게 개인정보 설정 권한을 주고 있다는 점이지.

장기적으로 나는 페이스북이 대학생이나 최근 졸업생들보다 부모와 조부모들에게 훨씬 더 큰 가치를 갖게 될 것으로 믿네. 시간이 많지 않은 사람들이 페이스북을 좋아하겠지. 특히 가족들끼리 자녀와 손주들의 사진을 공유하는 데 페이스북을 애용할 거야.

자네의 이사회, 경영진, 직원들은 자네의 비전을 보고 합류했을 걸세. 자네가 그 비전을 아직 믿고 있다면 페이스북의 독립성을 유지해야 하네. 결국에 가서는 모두가 자네의 그런 결정을 인정하게 될 거야."

이 짧은 발언은 2분쯤 걸린 것 같다. 그 뒤에 이어진 것은 내가 지금까지 가진 1대1 미팅 중에서 가장 긴 침묵이었다. 아마 4분이나 5분쯤 걸렸겠지만 영원처럼 느껴졌다. 저커버그는 '생각하는 사람'의 무언극을 벌이는 듯한 자세로 깊은 생각에 빠져 있었다. 나는 그 이전이나 이후에도 그와 비슷한 장면을 본 적이 없다. 고통스러울 정도였다. 내 손가락은 무심결에 의자의 팔걸이를 파고들듯 부둥켜 잡고 있었다. 손가락 마디는 하얘지고, 긴장감은 최고조 상태였다. 침묵이 3분쯤 지났을 때 나는 비명이라도 지르고 싶은 심정이었다. 저커버그는 내게 아무런 주의도 기울이지 않았다. 나는 내 머리 위로 생각 풍선이 놓이고, 그 안으로 수많은 문자가 지나가는 장면을 상상했다. 저 친구는 이런 식으로 얼마나 더 오래갈까? 그는 나를 신뢰할 수 있는지를 놓고 고심하는 표정이 역력했다. 그런 고심은 얼마나 걸릴까? 나는 여기에 얼마나 오래 앉아 있을 수 있을까?

마침내 저커버그는 긴장을 풀면서 나를 바라보았다. 그리고 이렇게 말했다.

"이건 못 믿으실 거예요."

"무슨 얘긴지 말해보게."

나는 대꾸했다.

"맥나미 씨가 언급하신 두 회사 중 하나가 페이스북을 10억 달러에 사고 싶어해요. 거의 모두가 맥나미 씨가 예상하신 것처럼 반응했죠. 제가 이 제안을 받아들여야 한다고요. 어떻게 아셨어요?"

"그런 줄은 몰랐네. 하지만 24년간 이 바닥에서 일하다 보니 실리콘밸리의 생리를 아는 거지. 나는 자네의 주관 벤처 투자사를 잘 알지. 야후와 마이크로소프트도 잘 알고. 이런 게 이 바닥의 흐름이지."

나는 물었다.

"회사를 팔고 싶은가?"

그는 대답했다.

"모두를 실망시키고 싶지는 않아요."

"이해하네. 하지만 그건 문제가 안 돼. 모두가 자네의 페이스북 비전을 따르겠다고 합류한 거니까. 자네 비전을 믿는다면 페이스북의 독립성을 유지해야 하네. 야후와 마이크로소프트는 그걸 망쳐버릴 거야. 물론 그럴 의도는 아니겠지만 결과는 그렇게 나타날 걸세. 자네는 어떻게 하고 싶은가?"

"독립 회사로 남아 있고 싶습니다."

나는 저커버그에게 페이스북의 주주 투표 규정을 알려달라고 했다. 그는 '황금 의결권golden vote'을 가진 것으로 드러났다. 그가 마음먹은 대로 회사를 좌지우지할 수 있다는 뜻이었다. 몇 분 만에 상황을 파악할 수 있었으며, 전체 미팅은 채 30분이 걸리지 않았다.

저커버그는 내 사무실을 떠났고 그로부터 얼마 뒤 야후 측에 페이스북을 팔지 않겠다는 의사를 전했다. 야후의 두 번째 매입 제안을 비롯해 페이스북을 사겠다는 다른 제안도 있었겠지만, 저커버그는 그런 제안을 모두 거절했다.

그렇게 시작된 나의 멘토 역할은 3년간 이어졌다. 적어도 창립 공신이 1천 명은 될 페이스북의 성공담에서 내 역할은 미미했지만, 페이스북 초기 성공에 두 가지 주목할 만한 기여를 했다는 점은 분명하다. 바로 야후 거래와 셰릴 샌드버그다. 저커버그는 나 말고도 멘토가 여럿 있었지만 내가 도움이 될 것 같다 싶으면 내게 전화를 걸었다. 그런 일은 제법 잦아서 몇 년 동안은 페이스북 본사를 정기적으로 방문했다고 해도 지나치지 않았다. 그와 나는 철저히 비즈니스 관계였다. 저커버그는 나이에 비해 놀라운 재능을 가졌고, 나를 꽤 효과적으로 활용했다. 당시 페이스북은 원대한 꿈과 무한한 에너지를 가진 작은 벤처기업이었다. 저커버그는 사람들을 연결하고 한데 모은다는 이상적 비전을 갖고 있었다. 그 비전은 내게도 영감을 불어넣었지만 진짜 마법은 저커버그 자신이었다. 저커버그가 분명히 명석하다는 데는 의문의 여지가 없었지만, 전형적인 실리콘밸리 기업가와는 뚜렷이 구별되는 다양한 특징을 지니고 있었다. 배우려는 열망, 경청하려는 의지, 무엇보다 조용한 자신감을 그는 갖고 있었다. 많은 벤처기업 설립자는 자신감에 넘쳐 거들먹거리는 외양을 보여주지만, 구글과 아마존 설립자를 포함해 정작 최고의 설립자들은 과묵하고, 신중하고, 진지하다. 내게 페이스북은 기술을 통해 더 나은 세상을 만들 차세대 대표 기업으로 느껴졌다. 엄청난 성공으로 기록될 '이용자 1억 명' 돌파도 멀지 않아 보였다. 성공이 불행으로 이어지리라는 생각은 꿈에도 하지 못했다.

당시 내가 페이스북에 깊은 관심을 기울인 이유는 정서적인 것이었다. 나는 실리콘밸리의 인사이더로 20년 이상을 지내왔다. 내 흔적은 수십 개의 우량 기업에 남아 있었고, 언젠가 페이스북도 그런 기업 중 하나가 되기를 바랐다. 내게 그것은 자명해 보였다. 당시만 해도 나는 그때 실리콘밸리의 기술이 이미 미지의 영역으로 발전했다는 사실을 깨닫지 못했으며, 따라서 신기술이 항상 세상을 개선할 것이라고 당연히 속단해서는 안 됐다. 나는 저커버그도 나와 같은 생각을 했으리라고 확신한다. 당시에도 나는 저커버그의 이상주의를 의심하지 않았다.

실리콘밸리에도 악의를 품은 사람들이 적지 않지만, 일반적으로 기술 자체의 한계 때문에 광범위한 피해로 이어지지는 않는다. 하지만 기술 발전과 더불어 상황도 변했다. 어느 나라도 예외가 될 수 없을 만큼 강력한 영향력을 가진 IT 기업을 만드는 것이 사상 최초로 가능해진 바로 그 시점에 페이스북이 등장했다. 성공이 단점이 될 수 있다고 생각한 사람은 아무도 없었다. 출범 초기 페이스북은 선의를 가진 사람들로 구성된 회사였다. 내가 페이스북을 가까이에서 관찰하던 시절, 페이스북 팀은 가능한 한 더 많은 이용자를 끌어 모으는 데 주력했지, 수익을 내는 데 초점을 맞추지 않았다. 설득적 기술persuasive technology과 조작에 대한 논의는 전혀 나오지 않았다. 온통 아기와 강아지 사진, 그리고 그것을 친구들과 공유하는 내용이었다.

언제 처음으로 페이스북이 설득적 기술을 설계에 적용했는지는 확실하지 않지만, 그런 결정이 논란을 빚었을 것으로는 생각하지 않는다. 광고주와 미디어 기업들은 수십 년간 그와 비슷한 기법을 사용해왔다. 텔레비전에 대한 교육자와 심리학자들의 우려와 불만에도 불구하고, TV 네트워크와 광고주들이 설득적 기술을 사용하는 데 적극 반대하는 사람은 거의 없었다. 정책 입안자와 대중은 그것을 적법한 비즈니스 툴로 봤다. PC 상에서 이러한 툴은 텔레비전보다 더 해롭지 않았다. 그 다음에 스마트폰이 나오면서 모든 것이 달라졌다. 이용자 수와 사용량이 폭증했고, 설득적 기술의 영향도 급속히 커져 광범위한 중독을 일으켰다. 페이스북이 '의도하지 않은 결과의 법칙'과 얽힌 것은 그때였다. 저커버그와 그의 팀은 이용자들에게 페이스북을 매력적으로 만들었던 디자인 선택이 광범위한 부정 행위를 가능하게 만들 거라고는 미처 예상하지 못했다. 그런 행태가 2016년 대선 이후 뚜렷해지자 페이스북은 처음에는 그런 사실을 부인하다가 다음에는 이용자들 탓으로 돌렸다. 그것은 아마도 반사적인 기업 반응이었을 것이다. 어쨌든 저커버그와 셰릴, 페이스북 경영진과 이사진은 이용자와 정책 입안자들의 새로운 신뢰를 확보할 수 있는 기회를 놓쳤다. 저커버그를 자문하고, 페이스북의 성공으로 수익을 본 우리도 그런 사태에 일정 부분 책임이 있었다. 우리의 실패는 상상력의 실패였다. IT 기업의 막대한 성공이 사회와 민주주의 체제에 부정적인 영향을 끼칠 수 있다는 생각은 내 머릿속에도, 내가 아는 한 실리콘밸리의 어느 누구에게도 떠오르지 않았다. 이제는 전 세계가 그 대가를 치르고 있다.

우리 관계가 2년째로 접어들 무렵 저커버그는 내가 소속된 엘리베이션에 투자 기회를 줬다. 나는 페이스북이 머지않아 구글 정도의 회사로 성장할 것이라고 강조하면서 파트너들에게 투자를 권했다. 문제는 저커버그의 제안에 따르자면 복잡한 가상 증권의 형태로 '간접' 투자를 할 수밖에 없다는 점이었다. 우리는 엘리베이션 이름으로 투자하기에 적절하지 않다고 판단했지만 개인 자격의 투자는 허용했다. 그래서 나와 보노, 마크 보드닉은 개인 자격으로 투자했다. 2년 뒤 엘리베이션 명의로 페이스북 주식을 매입할 수 있는 기회가 찾아왔고, 내 파트너들은 얼른 해당 기회를 잡았다.

크리스 켈리가 내게 연락했을 때 그는 평판으로만 나를 알았다. 나는 1982년 여름부터 기술 부문에 투자를 해오고 있었다. 내가 처음 저커버그의 세계 안으로 처음 진입하던 시절 어떤 심경이었는지 설명하자면 내 이야기를 어느 정도 밝히는 게 효과적일 것 같다.

나는 뉴욕주 올버니에서 단란한 대가족의 다섯 째 아이로 태어났다. 부모님은 자신들이 낳은 여섯 명의 자녀와 조카 세 명을 키우셨는데, 조카들 부모의 건강이 나빠지자 내 첫 사촌들 중 3명을 입양한 것이었다. 누이들 중 하나는 내가 아직 엄마 뱃속에 있을 때 두 살 반 만에 죽었고, 이 비극은 어머니에게 깊은 충격을 안겼다. 나는 두 살 때 아주 심각한 소화기 장애를 앓았는데, 의사들은 어떤 종류의 곡물도 먹여서는 안 된다고 부모에게 경고했다. 나는 결국 그 장애를 극복했지만 열 살이 될 때까지는 쿠키, 케이크, 심지어 빵 한 조각도 끔찍한 부작용 없이는 먹을 수가 없었다. 그런 조건을 지키려면 자제력이 필요했고, 그것은 결과적으로 내가 선택한 직업을 성공적으로 수행할 수 있는 밑거름이 됐다.

부모님은 정치와 시민 운동에 매우 적극적이었다. 그 덕분에 나는 프랭클린 루즈벨트^{Franklin Roosevelt}와 재키 로빈슨^{Jackie Robinson}을 존경하게 됐다. 부모님 때문에 네 살 때 존 F. 케네디의 지지 전단을 나눠주는 일로 생애 첫 정치 캠페인을 시작했다. 아버지는 우리 고향의 어번 리그^{Urban League1} 지부장이셨는데, 이것은 존슨 대통령이 민권법과 투표권법을 의회에 상정했던 1960년대 중반에는 대단한 일이었다. 어머니는 내가 아홉 살이 될 무렵 한 민권운동 모임에 데려가서 내 영웅인 재키 로빈슨을 만날 수 있게 해주셨다.

열 살이 되던 해 부모님은 나를 여름 캠프에 보냈다. 마지막 주에 나는 보물찾기를 하다가 심하게 넘어졌다. 캠프 담당자들은 나를 양호실로 보냈지만 나는 사흘 동안 음식이나 물도 제대로 먹을 수가 없었고, 그 뒤에는 열까지 올랐다. 나는 근처 지방 병원으로 옮겨졌고, 거기에 있던 전직 군의관이 응급 수술을 해 내 생명을 구했다. 당시 내 장腸은 혈전으로 완전히 막힌 상태였다. 이후 회복되는 데 6개월이 걸렸고 그 때문에 4학년의 절반이 날아가버렸다. 이 경험은 내게 커다란 영향을 미쳤다. 죽을 뻔했던 경험은 내게 용기를 줬다. 그런 경험은 주류에 들지 않고도 스스로 행복해할 수 있는 능력을 키워줬다. 이 두 가지 특징 모두 투자 사업에서 매우 중요하다는 점이 나중에 입증됐다.

아버지는 대가족을 부양하기 위해 엄청나게 열심히 일하셨고, 또 잘 해내셨다. 우리는 중상류층의 삶을 살았지만 부모님은 사소한 지출 내역도 꼼꼼히 따져야 했다. 내가 초등학교에 다닐 무렵 형과 누나는 대학에 진학했기 때문에 몇 년 동안 재정은 더욱 빠듯했다. 대가족에서 두 번째

---

1 어번 리그: 미국 내 흑백 차별에 반대하는 초당적 민권 시민단체로, 뉴욕에 기반을 두고 있다. — 옮긴이

로 어렸던 나는 큰 형제들을 관찰하는 데 익숙했다. 건강 문제는 조용히 관찰하기 좋아하는 내 성격을 더욱 강화시켰다. 어머니는 안경, 열쇠, 혹은 다른 무엇이든 엉뚱한 데 놓고 찾지 못할 때면 나를 부르셨다. 그리고 나는 그런 물건이 어디에 있는지 늘 알고 있었다. 요즘 식으로 표현하면 내가 어머니의 '나의 아이폰 찾기Find My iPhone' 기능이었던 셈이다.

나는 야심 있는 아이가 아니었다. 여럿이 하는 팀 스포츠는 나와 거의 무관했다. 당시는 60년대였고, 그래서 나는 열두 살 무렵부터 반전과 민권 운동에 몰두했다. 피아노 교습을 받았고 교회 성가대에서 노래도 불렀지만, 음악에 대한 열정은 10대 후반 기타를 잡을 때까지 불타오르지 않았다. 부모님은 나를 격려했지만 억지로 강요하지는 않았다. 당신들은 교육과 모범적인 시민 의식을 우선시한 롤 모델이었지만 간섭하지는 않았다. 나와 형제자매들이 현명한 선택을 할 것으로 기대했다. 10대를 거치는 동안 나는 정치를 제외한 모든 것에 신중했고, 이는 망설이는 것으로 쉽게 오해할 수도 있었다. 당시에 나를 만났다면 아무런 일에도 개입하지 않는 타입으로 여겼을 것이다.

고등학교 시절은 다른 양상으로 힘들었다. 나는 모범생이었지만 뛰어나지는 않았다. 학교가 좋았지만 내 관심사는 반 친구들의 관심사와 완전히 달랐다. 친구들이 자유시간에 운동할 때 나는 정치 활동에 열중했다. 베트남전은 미국에서 당시 가장 큰 쟁점이었고, 내 형들 중 한 명은 이미 군에 징집된 상태였다. 내가 징집 연령이 될 때까지 전쟁이 끝나지 않을 가능성도 보였다. 그래서 나는 전쟁을 끝내기 위해 운동을 벌이는 것이 사리에 맞는다고 생각했다. 나는 10학년이 되던 1971년 10월, '맥거번을 대통령으로McGovern for President' 캠페인에 자원했고, 이후 거의 매일 뉴햄

프셔나 업스테이트 뉴욕에 있는 선거운동 사무실에 출근하다시피 했다. 그런 생활은 총선이 치뤄진 13개월 후까지 계속됐다. 당시 나는 그레이트풀 데드Grateful Dead, 제퍼슨 에어플레인Jefferson Airplane, 퀵실버 메신저 서비스Quicksilver Messenger Service, 빅브라더와 홀딩 컴퍼니Big Brother and the Holding Company, 산타나Santana 등 샌프란시스코의 히피 음악에 빠져있었다.

나는 내가 다니던 학교가 싫었다. 그래서 맥거번 유세가 끝나자 해외 학습 프로그램에 지원해 고교 3학년 동안 프랑스의 렌Rennes에서 공부했다. 정말 경이로운 체험이었다. 불어에 능통해졌을 뿐 아니라 과거 어떤 학급보다도 더 나와 성향이 비슷한 학생들과 함께 학교를 다닐 수 있었다. 그 체험은 나를 크게 바꿔 놓았고, 예일대학교에 지원했는데 놀랍게도 합격했다.

예일대에서 1학년을 마친 뒤 나는 지역 의원 사무실에서 인턴으로 일하게 됐는데, 몇 주 뒤 입법 보좌관으로 정규직 제의를 받았다. 수락하면 급여가 오르는 것은 물론 정식 직원의 혜택도 보장됐다. 나는 해당 제의를 고사했지만(열아홉 살짜리에게 일자리를 제안한 의원이 제정신이 아니라고 생각했다) 그 의원을 정말로 좋아했기 때문에 이후에도 두 번 더 여름 인턴으로 일했다.

1년 뒤 1976년 여름, 나는 1년을 쉬기로 하고 여자친구와 함께 샌프란시스코로 갔다. 내가 꿈속에서 그리던 '사랑의 여름' 도시로 가는 것이었다. 하지만 내가 그곳에 갔을 무렵에는 꽃의 에너지보다는 느와르noir에 더 가까운 영화 「더티 해리Dirty Harry」 같은 도시였다. 내가 샌프란시스코에 오자마자 아버지가 수술이 불가능한 전립선암 진단을 받았다. 변호사 교육을 받은 아버지는 중개 회사를 시작했고, 10여 개의 사무소로 사업을 확장했다. 그것은 급격한 변화를 겪고 있는 업계에서 소규모 회사에 불과했다. 아버지는 1977년 가을, 특히 사업이 어려운 시기에 돌아가셨고, 어머니에게는 집 한 채만 거의 유일하게 남겼다. 내가 대학으로 돌아갈 수 있는 돈이 없었으며, 대학 학위 하나 없이 혼자였다. 하지만 내게는 기타가 있었고, 매일 몇 시간씩 연습했다.

처음 샌프란시스코에 도착했을 때 내 수중에는 4백 달러가 있었다. 워터게이트 사건을 폭로한 우드워드Woodward와 번스타인Bernstein 같은 기자가 되겠다는 꿈은 반나절 만에 끝났다. 나 같은 대학 중퇴자를 받아줄 만한 기자 자리가 없다는 사실을 깨닫는 데는 전화 세 통화로 충분했다. 하지만 모든 신문사가 광고 영업사원을 찾고 있었다. 나는 전통적인 영업 업무를 하기에는 지나치게 내성적이었지만 그래도 포기하지 않았다. 나는 격주로 발행되는 불어 신문을 찾았고, 그곳의 전체 광고 부서를 맡았다. 광고를 팔기만 하는 것이 아니라 광고주들로부터 광고 대금을 받아내는 것도 내 일이었다. 받아내는 액수에 따라 보수를 받다 보면, 광고를 팔아야 하는 상대를 더 잘 판단하는 법을 배우게 된다. 광고가 통하지 않으면 광고주들은 돈을 지불하지 않았다. 나는 여러 호에 걸쳐 광고를 싣기로 약정한 자동차 판매회사, 항공사, 전화회사 등 주요 광고주들에 집중함으로써 시간을 절약하면서도 호당 훨씬 더 많은 돈을 벌 수 있다는 사실을 발견했다. 나는 사회생활이 없었지만 조금씩 돈을 모으기 시작했다. 그렇게 샌프란시스코에서 일한 2년 반 만에 예일대로 돌아갈 만한 자금을 모았는데, 그것은 요즘의 학비와 비교하면 채 10%도 안 되는 규모였다.

샌프란시스코에서 지내는 동안 나는 평일 아침마다 스튜어트 바니

Stewart Barney가 진행하는 주식 투자 프로그램을 시청했다. 바니는 이후에도 CNN과 폭스 비즈니스 네트워크로 자리를 옮기며 주식 관련 프로그램을 오랫동안 진행했다. 주식 프로그램을 6개월간 시청하고 금융 투자 전문지인 「배런스Barron's」와 여러 회사의 연례보고서를 읽은 다음에야 나는 항공기 제조사인 '비치 에어크래프트Beech Aircraft' 주식 100주를 매입할 용기를 얻었다. 그 회사 주식은 첫 주에 30%나 올랐다. 나는 주식 투자에 빠졌다. 나는 투자가 진짜 돈으로 하는 모노폴리Monopoly 같은 게임이라는 사실을 발견했다. 지력의 싸움이 매력적이었다. 나는 투자가 내 커리어가 되리라는 상상조차 해본 적이 없었다. 1978년 가을, 나는 예일대에 재지원했다. 샌프란시스코에서 벌어진 두 가지 가슴 아픈 사건 소식이 전해지기 불과 몇 주 전에 나는 다시 입학 허가를 얻었다. 하나는 존스타운Jonestown에서 벌어진 수백여 명의 샌프란시스코 사람들의 집단 자살극이었고, 다른 하나는 시 의원인 댄 화이트Dan White가 샌프란시스코 시장과 시 의원인 하비 밀크Harvey Milk를 살해한 사건이었다.

나는 1975년 이후 처음으로 집에서 가족과 함께 크리스마스를 보내게 된 것을 축하하며, 인생을 바꿀 선물을 받았다. 바로 열 살 위인 조지 형이 준 텍사스 인스트루먼츠Texas Instruments에서 만든 '스피크 & 스펠Speak & Spell'이라는 휴대용 전자제품이었다. 불과 몇 달 전에 출시된 '스피크 & 스펠'은 키보드, 한 줄짜리 문자/숫자 표시창, 음성 처리장치 그리고 초등학생들에게 단어 발음과 철자를 알려주는 메모리로 구성돼 있었다. 그러나 형이 보기에 그것은 컴퓨팅의 미래였고, "이것은 몇 년 안에 네 모든 개인정보를 담은 휴대용 장비가 나올 수 있다는 뜻이지."라고 말했다.

1978년에 형은 이런 이야기를 내게 말했다. 애플 II가 나온 것이 불과

1년 전이었다. IBM PC는 거의 3년 뒤에나 나올 제품이었다. 휴대용 단말기인 팜파일럿PalmPilot이 나오자면 아직 18년이 더 지나야 했다. 하지만 내 형은 미래를 내다봤고, 나는 그 말을 가슴에 새겼다. 나는 대학으로 돌아가 역사를 전공했지만 최초의 개인용 단말기를 설계하겠다는 야심으로 전기공학 코스도 듣기로 했다. 하지만 전기공학 수업을 들으려면 미적분이 필요하다는 사실을 알았는데, 나는 미적분을 들은 적이 없었다. 담당 교수를 찾아가 초급 과정을 듣게 해달라고 부탁했다. 교수는 내가 수학을 제외한 모든 과목을 제대로 해낸다면 용기에 대한 보상으로 B학점을 주겠노라고 약속했다. 나는 수락했고, 그는 매주 나를 가르쳤다. 나는 두 번째로 좀 더 쉬운 공학 개론 과정을 선택했고, 음향공학과 기계공학 관련 개념을 배웠다. 나는 카탈로그와 매뉴얼을 구해 특대형 시제품을 설계하려 했다. 하지만 실제로 작동하는 제품을 만들 수는 없었다.

예일대 생활에서 두 번째 전환점이 된 진짜 하이라이트는 거프Guff라는 밴드에서 연주하는 것이었다. 내가 있던 기숙사에서 세 명이 밴드를 시작했는데, 그들은 기타 연주자가 필요했다. 거프는 직접 노래를 만들었고, 그레이트풀 데드, 프랭크 자파Frank Zaffa 그리고 펑크 록의 접점과 비슷한 풍의 음악을 구사했다. 우리는 수많은 연주 기회를 가졌지만 밴드가 충분히 자리를 잡아 그 분야로 나가야겠다고 판단하기도 전에 대학 생활이 끝나버렸다.

밴드는 돈이 되지 않았기 때문에 나는 학비를 마련할 다른 방도가 필요했다. 광고를 파는 일은 대다수 학생 아르바이트보다 훨씬 더 벌이가 좋았기 때문에 나는 예일대 로스쿨 영화협회의 영화 시리즈를 소개하는 잡지 스타일의 프로그램을 만들게 해달라고 설득했다. 나는 4학년 두 학기

동안 프로그램을 만들었고, 그 결과 거의 1년 간의 대학원 학비를 감당할 만한 돈을 벌었다.

하지만 그 이전인 4학년 가을, 나는 '음악이론 입문' 과정에 등록했다. 음악전공자들을 대상으로 한 두 학기짜리 난코스였다. 나는 음악이론에 대한 기본 지식이 있으면 더 좋은 노래를 작곡할 수 있을 거라고 확신했다. 나는 각각 15명으로 구성된 10여개 모둠 중 하나에 무작위로 배정됐는데, 모두 대학원생들이 가르쳤다. 첫 번째 수업은 내게 최고의 시간이었고, 그래서 내 룸메이트에게 내가 속한 모둠으로 바꾸라고 말했다. 나말고도 다른 여럿이 그런 말을 했던 모양인지 둘째 날엔 40명이 출석했다. 그 수업은 예일대에서 내가 가장 좋아한 강좌였다. 해당 강의를 한 사람은 앤 코사콥스키^{Ann Kosakowski}라는 대학원생이었는데 두 번째 학기는 가르치지 않았다. 새 학기가 시작될 무렵 나는 기숙사 건너편 거리에 있는 체육관에서 나오는 앤과 우연히 마주쳤다. 그녀는 음악학과장과 가진 스쿼시 경기 5차전에서 근소한 차이로 지고 나서 속상해하고 있었다. 나는 다음날 경기 상대가 돼주겠다고 자원했다. 우리는 사흘 연속으로 스쿼시를 쳤고, 나는 단 한 점도 따내지 못했다. 단 한 점도. 하지만 그것은 중요하지 않았다. 나는 한 번도 스쿼시를 쳐본 적이 없었고 점수도 신경쓰지 않았다. 앤은 놀라웠고, 나는 그녀를 더 알고 싶었다. 발렌타인 데이 직후 제리 가르시아^{Jerry Garcia} 밴드 공연을 보러 가자고 앤을 초대했다. 음악이론 전공 박사과정이었던 앤은 "가르시아 씨는 무슨 악기를 연주하죠?"라고 물었다. 아마 첼로 연주일지도 모른다고 생각했던 것 같다. 앤과 나는 그 첫 번째 데이트의 39주년을 곧 기념하려고 한다.

앤은 꽤 어린 박사로, 나는 나이든 학사로 함께 졸업했다. 앤은 필라델피아 근교의 명문 스와스모어 대학Swarthmore College에 종신직 지위를 받을 수 있는 교수직을 얻었다. 나는 필라델피아에서 일자리를 구할 수 없었고, 그래서 뉴햄프셔 주의 하노버에 있는 다트머스Dartmouth 대학의 터크Tuck 비즈니스 스쿨에 진학했다. 주를 넘나드는 21년 간의 통근이 그렇게 시작됐다.

비즈니스 스쿨을 졸업한 뒤 얻은 첫 직장은 메릴랜드 주 볼티모어에 있는 세계적 규모의 자산 관리 기업인 T. 로우 프라이스T. Rowe Price였다. 하노버보다는 필라델피아에 더 가까웠지만 매일 통근하기는 역시 너무 멀었다. 그때 상황을 극적으로 반전시킨 두 가지 행운을 만나게 됐는데, 일을 시작하던 시기와 내가 담당하게 된 그룹이 그 행운이었다. 내 커리어는 상승 장세로 기록된 1982년의 첫날 시작됐고, 회사는 날더러 기술주를 분석하라고 지시했다. 당시만 해도 기술 분야로만 국한된 펀드는 없었다. T. 로우 프라이스는 뮤추얼 펀드의 신규 성장 부문을 주도하고 있었고, 이는 다른 어떤 곳보다 기술 분야에 더 초점을 맞추고 있었다는 뜻이다. 나는 신규 유망주의 최초 전문 관리자는 될 수 없을지 몰라도 그런 유망 부문이 나타나면 투자할 수 있을 것이라고 생각했다.

투자에서는 타이밍이 가장 중요하다고들 말한다. 기록적인 상승 장세의 첫날 내게 기술 분야에 집중하게 함으로써 T. 로우 프라이스는 기본적으로 내 전체 커리어에 순풍을 불어넣어 준 셈이다. 내 커리어에서 만난 모든 호재와 행운이 바로 그런 출발 조건에서 비롯됐다고 확신할 수 없지만, 그렇지 않다고 배제하기도 어렵다. 상승 장세였으므로 대부분의 주식은 올랐다. 초반에는 포트폴리오 관리자가 내 판단력에 확신을 가질 수 있도록 보고서를 작성해야 했다. 하지만 나는 분석가들이 흔히 갖는 전형적 배경이 없었기 때문에 내가 가진 강점을 활용해 새로운 일자리에 적용할 수 있는지 직접 알아보는 수밖에 없었다.

나는 실전을 통해 분석가가 됐다. 기술 산업을 이해하기 위해 급여를 받는 '너드nerd'인 셈이었다. 내가 이 분야에 뛰어들 때만 해도 대다수 분석가들은 주로 재무제표에 초점을 맞춰 분석했지만, 나는 그 공식을 바꿨다. 내가 성공할 수 있었던 것은 제품과 재무제표, 트렌드를 이해할 뿐 아니라 사람을 잘 판단할 수 있었기 때문이다. 나는 그것을 실시간 인류학, 즉 인간과 기술이 어떻게 진화하고 상호작용하는지를 연구하는 일이라고 생각한다. 나는 대부분의 시간을 현재를 이해하려 노력하는 데 바친다. 그래야 미래에 벌어질 일을 상상할 수 있기 때문이다. 체스판의 어떤 위치에서든 오직 제한된 숫자의 움직임만이 가능하다. 그런 수를 미리 읽고 여러 가능성을 연구한다면, 우리는 무슨 일이든 벌어질 때마다 적절한 선택을 더 잘 준비할 수 있다. 사람들이 보통 주장하거나 생각하는 것과 달리 기술의 세계는 실상 그렇게 크게 변하지 않는다. 비교적 예측 가능한 패턴을 따른다. 중요한 기술 흐름은 적어도 10년간 지속되기 때문에 중요한 것은 언제 낡은 순환이 끝나고 새로운 순환이 시작되는지 인식하는 일이다. 비즈니스 파트너인 존 파웰John Powell이 즐겨 말하는 것처럼, 당신이 누가 기차를 운전하는지 보기 전에 때로는 어떤 시체가 철로에 묶여 있는지 볼 수 있다는 말이다.

개인용 컴퓨터 비즈니스는 1985년에 유행하기 시작했고, 나는 두 가지 사실에 주목했다. 모두 내 또래였고, 적어도 매달 다른 도시에서 콘퍼런스나 무역 전시회를 위해 모인다는 점이었다. 나는 내 상사를 설득해 그 대열에 합류했고, 거의 즉각 행운이 찾아왔다. 플로리다의 한 콘퍼런스에 참가했다가 두 남자가 포드 토러스^{Torus} 자동차 뒷자리에서 기타와 앰프를 내리는 장면을 목격한 것이다. 그 호텔의 모든 투숙객은 콘퍼런스에 온 참가자들이었으므로 나는 그들에게 합류할 수 있는 잼 세션이 있는지 물었다. 있었다! 알고 보니 PC 업계의 진짜 리더들은 바에 가지 않고, 악기를 빌려 음악을 연주했다. 첫 번째 잼 세션에서 나는 내가 요긴한 기술을 가졌다는 사실을 발견했다. 여러 해 동안 밴드 멤버로 여러 바를 전전한 덕택에 나는 2백여 곡을 처음부터 끝까지 알고 있었다. 나 말고는 누구도 몇 곡 이상을 알지 못했다. 다른 연주자들 중에 주요 소프트웨어 회사의 CEO, 애플의 R&D 책임자와 여러 다른 유명 인사들이 있었기 때문에 그것은 정말 중요한 대목이었다. 마이크로소프트의 공동 설립자인 폴 앨런$^{Paul Allen}$도 이따금씩 우리와 연주했지만 지미 헨드릭스$^{Jimmy Hendricks}$의 곡만 고집했다. 그는 속주와 기교가 훌륭했다. 돌연 나는 PC 업계 사교 모임의 중요한 일원이 됐다. 다른 어떤 업계에서도 이런 일이 벌어지는 모습을 상상하기는 어렵지만, 나는 나만의 진로를 개척해 나가고 있었다.

내가 다음에 찾아낸 주요 혁신은 수익 모델과 관련된 것이었다. 전통적인 분석가들은 수익 예측에 스프레드시트를 사용했지만, 이것은 모든 것을 매끈하게 다듬어버리는 경향이 있었다. 성공이 이진법처럼 명확히 갈리는 기술 분야에서 소위 '핫한' 제품은 항상 예측을 넘어섰고, 그렇지 못한 제품은 예측을 밑돌았다. 나는 수익 모델을 걱정할 필요가 없었다. 어떤 제품이 핫해질지 파악하는 것이 중요했다. 제품 반응을 예측하기는 쉽지 않았지만 꼭 완벽하게 맞아야 할 필요는 없었다. 곰에게 쫓기는 두 사람의 경우처럼 다른 친구보다 더 빠르기만 하면 됐다.

1985년 말에 포트폴리오를 관리할 첫 기회가 찾아왔다. 회사의 대표 펀드 중 하나의 IT 부문을 관리하는 일을 맡았는데, IT는 해당 펀드의 40% 정도를 차지하고 있었다. 당시에는 미국 최대의 IT 포트폴리오였고, 나로서는 엄청난 승진이자 굉장한 기회였다. 나는 3년간 포트폴리오 관리자들의 업무를 지켜볼 수 있었지만 그것이 진정한 준비는 되지 못했다. 포트폴리오 관리는 진짜 돈으로 벌이는 게임이다. 누구나 실수를 저지른다. 유능한 포트폴리오 관리자들을 차별화하는 대목은 실수를 일찍 인지하고 바로잡는 능력이다. 포트폴리오 관리자들은 시행착오, 특히 수많은 착오를 통해 배운다. 관건은 더 많은 돈을 나쁜 아이디어보다 좋은 아이디어 쪽에 투자하는 데 있다.

T. 로우 프라이스는 1987년 9월 30일, 과학과 기술 분야에 집중 투자하는 펀드를 선보였다. 내 동료 두 명이 그에 대한 관리를 맡았다. 그로부터 19일 뒤 주식 시장은 폭락했다. 모든 뮤추얼 펀드가 박살 났고, 과학기술 펀드는 시작한 지 겨우 한 달 만에 31%나 하락했다. 수치는 끔찍했지만, 시장이 붕괴될 때 포트폴리오 관리자들은 보유 자본의 절반만을 투자한 상태였기 때문에 실제 형편은 경쟁사들보다 나았다. 해당 펀드의 생존력이 의심되던 1988년 중반, 회사는 두 관리자를 전보시키고 나에게 해당 펀드를 맡겼다. 나는 그 펀드를 내 방식으로 관리하겠다는 한 가지 조건을 전제로 수락했다. 나는 내 상사들에게 공격적으로 나가겠다는 의사를 밝혔다.

T. 로우 프라이스가 성장 단계의 벤처를 겨냥한 펀드를 만들기로 결정했을 때 또 다른 행운이 나를 찾아왔다. 당시에는 기술 경쟁이 중견기업이 아닌 신생 벤처기업에서 벌어지고 있었기 때문에 나는 일찍부터 민간

기업에 주목하고 있었다. 이후 몇 년 동안 나는 성장 단계에 있는 벤처기업이었던 일렉트로닉 아츠Electronic Arts, 사이베이스Sybase 그리고 레디어스Radius에 투자했다. 세 회사의 투자를 주도한 곳은 모두 실리콘밸리의 대표적 벤처 투자회사인 '클라이너 퍼킨스 코필드 & 바이어스KPCB, Kleiner Perkins Caufield & Byers'였다. 세 회사 모두 비교적 빠르게 주식시장에 상장됐고, 그 덕택에 나는 T. 로우 프라이스와 KPCB 양쪽에서 꽤 유명해졌다. 내가 주로 KPCB에서 연락한 상대는 젊은 벤처 자본가인 존 도어John Doerr로, 당시까지 그의 가장 큰 성공 사례는 썬 마이크로시스템즈Sun Microsystems, 컴팩 컴퓨터Compaq Computer 그리고 로터스 디벨롭먼트Lotus Development였다. 이후 존은 넷스케이프Netscape, 아마존 그리고 구글의 주관 투자가가 된다.

　나의 과학 기술 펀드 전략은 개인용 컴퓨터, 반도체 및 데이터베이스 소프트웨어 업계의 신흥 기업에 전적으로 초점을 맞추는 것이었다. 나는 모든 중견기업은 무시하기로 결심했는데, 이는 해당 펀드에 막대한 이점으로 작용한 결정이었다. 펀드는 출발부터 1991년 중반까지, 1987년의 주식 시장 폭락과 1990년 여름의 두 번째 소규모 폭락에도 불구하고 연간 17%의 수익률을 달성했다. 같은 기간 S&P 500 기업들의 수익률 9%와 기술 지수 6%에 견주면 주목할 만한 성공이었다. 그 무렵 나는 T. 로우 프라이스를 그만두고 존 파웰과 함께 '인테그럴 캐피털 파트너즈Integral Capital Partners'를 설립했다. 공개시장 투자에 성장 단계의 벤처 투자를 결합한 첫 기관 펀드였다. 우리는 KPCB(존 도어가 담당 벤처 투자가였다), 모건 스탠리와 제휴한 펀드를 만들었다. 우리 투자자들은 우리를 가장 잘 아는 사람들 및 당시 선도적인 IT 회사의 창립자나 임원진이었다.

인테그럴은 매우 성공적이었다. 1990년대에 KPCB와 함께 사무실을 쓴다는 것은 우리가 인터넷 혁명의 중심부에 놓였다는 뜻이었다. 나는 마크 앤드리슨Marc Andreessen이 나중에 넷스케이프가 되는 회사의 아이디어를 소개하는 자리에 있었고, 제프 베조스Jeff Bezos가 아마존 비즈니스 모델을 발표하는 자리에, 그리고 래리 페이지Larry Page와 세르게이 브린Sergey Brin이 구글을 위한 자금 지원을 요청하는 현장에도 있었다. 당시에는 인터넷이 얼마나 커질지 상상하지 못했지만, 그것이 지닌 혁신적 특성을 파악하는 데는 오래 걸리지 않았다. 인터넷은 모든 이에게 혜택을 주면서 정보에 대한 접근을 민주화할 것이었다. 이상주의가 지배했다. 1997년 마사 스튜어트Martha Stewart가 홈 데코 사업 아이디어를 들고 찾아왔고, KPCB의 투자 덕택에 해당 비즈니스는 인터넷 주식으로 상장됐다. 나로서는 납득할 수 없는 현상이었다. 그를 통해 나는 닷컴 열풍이 시작됐다고 확신했다. 양말 인형을 마스코트로 내세운 애완동물용 쇼핑 사이트인 펫닷컴Pets.com을 둘러싼 열광, 회사 이름 앞에 'e'를 달거나 뒤에 '.com'을 붙이기만 하면 투자자들이 모여드는 현상은 닷컴 열풍을 상징적으로 보여줬다. 나는 거품이 꺼지면 무엇인가 특단의 조치를 취하지 않는 한 인테그럴도 위험할 것임을 알았다.

나는 그런 우려를 다른 제휴사인 모건 스탠리 측에 표명했고, 모건 스탠리는 기술 분야에서 차기의 유망 사업분야를 찾아내는 데 사용하라며 얼마간의 자금을 지원했다. 약세장에서 살아남기 위한 기금인 셈이었다. 2년이나 걸려서 인테그럴은 기술에 초점을 맞춘 최초의 사모 펀드인 '실버 레이크 파트너즈Silver Lake Partners'를 출범시켰다. 투자자들은 우리와 같은 우려를 품고 있었고, 새 펀드에 10억 달러를 넣겠다고 약정했다.

실버 레이크는 성숙한 기술 기업에 투자하기로 계획했다. 당시에는 기술 기업이 일단 성숙하면 신생 벤처들의 공격적인 도전에 취약해졌다. 성숙한 기업은 기존 고객들의 요구에 집중하게 마련이고, 새로운 사업 기회나 신기술을 등한시하기 쉽다. 게다가 성장 속도가 느려지면 직원들이 스톡옵션 혜택을 받을 기회도 더뎌지게 마련이고, 신생 벤처기업은 이를 활용해 유능한 인재들을 기존 기업에서 빼내 간다. 실버 레이크의 비전은 성숙한 기업에 재투자를 함으로써 활력을 높이고 새로운 기회에 대한 투자를 북돋우는 한편, 신생 벤처기업이 내세우는 것과 비슷한 스톡 옵션도 제공하자는 것이었다. 실버 레이크의 첫 펀딩은 굉장한 실적을 보였는데, 시게이트 테크놀로지Seagate Technology, 데이텍Datek과 가트너 그룹Gartner Group 세 기업에 투자한 덕택이 컸다.

실버 레이크를 운영하던 시절 그레이트풀 데드 밴드의 사업 매니저로부터 도와달라는 전화를 받았다. 리더인 제리 가르시아Jerry Garcia는 이미 수년 전에 사망했고, 그 때문에 남은 밴드 멤버들은 60여 명에 이르는 스태프를 유지할 만한 공연 투어를 진행할 수가 없었다. 다행히 밴드의 로드 매니저들 중 한 명이 웹사이트를 만들어 밴드 기념품을 팬들에게 직접 판매하고 있었다. 해당 사이트는 큰 성공을 거뒀고, 내가 찾아갔을 즈음에는 밴드가 공연 투어로 벌어들인 것과 거의 맞먹는 수익을 올리고 있었다. 안타깝게도 그 기술은 시대에 뒤떨어져 있었지만 해당 사이트를 업그레이드하고, 다른 밴드들과 연계해 더 큰 수익을 올릴 기회는 남아 있었다. 그런 기회에 긍정적인 반응을 보인 밴드들 중 하나가 U2였다. 이들은 재무부에 근무하는 보노의 친구를 통해 내게 연락을 했는데, 그 친구가 바로 셰릴 샌드버그였다. U2가 '뷰티풀 데이Beautiful Day'라는 노래로 그래미 상을 받은 다음 날 아침, 나는 모건 스탠리 사무실에서 보노와 디 에지 the Edge를 만났다. 나는 U2의 대표곡조차 모를 정도로 문외한이었지만 두 아일랜드인의 지성과 사업 수완에 매료됐다. 이들은 나를 더블린으로 초청해 밴드 경영팀을 만나게 해줬다. 나는 2001년 봄에 두 번 더블린을 방문했다.

두 번째 방문에서 집으로 돌아오는 길에 나는 뇌졸중을 겪었다. 당시에는 그런 사실을 깨닫지 못한 채 업무를 계속했다. 그 직후 몇 차례의 불안한 증상을 더 겪었고, 나는 메이요 클리닉Mayo clinic을 찾았다. 거기에서 나는 '일과성 뇌허혈 발작'이라는 증상에 더해, 이미 두 번이나 '허혈성虛血性 뇌졸중'을 앓았다는 사실을 알았다. 뇌졸중에도 불구하고 아무런 영구적 신체 장애도 없이 살아있다는 것이 기적이었다.

그 진단은 엄청난 충격이었다. 나는 바람직한 섭식 습관, 활기찬 운동 프로그램, 양호한 신진 대사를 유지하고 있다고 생각했는데 이미 두 차례나 뇌졸중을 겪었다니! 알고 보니 나는 태어날 때부터 심장에 결함이 있었다. '개존 난원공開存卵圓孔'이라는 이 결함은 출생 후 얼마 안 가서 닫히게 마련인 심장의 난원공foramen ovale이 열린 채로 있는 것이었다. 내게는 두 가지 선택이 있었다. 다량의 혈액 희석제를 투여하고 조용히 사는 것, 또는 심장절개 수술로 문제의 위험을 영원히 제거하는 것이었다. 나는 수술을 선택했다.

2001년 7월 초, 나는 성공적으로 수술을 받았지만 회복은 매우 더뎠다. 완전히 회복하는 데 거의 1년이 걸렸다. 그동안 애플은 첫 번째 아이팟iPod을 판매했다. 나는 그것을 유망한 신호로 해석하고, 스티브 잡스에게 연락해 애플 재투자에 관심이 있느냐고 물었다. 당시 애플 주가는 주당 12달러였는데, 주식 분할 때문에 요즘 시가로 환산하면 주당 1달러가 조금 넘는 수준이었다. 애플은 주당 12달러 이상의 현금을 보유하고 있었고, 이는 투자자들이 애플의 사업 가치를 거의 '제로'로 본다는 뜻이었다. 대다수 경영 옵션은 주당 40달러로 지급되고 있었으므로 애플은 실질적으로 무가치한 상태였던 셈이다. 만약 실버 레이크가 재투자를 한다면 옵션을 재설정해 경영진과 주주들의 이익에 부합할 수 있었다. 애플은 PC 부문에서 이미 대부분의 시장을 잃어버린 상황이었지만 아이팟과 아이맥 컴퓨터 덕택에 소비자 시장을 회복할 기회가 있었다. 투자에 따른 위험/보상 차원에서 보상의 가능성이 특히 더 높다고 나는 생각했다. 여러 차례 논의 끝에 잡스는 더 좋은 아이디어를 내놓았다. 그는 증시에서 애플 주식을 18% 수준까지 매입해서 이사회 의석을 차지하고 싶어했다.

상세한 분석 끝에 나는 2002년 초가을, 파트너들에게 애플 투자를 제안했지만 즉각 거절당했다. 그 결정으로 실버 레이크의 투자자들은 1천억 달러 이상의 수익을 얻을 기회를 놓쳤다.

2003년 초 보노가 내게 사업 기회를 제시했다. 그는 세계 최대 음악 레이블인 유니버설 뮤직 그룹을 사고 싶어했다. 그것은 복잡한 거래였고, 그래서 분석하는 데만 몇 달이 걸렸다. 우리 팀이 분석 작업을 벌인 다음 9월에 실버 레이크의 다른 세 파트너에게 분석 내용을 발표했다. 이들은 보노와 해당 거래를 하겠다고 동의했지만 내가 그 거래 팀의 일부가 되면 안 된다는 조건을 내걸었다. 이들은 실버 레이크를 네 명이 아닌 세 파트너로 운영되는 트리오로 꾸려갈 계획이라고 설명했다. 그런 신호가 몇 번 있었지만 나는 그것을 감지하지 못했다. 나는 거래를 전문으로 하는 사람들, 즉 수익을 취할 수 있는 부분에서 이익을 얻을 수 있을 때 권력을 행사하는 이들과 파트너 관계를 맺었으면서도 정작 나 자신은 보호하지 못했다.

나는 나를 필요로 하지 않는 곳에는 결코 머무를 수 없다고 믿었기 때문에 실버 레이크를 떠났다. 돈이 동기였다면 그 자리에 머물렀을 것이다. 그들이 나를 쫓아낼 길은 없었기 때문이다. 나는 해당 펀드를 구상했고, 키웠고, 10억 달러 규모의 첫 자산을 유치했고, 가장 성공적인 세 기업에 투자하는 데 결정적인 역할을 수행했다. 하지만 나는 돈 문제로 다툴 의향은 전혀 없었다. 나는 단순히 사직하고 사무실을 걸어 나왔다. 나는 마침 뉴욕에 있었고 보노에게 전화를 걸었다. 보노는 자신의 아파트로 오라고 말했다. 아파트에 갔을 때 그는 이렇게 말했다.

"자기들끼리 잘 해보라죠. 우리끼리 우리만의 펀드를 만듭시다."

엘리베이션 파트너즈는 그렇게 태어났다.

장기적으로 보면 내가 실버 레이크를 떠난 것이 모두에게 바람직하게 작용했다. 두 번째 실버 레이크 펀드는 공동 설립자들이 주식을 고르는 데 어려움을 겪었지만 곧 시장을 제대로 파악했고, 투자자들에게 높은 수익을 안겨주는 양호한 펀드로 만들었다.

페이스북 이전의 실리콘밸리

나는 기술이 사람의 능력을 진정으로 향상시켰다고 생각합니다. 하지만
기술은 '공감'을 만들어낼 수는 없습니다. – 달라이 라마[Dalai Lama]

2004년 페이스북을 낳은 IT 업계의 풍경은 그보다 불과 6년 전의 양
상과는 사뭇 달랐다. 페이스북 전까지 대학을 갓 졸업한 사람들로
이뤄진 벤처는 드물었고 거의 성공하지도 못했다. 2000년 전까지 50년
동안 실리콘밸리는 엄격한 공학적 제약 속에서 운영됐다. 엔지니어들은
고객들이 원하는 수준에 부합하는 전산 처리 능력과 메모리, 저장 용량,
대역폭을 확보할 수 없었기 때문에 적정선에서 절충해야만 했다. 그 시절
의 공학과 소프트웨어 프로그래밍은 따라서 담당자들에게 높은 수준의
기술과 경험을 안겨줬다. 당시 최고의 엔지니어와 프로그래머들은 예술

가에 가까웠다. 하지만 페이스북의 등장과 더불어 전산 처리 능력, 메모리, 저장 용량 및 대역폭은 엔지니어링 한계에서 터보차저$^{Turbo-charger}$로 성장했다. IT 업계는 채 10년도 안 되는 사이에 극적으로 변했지만, 거의 아무도 그 사실을 인식하지 못했다. 페이스북과 다른 인터넷 플랫폼에 벌어진 상황은 이전 세대의 기술에서는 불가능한 일이었다. 이들이 설립부터 그러한 변화에 이르는 경로는 페이스북의 성공 비결과 더불어, 세상이 미처 깨닫기도 전에 어떻게 페이스북이 그토록 많은 피해를 줄 수 있었는지 설명하는 데 도움이 된다.

실리콘밸리의 역사는 두 가지 '법칙'으로 요약할 수 있다. 인텔^{Intel}의 공동 창업자인 고든 무어$^{Gordon Moore}$가 주창한 '무어의 법칙$^{Moore's Law}$'은 집적회로상의 트랜지스터 숫자가 해마다 두 배로 증가한다는 내용이다. 이것은 뒤에 더 유용한 공식으로 개정됐다. 즉 집적회로의 처리 속도는 18~24개월마다 두 배로 빨라진다는 내용이다. 쓰리콤^{3Com} 설립자 이름을 딴 '메카프의 법칙$^{Metcalfe's Law}$'은 네트워크 가치가 연결된 노드^{node} 수의 제곱으로 증가한다고 말한다. 더 큰 네트워크는 작은 네트워크보다 기하학적으로 더 큰 가치를 갖는다. 무어의 법칙과 메카프의 법칙은 서로를 강화한다. 컴퓨터 값이 하락함에 따라 이들을 연결하는 데 따른 혜택은 높아진다. 50년이 걸렸지만 우리는 결국 모든 컴퓨터를 연결했다. 그 결과가 지금 우리가 아는 인터넷이다. 수십억 기기를 연결한 이 글로벌 네트워크는 페이스북과 다른 모든 인터넷 플랫폼을 만들었다.

1950년대부터 시작해 IT 업계는 여러 시대를 거쳤다. 냉전 시대의 가장 중요한 고객은 정부였다. 당시 메인프레임 컴퓨터는 특수 냉방실에 설치된 초대형 장비로, 흰 실험복을 입은 기술자들이 마치 성직자처럼 관리하며 전례 없는 계산 자동화를 실현했다. 이들 기술자는 지극히 원시적인 네트워크로 연결된 펀치 카드를 통해 메인프레임과 통신을 주고받았다. 오늘날 기술과 비교하면 메인프레임은 다양한 기능을 수행할 수 없었지만, 대규모 데이터를 자동 처리하면서 계산원과 회계담당자들을 기계로 대체했다. 당시 컴퓨터를 이용하고 싶은 사람은 누구든 정부 요구에 부합하도록 설계된 제품을 수용해야 했다. 정부는 당시 미국항공우주국NASA의 달 착륙에 필요한 궤적 계산, 미 국방부의 미사일 표적 계산 등 복잡한 문제를 해결하기 위해 수십억 달러를 투자했다. IBM은 메인프레임 시대의 대표 기업으로, 판매하는 컴퓨터 장비의 모든 부품뿐 아니라 거기에서 작동하는 대다수의 소프트웨어도 직접 만들었다. 그런 비즈니스 모델은 '수직적 통합'으로 불렸다. 정부 주도 시대는 약 30년간 지속됐다. 우리가 지금 생각하는 것 같은 데이터 네트워크는 아직 존재하지 않았다. 그럼에도 불구하고 명석한 사람들은 생산성 향상에 최적화된 미니컴퓨터가 강력한 네트워크로 연결된 세계를 상상했다. 1960년대 J.C.R. 릭라이더J.C.R. Licklider는 나중에 인터넷으로 발전하는 네트워크를 구상했고, 정부를 설득해 그에 필요한 개발 비용을 얻어냈다. 그와 동시에 더글러스 엥겔바트Douglas Engelbart는 인간-컴퓨터의 상호작용이라는 분야를 개척했고, 최초의 컴퓨터 마우스를 발명했으며 최초의 그래픽 이용자 환경을 구상했다. 무어의 법칙과 메카프의 법칙이 성립할 수 있을 만한 처리 능력이 나오자면 아직 20년 가까이 더 기다려야 했고, 인터넷이 발전하려면 추가로 10년이 더 지나야 할 시점이었다.

70년대 초, IT 업계의 초점은 기업의 요구에 부응하는 쪽으로 방향을 틀기 시작했다. 그 시대는 여러 사용자가 단일 컴퓨터 시스템을 동시에

병행 사용함으로써 비용을 절감한다는 '시분할time sharing' 개념과 더불어 시작됐다. 시분할은 미니컴퓨터의 부상으로 이어졌는데, 메인프레임보다 더 작았지만 요즘 수준과 비교하면 여전히 엄청나게 비쌌다. 데이터 네트워킹이 시작됐지만 매우 느렸고, 일반적으로 단일한 미니컴퓨터를 중심으로 진행됐다. 펀치 카드는 터미널과 원시 네트워크에 부착된 키보드에 자리를 내줬고, 흰 실험복 차림의 기술자들이 성직자처럼 관리해야 할 필요성도 사라졌다. 디지털 이퀴프먼트Digital Equipment, 데이터 제너럴Data General, 프라임Prime, 왕Wang 등이 미니컴퓨터 시장을 주도했는데, 회계와 비즈니스 애플리케이션에는 유용했지만 개인 용도로 쓰기에는 지나치게 복잡하고 값도 비쌌다. 메인프레임에 비해 큰 진전을 보였지만 미니컴퓨터도 고객 요구에 제대로 부응하지 못했다. IBM과 마찬가지로 미니컴퓨터 제작사는 수직적 통합 형태여서 자사 제품에 필요한 부품의 대부분을 직접 만들었다. 예를 들어 왕 워드프로세서 같은 일부 미니컴퓨터는 나중에 PC로 대체되는 생산성 향상 애플리케이션 부문도 건드렸다. 다른 애플리케이션은 더 오래 살아남았지만 결국 미니컴퓨터 사업은 PC 자체는 아니라고 해도 개인용 컴퓨터PC 기술에 포함될 운명이었다. 메인프레임은 현재까지도 일부 생존해 있다. 이는 대체로 정부와 기업을 위해 개발됐던 회계 시스템 같은 대규모 맞춤형 애플리케이션 덕택인데, 본래의 메인프레임 상태로 유지하는 편이 새로운 시스템을 재개발하는 쪽보다 더 싸다고 생각하기 때문이다(PC 기술에 기반한 대규모 서버 센터는 이제 메인프레임급 처리가 필요한 모든 새로운 애플레이케이션을 끌어들인다. 독점 기술에 의존한 메인프레임 대신 범용 하드웨어를 사용할 수 있어 훨씬 더 경제적인 솔루션이기 때문이다).

오늘날 인터넷의 전신인 아파넷^{ARPANET}은 1969년 미 국방부의 연구 프로젝트로 시작했다. 당시 프로젝트를 주도한 인물은 컴퓨터 과학자인 밥 테일러$^{Bob Taylor}$로, 1990년대 후반까지도 시스템과 네트워크 설계에 영향을 미쳤다. 더글러스 엥겔바트 연구실은 아파넷의 초기 연결망 중 하나였다. 목표는 핵 공격을 당했을 경우 미국의 지휘통제 인프라를 보호할 수 있는 전국 규모의 네트워크를 구축하는 것이었다.

일반 소비자 시장에 처음 등장한 컴퓨터 기술 관련 애플리케이션은 1972년 아타리^{Atari}의 컴퓨터 공학자인 앨런 알콘$^{Allen Alcon}$이 직장 상사인 놀런 부시넬$^{Nolan Bushnell}$을 위해 훈련용으로 만든 게임 '퐁^{Pong}'이었다. 부시넬이 실리콘밸리에 끼친 영향력은 아타리를 통해 선보인 게임 수준을 훨씬 뛰어넘는다. 그는 기술 분야에 히피 문화를 소개했다. 포켓이 달린 흰 셔츠는 청바지와 티셔츠에 자리를 내줬다. 오전 아홉 시부터 오후 다섯 시까지 일하던 풍토는 유연하지만 때로 과로를 유발하는 패턴으로 바뀌었고, 심지어 지금까지 이어지고 있다.

1970년대 후반 모토롤라, 인텔 그리고 다른 기업이 개발한 마이크로프로세서는 비교적 저렴했고, 알테어^{Altair}, 애플 및 다른 경쟁사들이 최초의 개인용 컴퓨터를 내놓기에 충분한 성능을 발휘했다. 애플 II 같은 개인용 컴퓨터는 다양한 독립 제조사들이 앞다퉈 내놓는 값싼 부품을 적극 활용해, 컴퓨터에 매료된 소위 '취미 생활자^{hobbyist}'들의 상상력을 사로잡는 제품을 판매했다. 취미 생활자는 개인만이 아니라 일부 기업들도 포함했다. 1979년 댄 브릭클린$^{Dan Bricklin}$과 밥 프랭크스턴$^{Bob Frankston}$은 첫 PC용 스프레드시트인 '비지칼크^{VisiCalc}'를 선보였다. 비지칼크의 중요성을 과장하기는 어렵다. 그것은 공학적 보배였으며, 예술작품이었다. 애플 II에 탑

재된 스프레드시트는 은행원, 회계사, 금융 분석가들의 생산성을 한 차원 높였다.

시스템에서 가장 느리게 진행되는 부분의 변화 속도로 제품 개선을 제한한 메인프레임이나 미니컴퓨터의 수직적 통합과 달리, PC의 수평적 통합은 시스템에서 가장 빠르게 개선되는 부품의 속도로 혁신을 가능하게 했다. 구성 요소마다 여러 경쟁사가 존재했기 때문에 시스템은 수직적 통합에 묶인 비슷한 제품보다 훨씬 더 빠르게 진화할 수 있었다. 단점은 이런 방식으로 조립된 PC는 메인프레임과 미니컴퓨터 같은 긴밀한 통합이 부족하다는 점이었다. 그 때문에 훈련과 유지에 필요한 후속 비용이 발생했지만 구매 가격에 포함되지 않았기 때문에 고객들은 개의치 않았다. 심지어 IBM도 이를 주목했다.

IBM은 PC 시장에 진입하기로 결정하면서 수직적 통합 개념을 버리고, 외부의 여러 제조사와 제휴 관계를 맺었다. 운영체제는 마이크로소프트에 맡기고 마이크로프로세서는 인텔 제품을 쓰기로 하는 식이었다. 최초의 IBM PC는 1981년에 출시됐다. 그와 더불어 IT 업계의 근본적 변화를 예고했고, 이는 2년 뒤 마이크로소프트와 인텔의 다른 고객사들이 IBM과 경쟁을 벌이기 시작하면서 더욱 분명해졌다. 궁극적으로 컴팩Compaq, 휴렛패커드HP, 델Dell, 기타 PC 제조사는 IBM을 시장에서 몰아냈다. 하지만 장기적으로 PC 시장 수익의 대부분은 PC의 두뇌와 심장을 장악하고, PC 업계를 일종의 생활 비즈니스로 만들기 위해 긴밀히 협력했던 마이크로소프트와 인텔이 차지했다.

아파넷은 대학과 군대의 지역 네트워크를 위한 기간망으로 진화했다. PC는 더 작고 값싼 컴퓨터로 발전하는 흐름을 지속했지만, 애플 II 이후

PC 클러스터의 잠재력을 충분히 활용하는 기술이 나오기까지는 거의 10년이 더 걸렸다. 근거리 통신망LAN은 1980년대 후반 값비싼 레이저 프린터를 공유하는 하나의 방법으로 처음 등장했다. 일단 설치되자 LAN은 개발자들의 관심을 끌었고, 전자우편 같은 새로운 애플리케이션으로 이어졌다. 사업 생산성과 엔지니어링 애플리케이션은 건물 내에서 LAN을 상호 연결한 다음, 이를 다시 독점적인 원거리 통신망WAN과 인터넷을 통해 LAN을 연결하는 인센티브를 창출했다. 연결성의 혜택은 네트워크의 끔찍하게 느린 속도로 인한 짜증을 압도할 정도로 컸고, 꾸준한 속도 향상을 위한 발판 노릇을 했다. 또한 PC 기술을 사용해 더 나은 부품을 설계하고 제작할 수 있어 새로운 PC의 성능은 빠르게 향상됐고, 이는 다시 그보다 훨씬 더 나은 부품을 설계하고 제작하는 데 사용되는 식의 선순환을 낳았다.

80년대와 90년대 초까지만 해도 PC를 원했던 소비자들은 비즈니스 수요에 맞춰 제작된 PC를 따로 사야 했다. 소비자들에게 PC는 상대적으로 비싸고 사용하기 어려운 기기로 인식됐지만, 그럼에도 수백만 명이 이를 구입하고 사용법을 배웠다. 소비자들은 매킨토시와 윈도우가 마침내 완전히 나쁘지만은 않은 그래픽 사용자 환경을 내놓을 때까지 문자 모드 인터페이스를 참고 견뎠다. 90년대 초반에는 비디오 게임에 최적화된 소비자용 PC가 처음으로 출시됐다.

컴퓨터용 무어의 법칙과 네트워크용 메카프의 법칙은 선순환을 계속하면서 1980년대 말 새로운 수준에 이르렀지만, 개방형 인터넷이 곧바로 발전하지는 못했다. 그러기 위해서는 개선이 필요했다. 영국의 연구원인 팀 버너스−리Tim Berners-Lee는 1989년 월드와이드웹WWW, World Wide Web을 발명하고 1991년 최초의 웹 브라우저를 만들면서 그런 요구에 부응했지만, 그런 혁신조차 인터넷을 주류로 진입시키기에는 부족했다. 1993년 마크 앤드리슨이라는 컴퓨터 과학과 학생이 모자이크^{Mosaic} 브라우저를 만들면서 마침내 물꼬가 터졌다. 그로부터 1년 안에 야후와 아마존 같은 벤처기업이 나타났고, 1995년에는 이베이가 그 뒤를 이었다. 이후 지금 우리가 아는 것과 같은 웹이 생명을 얻었다.

1990년대 중반에 이르러 무선 네트워크는 휴대폰과 무선 호출기의 광범위한 보급을 가능케 하는 쪽으로 진화했다. 가장 널리 활용된 분야는 전화 통화와 이메일이었고, 문자 메시지가 그 다음이었다. 소비자의 시대가 시작됐다. 비즈니스 시대는 1975년부터 1995년까지 거의 20년간 지속됐지만, 그런 시대가 끝났음을 불평하는 기업은 없었다. 소비자를 겨냥한 기술은 더 싸고 좀 더 사용하기 쉽다는 특징을 가졌는데, 이것은 비즈니스 부문 역시 선호한 대목이었다. 소비자 기술은 비즈니스 부문에는 별로 중요시되지 않던 스타일의 향상도 몰고 왔다. 어떤 기업이든 적절한 스타일을 갖추기까지는 몇 년이 더 걸렸다.

90년대 중반의 월드와이드웹은 장밋빛이었다. 이상주의와 유토피아적 꿈이 업계 전반에 퍼졌다. 당시 인터넷과 월드와이드웹이 세상을 더 민주적이고 더 공정하며 더 자유롭게 만들 것이라는 의견이 지배적이었다. 웹의 최고 특징 중 하나는 본질적으로 네트워크의 중립성을 보장하는, 다시 말해 모든 사이트를 동등하게 취급하는 아키텍처였다. 그 1세대에서 웹상의 모든 것은 페이지를 중심으로 운행됐고, 페이지마다 모두 동일한 권한과 기회를 갖고 있었다. 불행하게도 인터넷 개척자들은 나중에 우리 모두를 괴롭히는 한 가지 조건을 빼먹었다. 나중에 가장 중요해진 조건은 실제 신원을 밝히지 않을 수 있는 선택권이었다. 이들은 익명성이 웹의 성장과 더불어 심각한 문제로 불거질 것이라는 점을 미처 깨닫지 못했다.

시간은 인터넷이 가진 유토피아적 시각의 안일함을 폭로하게 되지만, 그때는 이미 대다수 참가자가 그런 꿈에 포섭된 다음이었다. 언론인 제나 워덤은 그 상황을 "웹의 초창기 설계자와 개척자들은 인터넷이 아직 대화와 문자 기반 게임을 위한 작은 포럼이던 시절에 인터넷 자유라는 그들의 비전을 위해 싸웠다. 이들은 웹을 따로 규제하지 않고도 사용자가 충분히 운영할 수 있다고 생각했다."라고 밝혔다. 이들은 바람직한 방향의 잠재력이 무한하다고 보면서, 게시판과 댓글란에서 벌어지는 악의적 논쟁 같은 문제의 초기 징후를 성장통 정도로 해석하며 무시했다. 어떤 기업도 인터넷을 만드는 데 비용을 지불할 필요가 없었고, 이는 이론적으로 누구든 웹사이트를 가질 수 있다는 뜻이었다. 그러나 대부분의 사람들은 웹사이트, 애플리케이션 서버 등을 구축하기 위한 툴이 필요했다. 그런 빈틈으로 인터넷 인프라를 만든 프로젝트에서 서로 공조했던 프로그래머들의 분산 네트워크였던 '오픈소스' 커뮤니티가 생겨났다. 앤드리슨은 그런 커뮤니티에서 나왔다. 오픈소스는 무엇보다 뛰어난 기능성을 구현하고, 빠르게 진화하면서도 공짜라는 커다란 이점이 있었다. 불행하게도 웹과 오픈소스 제품은 관련 툴이 사용하기 어렵거나 불편하다는 한 가지 심각한 문제를 안고 있었다. 오픈소스 커뮤니티의 자원봉사자들이 가진 하나의 동기는 '열린 웹open web'을 건설한다는 것이었다. 이들의 초점은 성능과 기능이었지 편의성과 용이성이 아니었다. 그것은 인터넷의 핵심인 인프라에서는 잘 통했지만, 소비자를 대상으로 한 애플리케이션에서는 제대로 통하지 않았다.

월드와이드웹은 1994년 모자이크와 넷스케이프 브라우저를 시작으로 아마존, 야후, 이베이 같은 사이트 덕택에 인기를 얻었다. 기업은 다른 기업 및 소비자와 소통하는 더 좋은 방법으로 웹이 가진 잠재력을 인식하고 웹을 수용했다. 이런 변화는 메카프의 법칙이 예언한 대로 월드와이드웹의 가치를 기하급수적으로 더 높였다. 웹은 1990년대 후반의 문화를 주도하면서 주식 시장의 거품을 일으키는 한편, 거의 보편적인 소통 수단으로 자리잡았다. 2000년 초에 시작된 닷컴의 몰락은 깊은 상처를 남겼지만 웹은 지속적으로 성장했다. 웹의 이 두 번째 성장 단계에서 구글은 세상의 모든 정보를 정리하고 표시하면서 가장 중요한 존재로 떠올랐다. 애플은 IT 스타일의 불문율을 깨뜨렸고(애플 제품은 자신만의 개성 선언이었다), 소비자의 뜨거운 반응에 힘입어 제2의 전성기를 맞았다. 아이맥과 아이팟에 이어 아이폰 및 아이패드 같은 제품은 애플에게 이전의 영광을 회복하는 것은 물론 그 이상의 성공을 맛보게 해줬다. 이 글을 쓸 당시 애플은 세계에서 가장 높은 가치를 가진 기업으로 꼽혔다(다행스럽게도 애플은 이용자의 개인정보를 보호하는 차원에서도 업계의 선도자인데, 이 점은 나중에 다시 다루겠다).

새로운 밀레니엄의 초기 몇 년 동안, 게임 변경 모델이 월드와이드웹의 페이지 중심의 아키텍처에 도전장을 냈다. '웹 2.0'이라고 불리는 새 아키텍처는 사람을 중심으로 내세웠다. 웹 2.0의 개척자들은 나중에 징가Zynga를 설립한 마크 핑커스Mark Pincus, 링크드인LinkedIn 설립자인 리드 호프만Reid Hoffman, 음악 파일 공유 회사인 냅스터Napster를 공동 설립한 숀 파커Sean Parker 같은 이들이었다. 냅스터 이후에 파커는 주소록을 클라우드에 저장해 주는 서비스인 플락소Plaxo를 선보였다. 이 회사는 자신의 주소록에 있는 모든 사람에게 자동으로 바뀐 이메일 주소를 전달하는 서비스를 제공해 새로운 이용자를 늘리며 성장했고, 그 뒤에 나타난 다른 소셜미디어 플랫폼도 이런 방식을 흉내 냈다. 비슷한 시기에 구글은 뛰어난 통찰에 이르게 된다. 열린 인터넷의 커다란 부분을 장악할 수 있는 방법을 본 것이다. 아무도 오픈소스 툴을 소유하지 않았기 때문에 소비자들에게 매력적으로 만들 경제적인 인센티브도 없었다. 엔지니어에 의해, 엔지니어를 위해 설계된 이 툴은 엔지니어가 아닌 사람에게는 스트레스만 안겨줄 수도 있었다.

구글은 소비자들과 일부 기업 사용자들의 이런 불만을 활용할 기회를 발견했다. 구글은 검색, 브라우징, 이메일 등 사람들이 웹에서 벌이는 주요 행동 목록을 만들었다. 당시 대다수 이용자들은 다양한 제조사에서 만든 독점 툴과 오픈소스를 혼합해 사용할 수밖에 없는 처지였다. 대다수 제품은 서로 잘 호환되지 않아서 충돌이 나기 일쑤였고, 구글이 활용 기회로 포착한 것은 바로 이 지점이었다. 2004년 구글은 지메일을 시작으로 지도, 사진, 비디오, 생산성 향상 애플리케이션 분야의 제품을 만들거나 인수했다. 모든 서비스는 공짜였고, 따라서 소비자 사용을 가로막을 장벽은 없었다. 모든 것은 함께 작동했다. 모든 앱은 구글이 활용할 수 있는 데이터를 수집했다. 고객들은 구글 앱에 열광했다. 전체적으로 구글의 앱 모음은 열린 월드와이드웹의 커다란 부분을 대체했다. 그것은 마치 구글이 공립 공원의 절반에 일방적으로 울타리를 치고, 해당 지역을 상업화하기 시작한 것이나 다름없었다.

2000년 이전 반세기 동안 진행된 IT 기술의 꾸준한 행진은 엄청난 가치를 생산하고, 수많은 즐거운 놀라움을 안겨주면서 업계와 고객들은 궁정적인 결과를 당연시하기 시작했다. 기술 낙관주의는 중력의 법칙 같은 차원이 결코 아니었지만 엔지니어, 기업가 및 투자자들은 자신들이 하는 모든 일이 세상을 더 나은 곳으로 만들었다고 믿었다. 대부분 참가자들은 일정 형태의 인터넷 유토피아를 제시했다. 당시 우리가 깨닫지 못한 것은 처리 능력, 메모리, 저장 용량 및 네트워크 대역폭이 충분하지 않아 생긴 제한이 일종의 관리자 역할을 수행함으로써, 실수로 인한 피해를 비교적 적은 수의 고객으로 제한했다는 점이다. IT 업계는 과거에 워낙 긍정적으로 많이 기여했기 때문에 미래에 벌어질 모든 일 또한 좋을 것으로 우리는 모두 믿었다. 그것은 어리석은 가정은 아니었지만 오만을 낳게 될 안이한 가정이었다.

저커버그가 페이스북을 선보인 2004년 초, IT 업계는 닷컴 몰락에 따른 경기 침체에서 막 벗어나고 있었다. 웹 2.0은 아직 초기 단계여서 뚜렷한 승자가 나오지 않은 상황이었다. 당시 실리콘밸리는 근본적인 변화의 시기로 창업, 철학, 경제학 및 문화 네 부문에서 중요한 변화가 일어나기 시작했다. 전제적으로 이들 변화는 사상 유례없는 성장과 부의 창출을 촉진시켰다. 일단 돈방석이 펼쳐지자 누구도 거기에서 빠지고 싶어하지 않았다. 하룻밤 사이 거부가 될 수도 있게 되자 누구도 거기에 의문을 제기하거나 부작용을 고려하려고 하지 않았다.

실리콘밸리에서 벌어진 첫 번째 큰 변화는 신생기업을 둘러싼 경제학이었다. 신생기업들을 오랫동안 괴롭혔던 장애물이 사라졌다. 엔지니어들은 아파치 서버와 모질라 브라우저 같은 대체 소프트웨어 요소를 오픈소스 커뮤니티에서 쉽게 구할 수 있게 된 덕택에 세계적 수준의 제품을 재빨리 만들 수 있었다. 오픈소스가 기반으로 자리잡게 되자 엔지니어들은 밑바닥부터 인프라를 만드는 대신 그들이 개발 중인 앱 기능을 높이는 데 모든 노력을 집중할 수 있었다. 이것은 시간과 돈을 아껴줬다. 그와 동시에 '클라우드'라는 새로운 개념이 떠올랐고, 업계는 공유된 자원의 집중화라는 새 아이디어를 수용했다. 이 클라우드는 데이터 분야의 우버 Uber라고 할 수 있다. 고객 기업은 서비스가 클라우드에서 매끄럽게 제공되는 한, 자체 데이터 센터나 저장 공간이 필요 없다. 현재 클라우드 서비스를 주도하는 아마존 웹 서비스AWS는 아마존닷컴의 온라인 쇼핑 비즈니스를 지렛대 삼아 초대형 인프라를 구축한 뒤, 벤처기업과 중견기업들을 대상으로 턴키 방식 서비스를 제공한다. AWS 같은 클라우드 서비스는 고객 기업이 전체 시스템에 큰 비용을 지출하는 대신 월정 이용료를 내고 하드웨어와 네트워크 인프라를 아웃소싱할 수 있게 해줌으로써 신규 사업을 개시하는 데 필요한 비용과 시간을 줄여준다. 신생 벤처기업은 무료 오픈소스 애플리케이션을 적절히 조합하고 조정해 그들만의 소프트웨어 인프라를 만든다. 클라우드를 통해 한 번만 업데이트하면 이용자들이 이를 내려받을 수 있으므로, 개별 PC와 서버를 일일이 업그레이드할 필요가 없어 비용도 대폭 절감할 수 있다. 이런 변화로 인해 신생기업은 스택 최상위에 있는 애플리케이션과 실제 부가가치에만 집중할 수 있게 됐다. 넷플릭스Netflix, 박스Box, 드롭박스Dropbox, 슬랙Slack 그리고 여러 다른 비즈니스가 이런 모델을 기반으로 만들어졌다.

'린 스타트업Lean Startup' 모델은 이렇게 시작됐다. 신생기업은 이제 완전한 기술 인프라를 구축하는 데 필요한 고비용과 운영 부담이 사라졌고, 처음부터 완벽한 신상품을 만들어야 한다는 기존의 실리콘밸리 모델을 답습할 필요도 없어졌다. 과거보다 아주 적은 비용으로 '최소 기능 제품

MVP, minimum viable product'을 제작 출시해 시장 반응을 파악할 수 있었다. 린 스타트업 모델은 어디에서나 통용되지만 필요할 때마다 언제든 업데이트할 수 있는 클라우드 소프트웨어 환경에서 가장 잘 작동한다. 이 신 모델로 만들어진 첫 주요 산업은 웹페이지가 아닌 사람들의 네트워크를 구축하는 웹 2.0 벤처기업, 즉 소셜미디어였다. 설립자들은 사업 시작 후 매일 데이터를 연구하고, 고객 피드백에 맞춰 서비스를 수정했다. 린 스 타트업 개념에는 완제품이 없다. 항상 개선할 수 있다. 넷플릭스의 기록 적인 성장을 뒷받침한 데서 잘 드러나듯이, AWS는 벤처기업이 얼마나 빨리 성장하든 상관없이 네트워크 부하를 감당할 수 있었다. 이전 세대에 서라면 상당한 규모의 숙련된 엔지니어들이 필요했을 비즈니스 업무를 이제는 경험이 많지 않은 엔지니어가 AWS와 이메일을 주고받는 방식으 로 수행할 수 있었다. 대규모 자본 투자가 필요했던 인프라는 이제 월 단 위로 임대할 수 있게 됐다. 출시한 제품이나 서비스가 성공하지 못하더라 도 실패에 따른 비용은, 특히 2000년 이전과 비교하면 무시할 만한 수준 이었다. 성공적이라고 판단되면 설립자들은 다른 대안이 있었다. 유리한 조건으로 벤처 자본을 유치해 더 큰 규모의 팀을 조직하고, 제품이나 서 비스 품질을 개선하고, 유치한 자본을 더 많은 이용자를 모으는 데 지출 할 수 있었다. 혹은 인스타그램과 왓츠앱 설립자들이 최종 선택한 방식을 따를 수도 있었다. 바로 소수의 직원들을 포함해 다른 기업에 수십억 달 러를 받고 매각하는 것이다.

페이스북의 모토인 "빨리 움직이고 무엇이든 깨뜨려라."는 린 스타트 업 철학을 구현하고 있다. 전략 따위는 잊어라. 소수의 친구들과 협력하 고, 당신이 좋아하는 제품을 만들어 시장에 선보여라. 실수를 저질러 그것을 바로잡는 과정을 되풀이하라. 벤처 투자자들에게 린 스타트업 모델은 축복이었다. 벤처 자본가들은 거액의 현금을 낭비하기 전에 실패한 기업가를 가려 제외할 수 있었다. 성공한 기업인의 가치는 워낙 높아서 자본가는 한 명만 선택하면 커다란 수익을 얻을 수 있었다.

하드웨어와 네트워크에 제약이 있으면 소프트웨어는 간결해야 한다. 엔지니어들은 성능을 극대화하기 위해 불필요한 기능은 희생시킨다. 검색창만 보여주는 구글의 단순한 디자인은 초기에 커다란 차별화를 만들었고, 익사이트Excite, 알타비스타AltaVista, 야후 등에 비해 경쟁 우위로 작용했다. 그보다 10년 전 마이크로소프트의 윈도우 초기 버전이 부분적으로 실패했던 이유는 당시 하드웨어가 윈도우 디자인이 요구하는 성능을 처리할 수 없었기 때문이었다. 2004년에 이르러 모든 PC는 여유 있는 처리 성능을 갖췄다. 유선 네트워크는 비디오를 감당할 수 있었다. 페이스북 디자인은 거의 모든 면에서 마이스페이스MySpace를 능가해 상대적 우위를 점했지만, 10년 전까지도 만연했던 근본적인 성능 문제에는 직면하지 않았다. 엔지니어들은 적어도 PC에서 세상을 바꾸기에 충분한 처리 능력, 저장 용량과 네트워크 대역폭을 갖고 있었다. 프로그래밍 분야는 여전히 천재성과 창의성이 성공의 큰 변수로 작용했지만, 저커버그 같은 기업가들은 사업 계획을 집행하기 위해 굳이 시스템 전문성을 갖춘 숙련된 엔지니어 팀이 필요하지 않았다. 20대 초반의 설립자인 저커버그에게 당시 상황은 행운이었다. 그는 자기 또래로 팀을 꾸려 회사를 만들 수 있었다. 구글과 달리 페이스북은 유경험자를 고용하는 데 소극적이었다. 무경험은 인건비를 낮춰주고, 20대 청년들도 효과적인 CEO 역할을 할 수 있게 해준다는 점에서 장벽이 아니라 이점으로 작용했다. 저커버그의 핵심 범위 안에 있는 사람들은 그의 비전을 주저없이 받아들였고, 해당 비전을 하위 엔지니어들에게 구현하게 했다. 자체 조건에 맞춘 페이스북의 인사 전략은 예외적일 정도로 잘 먹혔다. 페이스북은 경영 목표를 해마다 초과 달성하면서 주주들에게, 그중에서도 특히 저커버그에게 막대한 부를 안겼다. 그런 성공의 결과, 페이스북 전략은 실리콘밸리 신생 벤처의 인사 문화에 엄청난 영향을 미쳤다.

실리콘밸리 초기, 소프트웨어 엔지니어들은 대체로 MIT, 칼텍Caltech, 카네기 멜론 대학Carnegie Mellon University의 컴퓨터 과학이나 전기공학 프로그램 출신이었다. 70년대 후반에 이르러 버클리Berkeley와 스탠포드Stanford가 최고 수준의 대열에 가세했다. 90년대 후반에 들어서는 마크 앤드리슨의 모교인 일리노이대 어바나-샴페인 캠퍼스University of Illinois at Urbana-Champaign와 컴퓨터 과학 프로그램이 강한 여러 대학이 뒤를 따랐다. 2000년 이후에는 프로그래머들의 출신 학교가 하버드 대학을 포함한 거의 모든 미국 대학으로 다양해졌다.

사상 최초로 컴퓨터 성능에 여유가 생기자 엔지니어들은 새롭고 흥분되는 선택에 직면했다. 예컨대 2003년 이후 문을 연 신생 벤처회사는 잉여 처리 속도, 메모리, 저장 용량 및 대역폭을 이용자들의 만족도를 높이는 데 활용할 수 있었다. 몇 사람이 시도했고, 그 결과 중 하나가 디지털 개인 비서인 시리Siri의 발명이었다. 가장 성공적인 기업가들은 다른 경로를 선택했다. 이들은 광대역 네트워크가 세계적인 소비자 기술 브랜드를 매우 빠르게 구축할 수 있게 해줄 것으로 인식했고, 그래서 최대 규모를 선택했다. 가능한 한 더 빠른 성장을 위해 이들은 매수 가격, 비판, 규제 같은 갈등 요소를 제거하는 데 모든 노력을 기울였다. 제품과 서비스는 공짜로 제공했고, 규제와 개인정보보호 기준은 무시했다. 개별 사용자의 허락을 얻을 것인가, 아니면 저지른 다음에 용서를 구할 것인가의 기로에서 이들은 후자를 택했다. 일부 벤처기업의 경우 권위에 대한 도전은 기업 문화의 핵심이었다. 이용자 참여와 매출을 극대화하기 위해 웹 2.0 신생기업은 인간 심리의 가장 약한 부위를 공략하는 데 기술의 초점을 맞췄다. 사람들이 습관이 들도록, 더 나아가 습관이 중독으로 발전하도록 유도함으로써 막대한 재산 축적의 터전을 닦았다.

두 번째 중요한 변화는 철학적인 부분이었다. 미국의 경영 철학은 점점 더 자유론에 가까워졌고, 그런 경향을 실리콘밸리보다 더 표나게 보여주는 곳은 달리 없었다. 미국은 단합된 행동을 통해 대공황을 극복했고, 2차 세계대전에서 승리했다. 국가 차원에서 우리는 개인 이익보다 공동 이익을 앞세웠고, 그런 태도는 매우 잘 작용했다. 2차 세계대전이 끝나자 미국 경제는 전 세계를 재건하면서 번창했다. 평화로운 시대의 여러 혜택 중 하나는 풍족한 중산층이 형성된다는 점이었다. 세율은 높았지만 불평하는 사람은 거의 없었다. 단합된 행동으로 각 주를 연결하는 고속도로 시스템뿐 아니라 세계 최고의 공공 교육 시스템을 구축했고, 인류를 달에 보냈다. 보통의 미국인은 놀라울 정도로 높은 생활 수준을 누렸다.

그러다 1973년 석유수출국기구^{OPEC}가 제4차 중동전쟁에서 이스라엘을 지지한 나라들을 보이콧하면서 석유 위기가 닥쳤다. 석유 금수 조치는 미국 경제의 허점을 노출시켰다. 그것은 미국 경제가 값싼 석유에 기반하고 있다는 점이었다. 미국은 베트남 전쟁과 '위대한 사회'[1] 프로그램에 필요한 비용을 공격적으로 빌려 쓰면서 60년대의 대부분을 분수에 넘치게 생활했고, 그 때문에 취약해졌다. 높아지는 유가가 인플레이션과 경제 침체를 일으키면서 미국은 새로운 철학 체제로 전환됐다.

승자는 공동의 이익보다 개인을 우선시하는 자유주의였다. 그것은 "당신은 오직 당신 자신에게만 책임이 있다."라는 말로 요약할 수 있다. 집단주의와는 정반대로 자유주의는 미국 서부 개척 시대에 뿌리를 두고 있다. 현대적 맥락에서 그것은 자원 분배 방식을 시장에 맡기는 것이 항상 최선이라는 믿음과 밀접하게 연결된다. 자유주의 시각에서는 아무도 야망이나 탐욕에 죄책감을 느낄 필요가 없다. 혼란은 단순한 결과가 아니라 전략일 수도 있다. 자신의 행동이 타인에게 미치는 영향에 대한 책임을 면제해주는 그런 철학이 실리콘밸리의 기업가와 투자자들에게 얼마나 매력적으로 비쳤을지 상상할 수 있을 것이다. 이들은 이 철학을 적극 수용했다. 새로운 철학은 해커를, 혹은 권위에 맞서는 반항아들을 끌어안고 보상했다. 그런 과정에서 언급되지 않은 것은 새 철학의 영향력이 이미 이점을 가진 이들에게 부여된다는 점이었다. 부유하게 태어난 행운아들은 자신들의 성공을 노력과 재능 덕택으로 돌리면서, 불리한 환경에 놓인 사람들은 충분히 노력하지 않았거나 재능이 없기 때문이라고 치부했다. 많은 자유주의 기업가들은 자기 회사 내의 '실력주의meritocracy' 풍토를 자랑한다. 실력주의는 굉장한 것처럼 들리지만 실상은 실리콘밸리 특유의

---

1 1963년부터 69년까지 미국의 제36대 대통령으로 재임한 린든 존슨(Lyndon Johnson)은 미군의 베트남전 투입을 결정하는 한편 '위대한 사회(the Great Society)'라는 기치를 내걸고 빈곤 추방과 경제 번영을 꾀하는 정책을 펼쳤다. – 옮긴이

심각한 문제를 안고 있다. 회사가 작고 직원 구성이 동질적인 환경에서 기업 성공에 기여하는 것을 '실력'으로 간주한다면 실력주의는 비슷한 배경과 경력을 가진 사람들을 채용하는 방향으로 치우치게 된다. 회사가 이런 부분에 신중하지 않다면 그 회사는 다양성이 결여된 동질적 인력 구성을 보이게 될 것이다. 인터넷 플랫폼에서 이것은 직원들이 압도적으로 2~30대 백인과 아시안 남성으로 구성될 것이라는 뜻이다. 이것은 제품 설계에 영향을 미칠 수 있다. 예를 들면 구글의 얼굴 인식 소프트웨어는 유색인종을 제대로 판별하지 못하는데, 이것은 구글 개발팀의 다양성 부족을 반영한 현상일 수 있다. 동질성은 수용 가능한 아이디어의 범위를 좁히며, 페이스북의 경우를 본다면 순응을 강조하는 업무 환경을 부추길 수 있다. 실리콘밸리의 놀라운 다양성 결여는 자유주의 철학의 광범위한 확산을 반영한 것일지 모른다. 저커버그의 초기 투자자이자 멘토인 피터 틸Peter Thiel은 자유주의 가치의 노골적인 옹호자다.

세 번째 큰 변화는 경제적인 것으로, 이는 자유주의 철학의 자연스러운 연장이었다. 신자유주의는 시장이 정부를 대체해 경제 활동의 규칙을 정하는 주체가 돼야 한다고 주장했다. 당시 로널드 레이건Ronald Reagan 대통령은 "정부는 우리 문제의 해법이 아닙니다. 정부가 바로 문제입니다."라는 말로 신자유주의를 규정했다. 1981년 초, 레이건 행정부는 기업에 대한 규제를 풀기 시작했다. 투자를 크게 늘리고 경제 활성화를 꾀하면서 시장 자신감을 회복시켰다. 1982년에 이르러 월스트리트 금융가는 레이건의 그런 의도를 수용했고 주가도 오르기 시작했다. 레이건은 이를 '미국의 아침'이라고 불렀다. 그런 정책의 후유증인 임금 정체, 수입 불평등 및 기술 이외 분야의 창업 활동 감소는 90년대 후반에 이르러서야 나타나기 시작했다.

　규제 철폐는 대체로 기존 기업에 유리한 반면 신생기업에는 불리했다. 1977년에 절정을 이뤘던 창업 흐름은 이후 감소 일로였다. 예외는 실리콘밸리로, 대기업은 급속히 진화하는 기술을 따라잡지 못해 쩔쩔매면서 신생기업에 기회를 제공했다. 80년대 초의 창업 경제는 미미한 규모였지만 활기가 넘쳤다. PC 산업과 함께 성장해 1990년대에 폭발적으로 성장했고, 2000년에 1,200억 달러 규모로 정점을 찍은 직후 2년 동안 87%나 감소했다. 린 스타트업 모델은 창업 비용을 격감시켰고, 그 덕택에 다수의 신생기업이 매우 빠르게 재기했다. 전국 벤처자본협회에 따르면 벤처기업에 대한 투자 규모는 2015년 10,463건에 790억 달러를 기록해 2008년 규모보다 두 배 이상 증가하면서 완전히 회복했다. 페이스북, 구글, 아마존, 애플의 시장 지배력은 투자자와 기업들의 행태를 바꿨고, 그 때문에 신생기업은 초기에 거대 기업 중 하나에 조기 매각하거나 더 작고, 덜 매력적인 시장으로 방향을 바꾸게 됐다.

　레이건 재임 기간 중 기업 영향력에 대한 미국민의 시각도 바뀌었다. 미국의 건국자들은 독점을 왕조나 다름없다고 간주하고, 경제력이 널리 분산될 수 있도록 조치를 취했다. 산업혁명, 기계화, 기술, 두 차례에 걸친 세계대전 그리고 글로벌화를 거치는 동안 어느 정도의 밀물과 썰물은 있었지만 적어도 1981년까지, 경제력과 부의 집중에 제한이 있어야 한다는 시각이 지배적이었다. 레이건 혁명은 소비자에게 더 높은 비용으로 전가되지 않는 한 경제력 집중은 문제가 되지 않는다는 개념을 끌어안았다. 이번에도 실리콘밸리는 자유방임 경제의 혜택을 누렸다.

　기술 시장은 본질적으로 독점 체제가 아니다. 그렇기는 해도 세대마다 주도적인 기업이 나왔다. 메인프레임 시대에는 IBM이었고, 미니컴퓨터는 디지털 이퀴프먼트, PC 시대에는 마이크로소프트와 인텔, 데이터 네트워킹은 시스코, 기업용 소프트웨어는 오라클, 인터넷 시대에는 구글이었다. 기술 분야의 독점 반대론은 중대 혁신이 거의 언제나 신생기업에서 나온다고 주장한다. 창업을 억압한다면 혁신도 침체될 것이라는 견해다.

　인터넷 시대 이전까지 주도적인 기술 기업은 당대의 아키텍처에 기반이 되는 기술을 팔았다. 디지털 이퀴프먼트를 제외하면 한때 기술 시장을 주도했던 기업들은 오늘날도 여전히 남아 있다. 비록 어느 기업도 그들이 주도하던 시장이 성숙하고, 정점에 이르고, 마침내 이후 세대에 자리를 내주는 현상을 막지 못했지만 말이다. IBM과 마이크로소프트가 시장을 주도하던 시기에 두 기업의 비즈니스 행태가 반독점 규제 기관의 제재를 받아 경쟁 균형이 바로잡힌 경우가 두 차례 있었다. IBM에 대한 반독점 규제가 없었다면 마이크로소프트도 없었을 가능성이 높다. 마이크로소프트에 대한 규제가 없었다면 구글이 그처럼 성공할 수 있었으리라고 상상하기 어렵다. 구글을 시작으로 가장 성공한 기술 기업들은 다른 사람이 건설한 탑의 맨 꼭대기에 앉았고, 그 덕택에 이전의 어느 시장 주도 기업들보다 더 빠르게 움직일 수 있었다. 구글, 페이스북과 다른 기업들도 광고 비즈니스 모델을 채용함으로써 이전의 틀을 깼고, 이는 제품을 무료로 사용할 수 있게 함으로써 또 다른 형태의 마찰 요소를 제거하는 것은 물론 반독점 규제로부터 스스로를 보호할 수 있었다. 이들은 유선 광대역 채택 환경에 편승한 데 이어 4G 모바일의 물결을 타고 눈깜짝할 사이에 빠르게 글로벌 규모로 확장했다. 이들 제품은 이용자가 네트워크에 사용자를 추가할수록 제품 가치가 높아지는 네트워크 효과를 톡톡히 봤다. 네트워크 효과는 이용자들에게 혜택을 줄 것으로 여겨졌다. 페이스북과 구글의 경우는 그런 기대가 얼마간 실현되는 듯 보였지만, 결국은 해당 네트워크 소유자 쪽으로 가치 증가의 혜택이 결정적으로 기울었고, 그 때문에 신생기업들은 결코 능가할 수 없는 장벽이 됐다. 페이스북과 구글, 그리고 아마존은 1백년 전 스탠더드 오일이 석유 산업을 독점하던 시절 이래 볼 수 없었던 압도적 규모의 경제력을 신속하게 축적했다. 벤처 투자자인 제임스 커리어^{James Currier}는 온라인 매체인 「미디엄」[2]에 기고한 에세이에서 인터넷 플랫폼 비즈니스의 성공 열쇠는 네트워크 효과에 있으며 페이스북은 역사상 다른 어떤 기업보다도 더 크게 혜택을 받았다고 지적했다. 그는 "지금까지 우리는 페이스북이 여섯 겹의 동심원 층을 두른 성처럼, 기업의 방어력과 가치를 창출하기 위해 알려진 13개의 네트워크 효과 중에서 무려 6개 이상을 구축했다는 점을 파악했다. 페이스북 벽은 날이 갈수록 높아지고 있으며, 그 벽의 정상에서 페이스북은 인터넷 시대의 주요 방어 능력으로 알려진 브랜드, 규모, 내장성^{embedding}의 세 가지 모두를 강화했다."라고 말했다.

2004년까지 미국은 규제에 대한 간섭없이 자유방임 정책으로 일관한 지 오랜 시간이 지나 실리콘밸리에서는 다른 규제 방식이 있었는지조차 모르는 사람이 많을 정도가 됐다. 이것이 오늘날 IT 분야에 종사하는 일부 사람들이 페이스북, 구글, 아마존 등에 반독점이나 기타 규제를 가해야 한다고 요구하는 이유 중 하나다.

---

2 에반 윌리엄스(Evan Williams)가 개발해 2012년 출범시킨 온라인 출판 플랫폼(Medium.com)

실리콘밸리에서 2004년의 환경을 이전 시기와 차별화하는 또 한 가지 변수는 엔젤 투자자들이었다. 벤처 자본가들은 70년대 후반 이후 창업 경제의 주요 관문 구실을 해왔지만, 닷컴 거품이 꺼진 뒤 다시 제 역할을 회복하는 데 몇 년을 소비해야 했다. 그 빈 공간으로 개인들, 주로 전직 기업가와 경영진으로 운영되는 엔젤 투자자들이 들어와 기업의 초기 창업을 지도했다. 엔젤 투자자들은 비교적 적은 투자로 최대 효용 가치를 뽑아내는 린 스타트업 모델과 완벽하게 일치했다. 엔젤 투자자들 중 하나인 론 콘웨이Ron Conway는 막강한 브랜드를 구축했지만, 페이팔PayPal 창업에 관여한 팀은 그보다 훨씬 더 큰 영향을 미쳤다. 피터 틸, 일론 머스크Elon Musk, 리드 호프만, 맥스 레브친Max Levchin, 제레미 스토플만Jeremy Stoppleman 그리고 그 동료들은 '페이팔 마피아PayPal Marfia'로 불렸고, 그들의 영향력은 실리콘밸리를 근본적으로 변화시켰다. 이들은 테슬라Tesla, 스페이스-XSpace-X, 링크드인, 옐프Yelp를 출범시켰을 뿐 아니라 페이스북과 다른 많은 성공적인 벤처기업에 초기 투자를 제공했다. 하지만 돈보다 더 중요한 것은 페이팔 마피아가 가진 비전, 가치 시스템 및 커넥션으로, 이후 소셜미디어 세대를 지배하게 됐다. 페이팔 마피아가 매기는 가치는 소셜미디어 초기의 수많은 신생기업에 결정적이었다. 이들의 경영 기법은 실리콘밸리 역사상 그 유례를 찾아볼 수 없는 속도로 신생기업들을 성장시켰다. 페이팔 마피아의 가치 시스템은 투자로 막대한 부를 창출하는 데 도움이 됐지만, 그들의 성공으로 생겨난 피해에 대한 인터넷 플랫폼의 무지에도 기여했을 수 있다. 요컨대 소셜미디어의 장단점 모두를 페이팔 마피아의 영향이라고 밝힐 수 있다.

운 좋은 타이밍 덕분에 페이스북은 낮은 창업 장벽, 기업 철학과 경제학의 변화뿐 아니라 새로운 소셜 환경의 혜택을 톡톡히 누렸다. 실리콘밸리는 샌프란시스코 남쪽 교외, 주로 팔로알토^{Palo Alto}와 산호세^{San Jose} 사이에서 번창했다. IT 분야의 너드들은 많은 경우 자녀가 있는 가정을 꾸리고 있었기 때문에 평온한 교외에서 사는 데 아무런 문제가 없었고, 자녀가 없는 경우에도 도시 생활의 선택권이 있다고 기대하지 않았다. 하지만 90년대 후반의 닷컴 거품과 더불어 창업 문화는 대학을 갓 나온 젊은이들을 유인하기 시작했고, 이들은 이전 세대처럼 교외의 삶에 만족하지 못했다. 경험의 경제 가치가 감소되는 세상에서 신세대는 샌프란시스코를 거주지로 선호했다. 2000년대 샌프란시스코를 기반으로 한 닷컴 기업들이 대부분 도산하는 바람에 그런 변화는 순탄치 않았지만, 새로운 밀레니엄이 시작된 이후 샌프란시스코의 IT 인구는 꾸준히 늘었다. 페이스북은 본래 실리콘밸리의 심장부이자 구글, HP, 애플에서 멀지 않은 팔로알토에 자리잡고 있었지만 직원 상당수는 대도시에 사는 쪽을 택했다. 만약 페이스북이 숙련된 엔지니어들이 실리콘밸리를 주도하던 결핍의 시대에 태어났다면 사뭇 다른 문화를 갖게 됐을 것이다. 하지만 엔지니어링에 제한 사항이 많았던 이전 시대였다면 페이스북 플랫폼은 성공을 보장할 만큼 제대로 작동하지 못했을 것이다. 페이스북은 완벽한 시기에 태어난 것이었다.

샌프란시스코는 다양한 인종, 양호한 대중교통, 레크리에이션 접근성 및 많은 야간 생활을 즐길 수 있는 멋진 곳이다. 이 도시는 서니베일^{Sunnyvale}이나 마운틴 뷰^{Mountain View}와는 다른 부류의 사람들을 끌어들이는데, 그중에서도 실리콘밸리에서는 볼 수 없었던 두 유형은 힙스터^{hipster}

와 브로^{bros}다. 격자무늬 셔츠 차림에 턱수염과 귀걸이를 한 힙스터는 마치 뉴욕 브루클린에서 온 것 같은 느낌을 준다. 샌프란시스코 보헤미안 시대의 후예인 것 같은데, 비트 세대^{The Beats[3]}의 현대적 해석처럼 보이기도 한다. 형제나 친구를 뜻하는 '브로'는 비록 본질보다 스타일 면에서는 달랐다. 야심차고 적극적이며, 대단히 자신감에 넘치며 자유주의적 가치를 신봉한다. 공감 의식이 결여돼 있고, 다른 사람들에게 어떤 영향이 미치든 신경 쓰지 않는다는 특징이 있다. 힙스터와 브로 문화는 전적으로 남성 위주였다. 과거 실리콘밸리 세대보다 더 많은 여성이 IT 분야로 진출했지만, 문화는 여전히 여성을 동등하게 대우할 줄 모르는 남성들이 주도했다. 실리콘밸리에서 일하는 정말 많은 사람이 다른 이들을 동등하게 대우하는 것이 바람직한 행태임을 깨닫지 못했다. 그런 이들을 위해 단순한 경제적 통계를 알려주겠다. 여성은 미국 인구의 51%를 차지하고, 소비자 구매의 85%를 점유하며, 모든 개인적 부의 60%를 좌우한다. 이처럼 여성이 남성보다 자신이 원하는 것이 무엇인지 더 잘 아는데도 불구하고, 소비자 대상 벤처기업에 수십억 달러를 투자하는 실리콘밸리에서는 남성이 주요 직위의 대부분을 차지하고 있다. 적지 않은 여성들은 남성에게 유리하도록 짜인 경쟁에서 이기기도 하며, 실리콘밸리에서는 더욱 높은 빈도로 그런 성취를 보여준다. 경제주간지인 「블룸버그」의 에밀리 창 기자는 이 문화를 『브로토피아: 실리콘밸리에 만연한 성차별과 섹스 파

---

3 비트 세대(Beat Generation)는 1950년대 미국의 경제적 풍요 속에서 획일화, 동질화 양상으로 개개인이 거대한 사회조직의 한 부속품으로 전락하는 것에 대항해, 민속음악을 즐기며 산업화 이전 시대의 전원생활, 인간 정신에 대한 신뢰, 낙천주의적인 사고를 중요시한 사람들을 지칭한다(출처: 위키백과).

티를 폭로하다』(와이즈베리, 2018)라는 책에서 명쾌하게 묘사한 바 있다.

2000년대 이후 기술 인구의 유입은 '사랑의 여름'으로 일컬어지는 1967년 이후 최대 규모로 샌프란시스코에 가시적인 영향을 끼쳤고, 그에 따른 반발은 조용히 그러나 꾸준히 증가하고 있다. 힙스터와 브로 타입은 한여름 숲속의 우후죽순처럼 새롭게 생겨나는 찻집과 공동작업 공간과 더불어 경제 활성화를 주도했다. 그러나 이들은 자신들의 생활방식이 이전에 존재했던 샌프란시스코의 조용한 평형 상태를 방해할 수 있다는 사실을 인식하지 못하는 것 같았다. 그들의 수요에 맞춘 다양하고 새로운 서비스를 제공하는 신생기업이 나타나면서, 힙스터와 브로 세대는 결국 반발을 불러일으켰다. 이들의 출퇴근을 위해 구글, 페이스북, 애플 그리고 다른 실리콘밸리 기업까지 운행하는 고급 버스처럼 눈에 거슬리는 여러 현상은 지역주민들의 항의를 촉발시켰다. 우버와 리프트Lyft에 소속된 차량이 도시의 교통체증을 악화시키면서 통근 시간을 크게 늘렸다. 무신경한 블로그 포스팅, 부적절한 비즈니스 행태, 높은 주거 비용 등은 지역민들이 벤처기업을 용서할 수도, 잊을 수도 없게 만들었다.

저커버그는 아름다운 교외에 거주하는 의대 교수들을 부모로 둔 백인 남성에게 기대할 수 있을 법한 특권적 유년기를 보냈다. 하버드대 학생이던 시절 그는 페이스북 아이디어를 고안했다. 저커버그는 높은 집중력과 열정이 있었기 때문에 실리콘밸리의 어느 분야에서든 성공했을 테지만, 그는 특히 당시 시대 상황에 잘 맞았다. 거기에 더해 앞에서 언급했듯이 그에게는 이전 기업가 세대는 갖지 못했던 이점이 있었다. 그는 자기 또래들로(그중 많은 이는 정규 직업을 가져본 적조차 없었다) 팀을 꾸리고 그들만의 문화를 형성할 수 있었다. 그 덕택에 페이스북은 이전에는 불가능했던 일들을 성취할 수 있었다.

저커버그와 페이스북 경영진의 입장에서 세계를 연결한다는 목표가 훌륭하다는 점은 자명했다. "빨리 움직이고 무엇이든 깨뜨려라."라는 기업 철학대로 페이스북은 많은 실수를 용인했고, 그런 과정을 포용하는 가운데 틀린 점을 바로잡으면서 계속 전진했다. 페이스북은 저커버그가 세운 우선 순위에 온전히 집중했고, 그러한 오류의 증거가 더없이 명백한 경우라도 이 접근법에 결함이 있을 가능성은 전혀 고려하지 않았다. 모든 면에서 저커버그와 경영진은 사람들이 페이스북을 저커버그가 세운 비전과 다른 방식으로 사용할 수 있다고 기대하지 않았다. 또한 20억 명 이상을 같은 네트워크에 배치했을 때 동족 의식을 일으킬 수 있고, 페이스북 그룹은 그런 동족 의식을 더욱 부추길 수 있으며, 악의적인 인물이 페이스북을 악용해 무고한 이들을 해칠 수 있다는 점을 예상하지 못했다. 이들은 행동 수정에 기반한 광고 비즈니스가 예기치 못한 결과로 이어질 수 있다는 점을 깨닫지 못했다. 이들은 외부 비판을 무시했다. 평판 훼손의 비용이 아직 낮은 시점에서 잘못을 바로잡을 수 있는 기회를 놓쳤다. 문제를 시정하라는 요구가 나오자 이들은 미미한 변화의 제스처만 취하면서 페이스북의 사업 모델을 보호하는 데 급급했다. 이런 궤적은 더 깊이 이해할 필요가 있다.

빨리 움직이고 무엇이든 깨뜨려라

성공한 사람이 되려 애쓰지 말고, 가치 있는 사람이 되려고 노력하라.
– 알버트 아인슈타인

마크 저커버그는 하버드대 2학년 때 '페이스매시Facemash'라는 프로그램을 만들었다. 이용자들이 두 학생의 사진을 비교해 더 핫한hotter 쪽을 고를 수 있게 해주는 프로그램이었다. 학생들 사진은 하버드 대학의 아홉 개 기숙사를 쓰는 학생들의 명단을 담은 온라인 목록에서 가져온 것이었다. IT 잡지인 「패스트 컴퍼니Fast Company」에 따르면 해당 프로그램은 공개된 지 4시간 만에 2만 2천 뷰를 기록했고, 대학 측에서 일주일 만에 프로그램을 차단할 때까지 캠퍼스 전체로 퍼져나갔다. 하버드 대는 보안, 저작권 및 프라이버시 위반을 이유로 저커버그를 퇴학시키겠다고 위협했다. 고소는 후에 취하됐다. 그 사건은 하버드대 4학년에 재학 중이던 캐머런 윙클보스^{Cameron Winklevoss}와 타일러 윙클보스^{Tyler Winklevoss}, 디비야 나렌드라^{Divya Narendra} 세 사람의 관심을 끌었고, 저커버그를 초청해 자신들이 구상 중이던 소셜 네트워크 프로젝트인 '하버드커넥션닷컴^{HarvardConnection.com}'에 대한 의견을 구했다.

캠퍼스 신문과의 인터뷰에서 저커버그는 대학이 보편적인 학생 디렉토리를 구축하는 데 너무 더디다며 자신은 훨씬 더 빨리 해낼 수 있다고 불평했다. 그는 2004년 1월에 작업을 시작해 2월 4일에 '더페이스북닷컴^{TheFacebook.com}'을 선보였다. 그로부터 엿새 뒤, 4학년생 세 명은 저커버그가 프로젝트를 도와주는 척하며 더페이스북이 자신들의 아이디어를 도용했다고 주장했다(윙클보스 쌍둥이 형제와 나렌드라는 결국 소송을 제기했고, 2008년 페이스북 주식 120만 주를 합의 대가로 받았다). 서비스를 시작한 지 한 달 만에 하버드 대학생 절반이 저커버그의 사이트에 등록했다. 저커버그의 친구 세 명이 팀에 합류했고, 한 달 뒤에는 콜럼비아대, 스탠포드대, 예일대에 더페이스북을 선보였다. 더페이스북은 다른 대학 캠퍼스로 빠르게 확산됐다. 이들은 6월에 사무실을 매사추세츠 주 케임브리지에서 캘리포니아주 팔로알토로 이전하면서 냅스터^{Napster}의 공동 설립자인 숀 파커를 사장으로 영입하는 한편, 피터 틸로부터 최초의 벤처 자본을 유치했다.

더페이스북은 정확히 그 이름이 가리키는 서비스를 제공했다. 각 페이지는 사진과 함께 당사자의 신상 명세와 연락 정보를 담고 있었다. 뉴스 피드도 없었고 장식도 없었지만, 파란색 위주의 컬러와 글자꼴은 현재 이용자도 알 수 있을 만큼 당시에도 비슷했다. 많은 기능이 빠져 있었지만 유독 두드러진 것은 첫 번째 사용자 인터페이스의 효율성이었다. 그 부분에서는 개선해야 할 실수가 전혀 없었다.

이듬해 저커버그와 팀은 '페이스북닷컴facebook.com' 도메인을 20만 달러에 매입하고 회사 이름도 똑같이 바꿨다. 실리콘밸리의 대표적인 벤처펀드 중 하나인 액셀 파트너즈Accel Partners가 1,270만 달러를 투자했고, 페이스북은 고교생과 일부 IT 기업 직원들로 이용 대상을 넓혔다. 오리지널 페이스북의 기능은 더페이스북과 같았지만 이용자 인터페이스가 달라졌다. 다중 톤의 파란색을 채용하는 등 미묘한 변화도 일부 있었지만 친구들 사진을 엄지손톱만 한 크기로 표시하는 식의 다른 변화는 꽤 두드러졌고, 현재 디자인에도 그대로 남아있다. 다시 페이스북은 지속 가능한 개선을 이뤄냈다. 가끔 이용자들이 새로운 기능과 상품에 불만을 토로했는데, 저커버그와 팀이 이용자들에게 정보 공개와 공유를 지나치게 강요했을 때 나타났다. 하지만 페이스북은 매번 재빨리 회복했고, 페이스북은 결코 뒤를 돌아보지 않았다.

페이스북은 최초의 소셜 네트워크는 아니었다. 1997년에 식스디그리즈닷컴SixDegrees.com이, 1999년에 메이크아웃클럽Makeoutclub이 서비스를 시작했지만 둘 다 눈에 띄는 반응을 얻지 못했다. 2002년에 출범한 프렌드스터Friendster는 이용자 1백만 명을 돌파한 첫 사례였다. 프렌드스터는 페이스북이 모델로 삼은 기업이었다. 투자자와 이용자를 끌어들이며 환상적인 출발을 보였지만 성능 문제를 해결하지 못했고, 결국 사업마저 망치고 말았다. 프렌드스터는 날이 갈수록 더 느려졌고, 결국 이용자들은 견디지 못하고 사이트를 떠나버렸다. 2003년에 나온 마이스페이스MySpace는 프렌드스터보다 이용자 증가에 따른 성능 저하 문제에 더 잘

대처했지만, 결국에는 마찬가지 문제에 봉착하고 말았다. 이용자들이 취향에 맞춰 페이지를 디자인할 수 있도록 한 부분이 시스템 속도를 떨어뜨렸지만, 궁극적으로 마이스페이스에 가장 큰 피해를 끼친 것은 이용자들의 익명성을 허용한 대목이었다. 익명성을 허용하는 바람에 포르노물이 넘쳐났고, 마이스페이스는 이를 색출해 제거하는 작업에 막대한 자원을 낭비해야 했다.

저커버그와 그의 창립 멤버들이 돋보였던 대목은 그런 문제를 다른 각도에서 해결한 점이었다. 이들은 성공의 열쇠가 마찰 없이 확장 가능한 네트워크를 구축하는 데 달렸다는 점을 인식했다. 애덤 피셔Adam Fisher가 쓴 『천재의 실리콘밸리Valley of Genius』라는 책에서 숀 파커는 그들의 해법을 "소셜 그래프social graph는 그래프 이론에서 나온 수학 개념이지만, 우리가 만들고 있는 것은 수많은 정보가 그 사이를 오가는 노드node로 구성된 네트워크와 크게 다를 바 없다는 사실을, 학술적이고 수학적 사고에 치우친 사람들에게 설명하려 시도하는 한 방법이었다. 그게 바로 그래프 이론이다. 따라서 우리는 소셜 그래프를 만들고 있었다. 그것을 공개적으로 언급할 의도는 전혀 없었다."고 묘사했다. 그랬을지 모르지만 그것은 훌륭한 아이디어였다. 거의 아무런 실무 경험이 없는 20대 초반의 젊은이들이 첫 시도에서 그런 해법을 찾아냈다는 사실이 놀랄만하다. 이들 창업자들은 또 실명을 요구해 각 이용자가 단 하나의 주소만 사용하도록 함으로써 소셜 그래프를 단순화할 수 있다는 점을 알아차렸다. 이 두 가지 발상은 프렌드스터와 마이스페이스를 침몰시킨 성능 문제를 해결했을 뿐 아니라, 이후 이용자 수가 20억 명을 넘어선 지금까지도 페이스북이 성공 가도를 달리는 데 핵심 요소로 작용하고 있다.

저커버그를 처음 만난 2006년 당시 나는 프렌드스터와 마이스페이스의 사정을 잘 알고 있었다. 하지만 페이스북의 디자인과 실명을 고집하는 태도, 이용자에게 프라이버시 설정권을 부여한 전략을 통해 다른 사람들이 실패했던 분야에서 회사를 성공시킬 거라는 인식을 분명히 갖고 있었다. 나중에 페이스북은 성장을 가속화하기 위해 실명과 프라이버시에 관한 정책을 완화했다. 페이스북의 약관은 여전히 실명을 요구하지만 마찰을 최소화한다는 회사의 방침에 맞게 이를 확인하는 과정이 엄격하지는 않아서 다른 이용자들이 불만을 제기할 때만 시행된다. 10년이 지날 무렵, 이용자 프라이버시는 성장을 가속화하기 위해 거래되는 볼모 신세가 됐다.

2006년만 해도 소셜 네트워킹 시장이 얼마나 커질지 분명하지 않았지만, 나는 페이스북이 그 사업 범주를 규정할 뿐 아니라 경제적으로도 성공할 수 있는 접근법을 가졌다고 이미 확신하고 있었다. 페이스북은 대학생들 사이에서 큰 성공을 거뒀지만, 나는 더 큰 기회가 바쁜 스케줄 관리가 필요한 성인들에게 있다고 생각했다. 이것은 나에게 영어권 국가에서 최소한 1억 명 이상을 끌어 모을 수 있는 시장 기회임을 시사했다. 당시 1억 명 이용자를 가진 기업이라면 적어도 100억 달러의 가치를 가진 것으로 평가됐고, 이는 야후가 제시한 매수가보다 10배가 넘는 규모였다. 미팅에서 저커버그가 자신의 목표는 10억 명이라고 말한 것을 기억하지만, 당시로서는 페이스북이 월 이용자 20억명을 넘어설 것이라는 생각은 전혀 하지 못했다. 페이스북의 이용자가 2억 명에서 3억 명으로 정신없이 달려가던 때가 2009년 무렵이었다. 이용자 수를 극대화하는 것은 실수라고 나는 생각했다. 이용자의 상위 20%가 가치의 대부분을 제공한다.

나는 10억 이용자를 확보하겠다는 저커버그의 목표가 스스로를 불편한 사업 환경이나 조건으로 내몰 수 있으리라고 우려했다. 하지만 그런 우려와 달리, 2012년 9월 페이스북 월 이용자가 10억 명을 돌파할 당시 눈에 띌 만한 위태로운 상황은 없었다. 그런 변화는 깊숙이 숨겨져 있었다.

내가 저커버그를 처음 만났을 당시 페이스북은 충분한 자본을 확보하고 있었기 때문에 내가 투자할 수 있는 즉각적인 기회는 없었다. 하지만 앞에서도 언급했듯이, 시장 환경을 뒤집을 만한 신생기업을 만들었으면서도 존재 위기에 직면한 스물두 살짜리 창업자를 돕는다는 생각은 내게 더없이 매력적이었다. 오랜 경험을 가진 IT 투자가로서 나는 무료로 도와달라는 요청을 많이 받았고, 그렇게 도움을 주는 게 좋았다. 훌륭한 조언은 오래 지속되는 관계의 첫걸음일 수 있고, 궁극적으로 여러 성공적인 투자로 연결되곤 했다. 그를 위해서 인내심이 필요했고, 실패할지도 모르는 많은 기업을 기꺼이 돕겠다는 의지가 있어야 했지만 그런 일은 내 일에 신선함과 즐거움을 선사했다.

저커버그에게 받은 내 첫 인상은 전형적인 실리콘밸리의 너드였다. 내 책에서 너드라는 말은 특히 IT 기업가에게는 칭찬이다. 너드는 내 타입의 사람들이다. 나는 저커버그에 대해 한 개인으로서 아는 바가 없었고, 하버드대에서 거의 퇴학당할 뻔한 사연도 나중에야 들었다. 내 눈으로 직접 본 것은 행동으로 옮기기에 앞서 숙고하는 데 모든 시간을 쏟는 집중력 강한 스물두 살 청년이었다. 저커버그가 침묵하며 고심한 5분이 나로서는 고통스러웠지만 그만큼 신중하다는 신호였고, 나는 긍정적으로 판단했다. 그 긴 침묵은 사교성이 낮다는 신호였지만, IT 분야의 창업자에게 특이한 것은 아니었다. 그러나 그 첫 미팅에서 나는 저커버그가 중요한 문제를 해결하는 데 도움을 줄 수 있었다. 그는 필요했던 답을 얻고 내 사무실을 떠났을 뿐 아니라, 야후가 제시한 인수 금액인 10억 달러에서 자신들의 몫을 원했던 창업 멤버들에게 자신의 결정을 어떻게 설명할지에 대한 아이디어도 얻을 수 있었다. 그 당시 저커버그는 매우 고마워하는 눈치였다. 며칠 뒤 그는 나를 스탠포드대학교 캠퍼스에서 가까운 팔로알토 중심부에 있는 사무실로 초대했다. 사무실 내부 벽은 그라피티로 뒤덮여 있었다. 그냥 아무 낙서가 아니라 전문가들이 공들여 꾸민 그런 그라피티였다. 저커버그의 회의실에서 우리는 모두가 동일한 목표를 공유하는 응집력 강한 경영팀을 갖는 것이 얼마나 중요한지를 논의했다. 그런 대화는 한 달에 서너 번씩 3년간 지속됐다. 야후의 매수 제안 덕택에 저커버그는 더 이상 자기 팀의 멤버들에게만 의존할 수는 없다는 점을 깨닫게 됐다. 일부 경영진은 페이스북을 팔자고 강력하게 밀어붙였기 때문이다. 저커버그는 팀 구성에 관한 내 의견을 물었고, 계속되는 대화 과정에서 의견을 제시했다. 1년 뒤 그는 최고운영책임자COO와 최고재무책임자CFO를 비롯한 몇몇 직급을 높였다.

2006년 말 저커버그는 하버드대 동문회 잡지에서 윙클보스 형제에 관한 이야기를 실으려 한다는 점을 알고 다시 내게 도움을 청했다. 나는 그에게 위기관리 전문 PR 회사를 알선해 해당 기사의 영향을 최소화하는 데 일조했다.

나는 사람들에 대한 내 직관을 믿는다. 물론 완벽한 것은 결코 아니지만 내가 지금까지 오랜 커리어를 유지하기에 충분할 만큼 성공적이었다. 내가 저커버그에게서 본 집중력은 기업가에게 대단히 긍정적인 덕목이다. 나에게 결정적인 또 한 가지 기준은 사람의 가치 체계다. 나와 만나는 과정에서 저커버그는 일관되게 성숙하고 책임감 있는 모습이었다. 그는 나이에 비해 놀라우리만치 성숙한 듯 보였다. 이상주의적이었고, 페이스북이 사람들을 한데 모아줄 수 있다고 확신했다. 그는 여성들과 함께 일하는 데 익숙했는데, 이것은 실리콘밸리의 기업가들 사이에서는 흔치 않은 일이었다. 저커버그와는 거의 항상 그의 사무실에서 만났는데, 보통은 우리 둘뿐이라 남자로서 그의 전모를 보지는 못했지만, 그는 항상 직설적이었다. 나는 저커버그가 좋았고, 그의 팀이 좋았다. 나는 페이스북의 팬이었다.

이것은 저커버그와 나의 관계가 철저히 사업 중심이었음을 에둘러 표현한 것이다. 나는 그가 새롭거나 힘든 문제에 직면했을 때 연락을 취하는 사람들 중 하나였다. 나는 멘토링이 재미있었고, 그런 상대로 저커버그보다 더 나은 사람을 찾기도 어려웠을 것이다. 우리는 저커버그에게 중요하다고 생각하는 사안을 논의했고, 나는 알려줄 경험과 노하우가 있었다. 종종 그는 내 조언에 따라 행동했다.

저커버그에게는 다른 멘토들도 있었고, 그중 여럿은 내가 한 것보다 훨씬 더 큰 역할을 담당했다. 그는 내게 초기 투자자이자 이사회 멤버였던 피터 틸에 대해 이야기했다. 나는 저커버그가 틸과 얼마나 자주 대화를 나눴는지는 모르지만 그가 틸의 조언을 매우 진지하게 받아들인다는 사실은 알고 있다. 틸과 나는 철학적으로 정반대인데도 양쪽 모두와 함께 일할 수 있다는 점에서 저커버그를 존경한다. 「워싱턴 포스트」 CEO인 돈 그레이엄Don Graham은 나보다 적어도 1년 전에 자문하기 시작했다. 워싱턴 DC에서 가장 인맥이 좋은 사람 중 하나인 돈은 페이스북이 글로벌 규모로 성장하는 과정에서 저커버그에게 굉장한 자산이었을 것이다. 넷스케이프 창업자에서 벤처 자본가로 변신한 마크 앤드리슨은 하드코어 공학자로, 자신이 한때 매우 젊은 기업가이기도 했기 때문에 저커버그의 궤도에 머물면서 매우 중요한 역할을 수행했다. 짐작하건대 저커버그는 페이스북에 첫 기관 투자를 결정했던 액셀 벤처 투자사의 파트너인 짐 브레이어^{Jim Breyer}에게도 의존했지만, 그에 대한 시각은 틸과는 사뭇 달랐다.

이 책을 쓰기 위해 페이스북 역사에서 중요한 순간을 찾아본 결과, 내가 관여하기 몇 달 전에 벌어진 한 가지 사건이 두드러졌다. 2005년 가을, 페이스북은 이용자가 사진을 올릴 수 있게 했다. 그 과정에서 새로운 논란거리가 된 사진 속 인물들을 태그^{tagging}하는 기능을 추가했고, 이는 이용자들의 참여를 유도하는 페이스북 방식을 규정하는 데 도움이 됐다. 태깅은 설득력을 지닌 기술임이 입증됐다. 사진에서 자신이 태깅된 사실을 알았을 때 자신도 그에 반응하거나 보답해야 한다는 의무감을 느끼게 되기 때문이었다. 저커버그와 첫 미팅을 가진 지 몇 달 뒤에 페이스북은 두 가지 커다란 변화를 시도했다. '뉴스 피드^{News Feed}'를 출시했고, 유효한 이메일 주소를 가진 열세 살 이상이면 누구나 페이스북에 가입할 수 있도록 문호를 넓혔다. 뉴스 피드는 이용자들이 가장 애용하는 페이스북의 핵심서비스로 발전해서, 페이스북이 2년 동안 뉴스 피드 없이 성공할 수 있었는지 지금으로서는 상상하기 어렵다. 이어 2007년 1월에 페이스북은 스마트폰 확산에 편승해 모바일 웹 제품을 선보였다. 데스크톱 인터페이스도 큰 도약을 이뤘다.

2007년 여름, 저커버그는 내게 투자 기회를 제안했다. 사실은 그가 투자하거나 이사회 멤버로 참여하는 선택을 제안했다. 내 직무와 관계를 고려하면 선택은 쉬웠다. 나는 저커버그에게 조언하기 위해 굳이 이사회에 들어갈 필요가 없었다. 투자 그 자체는 복잡했다. 페이스북의 초기 직원 중 한 사람은 자신의 지분 중 일부를 매각할 필요가 있었지만, 회사의 스톡옵션 조건에서는 매각하기가 쉽지 않았다. 우리는 페이스북 측과 함께 사려는 쪽과 팔려는 사람 간의 균형을 맞출 수 있는 구조를 만들었다. 어렵사리 계약이 성사됐지만 주식시장에 상장될 때까지는 우리 지분을 팔 방법이 없었다. 나와 보노, 마크는 장기적 안목을 갖기로 했다.

그해 말, 마이크로소프트는 페이스북 주식의 1.6%를 2억 4천만 달러에 매수했는데, 이를 환산하면 페이스북의 가치는 150억 달러에 달했다. 해당 거래는 마이크로소프트가 페이스북에 광고를 게재하는 계약과 연계돼 있었다. 마이크로소프트는 우리가 지불한 금액보다 훨씬 더 높은 프리미엄을 지불했고, 초대형 소프트웨어 기업으로서는 소셜미디어에서 경쟁할 능력이 없음을 반영한 셈이었다. 페이스북은 마이크로소프트보다 우위에 있다는 점을 알았고, 그에 맞춰 매수 주가를 책정한 것이었다. 투자자로서 우리는 마이크로소프트의 가치 평가가 페이스북의 실제 가치를 제대로 반영하지 않았다는 사실을 알고 있었다. 그것은 마이크로소프트가 구글과 다른 IT 대기업들보다 한발 앞서기 위한 '전략적 투자'였다.

그로부터 얼마 후 페이스북은 비컨Beacon 시스템을 선보였다. 이것은 페이스북 광고의 정확도를 개선하고, 이용자가 구매 내용을 공유할 수 있도록 하기 위해 외부 웹사이트에서 일어난 이용자 활동 데이터를 수집하는 시스템이었다. 페이스북 이용자가 비컨과 제휴한 웹사이트를 이용하면 데이터는 페이스북으로 전송돼 해당 이용자의 뉴스 피드에 반영됐다. 비컨은 페이스북을 통한 광고 가치를 크게 높일 목적으로 설계됐고, 페이스북은 이용자들이 본인들의 관심사와 구매 내역을 친구들과 공유하기를 바랐다. 불행하게도 페이스북은 이용자들에게 어떤 공지도 하지 않았고, 비컨을 제어할 권한도 주지 않았다. 이들의 웹 활동 내용은 이용자가 페이스북에 접속하지 않은 경우에도 그의 페이스북 피드에 표시됐다. "방금 아마존닷컴에서 섹스 토이를 둘러봤다."라는 내용이 당신의 피드에 표시된다고 상상해보라. 이용자들은 비컨이 섬뜩하다고 생각했다. 대다수 이용자들은 페이스북이 비컨으로 무엇을 하는지 몰랐다가 막상 알게 되자 분개했다. 하버드대에서 페이스매시를 시작할 때부터 자명하게 드러냈던, 이용자 프라이버시를 제 맘대로 취급하는 저커버그의 태도는 엄청난 반발을 불러일으켰다. 시민단체인 무브온MoveOn은 시위 캠페인을 조직하고, 페이스북이 당사자의 명시적인 동의 없이 이용자 활동을 페이스북 페이지에 공개해서는 안 된다고 주장했다. 이용자들은 집단소송을 제기했다. 비컨은 출시한 지 채 1년도 안 돼 취소됐다.

2007년 가을에 저커버그는 페이스북의 수익 모델을 수립해줄 사람을 뽑고 싶다고 내게 말했다. 나는 강력한 2인자를, 최고운영책임자COO나 회장president이 될 수도 있는 사람을 영입할 용의가 있느냐고 물었고, 그는 그렇다고 말했다. 나는 아무 말도 하지 않았지만 즉각 머릿속에서 한 사람이 떠올랐다. 바로 셰릴 샌드버그! 그녀는 빌 클린턴 대통령 재임 2기 동안 재무장관을 지낸 래리 서머스Larry Smmers의 수석 보좌관이었다. 그 직책을 맡은 동안 셰릴은 보노와 손을 잡고 세계 경제 선진국들이 수십억 달러에 이르는 개발도상국의 빚을 탕감해주자는 캠페인을 벌였다. 둘은 힘을 합쳐 여러 개발도상국이 경제를 다시 활성화하는 데 도움을 줬고, 이는 결과적으로 모두에게 이익으로 작용했다. 셰릴은 보노를 내게 소개했고, 그 덕택에 투자사인 엘리베이션 파트너즈를 공동 설립할 수 있었다. 셰릴은 2001년 초에 실리콘밸리에 입성했고, 몇 주간 내 사무실에서 지내기도 했다. 우리는 셰릴에게 인테그럴에 합류하라고 제안할 생각이었지만, 내 파트너 중 한 사람인 존 파웰이 더 나은 아이디어를 내놓았다. 존과 나는 모두 셰릴이 실리콘밸리에서 크게 성공할 것이라고 확신했지만, 존은 셰릴에게 인테그럴보다 훨씬 더 큰 기회이 나올 거라고 말했다. 그는 셰릴에게 적합한 곳이 구글이라고 생각했고, 그런 의견을 구글 이사회 멤버였던 존 도어에게 내놓았다. 셰릴은 구글에 들어가 광고와 검색 결과를 연계한 상품인 애드워즈^{AdWords}를 개발하는 데 기여했다.

논란의 여지는 있지만 애드워즈는 역사상 가장 성공적인 광고 상품이라 할 만했고, 셰릴은 그것을 가능케 한 사람들 중 한 명이었다. 내가 아는 셰릴의 능력에 비춰보면 그녀의 성공은 놀라운 일이 아니었다. 2007년 어느 날, 셰릴은 내 사무실에 들러 「워싱턴 포스트」이 경영진 자리를 제의했다고 말하며, 내 의견을 물었다. 나는 그쪽보다 페이스북을 고려해 보라고 제안했다. 워터게이트와 펜타곤 페이퍼를 특종 보도한 바 있는 「워싱턴 포스트」는 상징적인 기업이었지만, 모든 신문이 그렇듯이 인터넷으로 인한 사업 모델 손상을 피할 수 있는 실질적인 계획이 없었다. 페이스북은 셰릴에게 「워싱턴 포스트」보다 훨씬 더 잘 맞을 것 같았고, 저커버그와 페이스북에 있어 가능한 최선의 파트너로 보였다. 셰릴은 어느 파티에서 저커버그를 한 번 만난 적이 있지만 그를 잘 모르고, 자신과 잘 맞을지 모르겠다고 걱정했다. 나는 저커버그와 함께 일을 해보고 어떨지 판단하라고 격려했다. 셰릴에게 그렇게 운을 떼고 난 뒤 저커버그에게 전화를 걸어 셰릴이 페이스북의 광고 비즈니스를 만들 최적의 인물이라고 생각한다고 말했다. 저커버그는 페이스북 광고는 구글의 애드워즈와 비슷해서는 안 된다고 우려했고(그것은 사실이었다), 나는 애드워즈 개발 경험이 페이스북에서 확장성 높은 광고 모델을 만들기 위한 최선의 준비 작업이 될 수도 있다고 대꾸했다. 저커버그와 셰릴이 직접 만나기 전까지 개별적인 대화가 몇 차례 더 필요했지만 일단 함께하게 되자 두 사람은 즉각 공통점을 찾았다. 셰릴은 2008년 3월에 페이스북에 입사했다. 셰릴의 가세와 더 노련한 동료들의 도움을 통한 저커버그의 회사 안정화 노력을 보도했던 2008년 3월의 「월스트리트 저널」 기사를 들여다보면, 수백억 달러 규모의 대기업으로 성장한 페이스북의 현재 상태는 당시에는 결코 필연적인 것으로 보이지 않았음이 분명하다. 해당 기사는 페이스북의 이미지 문제를 부각시키면서 저커버그가 CEO 노릇의 어려움을 내게 불평했다는 내용을 언급했다. 그럼에도 페이스북의 성장에는 가속도가 붙었다.

재난에 가까운 결과를 초래했던 비컨 프로젝트의 기반 기술은 2008년 말, 이용자들에게 페이스북의 로그인 정보로 다른 외부 사이트에 접속할 수 있게 해주는 상품인 '페이스북 커넥트Facebook Connect'로 다시 떠올랐다. 해킹과 신원 도용에 관한 뉴스는 이용자들에게 더욱 강력한 비밀번호를 써야 한다는 압박으로 작용했고, 그만큼 관리하기가 어려워졌다. 커넥트의 가치는 사람들이 강력한 페이스북 암호 하나만 기억하면 다른 수천 개의 사이트에 접속할 수 있게 해준다는 점이었다. 이용자들은 그런 편의성 때문에 커넥트를 반겼지만, 그것이 자신들의 웹 활동을 페이스북이 추적할 수 있게 해준다는 점은 선뜻 명확하게 이해되지 않았다. 우리는 커넥트의 편의성에 동반되는 비용을 뒤늦게 보게 된다. 나는 커넥트를 몇몇 사이트에서 시도했지만, 그것이 개인정보보호에 어떤 영향을 끼치는지 깨닫고는 곧 사용을 포기했다.

페이스북이 커넥트를 통해 수집한 데이터는 광고 정확도를 크게 향상 시켰지만, 궁극적으로 2016년 미국 대선에 러시아가 개입한 상황 같은 재난으로 확대됐다. 다른 이용자들도 페이스북이 자신들에 대해 너무 많은 것을 알고 있음을 알아차렸겠지만, 커넥트의 편의성이 프라이버시의 희생을 정당화할 만하다고 생각했을 수 있다. 커넥트를 통해 페이스북은 사업상 가장 필요한 부분을 얻었다. 로그인 정보의 보안을 유지하는 일은 불편하지만, 이용자가 자신의 개인 데이터를 희생하지 않아도 되는 해결책을 채택한다면 세상은 훨씬 더 나아졌을 것이다. 결국 드러난 사실은 편의성이 이용자들에게 수많은 독약을 삼키게 만드는 감미료 같은 속임수라는 점이었다.

페이스북의 이용자 수는 2008년 3/4분기에 1억 명에 도달했다. 이것은 불과 4년 반밖에 안 된 기업으로서는 믿기 힘든 일이었지만, 페이스북은 이제 막 시작 단계였다. 불과 7개월 뒤 이용자 수는 '좋아요Like' 버튼의 인기와 더불어 2억 명을 돌파했다. '좋아요' 버튼은 곧 페이스북 이용 경험의 특징이 됐으며, '좋아요' 반응을 얻는 일은 사회 현상으로 자리 잡았다. 그것은 이용자들이 페이스북에서 더 많은 시간을 보내게 만드는 인센티브로 작용했고, 사진 태깅과 더불어 페이스북 중독을 일으키는 원인이 됐다. 광고 가치를 높이기 위해 페이스북은 이용자 주의를 끌어 유지할 필요가 있었고, 점점 더 유력해지는 증거에 따르면 페이스북은 이용자들의 행동 수정 기법을 사용해 중독을 부추겼다. 행동 수정과 중독은 페이스북 성공담에서 커다란 부분을 차지하지만 내가 저커버그의 멘토로 지내던 시절에는 그런 현상이 눈에 띄지 않았고, 나는 2017년까지 그 사실을 몰랐다.

누구나 인기를 끌고 싶어한다. 그리고 페이스북의 '좋아요' 버튼은 사회적 승인과 사회적 상호성相互性, reciprocity의 척도로 작용했고, 이것은 가변적 보상으로 포장돼 소셜 네트워킹을 변모시켰다. 마치 모든 페이스북 이용자는 자신의 포스팅이 얼마나 많은 '좋아요' 반응을 얻었는지 알고 싶어하는 것처럼 보였고, 그렇기 때문에 수많은 이용자가 하루에도 몇 번씩 페이스북에 들어가고 싶은 유혹에 빠졌다. 페이스북은 숱한 알람을 보내 이용자들을 끊임없이 유혹하면서 들어오라는 신호를 증폭시켰다. '좋아요' 버튼은 2009년 9월 말 기준으로 페이스북 이용자 수를 3억 5백만 명까지 늘렸다. '좋아요' 버튼은 이용자들이 어디를 가든 이를 추적하는 커넥트와 함께 수많은 웹사이트에 들불처럼 퍼지고 있다.

2009년 프렌드피드FriendFeed를 인수하면서 페이스북은 광범위한 앱과 블로그로부터 피드를 수집할 수 있는 앱을 확보했다. 그 덕택에 페이스북은 새로운 경쟁 상대로 떠오르던 트위터를 효과적으로 견제할 수 있는 기술과 팀도 얻게 됐다. 이듬해 추가 인수 작업을 통해 페이스북은 사진을 공유하고 연락처 정보를 입수할 수 있는 기술을 추가했다. 그런 인수 작업은 한편으로 이용자들에 대한 페이스북의 가치를 높였지만, 그로부터 창출된 페이스북의 광고 가치에 견주면 아무것도 아니었다. 모든 지표에서 페이스북은 성공 가도였다. 매출도 급증했다. 페이스북의 성공 비결 중 하나는 다른 이들의 아이디어를 모방해 향상시킨 다음 그 확장성을 높이는 것이었다. 페이스북은 급성장을 적절히 관리할 수 있는 비상한 재주가 있었다. 이것은 더없이 중요하지만 그만큼 드문 덕목이었다. 2009년 9월 페이스북은 현금 유동성이 흑자로 전환됐다고 발표했다. 수익이 난 것은 아니었지만 실상은 더 중요한 이정표였다. 그것은 페이스북이 모든 현금 지출을 충당할 만큼 충분한 수익을 올린다는 뜻이었다. 회사가 생존하는 데 더 이상의 벤처 자본이 필요하지 않다는 뜻이었다. 이 회사는 고작 5년 반밖에 안 된 풋내기였다.

셰릴이 수익 창출을 책임지는 최고운영책임자로 합류하면서 페이스북은 빠르게 성장할 수 있는 인프라를 신속하게 구축했다. 이런 조치는 저커버그의 업무 부담을 덜었고, 그는 전략적인 사안에 초점을 맞출 수 있었다. 페이스북은 신생기업에서 중견기업으로 변신했다. 이런 성장은 내게도 여러 의미로 다가왔다. 사실상 저커버그는 졸업한 셈이었다. 셰릴을 파트너로 맞은 이상, 저커버그는 더 이상 내 멘토링이 필요하지 않을 것이라고 판단했다. 내 전문 분야가 모바일이어서 전략 자문역으로 어느 정도 기여할 수 있었지만, 그것조차 임시 업무에 지나지 않을 터였다. 대다수 성공한 기업가와 경영자처럼 저커버그는 기업이 성장하는 과정에서 주변의 핵심 측근을 승진시키거나 제거하는 데도 뛰어났으며, 무자비하기까지 했다. 페이스북이 막 태동하던 시기, 숀 파커는 사장으로 핵심 역할을 수행했지만, 그의 기술과 지식이 더 이상 페이스북의 요구와 맞지 않는다고 판단하자 그와 결별했다. 또 파커를 따랐던 최고운영책임자도 셰릴로 대체했다. 이 과정은 모든 면에서 다윈의 적자생존 원칙이었다. 그것은 자연스러우면서도 필요한 과정이었다. 나는 그런 현상을 워낙 많이 봐왔기 때문에 보통은 뒤로 물러설 순간을 예상할 수 있었다. 그것은 그저 '감'이었기 때문에 그 부분을 깊이 생각해 본 적은 없었다.

나는 그를 멘토링하기 시작할 때 의도했던 모든 것을 성취했다고 판단했기 때문에 저커버그에게 내 할 일은 다 끝났다고 메시지를 보냈다. 그는 감사하다면서 우리는 언제나 친구로 남을 것이라고 말했다. 이 지점에서 나는 더 이상 내부인이 아니었지만 여전히 페이스북의 진정한 신봉자였다. 비컨 같은 실패 사례가 앞으로 벌어질 문제의 전조였지만, 당시만해도 내가 본 것은 긍정적인 동력으로서 페이스북이 가진 잠재력뿐이었다. 아랍 지역의 민주화 물결을 불러온 '아랍의 봄Arab Spring'은 아직 몇 년뒤의 일이었지만, 내 안의 분석가 기질은 어떻게 페이스북이 풀뿌리 운동에 활용될 수 있을지 전망할 수 있었다. 내가 미처 깨닫지 못한 것은 저커버그의 야심에 끝이 없다는 점이었다. 모든 문제의 해법을 코드에서 찾는접근법 때문에 페이스북의 엄청난 성공이 사람들에게 끼친 부정적 영향을 저커버그가 제대로 보지 못한다는 사실을 나는 미처 깨닫지 못했다. 그리고 저커버그가 비판과 반대는 설 자리가 없는 직장 문화를 만들 것이라고는 상상조차 하지 못했다.

이듬해인 2010년은 페이스북에 기록적인 해였다. 7월에 이르러 페이스북의 이용자 수는 5억 명을 돌파했는데, 매일 페이스북을 찾는 인구가그중 절반이었다. 하루 평균 사용 시간은 34분이었다. 가족과 소식을 주고받을 목적으로 페이스북에 가입했던 이용자들은 곧 매력적인 새 기능을 발견했다. 이들은 사이트에서 더 많은 시간을 보내며 더 많은 포스팅을 공유하고 더 많은 광고에 노출됐다.

10월에는 페이스북의 초기 시절을 다룬 영화 「소셜 네트워크Social Network」가 개봉됐다. 영화는 3개의 아카데미상과 4개의 골든글로브상을수상할 정도로 흥행에 성공했다. 영화 내용은 저커버그와 윙클보스 형제간의 관계 그리고 그로부터 일어난 법정 소송에 초점을 맞췄다. 저커버그는 영화가 사실을 정확히 전달하지 않았다고 불평했지만, 그 외에 영화내용에 신경을 쓰는 사람은 거의 없었다. 나는 할리우드에서 그린 저커버그보다 내가 아는 저커버그를 더 선호했기 때문에 영화를 보지 않는 쪽을 택했다.

2010년이 끝나기 직전, 페이스북은 사용자 환경을 다시 개선해 지금 우리가 아는 것과 같은 디자인과 이미지에 한 발 더 다가갔다. 페이스북은 2010년을 월 사용자 6억 8백만 명이라는 기록으로 마무리했다. 이용자 증가세는 여전히 비상하게 높았고, 이용자의 하루 평균 체류 시간도 지속적으로 증가했다. 2011년 초 페이스북은 회사 지분의 1%를 주는 조건으로 5억 달러의 투자를 유치했다. 이를 환산하면 페이스북의 가치는 500억 달러에 달했다. 마이크로소프트의 투자와 달리 이 경우는 페이스북 가치에 대한 금융 투자자의 평가를 반영한 결과였다. 이 지점에서는 심지어 마이크로소프트조차 투자에 따른 수익을 누렸다. 페이스북은 구글 이후 가장 역동적인 기업이었을 뿐 아니라, 역사상 가장 성공적인 IT 기업 중 하나로 자리매김하리라는 전망을 모든 면에서 보여줬다. 신규 투자자들은 페이스북 주식을 사고 싶어 안달이었다. 2011년 6월 광고회사인 더블클릭DoubleClick은 페이스북이 3조 이상의 방문자 수를 기록해 웹에서 가장 많이 찾는 방문 사이트가 됐다고 발표했다. 정보분석 회사인 닐슨Nielsen은 페이스북이 아직 구글보다 뒤쳐진다고 반박했지만, 결국 페이스북이 넘버원 사이트로 나서는 것은 시간 문제로 보였다.

2011년 3월, 페이스북에 대한 나의 장밋빛 시각에 회의를 불러일으키는 발표를 처음 보았다. 그것은 롱비치에서 열린 연례 TED 콘퍼런스로, 훗날 세계적 규모로 확대된 행사의 시발점이었다. 18분짜리 강연이 4일에 걸쳐 주제별로 진행되며, 콘퍼런스 참석자뿐 아니라 전 세계 수백만 명에게 볼거리를 제공했다. 나에게 그 행사의 하이라이트는 시민단체인 무브온MoveOn.org의 회장인 일라이 패리서의 9분짜리 강연이었다. 패리서는 자신의 페이스북과 구글 피드가 중립성을 잃어버렸다면서 그에 대한 흥미로운 통찰을 제시했다. 그의 페이스북 친구 목록은 진보와 보수 양쪽의 균형을 잘 맞추고 있었지만, 페이스북의 알고리즘은 진보적 내용의 포스팅을 더 자주 클릭하는 그의 성향에 맞춰 그와 비슷한 성격의 내용에 우선 순위를 부여했고, 궁극적으로 보수 성향의 콘텐츠가 완전히 밀려나는 결과로 이어졌다. 그는 이런 변화가 페이스북과 구글 양쪽에 보편적인 현상임을 입증하기 위해 친구들과 힘을 합쳤다. 소셜미디어 플랫폼은 중립적인 척 가장했지만 실상은 이용자들 몰래 콘텐츠를 여과하고 있었다. 웹의 개방적 특징은 전통적인 콘텐츠 편집자들의 편견을 극복한다고 주장해 왔지만, 플랫폼은 비밀리에 인간 편집자의 가치 시스템이 결여된 알고리즘 필터를 적용해 온 것이었다. 알고리즘 자체는 사회적 책임을 이해하지도, 이행하지도 못한다. 이용자들은 스스로가 콘텐츠의 균형을 맞춘다고 생각하지만 사실은 알고리즘에 의해 조작되고 강화된, 패리서의 표현을 빌리면 '필터 버블filter bubble'의 덫에 걸려 있다. 사회적 책임은 요구하지 않은 채 알고리즘에 콘텐츠 검열 권한을 부여할 경우 예기치 못한 부정적 결과로 이어질 수 있다고 패리서는 주장했다. 다른 콘텐츠 회사들도 소위 '개인화'의 유행에 편승하고 있었다. 이용자들이 필터 버블을 벗어날 길은 없는 듯 보였다.

패리서의 결론은, 만약 플랫폼이 정보관리자gatekeeper가 된다면 사회적 책임을 인식하고 적용할 수 있도록 알고리즘을 프로그래밍해야 한다는 것이다. 또한 필터 기준과 적용 규칙이 무엇인지 투명하게 밝혀야 하며, 이용자들이 각자의 버블을 스스로 조절할 수 있도록 보장해야 한다는 것이다.

나는 너무 놀라 말문이 막혔다. 내가 들은 내용 중 가장 통찰력 넘치는 강연 중 하나였다. 해당 강연의 중요성은 분명했다. 패리서가 강연을 마치자마자 나는 자리에서 벌떡 일어나 그를 만나기 위해 무대로 향한 문으로 늘어선 사람들의 줄에 합류했다. 패리서의 강연을 지금 TED 사이트 (www.ted.com)에서 다시 본다면, 누구든 그 중요성을 즉각 인식할 수 있을 것이다. 당시만 해도 나는 페이스북에 대한 패리서의 통찰을 어떻게 행동으로 옮겨야 할지 몰랐다. 나는 더 이상 저커버그와 정기적인 연락이 없었고, 따라서 내부 정보에도 어두웠다. 나는 필터 버블을 초래하게 된 엔지니어링 우선 순위나 그를 이용해 매출을 올리는 계획도 제대로 따라잡지 못했다. 그러나 패리서의 강연은 내 마음 속에 깊이 스며들었다. 필터 버블을 정당화할 명분은 없었다. 내가 할 수 있는 일이라고는 저커버그와 셰릴이 그것을 이용자들에게 피해를 주는 쪽으로 사용하지 않는 이성을 가졌기를 바라는 것뿐이었다(누구나 TED 사이트[1]에서 일라이 패리서의 "온라인 '필터 버블'을 조심하세요(Beware online 'filter bubbles')" 강연을 들을 수 있다).

한편 페이스북은 승승장구했다. 구글은 자체 소셜 네트워크인 '구글 플러스Google+'를 2011년 요란한 팡파레와 함께 선보였다. 구글이 시장에 진입할 당시 이미 구글은 콘텐츠 제공사와 이용자 간의 정보관리자가 된 상태여서 콘텐츠 제공사는 이용자들에게 접근하기 위해서는 구글의 비즈니스 조건을 수용할 수밖에 없는 처지였다. 페이스북은 그와는 다른 진로를

---

1 https://www.ted.com/talks/eli_pariser_beware_online_filter_bubbles

설정했다. 단일 기능을 제공하는 구글 제품이 번들로 묶여 영향력을 키웠다면, 페이스북은 나중에 업계에서 '장벽을 두른 정원walled garden'으로 표현한 통합 플랫폼을 만들어 다양한 형태의 가치를 이용자들에게 제공했다. 이 플랫폼의 일부 기능은 워낙 가치가 높아서 페이스북이 별도의 제품으로 분리했을 정도였다. 그중 한 사례는 메신저였다.

검색 분야와 텍스트 위주의 '애드워즈' 광고 분야에서 거의 독점에 가까운 권력을 지닌 덕택에 구글은 사람들의 구매 의도를 지구상의 어떤 기업보다도 더 잘 알고 있었다. 망치를 사려는 사람은 구글 검색으로 시작하고, 그 결과와 함께 망치를 판매하는 회사가 만든 세 개의 애드워즈 광고를 보게 된다. 검색에 걸린 시간은 몇천 분의 1초밖에 걸리지 않았다. 그 이용자는 망치를 샀고, 광고주는 망치를 하나 팔았으며, 구글은 광고비를 받았다. 모두가 각자 원하는 바를 얻었다. 그러나 구글은 여기에 만족하지 않았다. 구글은 해당 소비자의 신원을 몰랐다. 구글은 만약 구매 의도와 그런 의도를 가진 고객의 신원을 서로 연결할 수 있다면 해당 데이터 세트의 가치는 훨씬 커질 것임을 깨달았다. 나는 이것을 '맥나미의 일곱 번째 법'이라고 부르겠다. "데이터 세트는 서로 조합할 때 기하학적으로 더 가치가 높아진다."라는 원칙이다. 지메일이 상황을 바꾼 것은 바로 이 대목이었다. 이용자들은 훌륭한 이메일 시스템의 형태로 가치를 누렸지만, 구글은 그보다 훨씬 더 높은 가치의 보상을 받았다. 구글은 구매 의도와 그런 의도를 가진 사람을 연결함으로써 새로운 사업 기회의 토대를 마련했다. 이어 구글 지도를 만들어 위치 정보를 구매 의도와 그런 의도를 가진 사람과 연결했다. 그렇게 통합된 데이터 세트는 아마존의 데이터 세트와 견줄 만했지만, 구글은 초대형 창고와 상품 재고를 확보하지 않고도 훨씬 더 막대한 수익을 창출했다. 무엇보다 통합된 데이터 세트는 종종 이전에는 상상할 수 없었던 통찰과 사업 기회를 보여줬다. 구글이 선보인 새 제품은 공짜였지만 각 제품은 구글 광고 서비스의 가치를 높여주는 데이터를 제공했다. 페이스북은 플랫폼에 새로운 기능을 더하는 과정에서 그와 비슷한 전략을 구사했다. 사진 태그는 페이스북의 소셜 그래프(이용자의 소셜미디어 이용 행태로부터 얻은 정보)를 확장했다. 뉴스 피드도 소셜 그래프 품질을 높였다. '좋아요' 버튼은 이용자들의 감정 상태를 보여주는 데이터를 제공했다. 커넥트는 이용자들의 웹상 행적을 추적했다. 진정한 가치는 이용자들이 올리는 사진과 링크가 아니었다. 진짜 가치는 데이터에 관한 데이터라 불리는 메타데이터^{metadata}에 있었다. 이는 이용자들이 언제 어디에서 글이나 사진을 올렸는지, 누구와 무엇을 하고 있었는지, 어떤 대안들을 고려했는지 등을 알려주는 데이터였다. 텔레비전, 라디오, 신문 등에는 유용한 메타데이터를 창출하는 데 필요한 실시간 상호작용이 없었다. 그런 전통 매체와 달리 페이스북과 구글은 메타데이터를 통해 직접 수익으로 연결될 수 있는 이용자 프로필을 만들어낼 수 있었다. 구글과 페이스북의 경우처럼 메타데이터가 방대한 규모로 수집되는 경우 그 가치는 상상할 수 없을 정도로 높다. "광고 사업에서 이용자는 고객이 아니라 상품이다."라는 표현은 바로 이런 경우에 적용되는 말이었다. 그러나 이 과정에서 페이스북은 특히 광고 속성을 바꿔버렸다. 전통적인 광고는 일률적인 방법으로 소비자를 설득하려고 시도한다. 페이스북과 구글이 수집한 메타데이터는 과거에는 미처 예상하지 못했던 패턴을 발견할 수 있게 해줬다. 이를테면 "야구 카드를 수집하고, 찰스 디킨스 소설을 좋아하며, 자정 이후에 페이스북을 체크하는 네 남자가 도

요타 자동차의 특정 모델을 구입했다."라는 메타데이터로부터 페이스북은 야구 카드를 수집하고, 디킨스를 좋아하는 야행성 체질인 남성에게 자동차 광고를 노출시킬 수 있는 기회를 만드는 것이다. 페이스북은 광고주들이 개별 이용자의 습관을 파악해 각각에 맞는 광고를 제공할 수 있게 해준다. 이런 식으로 수집된 정보는 광고 타기팅targeting의 속성을 바꿨다. 하지만 더 중요한 사실은 이 모든 데이터가 페이스북이나 구글의 인공지능 기술에 반영되며, 광고주들은 이용자들이 특정 모델의 승용차를 구입하거나 특정 방식으로 투표할 가능성을 높이는 식으로 이용자들의 감정을 이용할 수 있다는 점이다. 기술 미래학자인 재런 러니어가 지적했듯이, 소셜미디어 플랫폼의 광고는 조작의 형태로 진화했다.

구글 플러스는 소셜 네트워킹 시장에 진출하려는 구글의 네 번째 시도였다. 왜 구글은 그렇게 여러 번 시도했고, 왜 계속 실패했을까? 2011년에 이르러 구글은 페이스북이 새롭고 특별히 가치가 높은 온라인 광고 사업의 열쇠를 쥐고 있다는 사실을 확실히 깨달았던 것 같다. 전통적인 미디어나 심지어 검색과도 다르게, 소셜 네트워킹은 개별 이용자의 감정 상태와 그들의 관심을 일으키는 신호를 제공했다. 검색의 단조로움과는 대조적으로 소셜 네트워크 광고는 총천연색을 제공했다. 『오즈의 마법사』에 나오는 오즈와 캔자스의 차이와 같을 정도였다. 망치 같은 생필품을 팔려고 한다면 검색 광고로 충분하지만, 향수나 자동차, 의류처럼 브랜드가 중요한 제품을 파는 데는 소셜 네트워킹의 감정에 관한 데이터가 엄청난 누적 가치를 지닌다. 구글은 그런 기능을 원했다. 구글 플러스는 구글의 광고 사업에 새로운 차원을 더했을지 모르지만, 페이스북은 구글 플러스가 출시될 당시 이미 엄청나게 앞서 있었고, 제품 결함으로 인해 구글을 사용하지 않는 사람들 사이에서는 별다른 반응을 얻지 못했다. 구글 플러스가 몇 가지 흥미로운 기능을 선보였지만 페이스북은 그런 장점을 재빨리 모방했다.

페이스북은 구글 플러스가 따라잡을 만한 기회를 주지 않았다. 모든 자원과 수단을 총동원해 소셜 네트워킹의 해안에 구글이 발을 붙일 수 없게 했다. 개발 노력을 강화해 이용자들의 포스팅 제한 용량을 크게 늘렸으며, 스카이프와 제휴했고, 텍스트를 주고받을 수 있는 메신저를 출시했으며, 구글 플랫폼을 기반으로 한 앱을 만드는 새로운 툴을 여러 개 추가했다. 2012년을 시작하면서 페이스북은 기록적인 한 해를 만들 준비가 돼 있었다. 페이스북은 페이스북 내부와 웹에서 벌어지는 이용자의 활동과 감정 상태를 포착해주는 툴인 소셜 그래프를 활용해 새로운 광고 상품인 오픈 그래프Open Graph를 만들었다. 페이스북은 처음에는 플랫폼 내부에서 포착한 데이터만 광고주들에게 제공했다. 페이스북은 처음으로 뉴스 피드 안에서도 광고를 노출하기 시작했다. 뉴스 피드 광고는 페이스북 이용자 체험에 큰 영향을 끼쳤다. 친구들이 올린 포스팅에 혼합된 광고는 더 많은 사람이 본다는 것을 의미했지만 단점도 있었다. 라디오나 TV, 또는 인쇄 광고에서 보듯이 눈에 띄게 광고를 노출시키기가 매우 어려웠다.

2012년 초의 대형 뉴스는 페이스북이 주식시장에 상장한 데 이어 인스타그램을 10억 달러에 인수한 일이었다. 5월 17일 주식시장에 상장하면서 페이스북은 160억 달러의 투자금을 유치했고, 그 결과 미국 역사상 세 번째로 큰 회사로 기록됐다. 1,040억 달러라는 페이스북의 기업 가치는 신규 상장된 기업 중에서 가장 큰 규모였다. 페이스북은 상장 전년도에

40억 달러에 가까운 매출액과 10억 달러의 수익을 올렸고, 상장 당일부터 경제전문지 「포춘」이 선정한 500대 기업 명단에 이름을 올렸다.

이 모든 숫자는 더없이 인상적으로 보이지만 주식 상장 자체는 재난에 가까웠다. 상장 첫날 거래 시스템의 오류로 일부 거래가 주문대로 성사되지 않았고, 주가는 공모가 수준을 유지하는 데도 애를 먹었다. 페이스북은 상장 첫날 4억 6천만 주가 거래되면서 사상 최대 거래량을 기록했다.

주식시장에 상장되기 전 몇 달 동안 페이스북은 광고 판매량에서 약세를 보이는 바람에 회사 매출 전망치도 낮아졌다. 한 기업이 주식 상장을 앞둔 시점에서 매출 예상치가 낮아진다는 것은 재난에 가까운 상황으로, 일반 투자자들로서는 장래가 불확실한 주식을 매입할 동기가 없기 때문이다. 페이스북의 경우 회사를 열광적으로 추종하는 투자자(이들은 주로 이용자 증가세와 날로 높아지는 페이스북의 사회적 영향력에 주목했다) 덕택에 하향 전망치의 악재를 이겨낼 수 있었지만, 상장 신기록을 세우겠다는 저커버그의 꿈은 위기에 처했다. 페이스북의 전직 타기팅 광고매니저인 안토니오 가르시아 마르티네즈Antonio Garcia Martinez가 저술한 『카오스 멍키Chaos Monkeys』[2]에서 "페이스북이 소셜미디어 마케팅의 새로운 마법인 것처럼 지어낸 이야기는 광고주들 사이에서 끊임없이 반복되고 있었는데, 그중 많은 광고주들이 노골적으로 당시까지 지출한 막대한 광고비에 비해 이렇다 할 효과가 미미하거나 전혀 없다며 공공연히 의문을 갖기 시작했다."고 표현했다. 페이스북은 이용자를 늘리는 데는 큰 성공을 거뒀지만 개별 광고주에 맞춘 결과를 제공하고, 그에 적절한 타기팅을 해줄 수 있

---

2 『카오스 멍키: 혼돈의 시대, 어떻게 기회를 낚아챌 것인가』, 문수민 옮김, 비즈페이퍼, 2017년

는 광고 상품을 아직 개발하지 못한 상태였다. 마르티네즈는 그런 상황을 "페이스북이 오픈 그래프라는 제품에 쏟은 1년 간의 막대한 도박, 그에 동반된 매출 전담 기업의 분리, 광고주 후원을 받은 포스팅 아이디어 등은 시장에서 완전한 실패였다."라고 묘사했다. 광고주들은 페이스북의 광고 효과 약속을 믿고 많은 돈을 지불했지만 기대한 만큼의 가치를 얻지 못했다고 생각했다. 페이스북 입장에서 이것은 진실의 순간이었다. 주식 상장을 앞두고 공모 가치를 높이려 무리하게 시도하는 바람에 페이스북은 상장 기업으로 험난한 첫발을 내디뎠다.

신규 상장된 주식은 거의 즉각 소진됐고, 주요 투자 은행들이 상장 직전 수익 전망치를 낮춘 사실을 야후 파이낸스Yahoo Finance가 보도하면서 페이스북 주가도 계속 떨어졌다. 공모가를 둘러싼 논쟁이 격화되면서 그런 전망치 조정 내용이 주식 매수자들에게 효과적으로 전달된 것일까? 그런 정황은 규제 기관의 의혹을 사기에 충분했고, 결국 상장 과정에 대한 조사로 이어졌다. 거래상의 결함과 한 상장 주관사와 관련해 다양한 위반을 주장하는 소송이 뒤따랐다. 차후의 소송은 주관사, 저커버그와 페이스북 이사회 그리고 나스닥Nasdaq을 피고인으로 지정했다. 「월스트리트 저널」은 페이스북의 주식 상장을 '대실패fiasco'로 규정했다.

그럼에도 주식 상장은 페이스북의 사업에는 논란의 여지없는 축복이었다. 회사는 거래가 시작되기도 전에 엄청난 양의 공짜 홍보를 누린 셈이었다. 터보 엔진을 단 것 같은 이용자 증가세와 그런 내용을 전하는 뉴스 덕택에 페이스북은 비교적 큰 피해를 입지 않고 주식 상장의 문제에서 벗어났다. 투자자들은 그처럼 인상적인 이용자 증가세를 보이는 기업이라면 결국 이를 매출로 연결하는 방법을 찾아낼 것이라고 믿었다. 다시 한번 페이스북은 한계를 넘어섰고, 비틀거렸지만 결국 이를 극복했다. 그러고 나서 이들은 정말로 공격적인 일을 벌였다.

페이스북 내부 데이터만으로는 광고주들에게 충분한 가치를 전달할 수 없었다. 커넥트와 어디에나 널린 '좋아요'와 '공유' 버튼 덕택에, 페이스북은 페이스북과 웹 전반에서 드러나는 이용자 행태에 대해 엄청난 양의 데이터를 수집할 수 있었다. 페이스북은 외부 데이터를 상업 목적에 사용하지 않는다고 설정했지만, 사업이 하향 곡선을 그리자 스스로 정한 규칙을 철회했다. 외부에서 얻은 데이터가 얼마나 큰 가치를 지니는지 어느 누구도 몰랐지만 페이스북은 직접 알아보기로 했다. 마르티네즈가 묘사했듯이 저커버그와 셰릴은 이용자들을 소외시킬 수도 있다는 두려움에 조심스럽게 시작했다.

주식 상장 덕분에 페이스북은 이용자 증가의 쓰나미를 즐기고 있었다. 그처럼 가파른 이용자 증가세는 몇 달 안에 투자자들의 자신감을 회복시켰다. 광고주들의 불만도 압도했다. 이들로서는 페이스북의 광고 효과가 실망스럽더라도 고객들이 있는 곳이 페이스북이니 다시 그곳을 찾아갈 수밖에 없었다. 페이스북 외부에서 얻은 이용자 데이터를 광고 상품과 통합해야 한다는 압력은 얼마간 줄었지만 타기팅과 실제 광고 가치를 둘러싼 근본 문제는 여전히 남아 있었다. 그 결과 페이스북 외부에서 얻은 이용자 데이터를 통합한다는 결정은 번복되지 않았다.

2012년 초 페이스북은 월 이용자 10억 명, 모바일 이용자 6억 명, 사진 업로드 219억장, 친구 맺기 1,400억 개라는 사용 통계치를 발표했다. 광고와 관련된 문제에는 관련되지 않았지만 주식 상장의 재난에도 불구하고 나는 페이스북 성공에 커다란 자부심을 느꼈다. 페이스북 주식은 엘리베이션 펀드에도 결정적인 변화를 몰고 왔다. 내 파트너들은 비록 첫 투자 기회를 거절하기는 했지만 이후 비교적 낮은 가격에 대규모 투자를 함으로써 펀드의 전망을 밝게 했다.

저커버그의 기숙사 방에서 출발한 지 불과 8년 반 만에 페이스북은 강력한 경제 엔진이 됐다. "빨리 움직이고 무엇이든 깨뜨려라."라는 기업 철학 덕택에 페이스북의 어느 누구도 기록적인 주식 상장에 만족하지 않았다. 이들은 사용자 수익 창출 문제를 파고들기 시작했다. 거기에는 여러 문제가 있었다. 마르티네즈가 자신의 저서 『카오스 멍키』에서 쓴 대로 주식이 상장될 무렵 광고팀은 대부분 광고는 물론, 심지어 미디어 분야의 경험도 없는 신참들로 구성돼 있었다. 이들은 모든 것을 시행착오를 통해 배웠다. 페이스북의 모든 혁신에는 많은 실수가 있었고, 이들 중 일부는 노련한 팀이 보기에 명백한 것이었다. 페이스북의 광고팀은 어렸지만 명민했고, 의욕에 넘쳤으며 끈질겼다. 셰릴을 중심으로 한 리더십은 성공적인 세일즈 문화를 만들었다. 이들은 장기적인 안목으로 모든 실수로부터 교훈을 얻었다. 이들은 모든 상황을 계량화하는 메트릭스에 초점을 맞췄다.

초창기 페이스북은 이용자들의 프로필 데이터, 친구 관계 그리고 페이스북 사이트에서 보여주는 이용자 활동으로부터 효과적인 광고 상품과 툴을 만들어내기 위해 최선을 다했다. 내가 소속된 밴드인 문앨리스도 초기 광고주들 중 하나로, 광고에 들이는 비용은 연간 1만 달러도 채 되지 않았다. 페이스북이 상장되기 몇 년 전에 게재한 우리의 첫 번째 광고는 페이지 한 쪽에 몇 마디 텍스트와 링크를 넣은 작은 직사각형 모양의 광고창이었다. 목표는 문앨리스를 신규 팬들에게 소개하는 것이었다. 우리는 '어딘가는 4시 20분이야It's 4:20 Somewhere'라는 노래를 이런 식으로 홍보했다. 우리는 광고를 여러 해 동안 보통 하루에 10달러나 20달러씩 지출하면서 게재했고, 밴드 자체 웹사이트를 통해 내려받은 기록으로 로큰롤 명예의 전당에 기록된 숫자를 인용하자면 사람들은 해당 노래를 460만 번 다운로드했다. 이것은 3년 동안 매일 페이스북에 작은 광고를 게재한 덕분에 가능했다. 그러나 유일한 선택사항이 작은 직사각형이던 시절, 페이스북 광고는 많은 광고주와 제품에 있어 효과적이지 못했다. 노래를 내려받는 데는 더없이 잘 통했던 해당 광고 형태가 콘퍼런스를 홍보하는 데는 무용지물이었다. 그런 포맷이 왜 어떤 경우에는 먹히고 어떤 경우에는 통하지 않는지 나는 도무지 알 도리가 없었다. 그러나 당시만 해도 페이스북은 '유기적 도달organic reach[3]'이라고 표현한 무료 배포를 많이 허용했기 때문에 별로 문제가 되지 않았다. 그 당시 페이스북은 우리가 운영한 것과 같은 팬 페이지의 경우, 우리 팬의 15% 정도가 주요 포스팅을 읽을 때까지는 무료를 허용했다. 페이스북이 내세운 '유기적 도달'의 가치는 우리는 물론 다른 수백만 광고주에게 큰 매력으로 다가왔고, 그 때문에 소통의 초점을 웹사이트에서 페이스북으로 옮겼다. 우리는 팬들과 소통하는 채널로 페이스북을 활용하고, 밴드 웹사이트는 콘텐츠 보관소로 사용했다. 다른 많은 사람도 그런 식으로 페이스북이 웹에서 소셜 허브로서의 지위를 강화하는 데 일조했다. 문앨리스는 페이스북을 적극 활용한 덕을 톡톡히 본 경우로, 우리 밴드 페이지는 결과적으로 42만 명 이상의

---

3 소셜미디어 마케팅에 사용하는 측정항목으로, 게시물을 한 번이라도 본 뷰의 숫자다. 여기에는 게시물의 가시성을 높이기 위해 유료 광고를 사용하지 않는다(출처:https://www.hopperhq.com/social-media-marketing-glossary-2018/organic-reach/).

팔로어^{follower}를 모았다.

놀라울 것도 없이 거기에는 함정이 있었다. 거의 매년 페이스북은 유기적 도달을 줄이기 위해 알고리즘을 조정했다. 회사는 광고로 돈을 벌고 있었고, 이미 수백만 개 기관이 해당 플랫폼에 기반을 잡은 이상 페이스북은 카드 게임에 유리한 모든 패를 지닌 셈이었다. 유기적 도달의 최대 수혜자였던 기관은 이용자들과 비슷한 수준의 소통을 유지하기 위해서는 광고를 사는 수밖에 달리 방법이 없었다. 이들이 페이스북을 포기하기에는 이미 너무 많은 시간을 투자했고, 너무 많은 브랜드 자산을 페이스북에 쌓아 놓았다. 유기적 도달 옵션은 간헐적으로 제공되다 말기를 반복하다 결국 1% 이하로 떨어지고 말았다. 다행히 페이스북은 '페이스북 라이브' 비디오 서비스 같은 새로운 상품을 주기적으로 출시하곤 했고, 우리 같은 사람들에게 신제품을 사용하도록 부추길 목적으로 유기적 도달 방식을 더 적극 활용했다. 우리는 페이스북 라이브가 나온 첫날 등록하고, 당일에 콘서트를 스트림으로 중계했다. 이용자들의 반응은 환상적이었다. 페이스북 라이브와 문앨리스는 궁합이 더없이 잘 맞았다. 나는 그레이트풀 데드의 스핀오프 그룹인 데드앤컴퍼니^{Dead & Company} 사상 최초 공연을 스트림으로 중계했고, 워낙 많은 사람이 시청해 이들의 차후 라이브 공연 티켓도 불티나게 팔렸다. 그 덕분에 밴드 매니저들 중 한 사람은 그룹의 다음 쇼도 무대에서 직접 스트림으로 중계해달라고 나를 초대했을 정도였다.

주식 상장 당시, 페이스북 광고의 타기팅 옵션은 이용자들의 활동을 추적해 얻은 인구 통계 정보, 예컨대 나이, 성별, 위치 그리고 관심사와 기혼/미혼 여부 등에 국한돼 있었다. 2012년 오픈 그래프와 뉴스 피드 광고가 나오면서 훨씬 더 나은 타기팅의 토대가 마련됐고, 페이스북이 광고주들에게 제공해온 기존 패키지에 '오프사이트off-site' 데이터를 더하면서 정확도는 빠르게 향상됐다. 만약 문앨리스가 콘서트를 홍보하고 싶었다면 우리가 공연하는 도시의 21세 이상 거주자로 인구 통계 데이터에서 타깃을 맞춘 다음, 이들을 '콘서트', '비틀즈', '히피' 같은 관심사를 기준으로 다시 걸렀을 것이다. 그리고 페이스북에서 쇼 하나를 홍보하는 데 100달러쯤 지출했을 것이다. 그 대가로 보통 수천의 '임프레션impression'을 받았는데 이것은 이론상 우리 광고를 본 이용자 숫자를 뜻했다. 뉴스 피드는 속성상 이용자들이 수많은 포스팅을 제대로 보지도 않은 채 지나칠 수 있었다. 이들의 주의를 끌기 위해 우리는 '행사'를 홍보하는 방식에서(페이스북은 우리 콘서트를 이렇게 불렀다) 포스터처럼 그래픽 요소를 풍부하게 담은 포스팅을 만드는 식으로 전환했다. 그렇게 하는 과정에서 우리는 소위 '20% 규칙'과 충돌했다. 페이스북 중견 임원의 설명에 따르면, 저커버그는 글자가 너무 많이 들어가면 광고가 지루해진다며 글자 함량을 20%로 제한하는 규칙을 임의로 정했다고 한다. 우리가 만든 포스터는 완성도가 높았지만 록rock 포스터는 때로 수많은 글자를 모아 예술 작품으로 만들기도 했기 때문에, 많은 경우 20% 규칙을 위배될 수밖에 없었다. 페이스북은 그런 광고의 게재를 거부했고, 나는 눈길을 잡아 끄는 사진 속에 약간의 글자를 겹쳐 넣어 인상적인 이미지를 만드는 방법을 터득해 페이스북의 규칙을 따랐다.

문앨리스는 복잡하고 세련된 광고주가 아니었지만, 우리와 비슷한 처지에 몰리는 광고주들이 많았다. 페이스북은 예산 규모가 작은 수백만의 기관이 인쇄매체, 라디오, 또는 TV보다 훨씬 더 적은 광고 비용으로 수

많은 사람에게 접근할 수 있게 해줬다. 하지만 페이스북은 정말로 큰 돈은 전통적인 매체에 막대한 광고비를 지출해 온 광고주들을 끌어오는 데서 나온다는 사실을 인지했다. 그런 광고주들은 우리 같은 영세 광고주들과는 판이한 기대를 갖고 있었다. 이들은 적정한 가격에 표적으로 삼은 대규모 이용자들에게 접근하고, 그들의 메시지가 의도한 소비자들에게 전달됐다는 증거를 페이스북에게서 투명하게 제공받기를 기대했다. 주식 상장 당시 페이스북은 이런 기대에 제대로 부응할 수 없었다. 2013년 페이스북은 페이스북 외부의 이용자 활동 데이터로 실험을 시작했고, 광고주들이 해당 데이터를 활용할 수 있게 하는 툴을 만들었다. 그 툴은 페이스북 광고주들에게 예측 가능한 방식으로 감정이 움직이는 이용자를 타깃으로 삼을 수 있었다.

페이스북 문화는 이들이 해결하려는 광고 문제와 완벽하게 잘 맞았다. 소프트웨어 해킹에 뿌리를 두고 있다는 데 자부심을 가진 페이스북은 이용자 확보에서 거둔 엄청난 성공을 매출로 연결할 수 있는 새 모델로 개선했다. 그로스 해킹growth hacking[4]은 이용자 수, 사이트에 머무르는 시간, 매출을 늘려야 하는 문제를 해결하기 위해 집중적으로 반복되는 소프트웨어 해킹 모델을 적용한다. 이것은 회사가 성공적인 제품과 적절한 변형을 통해 혜택을 받을 수 있는 수익화 형태를 갖춰야만 유효하지만, 그런 모델이 잘 맞는 유형의 회사는 그로스 해킹을 통해 엄청난 변화와 성장을

---

4 성장(Growth)과 해킹(Hacking)의 합성어로 한정된 예산으로 빠른 성장을 추구하는 스타트업 회사에게 효과적인 마케팅 기법으로, 미국의 유명 마케터인 션 엘리스(Sean Ellis)가 처음 제안했다. 이 기법은 상품 및 서비스의 개선사항을 계속 점검하고 반영하는 가운데 창의력과 데이터 분석, 소셜미디어를 적극 활용해 사업 성장을 가속화한다(출처: 네이버 지식백과).

이룰 수 있다. 변화와 개선을 정확히 계량하는 메트릭스에 대한 강박적인 집중이 그로스 해킹의 핵심 기능이므로, 올바른 메트릭스의 선택은 정말로 중요하다.

2012년 말부터 2017년까지 페이스북은 그로스 해킹을 마스터했다. 알고리즘, 새로운 데이터 유형, 설계상의 작은 변화를 끊임없이 실험했고 모든 것을 측정했다. 이용자의 일거수일투족은 페이스북이 그 이용자와 그의 친구들을 더 잘 이해할 수 있는 단서를 제공했고, 이는 소위 '이용자 경험user experience'의 미세한 개선으로 이어져 페이스북이 이용자 주의를 더 잘 조작할 수 있게 만들었다. 그로스 해킹의 목표는 더 많은 매출과 수익을 내는 것이고, 페이스북에서 이런 계량 시스템은 다른 모든 고려 사항을 차단했다. 그로스 해킹 세계에서 이용자들은 계량 시스템의 한 측정 기준일 뿐 사람이 아니다. 페이스북의 내부 논의에서 그로스 해킹과 관련된 시민적 책임성이 제기됐을 가능성은 거의 없다. 일단 페이스북이 플랫폼 외부에서 얻은 이용자 데이터를 적용하기 시작하자 사태는 더 이상 되돌릴 수 없게 됐다. 페이스북 외부에서 얻은 데이터는 페이스북 내부의 타기팅을 질적으로 변모시켰다. 추가 데이터는 그런 타기팅의 정확도를 높였고, 이는 페이스북이 더 많은 데이터를 무차별적으로 끌어모으게 하는 동기로 작용했다. 페이스북 알고리즘은 효과적으로 매출과 연결될 수 있는 데이터에서 예상치 못한 상관 관계를 발견했고, 결국 찾아냈다. 오래지 않아 페이스북의 감시 능력은 국가 첩보 기관과 어깨를 나란히 할 정도로 성장했다.

더 나은 타기팅을 위해 페이스북은 새로운 툴을 광고주들에게 소개했다. 2016년 미국 대선과 연관지어 보면, 두 가지 가장 중요한 관객은 '맞춤형 관객^{Custom Audiences}'과 '닮은꼴 관객^{Lookalike Audiences}'이다. 페이스북의 광고주 지원 센터에 나온 설명에 따르면 맞춤형 관객은 "당신이 기존 고객들로 구성해 만들어낼 수 있는 유형으로, 당신은 당신이 페이스북, 인스타그램, 그리고 관객 네트워크에서 만들어낸 관객들을 광고 표적으로 삼을 수 있다."고 돼 있다. 관객 네트워크는 페이스북 플랫폼 밖에 존재하며, '광고주들이 광고를 실을 수 있는 다양한 앱과 사이트의 네트워크'다. 2013년에 소개된 맞춤형 관객은 광고주들에게 두 가지 매우 중요한 형태의 가치를 제공한다. 첫째, 광고주들은 익숙한 고객들을 대상으로 광고 캠페인을 벌일 수 있고, 둘째, 맞춤형 관객은 그와 유사한 특징을 갖는 닮은꼴 관객을 페이스북 이용자들 중에서 찾아내는 데 활용될 수 있다. 닮은꼴은 무한대로 확장될 수 있기 때문에 광고주들은 주어진 특징 요소에 맞춰 페이스북에서 모든 이용자를 찾아낼 수 있다. 1백명 정도의 소규모로 시작할 수도 있지만 맞춤형 관객이 더 클수록 닮은꼴 관객은 더 정확할 것이다. 페이스북은 1천 명에서 5만 명 규모의 맞춤형 관객을 사용하라고 권장한다.

그로스 해킹 덕택에 페이스북은 광고 툴을 지속적으로 개선하는 한편 꾸준히 이용자와 사이트에 머무르는 시간을 늘리면서 엄청난 규모의 데이터를 수집했다. 메트릭스의 개선은 폭발적인 매출 증가로 이어졌다. 2012년 말 10억 명 규모이던 페이스북의 이용자 수는 2013년 12억 명, 2014년 14억 명, 2015년에 16억 명, 2016년 거의 19억 명, 2017년 21억 명, 2018년 23억 명, 2019년 말 24억 명으로 늘었다. 주식을 상장한 2012년 50억 달러에 불과하던 매출액은 2013년 78억 달러, 2014년 125억 달러, 2015년 179억 달러, 2016년 276억 달러, 2017년 407억 달러,

2018년 558억 달러로 증가했다. 그 과정에서 여러 문제가 불거졌다. 광고주들은 광고와 관련해 투명성이 결여돼 있다고 불만을 토로했고, 페이스북은 광고 노출 통계와 비디오 통계 등 일부 수치를 부풀린 혐의로 제소당했다. 그러나 페이스북은 무소불위의 권력이 됐다. 광고주들에게 필요한 고객들은 모두 페이스북에 있었다. 이것은 페이스북에 막강한 영향력을 안겨줬다. 광고주들이 불만을 표시하면 페이스북은 사과와 미봉책으로 위기를 회피할 수 있었다. 몇 가지 구체적인 지표에 집중하면서, 페이스북은 스스로 내리는 결정에 의문을 제기하는 데 힘을 쏟지 않았다. 이용자들을 극단적으로 감시하면서 그들의 주의를 조작하는 일이 과연 도덕적으로 문제가 없는지, 의도치 않은 결과로부터 어떻게 이용자들을 보호할 수 있을지 고민했다는 아무런 증거도 나는 발견할 수 없었다. 설령 저커버그와 경영진은 페이스북의 행태가 애초의 이상과 크게 달라졌다는 사실을 인지했을지도 모르지만, 아무런 우려도 보여주지 않았다. 설령 누군가가 페이스북의 일부 그룹에서 점점 더 극단적인 행태가 벌어진다는 사실을 알았을지도 모르지만, 아무도 그에 대한 대응 조치를 취하지 않았다. 러시아는 이를 악용해 2014년부터 미국과 서유럽 사이에 불화와 갈등의 씨앗을 뿌리기 시작했다. 영국의 일간지 「가디언」이 2015년 12월 케임브리지 애널리티카가 적어도 5천만 명에 이르는 페이스북 이용자 프로필을 오용했다는 사실을 보도하자 이는 강렬하지만 일시적인 스캔들로 발전했다. 페이스북은 해당 사태를 사과하고, 케임브리지 애널리티카에 문제의 데이터 세트를 파기했다는 증명서에 서명하도록 한 뒤 재빨리 평상적인 사업 모드로 복귀했다. 페이스북은 스스로를 법적 소송으로부터 보호하는 데 항상 신중했지만, 점점 커지는 사안의 위급함을 전혀 의식하지 못하는 듯 보였다. 매출과 수익 그리고 영향력 증대가 주는 혜택은 명확했고, 그 과정에서 불거지는 문제는 쉽게 무시됐다. 페이스북의 모든 직원은 그들의 메트릭스에만 여전히 집중했다.

2016년이 시작되면서 페이스북의 존재감은 더욱 커졌다. 몇몇 PR 문제를 제외하면 페이스북은 주식 상장 이후 거의 아무런 걸림돌도 만나지 않았다. 내가 저커버그의 멘토 노릇을 하던 때와 비교해 페이스북은 거의 모든 면에서 질적으로 달라졌고, 멘토 역할이 끝난 뒤 내가 아는 내용은 널리 공개된 사실이거나 내가 직접 목격한 부분에 국한됐다. 페이스북 이용자들이 그런 것처럼, 페이스북도 긍정적인 뉴스만 공개했기 때문에 나는 2016년 동안 목격한 내용에 더욱 큰 충격을 받았다. 악의적인 이용자나 그룹이 페이스북의 툴을 이용해 선량한 사람들에게 해악을 끼친다는 사실은 납득이 되지 않았지만 나는 그런 증거를 직접 목격했고, 그런 사실을 내 머릿속에서 떨쳐낼 수 없었다. 나는 대통령 선거 직전 저커버그와 셰릴과 직접 연락을 주고받은 다음에야 페이스북에 대한 그간의 내 시각이 틀렸음을 깨닫기 시작했다. 안타깝게도 그런 문제를 내가 제대로 이해하는 데는 생각보다 더 긴 시간이 걸렸다. 4년 넘게 이어진 엄청난 성공은 페이스북에 자만심을 불어넣었다. 페이스북은 자기들만의 '필터 버블'에 갇혀 있었다. 매일매일 더 많은 이용자가 더 많은 시간을 페이스북에서 보내면서 더 많은 매출과 수익이 창출됐고, 페이스북 주가도 연일 기록을 경신하며 높아졌다. 그 사이 미다스 효과The Midas Effect가 스며들었고, 저커버그와 경영진은 자신들이 하는 모든 일은 항상 옳고 늘 최선이며 인류에게도 틀림없이 좋은 것이라고 믿게 됐다. 겸손 따위는 창밖으로 내던져졌다. 페이스북은 무엇보다 성장을 우선시했다. 결국 그것은 궁극적으로 여러 문제를 초래했고, 더 이상 사과와 더 잘하겠다는 약속으로는 해결할 수 없는 지경에 이르렀다.

포그의 제자들

누군가 악하거나 나쁜 의도를 가졌기 때문이 아닙니다. 어떤 대가를 치르더라도 사업의 성패가 사람들의 주의를 끄는 데 달려 있기 때문입니다. – 트리스탄 해리스[Tristan Harris]

2017년 4월 9일, 한때 구글에서 상품 설계의 윤리성 검토를 담당했던 트리스탄 해리스가 CBS 방송의 시사 프로그램인 「60 Munites」에 출연해 페이스북, 트위터, 유튜브, 인스타그램, 스냅챗[Snapchat] 같은 인터넷 플랫폼이 이용자들의 감정을 최대한 활용하기 위해 시도하는 기법에 대해 이야기했다. 사람들 주의를 끌기 위한 미디어들이 어떻게 경쟁하는지, 스마트폰이 그런 경쟁 구도에 어떤 변화를 몰고 왔는지, 그리고 인터넷 플랫폼이 그러한 변화로부터 이익을 얻기 위해 어떻게 이용자들을 희생시키는지 설명했다. 플랫폼은 인간 심리의 약점을 파고들어 선동,

홍보 그리고 슬롯머신의 아이디어를 차용해 습관을 유도하고 이어 중독으로 몰아간다. 트리스탄은 이것을 '두뇌 해킹brain hacking'이라고 불렀다.

트리스탄의 인터뷰를 시청할 즈음 나는, 페이스북의 사업 모델과 알고리즘이 이용자뿐 아니라 자체 브랜드에도 위협이 된다고 석 달에 걸쳐 설득했지만 아무런 소득도 올리지 못한 상황이었다. 나는 이 일을 나 혼자서 할 수 없다는 사실을 깨달았다. 내가 2016년에 관찰한 내용의 본질을 내게 제대로 이해시켜 줄 수 있는 누군가가 필요했다. 트리스탄의 비전은 내가 목격한 내용을 더없이 명확하게 설명해 줬다. 그는 공중보건에 초점을 맞췄지만, 나는 즉각 그것이 선거와 경제에서 어떤 암시를 하는지 알수 있었다.

나는 트리스탄의 연락처를 알아내 다음날 전화를 걸었다. 그는 지난 3년 이상 구글 같은 IT 기업의 엔지니어들에게 두뇌 해킹을 이해시키기 위해 노력해 왔다고 말했다. 우리는 힘을 합치기로 했다. 우리의 목표는 소셜미디어의 어두운 면을 세상에 알리는 것이었다. 초점은 트리스탄의 공중보건 프레임워크에 있었지만, 선거 같은 정치적 문제와 혁신과 기업가 정신 같은 경제 문제를 부각시킬 기회도 모색하기로 했다. 우리의 임무는 돈키호테식으로 비칠 수도 있었지만, 일단 시도해 보기로 결심했다.

트리스탄은 매킨토시가 처음 등장한 1984년에 태어났다. 금문교와 샌프란시스코 북쪽으로 한 시간 정도 걸리는 산타로사Santa Rosa에서 모자가정의 독자로 자랐다. 트리스탄은 다섯 살 때 처음으로 컴퓨터를 접했고 사랑에 빠졌다. 어릴 때부터 마술에 특히 관심을 가져 여러 명의 전문 마술사가 멘토링하는 특별 캠프에도 참여했다. 마술들이 펼치는 마술 트릭은 인간의 주의력이 가진 진화적 특징을 이용하는 것이었다. 모든 사람의 미소가 대체로 비슷하듯이, 우리도 특정한 시각적 자극에 예측 가능한 방식으로 반응한다. 마술사들은 사람들의 주의력이 어떻게 작동하는지 잘 알고, 거기에 포함된 허점을 활용할 수 있게끔 트릭을 구성한다. 마술사의 동전이 한 손에서 다른 손으로 갔다가 사라지는 것처럼 보이게 하는 방법도 거기에 있다. 또는 마술사가 동전을 사라지게 했다가 어린이의 귀에서 나타나도록 만드는 방법도 마찬가지다. 마술사가 당신에게 "카드를 아무거나 한 장 뽑으세요."라고 주문할 때, 이들은 이미 여러 단계를 통해 당신이 특정한 단 한 장의 카드를 뽑을 수밖에 없도록 설정해 놓았다. 이 모든 트릭은 우리의 가장 기본적인 두뇌 작동 메커니즘을 이용하기 때문에 거의 모든 사람에게 통한다. 우리의 주의력은 전혀 예상치 못한 방식으로 조작된 다음이기 때문에 마술사들의 트릭을 볼 때마다 깜짝 놀랄 수밖에 없다. 언어, 문화, 심지어 교육 수준도 마술사에게는 문제가 되지 않는다. 대다수 사람들은 동일한 방식으로 반응하기 때문이다.

트리스탄이 초등학교에서 중학교로 올라가면서 마술은 컴퓨터에 자리를 내줬다. 컴퓨터는 트리스탄이 무엇인가를 만들 수 있게 해 줬고, 그것은 마술처럼 보였다. 그는 보통 그 또래 아이들이 야구 스타에 열중하듯이 프로그래밍 언어에 빠져 게임과 앱을 점점 더 정교하게 만들었다. 당시는 90년대 후반이었고, 애플은 10년 넘게 이어진 불황에서 막 벗어나던 참이었다. 트리스탄은 맥과 애플에 푹 빠져 언젠가 그곳에서 일할 날을 꿈꾸었다. 스탠포드대학에 진학한 덕분에 꿈이 이뤄지기까지는 오래 걸리지 않았다.

스탠포드대학은 실리콘밸리의 핵심 대학이다. 산타로사에 있는 트리스탄의 집에서 채 두 시간도 걸리지 않는 곳에 자리잡은 스탠포드대학은 구글을 비롯해 역사상 수많은 IT 성공 기업의 산실 역할을 해 왔다. 트리스탄은 2002년 가을 스탠포드대학에 진학했을 때 컴퓨터 과학에 집중했다. 신입생이 된 지 한 달도 안 된 시점에서 트리스탄은 자신의 꿈을 따라 애플의 여름 인턴십에 지원했고 합격해서 주로 설계 프로젝트에 참여했다. 세 번에 걸친 여름 인턴십 동안 그가 만든 코드와 이용자 인터페이스 일부는 지금까지도 애플 제품에 남아 있다.

대학을 졸업하고 트리스탄은 스탠포드 컴퓨터 과학과 석사과정 대학원에 진학했다. 첫 학기에 그는 B. J. 포그^{Fogg} 교수의 설득적 기술 persuasive technology 과목을 수강했는데, 교재로 쓰인 『Persuasive Technology』는 이 분야에서 표준으로 통용되고 있었다. 다른 대학의 교수들도 해당 주제를 강의했지만, 스탠포드라는 명성은 실리콘밸리에서 포그 교수의 영향력을 더 크게 만들었다. 그의 통찰은 프로그래머들이 컴퓨터 기기를 통해 심리학과 20세기 초부터 개발해온 선전선동 같은 설득적 개념을 조합하고, 슬롯머신의 가변적 보상 기법을 더해 이것을 사회적 인정과 승인을 바라는 인간의 욕구와 결합함으로써 어떤 이용자도 저항하기 어렵도록 만들 수 있다는 것이었다. 카드 트릭을 구사하는 마술사처럼 컴퓨터 디자이너는 모든 행동을 이끄는 시스템일 때 사용자 제어의 환상을 불러일으킬 수 있다. 포그 교수의 교재는 영리한 프로그래머들이 각 세대의 새로운 기술을 더 효과적으로 활용해 이용자들의 마음을 장악할 수 있는 설득의 공식을 제시한다. 아이폰과 안드로이드 같은 스마트폰이 나오기 전까지는 그런 조작의 위험성이 그리 크지 않았다. 스마트폰 시대가 되면서 이용자들은 전혀 승산이 없게 돼 버렸다. 포그는 그런 상황을 개선에 도움이 되지 않았다. 자신의 교재에 나온 대로 포그는 학생들에게

"소규모 팀에서 윤리성에 구애받지 말고 설득적 기술을 위한 개념적 디자인을 개발하라. 비윤리적일수록 더 좋다."라는 식으로 윤리학을 가르쳤다. 그는 이것이 학생들에게 자신들의 작업 결과에 관해 생각하게 하는 최선의 방법이라고 생각했다.

그가 가르친 기법들이 민주주의와 공중보건을 약화시키는 데 기여했을 수 있다는 폭로는 포그 교수 자신에 대한 비판으로 이어졌다. 포그 교수의 교재와 그가 온라인 잡지 「미디엄」에 기고한 글을 읽고 나는 그가 실리콘밸리의 가치 시스템을 수용하면서, 자신의 통찰이 물질적 피해로 이어질 수 있다고는 상상해본 적 없는 기술 낙관론자라는 느낌을 받았다. 나는 결국 포그 교수와 대화를 나눌 기회를 가졌다. 그는 사려 깊고 친근한 인물이었고, 인터넷 플랫폼에 적용된 설득적 기술의 결과 때문에 자신이 부당하게 비난받는다고 믿고 있었다. 그는 설득적 기술의 위험성을 여러 차례 경고했지만, 실리콘밸리가 귀담아듣지 않았다고 내게 말했다.

페이스북이나 구글 같은 회사에서 포그의 제자들은 이용자 규모, 사이트에 머무는 시간, 광고에 대한 호응도를 높이는 임무를 띤 그로스 해커들로 구성된 소위 '그로스Growth 그룹'에서 흔히 일한다. 이들은 매우 성공적이었다. 우리가 인터넷 플랫폼과 상호작용할 때, 우리는 우리가 간단한 뉴스 피드에서 고양이 비디오나 친구들의 포스팅을 보고 있다고 생각한다. 해당 뉴스 피드의 배후에 대규모 고등 인공지능AI이 작동하고 있다는 사실을 아는 사람은 거의 없다. 우리가 뉴스 피드를 확인할 때, 우리는 실상 우리에 관해 거의 완벽한 정보를 가진 대규모 AI와 다차원적인 체스 게임을 두고 있는 것이다. 해당 AI의 목표는 우리가 어떤 콘텐츠에 관심을 갖고 계속 볼지, 어떤 분야나 내용에 돈을 지출할지 파악하는 일이다. 이것이 성공하면 AI는 우리와 관련된 과거의 어떤 기록이든 더 많은 콘텐츠를 찾아내어 보여줄 수 있게 된다. 매일 페이스북을 확인하는 14억 7천만 명의 이용자들에게 1년이나 2년 동안 매일 반복되는 믿음의 강화는 영향을 미친다. 모든 경우 모든 이용자에게 해당되는 것은 아니지만 충분히 많은 이용자가 그런 조작에 끌리는 상황은 광고에 매우 효과적인 반면 민주주의에는 위험한 영향을 끼칠 수 있다.

페이스북과 구글 같은 회사의 인공지능은, 대규모로 축적해 온 이용자 데이터 저장소에서 찾아낸 패턴에 근거해 그들의 생각과 감정을 예상하는 행동 예측 엔진behavioral prediction engine을 포함하고 있다. 페이스북의 AI는 여러 해에 걸쳐 축적된 좋아요, 포스팅, 공유 내용, 댓글, 그룹 활동 등을 분석해 어떻게 하면 우리의 주의를 독점할 수 있는지 알게 된다. 이 모든 데이터 덕택에 페이스북은 광고주들에게 우수한 고품질의 타기팅을 제공할 수 있다. 이들이 해결할 과제는 해당 타기팅에서 최대 가치를 뽑아낼 수 있는 광고를 만드는 것이었다.

이용자 주의를 끌기 위한 경쟁은 끊임없는 혁신을 요구한다. 업계가 인터넷 초창기의 배너 광고를 통해 배웠듯이, 이용자들은 예측 가능한 광고 레이아웃에 적응해 광고 콘텐츠에 신경을 쓰지도 않고 지나쳤다. 온라인 광고와 관련해 상호 절충안이 있다. 한편으로 그 내용과 성격이 맞는 사람이 당신의 광고를 보고 있는지 확인하기가 훨씬 더 쉽다. 반면에 그 사람이 해당 광고에 주의를 기울이는지 확인하는 것은 훨씬 더 어렵다. 이런 문제에 대해 인터넷 플랫폼 기업이 내놓은 해법은 이용자가 해당 플랫폼에서 보내는 시간을 극대화하는 방법이다. 만약 이들이 광고에 아주 잠깐만 주의를 기울인다고 가정하면, 열쇠는 그들의 주의를 가능한 한 많이 독점하는 것이다. 그래서 페이스북과 다른 플랫폼은 이용자들의 더 많은 참여를 자극하겠다는 바람으로 새로운 콘텐츠 포맷과 상품을 추가한다. 처음에는 문자만으로 충분했다. 이어 사진이 그 자리를 차지했다. 다음은 모바일 차지였고, 비디오는 새로운 개척지였다. 새로운 포맷에 더해 페이스북은 메신저 같은 신상품을 출시했고, 얼마 안 있어 데이트 분야도 선보였다. 이익을 극대화하기 위해 페이스북을 비롯한 인터넷 플랫폼은 실제 광고 효과를 숨긴다.

플랫폼은 전통적인 감사 관행을 막기 위해서 다른 광고계에 비해 광고주들에게 업계 표준 이하의 자료를 제공한다. 광고의 효율성을 평가하기가 지독하게 어려워서 "광고 비용의 절반이 낭비되는 것을 알고 있다. 나는 단지 어느 쪽이 절반인지 모른다는 점이다."라는 말이 통용될 지경이었다. 그리고 플랫폼 광고는 광고주들이 대체로 매년 더 많은 광고비를 지출할 수 있을 정도로 효과적이다. 구글의 검색 광고는 가장 확실한 투자 회수를 제공하지만, 다른 플랫폼의 브랜드 광고는 효과를 측정하기가 훨씬 더 어렵다. 하지만 중요한 것은 광고주들은 잠재 고객들이 어디에 있든 그들 앞에 광고를 노출시켜야 한다는 점이다. 이용자들이 전통적인 매체에서 인터넷으로 옮겨감에 따라 광고 비용도 그들을 따라간다. 진정으로 효과가 뛰어난 포맷이 나올 때까지, 인터넷 플랫폼은 일일 이용자수와 이용자들이 사이트에서 보내는 시간을 극대화하기 위해 수단과 방법을 가리지 않을 것이다. 이용자가 해당 사이트에 머무를수록 플랫폼은 광고비를 벌어들일 것이다.

인터넷 플랫폼은 설득적 기술에 대한 B.J. 포그 교수의 접근법을 적극 수용해, 그들의 사이트에 상상할 수 있는 온갖 방식으로 적용했다. 자동 재생과 무한 피드는 중지 신호를 없애 버렸다. 예측 불가한 가변 보상은 이용자들의 소셜미디어 중독을 자극했다. 태그, 좋아요 버튼, 자동 알림 기능은 소셜미디어를 통해 자신의 존재를 인정받고 싶은 욕망을 부추겼다. 이용자들로서는 속수무책이었다. 인간은 특정 자극에 특정 반응을 보이도록 진화했고('투쟁 도피'flight or fight'의 선택이 대표적 사례), 따라서 기술에 의해 부당하게 이용될 수 있다. 원색 같은 시각적 자극을 받거나(빨강은 자극적 색상) 주머니 근처의 피부에 진동이 느껴져 무엇인가 매력적인 보상이 있을 것이라는 신호가 오면 신체는 예측 가능한 방식으로 반응한다. 즉 심장 박동이 빨라지고, 신경전달물질인 도파민이 분비되는 것이다. 인간 생물학에서 심장 박동이 빨라지고 도파민이 분비된다는 것은, 생사를 가르는 상황에서 생존의 가능성을 높여주는 일시적 반응을 뜻한다. 그런 유형의 자극이 지나치게 많아지는 것은 누구에게나 좋지 않지만, 그런 효과는 어린이와 청소년에게 특히 더 위험하다. 그런 결과의 초기 증상은 숙면을 못 하고 스트레스와 불안감, 우울 증세가 커지며, 집중력이 떨어지고, 짜증이 늘며 불면증이 생긴다. 이것은 시작에 불과하다. 많은 사람이 휴대전화와 떨어지는 상황을 두려워하는 노모포비아nomophobia[1]에 걸린다. 우리는 전화기를 끊임없이 확인하도록 길이 들고, 스스로 선택한 플랫폼에 점점 더 많은 자극을 갈망하게 된다. 많은 사람이 다른 사람들과

---

[1] 노 모바일폰 포비아(No mobile-phone phobia)'의 줄임말로, 휴대폰을 휴대하고 있지 않거나 눈에 보이지 않으면 불안감을 느끼는 증상을 의미한다(출처: 기획재정부 시사경제용어사전).

관계를 맺고 서로 소통하는 데 어려움을 겪는 증상이 생기기도 한다. 어린이들은 게임, 문자 메시지, 인스타그램과 스냅챗에 빠져들고, 이는 인간 경험의 본질을 바꾼다. 기술이 인간 관계를 중재하게 되면 주변 또래들이 가해자를 비판하거나 수치심을 느끼게 하는 사회적 압력이나 피드백이 없기 때문에 문자 메시지와 소셜미디어를 통한 사이버 폭력cyberbullying은 더 쉬워진다. 성인들은 '웹사이트 알고리즘이 이용자 위치 정보, 과거의 클릭 행태와 검색 기록에 맞춰 보고 싶어하는 정보만을 선별해 제공하는, 개인화된 검색 행위 결과 일어날 수 있는 지적 고립 상태'라고 위키피디아가 정의한 필터 버블에 갇힌다. 필터 버블은 참여를 부추기기 때문에 페이스북과 구글은 이런 사업 모델을 더 강화한다. 하지만 필터 버블은 인터넷 플랫폼에서만 나타나는 현상이 아니다. 독자나 시청자의 기존 신념을 강화하고, 이에 반박하는 기사를 억압하는 어떤 언론 매체에서든 찾아볼 수 있다. 폭스 뉴스와 MSNBC처럼 특정 정파에 편파적인 TV 채널도 강력한 필터 버블 시스템을 유지하지만, 텔레비전은 일방향의 방송 매체이기 때문에 쌍방향인 페이스북과 구글의 영향력에는 비교가 되지 않는다. 텔레비전은 개인화, 쌍방향성, 공유, 혹은 집단 세력화를 허용하지 않는다.

페이스북을 예로 들면 필터 버블에는 여러 요소가 있다. 이용자 참여를 이끌어내려 끊임없이 시도하는 가운데 페이스북 AI와 알고리즘은 각각의 이용자가 과거에 가장 적극적으로 참여했던 것과 비슷한 콘텐츠를 꾸준히 공급한다. 대체로 이것은 우리가 '좋아요'라고 반응하는 콘텐츠다. 우리의 모든 클릭, 공유와 댓글은 페이스북이 그들의 AI를 조금씩 더 정교화하는 데 도움이 된다. 매달 22억 명, 매일 14억 7천만 명이 클릭,

공유한 내용과 댓글을 분석함으로써 페이스북 AI는 이용자들에 대해, 당사자들이 상상할 수 있는 수준 이상으로 더 많은 정보를 알게 된다. 한 곳에 집중된 모든 데이터는 아무리 잘 보호된다고 해도 악의적인 기업이나 세력의 표적이 될 위험성이 높다. 그러나 페이스북의 사업 모델은 누구든 비용을 지불하기만 하면 보유한 데이터를 얼마든지 활용할 수 있는 기회를 제공한다는 것이다.

트리스탄은 인터넷 플랫폼이 우리 두뇌의 밑바닥에서 더욱 자극하기 위해 경쟁하는 사례를 예로 든다. AI가 즉각적인 보상, 분노, 공포 등 우리 두뇌에서 파충류적 속성에 지배되는 감정을 자극하는 콘텐츠를 앞다퉈 제공한다는 것이다. 짧은 비디오 플랫폼이 긴 플랫폼보다 더 잘 통한다. 애니메이션 GIF가 고정된 사진보다 더 효과적이다. 선정적인 헤드라인이 차분한 사건 묘사보다 더 잘 통한다. 트리스탄의 말처럼 진실의 공간은 고정돼 있는 반면, 허위의 공간은 사방으로 자유롭게 확장될 수 있다. 허위가 진실을 이기는 것이다. 진화론적 관점에서 이것은 엄청난 이점이다. 사람들은 귀여운 강아지 사진과 사실을 더 선호한다고 말하지만(이것은 많은 이에게는 사실일 것이다), 페이스북과 다른 플랫폼 내부에서는 자극적이고 도발적인 포스팅이 대규모 방문자를 끌어모으는 데 훨씬 더 효과적이다.

이용자를 분노케 하거나, 불안하게 만들거나, 두려움에 빠뜨리는 것은 참여를 부추기는 강력한 방법이다. 불안하고 두려운 이용자들은 해당 사이트를 더 자주 확인한다. 분노에 빠진 이용자들은 자신들이 무엇에 그토록 분개하는지 다른 이들에게 알리기 위해 더 많은 콘텐츠를 공유한다. 무엇보다도 페이스북 입장에서 볼 때 더 환영할 만한 대목은 분노나 두려움의 감정에 휘둘려 이성을 잃은 이용자들은 감정적으로 격앙된 콘텐츠에 더 적극 반응한다는 사실이다. 어떻게 자극적인 콘텐츠가 심장을 더 빨리 뛰게 하고 도파민 분비를 촉진하는지 상상하기는 쉽다. 페이스북은 개별 이용자에 대해 너무 많이 알고 있어서 그들은 종종 감정적 반응을 일으키기 위해 뉴스 피드를 조정할 수도 있다. 모든 이용자에게 항상 이 작업을 수행할 수는 없지만 이용자들이 인식하는 것보다 훨씬 더 많이 작업을 수행한다. 그리고 그것도 교묘하게, 아주 조금씩 비중을 늘리는 식으로 이용자를 자극한다. 페이스북처럼 대다수 이용자가 사이트를 매일 찾는 플랫폼에서는 매일, 장기간에 걸쳐 조금씩만 그렇게 해도 궁극적으로 커다란 변화를 낳는다. 2014년 페이스북은 '소셜 네트워크를 통한 대규모 감정 전염의 실험적 증거[2]'라는 제목의 연구 내용을 발표했다. 이 실험에서 페이스북은 거의 70만 명의 이용자 뉴스 피드에서 긍정적인 메시지와 부정적인 메시지 간의 균형을 조정해, 그것이 이용자들의 기분에 어떤 영향을 미치는지 측정했다. 내부 보고서에서 페이스북은 감정이 플랫폼을 통해 확산될 수 있다는 증거를 해당 실험이 제시했다고 주장했다. 인지된 동의를 미리 얻거나 적절한 경고를 제공하지 않은 채, 페이스북은 단지 그것이 가능한지 알아보려고 사람들의 기분을 조정했다. 그에 대한 비판이 쓰나미처럼 쏟아지자 셰릴 샌드버그는 "이것은 다른 제품을 테스트하기 위해 진행 중인 연구의 일부였습니다. 이번 실험도 그런 경우였는데 제대로 전달되지 않았습니다. 부족했던 의사소통에 대해 사과드립니

---

2 Experimental Evidence of Massive- Scale Emotional Contagion Through Social Networks(https://www.pnas.org/content/111/24/8788)

다. 여러분의 기분을 상하게 할 의도는 전혀 아니었습니다."라고 발표했다. 셰릴은 이용자들에게 대규모 심리 실험을 수행한 데 대해 사과하지 않았다. 이와 같은 실험은 '기업'에 정상적인 것이라고 주장했다. 그리고 페이스북의 허술한 커뮤니케이션에 대해서만 사과하는 것으로 결론지었다. 셰릴의 발언을 곧이곧대로 해석한다면 아무런 사전동의 없이 이용자들을 대상으로 실험하는 것이 페이스북에서는 표준적인 관행이라는 뜻이다.

나중에 드러난 사실은 22억 명을 단일 네트워크상에서 연결한다고 해서 모두에게 자연스럽게 행복을 가져다주는 것은 아니라는 점이다. 그 네트워크는 이용자들에게 처음에는 그럴듯한 이미지를 선보이라고, 이어 '좋아요'나 다른 사람들의 것을 공유하는 식으로 주의를 끌라고 압력을 가한다. 그런 환경에서는 가장 큰 목소리가 지배할 수밖에 없고 이는 위협적일 수 있다. 그 결과 우리는 인간 본능에 따라 집단과 파벌로 조직화한다. 이런 조직화는 우리와 같은 신념을 가진 사람들, 가장 흔하게는 가족, 친구, 우리가 소속된 페이스북 그룹에서 시작된다. 페이스북 뉴스 피드는 모든 개별 이용자에게 스스로를 자기와 같은 생각을 가진 사람들로 둘러싸이게 만든다. 페이스북은 이론적으로 이용자가 매우 다양한 커뮤니티를 포함하도록 친구 네트워크 확장을 허용하지만, 많은 이용자는 실제로 자신들과 견해가 다른 사람들을 팔로우하지 않는다. 누군가가 우리를 자극하면 그를 차단하거나 언팔unfollow로 대응하면서 통쾌함을 느끼고, 실제로 많은 사람이 그렇게 반응한다. 그 결과 친구 목록은 시간이 지나면서 점점 더 동질적으로 변해가고, 이런 현상은 페이스북이 뉴스 피드를 관리하는 접근 방식으로 확대되는 효과를 볼 수 있다. 콘텐츠가 우리와 같은 생각을 가진 가족, 친구, 그룹에서 나온 것이면 경계심을 늦추게 마련이며, 이는 거짓 정보가 페이스북에서 그토록 효과적으로 유포될 수 있는 이유 중 하나다.

이용자들에게 그들이 원하는 것을 제공한다는 말은 훌륭한 아이디어로 들리지만, 여기에는 적어도 한 가지 불행한 부작용이 따른다. 바로 '필터 버블'이다. 필터 버블과 양극화 사이에는 높은 상관 관계가 있다. 분명히 하자면 나는 필터 버블이 양극화를 만들어낸다고 단정할 수는 없지만, 그것이 양극화에 빠진 사람들을 고립시키기 때문에 공개 담론과 정치 지형에 부정적인 영향을 미친다고 믿는다. 필터 버블은 페이스북과 구글 밖에도 존재하지만 페이스북과 구글에 관심이 높아지면서 다른 사이트에 비해 필터 버블의 영향력을 증가하고 있다.

페이스북 이용자는 누구나 친구와 가족이 있지만 그중 많은 경우는 특정 페이스북 그룹의 멤버이기도 하다. 페이스북은 취미, 엔터테인먼트, 스포츠 팀, 커뮤니티, 교회, 유명 인사의 팬 그룹 등 어떤 성격이나 활동이든 허용한다. 넓은 스펙트럼의 정치 그룹도 많다. 페이스북은 그룹을 좋아하는데, 광고주들에게 손쉬운 표적이 될 수 있기 때문이다. 악의적인 세력도 같은 이유에서 그룹을 좋아한다. 오바마 행정부 1기 시절 백악관 직속 정보규제국의 행정관을 지낸 캐스 선스타인Cass Sunstein의 연구에 따르면 비슷한 생각을 가진 사람들끼리 사안을 논의하면 이들의 시각은 시간이 지나면서 점점 더 극단적으로 흐른다.

공통된 신념을 가진 이용자들로 구성된 정치 그룹은 그들이 적으로 여기는 정치 세력에 대해 함께 분노를 터뜨리고 자극하며, 내가 앞에서 지적했듯이 바로 그런 특성 때문에 조작에 넘어가기 쉽다. 시민단체인 '민주주의를 위한 데이터Data for Democracy'의 조너선 모건Jonathon Morgan은 잘 조율되면 한 그룹의 1~2% 정도의 멤버들만으로 대화의 방향을 이끌 수 있다고 관측했다. 이는 몇몇 인간 트롤Troll[3]이 소규모의 디지털 봇(소프트웨어 로봇) 군대를 동원해 감정적으로 분노에 빠진 대규모 그룹을 통제할 수 있다는 뜻으로, 러시아의 해커들이 동일한 이슈에 반대 의견을 가진 그룹(예를 들면 친무슬림 그룹과 반무슬림 그룹)을 부추겨 서로 대치되는 상황이 연출되도록, 같은 시간에 같은 장소에서 동시에 페이스북 이벤트를 주최하게 만든 사례가 그런 경우였다.

페이스북은 단지 플랫폼일 뿐이고, 문제를 일으키는 것은 그 기반에서 활동하는 세력이기 때문에 자신들은 외부 세력이 하는 행동에 아무런 책임이 없다고 우리가 믿기를 원한다. 그런 주장은 늘 논란을 일으킨다. 실상 페이스북은 복잡한 가치 시스템을 만들었고, 시간이 지날수록 본래부터 존중해야 할 이용자 가치와 점점 더 갈등을 빚는 방향으로 시스템을 운영하고 있다. 페이스북은 이용자가 스스로 친구와 뉴스 피드의 출처를 골라 자신의 경험을 제어할 수 있다고 주장하지만, 실제로는 페이스북 엔지니어들이 설계한 인공지능, 알고리즘, 메뉴가 경험의 모든 부분을 통제한다. 세계 기독교 인구에 맞먹는 월 이용자와 이슬람교 인구에 버금가는 일일 이용자를 가진 초대형 소셜 네트워크로서, 페이스북은 자사의 사업 모델과 설계상 선택이 사람들에게 엄청난 영향을 미치지 않는 것처럼 가장할 수 없다. 20억 이상의 이용자를 가진 플랫폼이 자율 규제될 수 있다는 페이스북의 관점은, 특히 그에 반하는 증거들이 쏟아지는 상황에서

안이하고 이기적이다. 설령 '그저 플랫폼일 뿐'이라고 해도, 페이스북은 이용자들을 위험으로부터 보호할 책임이 있다. 책임 회피는 심각한 결과로 이어진다.

온갖 미디어와 소셜 네트워크의 관심 끌기 경쟁은 최악의 사회적 행태를 유발한다. 극단적인 의견이 더 많은 주목을 받기 때문에 플랫폼은 그런 의견과 시각을 부추긴다. 필터 버블이 있는 뉴스 피드는 없는 뉴스 피드보다 사람들의 관심을 더 받는다. 필터 버블로 일어난 최악의 영향이 기존 신념을 더욱 강화하는 것이라면 사회에 존재하는 여러 다른 장치보다 더 나쁘지 않을 것이다. 불행하게도 필터 버블에 갇힌 사람들은 점점 더 파벌화하고 고립되며 극단으로 치닫는다. 이들은 자신들을 편안하게 만드는 사람들과 가치관만을 모색한다.

소셜미디어는 과거에 사회적 압력으로 통제돼 온 백인 민족주의 같은 개인적 견해의 출구를 마련해 줬다. 소셜미디어 플랫폼이 나오기 전까지 극단적 가치관은 그에 동조하는 세력을 찾기 어려웠기 때문에 일정 수준 완화되는 경우가 많았다. 실제 사회에서 극단적 가치관을 표현했다가는 사회적 낙인이 찍힐 수 있었기 때문에 절제됐다. 소셜미디어 플랫폼은 익명성이나 비밀 그룹, 혹은 둘 다를 보장해 사회적 오명의 위험성을 제거함으로써 극단주의자 등 같은 신념을 가진 사람들이 서로를 찾고, 소통하고, 궁극적으로 사회적 오명에 대한 두려움을 떨쳐낼 수 있게 만들었다.

인터넷에서는 사회적으로 도저히 수용할 수 없는 아이디어조차 배출구를 찾을 수 있다. 표현의 자유 옹호자로서 나는 모든 사람이 자신의 생각을 표현할 권리가 있다고 믿는다. 불행하게도 익명성, 비공개 그룹을 결성하는 능력, 플랫폼의 방임적 태도는 언론 자유의 정상적인 균형을 바꿔 놓았고, 종종 합리적인 목소리보다 극단적인 목소리에 유리하게 작용했다. 플랫폼의 규제가 없는 상황에서 증오 발언은 전염성이 높다. 페이스북과 구글이 각자의 분야에서 대체할 만한 경쟁사가 없다는 사실은 두 회사에게 콘텐츠 수위를 조정하는 특별한 부담을 안겨준다. 이들은 기업 규모와 독점적 지위 때문에 제기되는 독특한 표현의 자유를 다룰 의무가 있다. 이는 풀기 어려운 문제이고, 책임을 회피하려 시도할수록 더욱 어려워진다. 또 주요 플랫폼은 그들의 사업 관행에 대한 외부 비판을 표현의 자유 논쟁으로 비틀어 논점을 흐리게 만들었다.

본래 의도한 것이든 우발적인 것이든 플랫폼은 다양한 방식으로 극단적인 관점에 힘을 실어준다. 생각이 비슷한 극단주의자들이 서로를 쉽게 찾고 결속할 수 있다는 사실은 자신들의 주장이 합법적이라는 환상을 심어준다. 현실 세계의 오명으로부터 보호받으면서 극단적인 관점을 인터넷 플랫폼에서 소통하는 가운데 이들의 언어는 더욱 위험한 수위로 발전한다. 그런 관점이 정상인 것처럼 흔해지면서 단순한 호기심을 가진 사람들까지 합류하고, 알고리즘적 강화 기능을 통해 일부 이용자들은 점점 더 극단적인 위치에 처하게 된다. 이용자들에게 콘텐츠와 그룹을 추천하는 엔진은 그런 성향을 더욱 부추길 수 있고, 또 실제로 그렇게 한다. 예를 들면 유튜브의 알고리즘 엔지니어였던 기욤 채슬럿은 유튜브가 어떤 콘텐츠를 이용자들에게 추천하는지 스냅샷 찍듯 보여주는 프로그램을 만들었다. 채슬럿은 이용자가 정상적인 9/11 뉴스 영상을 시청하면 유튜브는 이어 9/11 음모 이론과 관련된 영상을 추천하고, 만약 10대 소녀가 다이어트 식습관에 관한 영상을 시청하면 유튜브는 거식증과 관련된 행동을 부추기는 영상물을 추천한다는 사실을 발견했다. 어디에서 출발하든 유튜브 알고리즘은 세 번의 추천 안에 이용자를 존스의 음모 이론과 연결해 준다고 해서 생긴 '유튜브에서는 세 다리만 건너면 알렉스 존스"라는 업계의 농담은 괜히 있는 게 아니었다. IT 전문 월간지인 「와이어드^{Wired}」에 기고한 논평에서 내 동료인 르네 디레스타는 유튜브 플랫폼에서 일어나는 전체 시청률의 70%는 추천을 통한 것이라는 유튜브 최고제품책임자인 닐 모한^{Neil Mohan}의 말을 인용했다. 시민적 책임성을 의식하지 않은 상태라면 추천 엔진은 최대 수익을 낼 수 있는 방식으로 프로그래밍될 것이다. 음모 이론은 이용자들이 해당 사이트에서 더 많은 시간을 보내도록 유도한다.

일단 한 사람이 인터넷 플랫폼에서 극단적인 주장에 동조하면 그는 필터 버블과 인간 본성에 모두 영향을 받을 것이다. 자신의 신념을 확인하고 동조하는 사상을 끊임없이 주입받으면서 이들은 온라인과 오프라인 모두에서 다른 사상을 배척하는 선택을 하게 만들 것이다. FBI의 국가안보 컨설턴트인 클린트 와츠를 통해, 나는 이처럼 다른 사상을 스스로 차단하는 현상을 '선호 버블^{preference bubble}'이라고 부른다는 사실을 알았다. 필터 버블은 다른 사람에 의해 강요받지만, 선호 버블은 자발적인 선택이다. 그런 정의에 따른다면 선호 버블은 이용자를 나쁜 장소로 데려가지만, 이용자 자신은 그런 변화를 의식하지 못할 수도 있다.

---

4 알렉스 존스(Alex Jones)는 극우 백인우월주의 방송 사이트인 '인포워(InfoWars)'를 통해 온갖 음모 이론을 퍼뜨리는 미국의 악명 높은 음모이론가로, 2016년 트럼프가 인터뷰에서 그를 치켜 세우면서 더욱 유명해졌다. 희생자가 나이 어린 아이들이어서 더욱 큰 충격을 불러일으켰던 2012년 미국 코네티컷 주의 샌디 훅 초등학교 총기난사 사건이 좌익과 민주당 측의 음모로 꾸며진 가짜라고 주장해 제소되기도 했다. ― 옮긴이

선호 버블은 특히 페이스북과 구글 같은 플랫폼이 버블을 강화하는 콘텐츠를 꾸준히 확장한다면 모든 분야에 걸쳐 나타날 수 있다. 선호 버블은 필터 버블처럼 사이트에 머무는 시간을 늘리고, 이는 매출 증가로 이어진다. 선호 버블에서 이용자들은 대안 현실을 만들고, 그 안에서 자기들끼리 공통 가치를 형성한다. 그런 가치는 정치, 종교, 또는 다른 무엇에든 초점을 맞출 수 있다. 이들은 자신들이 동의하지 않는 사람들과의 소통을 멈추고 버블의 힘을 더욱 강화한다. 그런 버블에 위협이 되는 것과 전쟁을 벌이는데, 일부 이용자들에게는 그것이 민주주의와 법률 규범에 맞선 전쟁이 되기도 한다. 이들은 전문성을 무시하고 자기 집단의 목소리를 더 앞세운다. 이들은 불편한 사실은 수용하기를 거부하는데, 심지어 반박의 여지없이 명백한 경우도 마찬가지다. 적지 않은 미국인들이 음모 이론을 조장하고 퍼뜨리는 토크 라디오와 웹사이트에 빠져 신문을 외면하게 된 경위도 그와 다르지 않다. 필터 버블과 선호 버블은 대다수 미국인들 사이에 남아있던 공통점의 마지막 흔적마저 제거해 버림으로써 민주주의를 훼손한다. 자기들끼리 규합된 집단이 가장 중요하며, 그 영향력을 키우는 데 사용하는 모든 수단은 정당하다. 이러한 효과는 도널드 트럼프를 받아들이기 위해 불과 몇 년 전까지 깊이 신봉했던 신념을 저버린 사람들 사이에서 볼 수 있다. 다시 말하지만 이것은 인터넷 플랫폼이 만들어낸 문제가 아니다. 기존의 사회적 갈등 요소는 플랫폼이 악용하는 사업의 기회로 만들었다. 그런 사회적 균열은 사상 유례없는 속도와 규모로 아이디어를 강화하고 확대시키는 피드백 사이클을 생성했다.

『Messing with the Enemy』라는 저서에서 클린트 와츠는 선호 버블에서 사실과 전문성은 증오 시스템의 핵심이자, 반드시 물리쳐야 하는 적이라고 주장한다. 그는 "누구든 가장 많은 '좋아요'를 받은 사람이 그룹을 주도하며, 누구든 가장 많은 공유 반응을 얻은 사람이 전문가로 통한다. 선호 버블은 일단 상대의 핵심을 파괴하고 나면 그 선호 성향에 맞는 정보와 출처를 집중적으로 선택하고, 실제 현실 세계보다는 자신들의 대안 현실을 지지하는 전문가들로 채우면서 핵심의 성격을 바꾼다."라고 말한다. 민주주의의 기반을 이루는 공통 가치는 지난 10년간 진화해 온 선호 버블 앞에서는 무력하다는 사실이 드러났다. 페이스북이 선호 버블을 만든 것은 아니지만 그런 성향을 키우는 이상적인 인큐베이터다. 페이스북 알고리즘은 이용자들이 어떤 허위 정보에 좋다고 반응하면 그와 유사한 더 많은 거짓 정보를 제공한다. 거짓 정보에 포위된 이용자들은 결국 처음에는 필터 버블에, 그 다음에는 선호 버블에 빠지고 만다. 선호 버블을 통해 사람들을 조종하려는 악의적인 세력은 해당 그룹에 잠입해 그들에게 동조하는 글이나 댓글을 올리면 준비 끝이다. 2016년 러시아 해커들이 그렇게 했고, 지금도 많은 그룹이나 세력이 그렇게 하고 있다.

유감스러운 사실은 페이스북과 다른 플랫폼이 행동 수정에 최적화된 강력 툴을 갖춘 실시간 시스템이라는 점이다. 우리는 해당 플랫폼이나 그 플랫폼의 다른 이용자들이 제시한 이론을 받아들인다. 예를 들어 만약 내가 페이스북의 음모 이론 그룹에서 적극 활동하다 잠시 쉬었다고 치자. 휴식기를 가졌다가 다시 돌아가면 페이스북은 놀랍게도 첫 번째로 가입했던 내 그룹과 회원들이 겹치는 다른 음모 이론 그룹에 가입하라고 추천한다. 그리고 음모 이론 그룹은 보통 적극적인 회원들로 구성돼 있기 때문에 적극적인 페이스북 사용을 권장한다. 그런 그룹에 가입하는 것은 언뜻 본인

스스로 선택한 것처럼 보이지만, 실상은 페이스북이 그런 결정의 씨앗을 뿌린 것이다. 그렇게 추천한 것은 음모 이론이 나에게 유익해서가 아니라 페이스북에 수익을 안겨주기 때문이다.

연구에 따르면 한 음모 이론을 수용한 사람들은 다음 이론을 수용할 확률도 높다. 자극적인 거짓 정보의 경우도 마찬가지다. 나는 트리스탄과 손을 잡게 될 때까지 이런 사실을 전혀 모르고 있었다. 트리스탄의 통찰은 2016년에 내가 목격한 사건들과 겹쳐 나를 충격에 빠뜨렸고, 페이스북, 유튜브 그리고 트위터가 이용자 행동을 조정하는 시스템을 만들었다는 사실을 인정할 수밖에 없게 했다. 이들 기업은 자사 서비스가 글로벌 규모로 확장되면서 사람들의 이용 행태에 영향을 미치고, 사회적 중요성도 커진다는 사실을 깨달았어야 했다. 서비스 약관에 위배될 경우를 예상하고, 이를 예방하는 수단을 강구했어야 옳았다. 불법 개입 사실을 인지했을 때 수사 기관에 협조했어야 했다. 나는 더 이상 페이스북이 피해자였다고 가장할 수 없었다. 내 실망감은 이루 말할 수 없었고, 상황은 내가 파악한 것보다 훨씬 더 나빴다.

페이스북 직원들은 그들만의 선호 버블에서 살고 있다. 저커버그와 임직원들은 자신들의 임무가 더없이 고귀한 것이라고 확신하면서 외부 비판을 무시한다. 모든 문제에 대해, 애초에 그러한 문제를 초래했던 것과 동일한 접근법으로 대응한다. 인공지능 기술을 더욱 강화하고, 더 많은 코드를 더하고, 더 많은 단기 처방으로 대응하는 식이다. 이렇게 나오는 것은 그들이 악당이어서가 아니다. 그들이 이렇게 하는 것은 성공으로 현실 감각이 왜곡됐기 때문이다. 이들이 볼 때 22억 명을 연결하는 것은 명백히 좋은 일이고, 지속적인 성장은 더없이 중요한 사안이어서 그로부터 초래된 문제가 어떤 식으로든 자신들의 설계 내용이나 사업 결정과 연계돼 있다고 상상할 수가 없다. 이들은 사업 방식을 재검토하는 것은 고사하고, 비평가들의 말을 귀담아들을 생각도 하지 않았다(비평가들이라야 얼마나 많은 사람과 연결이 돼 있겠는가?). 그 결과 페이스북을 통해 유포된 거짓 정보와 가짜 뉴스가 영국의 브렉시트(유럽연합 탈퇴) 국민투표와 미국의 대통령 선거에 영향을 끼쳤다는 증거 앞에서 페이스북이 취한 대응은 그 회사의 세계관을 잘 보여줬다. 이들은 가족과 친구, 그룹에서 나온 정보가 더 믿을 만하다며 언론사와 출판사들의 지위를 떨어뜨렸다. 문제는 바로 이들이 필터 버블과 선호 버블의 기본 요소라는 점이다. 고의든 우연이든, 이들이야말로 페이스북이 감추려는 거짓 정보와 가짜 뉴스를 공유하는 장본인들이라는 점이다.

트리스탄이 설명하고, 또 포그 교수가 가르치듯이 플랫폼이 이용자 선택을 조작하는 데 사용하는 10가지 툴이 있다. 이들 중 일부는 메뉴, 뉴스 피드 그리고 알림 등과 같이 각 플랫폼의 인터페이스 설계와 연관돼 있다. 페이스북 같은 플랫폼은 이용자가 항상 주도권을 갖고 있다고 믿게 만들지만, 앞에서 내가 언급했듯이 이용자가 통제권을 가진다는 생각은 환상이다. 그런 환상을 유지시키는 것이 모든 플랫폼의 성공에서 매우 중요한 요소지만, 페이스북의 경우에는 특히 더 솔직하지 못하다. 메뉴 선택 사항은 이용자들이 페이스북의 이익에 부합하는 방식으로 행동하도록 유도한다. 거기에 더해 페이스북의 디자인 팀은 '다크 패턴dark pattern'으로 알려진 기만적 웹 디자인으로 이용자들의 행동을 조작한다. 위키피디아는 다크 패턴을 '이용자들이 특정 행동을 취하도록 속이기 위해 치밀하게 설계된 이용자 인터페이스'라고 정의한다. 페이스북은 자신들이 의도한 반응을 이끌어내기 위해 모든 픽셀을 시험한다. 이용자들이 어느 계열의 붉은 색으로 된 알림에 더 잘 반응하는가? 사이트의 왼쪽 하단에 뜨는 알림 풍선은 이용자들을 효과적으로 사이트에 붙들어 놓기 위해 몇 천분의 1초 만에 사라지게 해야 하는가? 어떤 친밀성의 기준으로 이용자들에게 새 친구를 '추가'하도록 추천해야 하는가?

20억 이상의 이용자를 갖게 되면 온갖 가능한 설정을 테스트할 수 있다. 그에 드는 비용은 낮다. 페이스북 약관과 개인정보보호 설정이 대다수 인터넷 플랫폼처럼 찾기 힘들고, 해당 내용을 이해하기는 거의 불가능에 가깝다는 점은 우연이 아니다. 페이스북은 첫 페이지에 약관 버튼을 배치해 놓았지만 이를 클릭하는 사람은 거의 없다. 약관 버튼은 교묘한 위치에 배치돼 사실상 눈에 잘 띄지도 않는다. 해당 버튼을 보는 사람은 초창기부터 인터넷을 사용하면서 약관은 예외없이 길고 이해할 수 없다는 사실에 익숙해진 경우로, 이들 역시 거의 버튼을 누르지 않는다. 페이스북 약관은 오직 한 가지 목표만 갖고 있다. 바로 회사를 법적 책임으로부터 보호하겠다는 목표다. 페이스북 플랫폼을 사용하는 대가로, 우리는 그 회사가 원하는 것은 무엇이든 할 수 있도록 허용하는 셈이다.

포그의 설득적 기술에서 나온 또 한 가지 툴은 '바닥없는 그릇bottomless bowl'이다. 페이스북과 다른 플랫폼의 뉴스 피드는 끝이 없다. 영화와 TV에서 출연진과 제작진 이름을 보여주는 화면은 트리스탄의 표현에 따르면 '멈춤 신호stopping cue', 즉 관객에게 자리에서 일어날 때가 됐다는 신호를 보낸다. 소셜미디어 플랫폼은 끝없이 이어지는 뉴스 피드와 자동 재생으로 멈춤 신호를 제거함으로써 이용자들이 해당 사이트에 들를 때마다 가능한 한 오랫동안 머무르도록 유도한다. 끊임없이 제공되는 뉴스 피드는 데이팅 앱은 물론, 인스타그램 같은 사진 사이트에서도 잘 통한다. 페이스북에서도 마찬가지다. 유튜브, 넷플릭스 그리고 페이스북은 영상이 자동 재생되도록 설정해 놓았다. 그런 방식이 이용자들을 더 오래 붙들어 놓는 데 효과적이기 때문이다. 그로 인한 결과는 당신도 알듯이 수백만 명이 끝없이 이어지는 영상을 보느라, 또 인스타그램이나 페이스북을 확인하느라 수면 부족에 시달리는 현상이다.

알림은 소셜 플랫폼이 인간 심리의 가장 취약한 부분을 악용하는 또 다른 방법이다. 알림은 '문간에 발 들여놓기foot in the door' 전략으로 불리는 옛날 판매 기법을 적극 활용한다. 처음에는 비용이 낮은 것처럼 보이게 만들어 유혹한 뒤 점점 더 높은 비용으로 몰아가는 방식이다. 방금 이메일이, 문자 메시지가, 친구 요청이, 좋아요 반응이 들어왔다는 알림을 누군들 보고 싶지 않겠는가? 우리는 기본적으로 '문간에 발 들여놓기' 전략에 말려드는 데 따른 진짜 비용을 제대로 예측하는 데 서툴다. 그보다 더 큰 문제는 우리가 알림에 개인적인 것처럼 반응한다는 사실이다. 알림은 단지 이용자들의 반응을 일으켜 플랫폼의 경제적 이익을 높이기 위한 수단이며, 대개는 인공지능과 연계된 알고리즘에 따라 자동 생성된다는 사실을 전혀 깨닫지 못한다. 하지만 이런 부분도 알림이 가진 최악의 문제는 아니다. 그 부분은 곧 설명할 것이다.

포그 교수가 추천하는 설득적 기술의 속임수는 인정받으려는 욕구, 상호주의 욕망과 놓칠지 모른다는 두려움 등 사회심리학의 몇 가지 요소를 포함한다. 누구나 다른 이들로부터 인정받는다고 느끼고 싶어한다. 내가 올린 포스팅에 사람들이 '좋아요' 버튼을 눌러주기를 바란다. 사람들이 우리의 문자 메시지와 이메일, 태그, 공유물에 반응을 보이기를 원한다. 사회적 인정을 받고 싶은 욕구는 페이스북의 '좋아요' 버튼을 그토록 강력한 툴로 만드는 동력이다. 이용자가 다른 사람들의 평가에 의해 얼마나 자주 사회적 인정을 받는지 제어함으로써, 페이스북은 이용자를 수십억 달러 규모의 경제적 가치를 창출하는 동력으로 사용할 수 있다. 이것은 페이스북의 통화通貨가 타인들의 관심이기 때문에 가능하다. 이용자들은 남들의 눈길을 끌기 위해 이미지를 관리하지만, 곧 타인의 관심을 받기 위한 최선의 방법이 감정과 갈등을 통하는 것이라는 사실을 발견한다. 온라인에서 주목받고 싶은가? 뭔가 자극적인 발언을 하라. 이런 현상은 수십 년 전 「더 웰The WELL」 같은 온라인 포럼에 처음 나타났으며 건전하게 시작한 토론이 비열한 대치 상황으로 전락하곤 했고, 이후 기술 플랫폼이 바뀔 때마다 재출현했다.

사회적 인정에는 쌍둥이가 있다. 바로 사회적 상호주의다. 누군가에게 어떤 호의를 베풀 때, 우리는 상대편에게 동일한 보답을 기대한다. 마찬가지로 누군가가 우리에게 어떤 혜택을 베풀면, 우리는 그에 상응하는 혜택을 돌려줘야 한다는 의무감을 느낀다. 인스타그램에서 누군가가 우리를 팔로우하면 우리도 상대를 팔로우해야 할 의무감을 느낀다. 링크드인에서 누군가로부터 '초대장'이 왔다는 알림을 봤을 때, 그에 상응하는 호의를 베풀고 초대를 받아들이지 않는 경우 죄책감을 느끼기도 한다. 이는 유기적인 현상처럼 느껴지겠지만 그렇지 않다. 수백만 이용자들은 그런 행위가 소셜 플랫폼에 의해 조율되고 조작된 것임을 인지하지 못한 채 하루 종일 '좋아요'와 '친구 요청'을 서로 주고받는다. 여기에서 플랫폼은 마치 꼭두각시를 조종하는 사람과 같다. 3장에서 언급한 것처럼 페이스북이 사용하는 가장 효과적인 상호주의 트릭은 사진 태그다. 이용자들이 사진을 올리면 페이스북은 해당 사진에 담긴 친구들을 태그할 기회를 제공한다. 그러면 페이스북은 당사자들에게 "ㅇㅇ 친구가 사진에서 귀하를 태그했습니다."라는 알림을 태그가 지정된 이용자에게 보내면서(이것은 매력적인 검증 형태다) 사진 속의 다른 인물들도 태그해달라고 초대하는 상호주의의 반복 사이클을 시작한다. 태그는 페이스북의 사업을 한 단계 도약시키는 발판이었다. 애초에 이용자들이 페이스북을 매일 방문하는 주된 이유 중 하나도 사진이었기 때문이다. 태그된 각 사진에는 위치, 활동 내용, 친구 등에 관한 엄청난 양의 데이터와 메타데이터가 포함돼 있고, 이 모든 데이터는 표적 광고를 더 효과적으로 이용하는 데 사용할 수 있다. 사진 태그 덕분에 이용자들은 페이스북을 위한 대규모 사진 데이터베이스를 구축하고, 결국 페이스북이 효과적으로 수익을 창출하는 데 필요한 모든 정보를 완성하게 된다. 다른 플랫폼도 이런 수법을 사용하지만 페이스북의 규모에는 비교가 되지 않는다. 예를 들면 스냅챗은 이용자가 자신의 연락망에 들어있는 각각의 이용자와 며칠 연속으로 메시지를 주고받았는지 추적하는 스트릭스Streaks라는 기능을 제공한다. 그 숫자가 점점 더 커지면 스트릭스는 그 자체의 생명력을 갖게 된다. 스냅챗 이용자의 주요 기반이 되는 10대들에게 스트릭스는 온라인 관계의 핵심을 구현하는 것처럼 발전하고, 스트릭스 숫자는 진정한 우정의 요소를 대체하기에 이른다.

또 다른 정서적 자극제는 중요한 정보를 놓칠지 모른다는 고립공포감

FOMO, 포모[5]으로, 이용자들이 스마트폰을 틈날 때마다 확인하게 만들고, 운전 중일 때처럼 사용해서는 안 되는 상황에서조차 들여다보게 만든다. 포모의 심리는 알림의 유혹을 키운다. 당신은 혹시 페이스북 계정을 정지시키려 시도한 적이 있는가? 소프트웨어 개발자이자 블로거인 매트 레프기 Matt Refghi의 체험에 따르면 페이스북은 여러 가까운 친구들의 얼굴을 보여주면서 하단에는 "(이 친구들이) 당신을 그리워할 거예요."라는 메시지를 띄웠다. 인스타그램이나 스냅챗을 이용하는 10대들에게 포모의 심리와 사회적 인정을 받으려는 욕구는 이미 적지 않은 압력으로 작용하는 온라인 사교 생활의 스트레스를 더욱 확대시킨다. 십대들은 사회적 압력에 특히 더 취약하고, 인터넷 플랫폼은 이제 우리가 겨우 이해하기 시작한 소셜미디어의 속성에 복잡성을 더한다.

인터넷 플랫폼의 사업 선택은 설득적 기술의 해악을 더욱 가중시킨다. 플랫폼은 이용자를 늘리기 위해 전력투구하지만 정작 이용자들을 위한 인간적 배려는 거의 없다. 고객 서비스 부서는 광고주들에게만 봉사할 뿐이다. 이용자들은 기껏해야 연료일 뿐이고, 따라서 이들이 도움을 청할 부서는 없다. 플랫폼은 거의 전적으로 자동화돼 운영상 문제, 예를 들어 계정이 해킹되거나 잠긴다든지, 또는 플랫폼이 이용자를 실수로 차단하는 경우가 생기면 해당 문제를 해결하기 위해 동분서주해야 하는 것은 대체로 해당 이용자 자신이다. 플랫폼이 서비스 약관을 변경하는 경우 일반

---

5 Fear Of Missing Out(FOMO): 원래 마케팅 용어였으나 사회병리 현상을 설명하기 위한 심리학 용어로도 사용된다. 포모는 '놓치거나 제외되는 것에 대한 두려움'을 말하며, 최근에는 의미가 확대돼 소셜미디어 이용자들이 다른 사람들과 온라인으로 네트워킹을 하지 못하는 경우에 심리적으로 불안해하는 증상을 말한다(출처: 위키피디아).

적으로 변경 내용을 알리지 않는다. 플랫폼 사용은 서비스 약관을 수락한 것으로 해석한다. 단적으로 이용자들은 이 관계에서 아무런 힘도 없다. 분쟁이 생기는 경우 이용자들의 유일한 선택은 서비스를 끊는 것인데, 이는 이용자가 해당 플랫폼의 전체 네트워크에 접근하는 권한을 잃어버리는 것은 물론 다른 이용자들을 만날 기회와 취업 기회를 잃어버릴 수도 있다는 뜻이다. 페이스북과 구글처럼 이용자층이 넓고 영향력이 큰 서비스의 경우 탈퇴는 합리적인 선택이 아니며 해당 플랫폼도 그런 점을 잘 꿰뚫고 있다. 이들은 투자한 시간과 콘텐츠를 보호하고 싶은 열망 같은 인간 심리 및 네트워크 효과가, 플랫폼이 이용자를 얼마나 홀대하든 상관없이 이용자들을 플랫폼에 잡아둘 것이라는 사실을 알고 있다. 서비스 약관의 조건 중 하나로 법적 분쟁은 소송 대신 중재를 거치도록 돼 있고, 이는 늘 플랫폼에 유리하다. 그리고 적어도 페이스북의 경우에는 다른 대안이 전혀 없다. 다른 어떤 플랫폼도 규모는 말할 것도 없고 기능면에서 페이스북을 대체할 수 없다. 페이스북은 독점 권력이다.

우리 중 누구도 중독을 인정하고 싶어하지 않지만, 수백만 명이 운전 중에 문자 메시지를 보낸다. 우리는 스스로 통제권이 있다고 믿고 싶어한다. 기술 낙관론자이자 신제품의 얼리어답터early adopter인 나는 기술 중독에 빠질 위험성이 보통 사람들보다 훨씬 더 높다. 예를 들면 나는 아이폰이 처음 출시된 날 구입했고, 이후에도 모두 차기 모델이 나오자마자 첫 날 구입했다. 알림 기능을 끄고 여러 앱을 제거했음에도 불구하고 나는 강박적으로 스마트폰을 확인한다. 나는 2017년 4월 트리스탄과 제휴할 때까지 내가 가진 중독 증상의 본질을 이해하지 못했다. 그때까지 나는 중독의 책임이 전적으로 내게 있다고 생각했다. 나처럼 기술에 대한 열광적 관심을 가진 사람들만이 쓸데없는 기술 행태의 희생자가 될 수 있다고 추정했다. 트리스탄은 기술 회사가 인간 심리의 약점을 최대한 활용하기 위해 최첨단 기법과 최고 인재들을 집중 투자해 왔다는 현실을 내게 보여줬다. 그들은 돈을 벌기 위해서 의도적으로 그렇게 했다. 그리고 그런 수법을 사용해 터무니없을 정도로 부자가 된 후에도 이들은 그런 행태를 지속했다. 그것 외에 달리 무엇을 해야 한다는 생각 자체가 떠오르지 않았기 때문이다. 이런 행태에 대한 해명을 요구받자 IT 기업은 주주들의 압력을 핑계로 삼았다. 페이스북과 구글 모두 설립자들이 해당 기업에 대한 절대적 통제권을 가진 점을 감안하면 그 핑계는 별로 설득력이 높지 않다.

설득적 기술의 유혹에 저항할 수 있는 사람은 거의 없다. 우리가 할 수 있는 일이라곤 그런 자극을 최소화하거나 디지털 기기를 사용하지 않음으로써 그런 유혹을 회피하는 수밖에 없다. 설득적 기술의 각 구성 요소는 이용자를 속이는 방법이다. 트리스탄은 어린 시절의 마술을 배운 경험 덕분에 많은 개념을 알고 있었지만, 컴퓨터나 스마트폰으로 상황이 바뀌면 이런 개념이 소프트웨어에 사람들의 관심을 독점하는 힘을 부여했다는 사실을 포그 교수의 강의를 통해 확인했다. 그는 플랫폼이 말하는 '참여engagement'란 단지 이용자들의 관심과 시간을 빼앗기 위한 놀이에 지나지 않는다는 사실을 파악하기 시작했다. 충분히 강하게 밀고 나가면 이런 속임수는 이용자들의 힘을 박탈할 수 있다.

스마트폰에서 드러나는 인터넷 플랫폼의 문제는 중독 수준을 훨씬 넘어선다. 이것은 또한 부정적인 목소리에 힘을 실어 공론장을 오염시켜 긍정적인 여론을 질식시키기도 한다. 초창기부터 인터넷 문화는 아무런 제약이 없는 표현의 자유와 익명성을 옹호해왔다. 작은 규모에서는 그러한 표현의 자유 보장이 해방감을 주기도 했지만, 월드와이드웹 설계자들은 수많은 이용자들이 초창기 인터넷 문화와 규범을 존중하지 않으리라는 점을 미처 예상하지 못했다. 그 때문에 규모가 글로벌 수준으로 확대되면서 그러한 역학 관계는 시민적 담론에 해악을 끼치는 방향으로 바뀌었다. 남을 괴롭히는 자들과 악의적인 세력이 힘을 얻었다. 플랫폼은 그런 세력으로부터 이용자들을 보호하는 데 거의 아무런 노력도 기울이지 않았다. 초창기부터 이어진 자유주의적 가치와 어떤 식으로든 규제를 시행할 경우 이용자들의 참여와 기업의 경제적 가치를 감소시킬 수 있다는 우려가 복합적으로 작용한 탓일 것이다. 이들은 악의적인 세력들에 의한 피해를 제한할 수 있는 내부 시스템을 만들지 않았다. 증오 표현의 확산을 제한할 수 있는 안전 장치를 구축하지 않았다. 대신 이들은 각자의 약관에 증오 표현과 약자에 대한 괴롭힘을 금지한다는 조항을 넣음으로써 법적 책임을 모면하는 한편, 선량한 이용자들이 피해를 입으면 사과하는 방식으로 대응했다. 트위터, 페이스북, 인스타그램은 모두 괴롭힘 문제를 안고 있고, 그 구체적인 양상은 그들만의 독특한 플랫폼 아키텍처와 문화에 따라 다르다. 이들 플랫폼의 상호작용 역시 악의적인 세력에게 유리한 방식으로 작동한다. 이들 세력은 4chan, 8chan, 레딧Reddit 등 인터넷에서 가장 극단적인 목소리를 내는 비주류 사이트를 통해 악의적 장난, 음모 이론, 거짓 정보를 키운다. 그러다 트위터를 통해 언론 주목을 받고, 그것이 성공하면 최대한의 영향력을 발휘하기 위해 페이스북으로 옮긴다. 트위터를 맹목적으로 추적하는 언론인들의 행태와 그곳에서 화제가 되는 내용이면 무엇이든 보도하려는 속성은 언론사를 시민적 담론의 품질을 떨어뜨리는 공범으로 전락시킨다.

「MIT Technology Review」에 기고한 에세이에서 노스캐롤라이나대학의 자이넵 투펙치 교수는 공론에 대한 인터넷 플랫폼의 영향이 그토록 치명적이고 치유하기 힘든 이유를 설명했다. "문제는 우리가 소셜미디어 시대와 맥락에서 반대 의견에 직면하는 양상이 혼자 앉아 신문을 읽는 것과 같지 않다는 점이다. 그것은 마치 축구장에서 같은 팀 응원부대와 함께 앉아 상대 팀 응원부대의 소리를 듣는 상황과 더 비슷하다는 점이다. 온라인에서 우리는 우리가 소속된 커뮤니티와 연결돼 있고, 비슷한 생각을 가진 회원들의 인정을 받으려 애쓴다. 상대편 팬들에게 야유를 보냄으로써 우리 팀원들과 더 긴밀한 유대 관계를 맺는다. 사회학 용어를 빌리면 우리는 '외부 그룹out-group'과 거리를 두고, '우리 대 그들' 식의 긴장감을 높임으로써 '내부 그룹in-group'에 대한 소속감을 강화한다. 우리의 인지적 세계는 반향실反響室, echo chamber이 아니지만, 우리의 사교적 세계는 반향실과 같다. 언론 매체에서 다양한 '사실 확인fact-checking' 프로젝트가 가치가 있지만 사람들을 납득시키지 못하는 이유도 거기에 있다. 소속감은 사실보다 더 강력하다."

페이스북의 압도적인 규모는 민주주의에 초유의 도전을 제기한다. 세계를 연결해 한 커뮤니티로 묶는다는 저커버그의 비전은 의도로는 칭찬할 만하지만 실행 방식으로는 개선해야 할 점이 많다. 서비스 약관으로 증오 표현을 금지하는 수준으로는 이용자들에게 충분한 안전 장치가 되지 못한다. 소위 '커뮤니티 기준'은 국가마다 다르고, 대부분의 경우 강자가 약자보다 더 우대받는다. 페이스북은 어떻게 감정적 전염과 전파를 식별하고, 그것이 심각한 피해로 이어지기 전에 막을지 파악할 필요가 있다. 페이스북은 불편한 진실도 직면해야 한다. 그것은 사회적 책임에 부응하는 기업으로 보이길 원한다면 얼마나 위험하든 상관없이 모든 주장을 허용하는 현행 정책을 포기해야 할 것이라는 뜻이다. 사회적 책임을 수행하기 위해 회사의 성장 목표를 절충해야 할 수도 있다.

페이스북이 우리의 민주주의에 막대한 영향력을 발휘한다는 점이 드러난 지금, 우리는 어떻게 해야 할까? 모든 면에서 우리는 이들 기업이 외부의 아무런 압력 없이 우리 나라와 세계를 향한 과정에 막대한 영향력을 행사할 수 있게 만든 것이 사실이다.

소셜 네트워크의 명백한 혜택은 워낙 많아서 소셜미디어 플랫폼이 전 세계 민주주의에서 정치적인 담론을 오염시켜왔다는 사실을 선뜻 인정하기가 어렵다. 먼저 이해해야 할 것은 문제는 소셜 네트워킹 자체가 아니라 그것으로 돈을 벌기 위해 기업가들이 취하는 선택이라는 점이다. 페이스북과 유튜브 같은 인터넷 플랫폼은 광고 사업 모델이 작동하도록 하기 위해서 기술과 사람 간의 전통적인 관계를 역전시켰다. 기술을 사람에게 봉사하기 위한 수단으로 삼는 대신, 사람이 기술에 봉사하도록 만든 것이다.

트리스탄은 내가 저커버그와 첫 미팅을 한 지 몇 달 뒤에 포그 교수의 강의를 들었다. 기업가를 꿈꾸는 이들의 당시 도전 대상은 구글로, 이미 1천억 달러 이상의 기업 가치를 지닌 주도적 기업이었다. 구글은 거의 모든 수익을 검색엔진을 통한 광고로 올리고 있었다. 이용자들이 제품을 검색하면 구글은 그와 연관된 광고를 노출시켰다. 구글은 사이드바에 키워드 기반 광고를 띄우는 방식으로 이용자가 원하는 것을 찾는 데 걸리는 시간을 줄이기 위해 광적으로 집중했다. 단적으로 구글의 광고 모델은 이용자 관심을 극대화하는 데 의존하지 않았다. 적어도 당시에는 그랬다(이것은 몇 년 뒤 유튜브를 매출과 연결하기 시작하면서 바뀌게 된다).

검색에서 구글과 경쟁할 방법이 전혀 없었기 때문에, 새 밀레니엄의 첫 10년 동안 벤처기업가들은 구글이 주도하는 분야 밖에서 사업 기회를 찾았다. 그 결과 웹페이지에서 사람으로 초점을 옮긴 웹 2.0 개념이 자리 잡기 시작했고, '소셜social'이라는 단어가 화제어로 떠올랐다. 저커버그가 페이스북을 시작하기 전인 2003년, 링크드인이 비즈니스용 소셜 네트워크를 표방하며 등장했다. 초창기에는 신규 이용자를 끌어모으는 것이 두 기업의 핵심 전략이었기 때문에 사람들의 관심을 포함한 다른 변수는 잠시 옆으로 밀렸다. 링크드인과 페이스북은 재빨리 승자로 떠올랐지만, 어느 쪽도 아직 새로운 틈새 기업들의 등장을 봉쇄할 정도로 주도적이지는 않았다.

2장에서 언급했듯이 소셜미디어를 선보인 IT 기업가들은 완벽한 타이밍의 혜택을 누렸다. 이들은 실리콘밸리의 첫 50년을 규정했던 제한 요소, 다시 말해 컴퓨터의 정보처리 능력과 메모리, 저장공간, 대역폭 같은 제한에 더 이상 얽매이지 않았다. 그와 동시에 이들 기업에 투자할 수 있는 벤처 자본이 사상 유례없이 넘쳐났다. 우리가 목격한 것처럼 신생 벤처기업을 출범시키는 데 필요한 비용은 그보다 더 낮을 수 없었고, 소프트웨어 스택, 클라우드 컴퓨팅, 어디에서나 이용할 수 있는 4G 무선서비스 등 소비자를 대상으로 한 기회는 과거 그 어느 때보다도 더 방대했다. 기업가들은 값싸고, 경험이 적은 엔지니어들을 채용해 목표 메트릭스에 매진해 추구하는 조직으로 만들 수 있었다. 기술로 사실상 무엇이든 할 수 있게 된 상황에서 기업가들은 인간 심리의 약점을 최대한 활용하는 쪽을 선택했다. 우리는 이제 막 그런 선택의 의미를 이해하기 시작했다.

전통적인 엔지니어링 제한 요소에서 자유로워진 기업가들은 다른 유형의 장벽 요소를 제거하기 시작했고, 그 첫 표적은 소매 가격이었다. 소비자들은 돈을 내야 하는 것이면 아예 손대지도 않았을 물건도 공짜로 사용할 수 있다고 하면 기꺼이 그에 응하곤 한다. 모든 소셜 제품은 나중에 앱에서 따로 돈을 내고 구매해야 하는 경우도 있지만 공짜로 사용할 수 있었다. 매출은 광고에서 얻었다. 규제와 비판 같은 다른 형태의 마찰은 사과와 개선 약속, 외부인이 법규 준수 여부를 감시하는 것을 거부하는 방식으로 해결했다. 마찰이 해소되자 이들은 이용자들의 관심을 끌기 위한 경쟁에 돌입했다. 이들은 서로 다른 제품들과 경쟁했다. 다른 레저 상품, 업무 활동과 경쟁했다. 그리고 넷플릭스의 최고경영자인 리드 헤이스팅스Reed Hastings가 인상적으로 지적했듯이 이들은 잠과 경쟁했다.

소셜미디어 초기, 기본 인터넷 플랫폼(PC에 깔린 웹브라우저)은 물리적으로 불편했고, 책상과 어딘가에 앉을 장소가 필요했다. 데스크톱과 노트북의 경우 모두 주의를 끌기 위한 경쟁은 뉴스, 텔레비전, 책, 영화 같은 구식 미디어보다 웹 전용 앱에 더 유리했다. 웹 전용 앱은 당시의 엔지니어링 철학에 빠르게 적응하면서 사람들의 관심을 늘리기 위해 모든 기회를 활용했다. 혁신의 가장 중요한 동력 중 하나는 개인화로, 모든 사람에게 똑같은 콘텐츠를 제공하는 전통 미디어와 달리, 웹 전용 앱은 모든 이용자의 개별 취향에 부응한 경험을 제공한다는 목표를 내세웠다. 유연하지 못한 제품 디자인에 묶여 재빨리 혁신할 수 없었던 전통 미디어는 경쟁에서 뒤처질 수밖에 없었다.

2007년 처음 선적될 당시, 얇고 납작한 정방형에 네 귀퉁이가 둥근 아이폰은 이전의 어떤 휴대전화와도 같지 않았다. 화면에서 터치식으로 작동하는 가상 키보드를 갖춘 아이폰은, 당시만 해도 물리적 키보드로 입력하는 블랙베리가 주도하는 기업용 시장에서는 인기를 얻지 못할 내키지 않는 제품이라고 생각했다. 아이폰의 주요 기능은 전화, 이메일, 음악 그리고 웹이었다. 하지만 이용자들은 열광했다. 아이폰을 사용하는 경험은 워낙 강렬해서 기기와 사람 간의 관계마저 바꿔놓았다. 3G의 시대, 와이파이로 작동하는 스마트폰은 사람들에게 이전과는 사뭇 다르고 매혹적인 웹 미디어 경험을 안겨줬다. 이용자들을 유인하는 설득의 기회는 기하급수적으로 늘었고, 특히 애플이 2008년 7월 10일 아이폰을 위한 앱 스토어를 열면서 폭발했다. 페이스북, 트위터, 다른 소셜 플랫폼은 앱 스토어를 활용해 모바일 환경으로의 이동을 가속화했다. 불과 몇 년 안에 모바일은 소셜미디어 산업을 주도하게 됐다.

주의를 끌기 위한 경쟁은 나쁜 일처럼 들리지 않는다. 미디어 기업은 적어도 1833년 「뉴욕 선New York Sun」이 창간된 이후부터 그런 경쟁을 벌여왔다. 부모들은 자녀들이 너무 TV만 본다고, 낮이나 밤이나 음악만 듣는다고, 혹은 비디오 게임에 너무 많은 시간을 허비한다고 오랫동안 불평해왔다. 그렇다면 왜 지금 그런 경쟁을 걱정해야 할까? 만약 자녀의 지나친 미디어 소비에 대한 우려의 타임라인을 만든다면 아마 50년대의 만화책, TV, 로큰롤 음악부터 시작할지도 모른다. 그 이후 기술은 느리고 인위적인 것으로부터 실시간에 초현실주의적인 것으로 진화했다. 요즘 나오는 제품은 이용자의 주의를 끌어 잡아두기 위해 모든 심리적 트릭을 사용하며, 어린이들은 특히 그에 취약하다. 따라서 어린이들의 기술 이용과 관련된 의학적 이상 증상이 폭발적으로 늘어난 것은 놀라운 일이 아니다. 인터넷 플랫폼, 비디오 게임, 문자 메시지는 다양한 유형의 문제를 제기하지만, 세 가지 모두 20년 전의 유사 제품과 비교하면 훨씬 더 몰입도가 높다. 모든 연령대의 사람들이 깨어 있는 시간 중 엄청난 시간을 기술 플랫폼에서 소비한다. 니콜라스 카다라스^{Nicholas Kardaras}는 저서 『글로우 키즈^{Glow Kids}』⁶에서 8~18세 사이의 청소년들은 하루에 9시간 30분을 스크린과 전화기에 소비한다는 '카이저 가족 재단^{Kaiser Family Foundation}'의 2010년 연구를 인용했다. 그중 7시간 30분은 TV, 컴퓨터, 게임 콘솔에 사용했고, 1시간 30분은 문자 메시지에, 그리고 30분은 전화기 사용에 썼다.

미디어 과소비는 새로운 문제는 아니지만, 스마트폰의 소셜 앱을 과소비하는 데서 빚어지는 결과는 새로운 차원의 내용이다. 스마트폰의 편의성과 저항하기 어려운 매력은 앱 개발자들(B. J. 포그 교수로부터 훈련을 받았을 게 분명한 사람들)에게 슬롯머신과 비디오 게임에 포함된 중독 유발 요소를 모방한 제품을 만들도록 부추겼다. 포그의 제자들이 만든 앱은 이용자의 주의를 독점하는 데 특히 뛰어났다. 거의 모든 포그의 제자들은 그런 임무를 기꺼이 받아들였는데, 트리스탄 해리스만 그러지 않았다.

트리스탄은 포그 교수의 강좌를 마친 다음 스탠포드대 컴퓨터 과학과 대학원의 석사 프로그램을 중퇴하고 '앱처^{Apture}'라는 회사를 창업했다. 앱

---

6 게임이나 소셜미디어, 문자 메시지에 빠져 컴퓨터나 스마트폰 화면을 들여다보는 어린이들의 얼굴이 기기에서 나오는 빛으로 번쩍이는 모습을 표현한 제목이다. ─ 옮긴이.

처의 사업 아이디어는 문자 기반의 뉴스를 관련 멀티미디어, 특히 해당 뉴스의 개념을 설명해주는 비디오로 가치를 올린다는 것이었다. 스탠포드대학의 한 프로그램에서 트리스탄을 지도했던 내 친구이자 벤처 자본가인 스티브 바살로Steve Vassallo는 2007년 봄 앱처 창업자들과의 미팅에 자신을 데려가달라고 요청했다. 그가 속한 포브스Forbes 팀에 트리스탄을 소개해준 이후 나와는 연락이 끊겼다. 그 기간 동안 앱처는 몇몇 고객사를 구하기는 했지만 뜨지는 못했다. 구글은 2011년 말 앱처를 인수했다. 그 계약은 실리콘밸리에서 '인재 영입용 인수acqui-hire'라고 부르는 형태로, 회사 인수로 빚을 갚아주고 피인수 회사의 전체 엔지니어 팀을 영입하는 일종의 고용 효과로 이어지는 방식이다. 앱처 팀의 전 직원이 해당 계약에서 얻은 결실은 구글의 일자리를 보장받았다는 점이지만, 트리스탄은 이 계약으로 새로운 진로로 나아가게 됐고, 2017년 우리를 다시 만나게 했다.

구글에 합류한 직후 트리스탄은 결정적인 깨달음을 얻었다. 그것은 이용자의 주의를 끌기 위한 경쟁이 이용자들에게는 전혀 유익하지 않다는 점이었다. 트리스탄은 자신의 우려를 공유할 목적으로 프리젠테이션 슬라이드를 만들었고, 이것은 구글 안에서 유행처럼 퍼졌다. 회사 측은 그의 생각과 제안을 실행에 옮기겠다고 약속하지 않았지만 트리스탄에게 자신의 직무를 설계할 수 있는 기회를 제안했다. 그는 뉴욕 시를 근무지로 골랐고, 설계 윤리 분석가design ethicist라는 새로운 직책을 만들었다. 그 순간부터 트리스탄은 인간적인 윤리 원칙의 전도사가 됐다. 트리스탄은 IT 제품을 설계할 때 이용자 복지를 우선 조건으로 삼아야 한다고 믿었다. 어떤 제품에서든 설계상 인도적이거나 그렇지 않은 선택이 가능하다. 스마트폰의 흑백 디스플레이는 밝은 컬러 디스플레이보다 도파민 분비를 덜 자극하기 때문에 더 인도적이다. 인도적인 설계는 알림의 숫자를 줄이고, 인간의 주의력을 배려한 방식으로 제품을 만든다. 현재의 스마트폰과 인터넷 플랫폼은 인도적인 설계 원칙을 적용해 개선해야 할 여지가 많고, 일부 제조사는 그러한 절차를 수용하기 시작했다. 인도적인 설계는 기술의 중독성 영향을 줄이는 데 중점을 두는데, 이것은 매우 중요한 대목이지만 트리스탄에게도 완전한 대답은 아니다. 이것은 더 큰 철학적 접근, 인간중심 기술human-driven technology의 일부로, 기술을 이용자의 약점을 악용하고 능력을 떨어뜨리는 도구가 아닌 이용자 요구를 충족시키는 도구의 역할로 되돌리자는 주장이다. 이용자 인터페이스 문제에 초점을 맞추는 인도적 설계는 개인정보보호, 데이터 보안, 앱의 기능성 등을 통합한 인간중심 기술의 한 분야다. 우리는 인간중심 기술을 당연한 것으로 여겼다. 그것은 스티브 잡스가 컴퓨터를 '정신을 위한 자전거 bicycle for the mind'라고 표현했듯이, 기술은 운동과 취미를 통해 가치를 창출하는 자전거처럼 일종의 도구라는 철학적 기반이었다. 잡스는 컴퓨터는 인간의 능력을 더 향상시켜야지 이를 대체하거나 악용해서는 안 된다고 생각했다. 모든 성공적인 기술 제품은 잡스의 모델에 맞았고, 많은 경우는 지금도 그렇다. 개인용 컴퓨터는 여전히 그것을 사용하는 이들의 작업 능률을 높여준다. 소셜미디어에도 그처럼 인간 중심의 제품이 있어야 한다. 페이스북과 구글은 정신을 위한 자전거의 은유를 저버린 것 같다. 이들은 최근 구글 홈Google Home 제품 TV 광고에서 "구글이 하도록 만드세요."라고 표현한 대로, AI를 인간 활동의 대체물로 내세우고 있다.

트리스탄은 구글에서 이용자들이 인공지능의 도움을 받는 것이 아니라 사실상 인공지능에 봉사하는 양상을 목격했다. 트리스탄은 그런 현실을 바꾸기로 결심하고, 구글 내부와 외부에서 그의 뜻에 동조하는 후원자들을 찾았다. 구글에서 트리스탄의 핵심 동지는 조 에델만Joe Edelman이라는 엔지니어였다. 이들의 제휴는 2013년 '잘 보낸 시간Time Well Spent'이라는 웹사이트와 단체 운동으로 결실을 맺었다. '잘 보낸 시간'은 인간 중심 설계를 옹호하는 한편, 주의를 빼앗는 것으로 가득 찬 세상에서 시간을 잘 관리하는 방법을 제시했다. 이 운동은 회원이 6만여 명에 이를 만큼 꾸준히 성장했고, 이들 중 많은 경우는 사람들의 주의를 빨아들이는 플랫폼에 우려를 가진 IT 분야 종사자들이었다. '잘 보낸 시간'은 진정한 지지자들을 끌어모았지만 실제 변화를 이끌어내는 데는 어려움을 겪었다.

2016년, 아일랜드 태생으로 창의적이고 인맥이 넓은 것으로 유명한 패디 코스그레이브Paddy Cosgrave가 포르투갈 리스본에서 열린 자신의 웹 서밋 콘퍼런스에 트리스탄을 강연자로 초대했다. 패디는 유명 인사들을 대거 초대한 콘퍼런스에 젊은 IT 창업자, 투자자, 예비 창업자들을 모아 개인적 네트워킹을 강조함으로써 자신만의 사업 브랜드를 구축했다. 트리스탄은 어떻게 스마트폰의 인터넷 플랫폼이 이용자들의 두뇌를 해킹했는지 폭로하는 강연으로 좋은 반응을 얻었다. 그는 두뇌 해킹이 공중보건에 미치는 영향을 개인적 판단 능력의 상실, 인간성의 상실로 요약했다. 참석자들 중에는 기사거리를 찾기 위해 리스본을 방문한 「60분」의 프로듀서인 앤디 배스트Andy Bast도 있었다. 트리스탄의 발표에 좋은 인상을 받은 배스트는 그에게 자신의 프로그램에 출연해 달라고 제안했다.

트리스탄의 「60분」 인터뷰는 2017년 4월 9일에 방송됐다. 그로부터 사흘 뒤 우리는 손을 잡기로 했다. 트리스탄은 IT 분야의 동년배 그룹의 인맥은 좋았지만 업계 밖에서는 거의 아는 사람이 없었다. 나는 한때 IT 업계의 안팎에 넓은 인맥이 있었지만 현업에서 한 발 물러선 이후 대부분을 잃어버렸다. 운동을 전국 규모로 확산시킬 수 있는 방안을 모색했지만 IT 업계와 언론 분야에서 우리를 도와줄 만한 지인이 별로 없다는 사실을 깨달았다. 정부 분야에는 전혀 인맥이 없었다.

운동을 확산시킬 수 있는 첫 번째 기회는 TED 강연회의 본거지인 캐나다 브리티시 컬럼비아주의 밴쿠버에서 열리는 연례 TED 콘퍼런스였고, 행사까지는 불과 두어 주밖에 남지 않은 상황이었다. TED 콘퍼런스는 트리스탄의 메시지를 IT와 엔터테인먼트 업계의 주도적 인사들과 공유할 수 있는 최적의 플랫폼이었지만, 우리는 기획자들이 트리스탄의 아이디어를 알고 있는지조차 모르는 상황이었다. 이들은 아직 강연 요청도 보내오지 않았다. 다행히 2011년 필터 버블에 관한 강연으로 TED 콘퍼런스에서 큰 화제를 모았던 일라이 패리서가 TED의 큐레이터인 크리스 앤더슨Chris Anderson에게 트리스탄을 프로그램에 초대해야 한다고 조언했다. 그래서 막판에 강연이 성사됐다.

TED 콘퍼런스의 강연자들은 18분 발표를 준비하는 데 보통 6개월을 소비한다. 트리스탄에게 주어진 시간은 겨우 1주일 남짓이었다. 슬라이드 한 장 사용하지 않은 채 그는 어려운 상황에서 강렬한 메시지를 전달했다. 우리는 TED 청중들이 트리스탄의 논지를 포용하고 돕겠다고 나서주기를 바랐다. 대신 우리가 얻은 반응은 예의 차원의 관심뿐 실질적인 접촉이나 제안은 거의 없었다.

놀라운 일은 아니었다. 페이스북, 구글, 트위터, 링크드인, 인스타그램, 스냅챗, 왓츠앱 그리고 다른 소셜 네트워킹 기업은 경영진, 직원, 투자자들에게 1조 달러 이상의 부를 창출했고, 그중 많은 사람이 TED 행사에 참석한 상황이었기 때문이다. 업튼 싱클레어^{Upton Sinclair}의 표현을 빌리면, 어떤 이의 자산이 어떤 사상을 받아들이지 않는 데 달려 있다면 그 사람이 해당 사상을 받아들이도록 만들기는 어려운 법이다.

우리는 TED 콘퍼런스에서 두 가지 교훈을 얻었다. 우리는 IT 업계 밖에서 우군을 찾을 필요가 있었고, '두뇌 해킹' 외에 다른 메시지를 만들 필요가 있었다. 다중의 참여를 이끌어내기 위해서는 실리콘밸리 밖에 있는 사람들이 반향을 불러일으킬 수 있는 주장을 만들어낼 필요가 있었다.

5

해리스와 맥나미 워싱턴에 가다

인간이 만든 모든 기술에는 활과 화살을 포함해 어두운 면이 있다.

– 마가렛 애트우드Margaret Atwood

TED 강연이 끝난 지 몇 주 뒤, 한 친구가 내게 상원 정보위원회 공동 의장인 마크 워너Mark Warner 상원의원의 보좌관 연락처를 건넸다. 나는 보좌관에게 전화를 걸고 우리가 하는 일을 설명한 뒤 "소셜미디어를 이용한 2020년 대통령 선거 개입을 누가 막을 겁니까?"라는 질문을 던졌다. 상원 정보위원회는 러시아가 소셜미디어를 통해 2016년 미국 대선에 개입한 사실을 알고 있었지만, 해당 위원회의 감독 책임은 정보

---

1 원문에는 '2018년과 2020년 선거'로 돼 있지만, 이미 2018년 선거가 끝난 시점이라 2020년으로 표시했다. – 옮긴이

문제에 있었지 소셜미디어는 아니었다. 이들의 초점은 민주당 전국위원회와 민주당 의회 선거위원회에 대한 해킹과 트럼프 대선팀 지도부가 러시아 요원들과 트럼프 타워에서 가진 회동에 있었다. 페이스북 서버 안에서 벌어진 일을 수사할 용의는 별로 없어 보였다. 그러나 마크 의원의 보좌관은 상원 정보위원회가 소셜미디어의 위협을 수사할 권한을 가진 유일한 기관임을 인식하고 있었고, 그래서 자신이 보좌하는 상원의원과의 만남을 주선하겠다고 동의했다. 그러기까지 두 달 정도 걸렸고 마침내 2017년 7월, 우리는 워싱턴에 갔다. 그리고 사안은 더욱 흥미롭게 발전했다.

IT 기술에는 규제가 통하지 않는다는 흔한 오해가 있다. 그런 주장은 일련의 그릇된 전제로 구성된다. 첫째, 규제는 급속히 진화하는 기술과 보조를 맞출 수 없다. 둘째, 정부 개입은 항상 혁신을 방해한다. 셋째, 규제 기관은 온당한 감독 기능을 수행할 만큼 충분히 기술을 이해하지 못한다. 넷째, 시장은 항상 자원을 최적으로 분배할 것이라는 게 바로 잘못된 전제라 하겠다. 이러한 오해의 진원지는 구글과 페이스북 등에 의해 주도되는 매우 효과적인 로비 캠페인이다. 2008년 전까지 IT 업계는 워싱턴 정가에서 특히 소극적이었다. 그러나 에릭 슈미트Eric Schmidt가 회장으로 재임하던 당시 구글이 버락 오바마Barack Obama의 첫 번째 대통령 선거 캠페인에서 중요한 역할을 담당하고, 페이스북의 공동 설립자인 크리스 휴즈Chris Hughes 역시 비슷한 행보를 보이면서 상황은 완전히 달라졌다. 오바마의 당선은 실리콘밸리와 오바마 행정부 간의 활발한 인재 교류로 이어졌고, 구글이 그런 흐름을 주도했다. 오바마 행정부는 IT 기술을 적극 포용했고, 그가 전도한 낙관주의는 실리콘밸리에 깊숙이 각인됐다. 오바마 집권 8년 동안 실리콘밸리와 연방정부 간의 관계는 안락한 평형 상태를 유지했다. IT 기업은 정부 간섭을 받지 않기 위한 대가로 유세 후원금과 관련 기술로 정치인들을 지원했다. IT 기업은 유권자들 사이에서 엄청난 인기를 끌고 있었기 때문에 의회 의원들은 무간섭 정책이라는 쉬운 결정을 내렸다. 몇몇 논객들은 IT 업계와 워싱턴 정계 간의 친밀한 관계에 우려를 표명했다. 일부는 IT 업계의 지나치게 커진 영향력과 시장지배력을 걱정했고, 혹자는 인터넷 플랫폼이 표면적 주장과 달리 정치적 중립을 유지하지 않는다는 점에 두려움을 가졌다.

언뜻 전문적으로 들리는 IT 유행어를 걷어내고 보면 IT 분야는 의회가 규제하는 다른 산업계와 비교해 특별히 복잡할 게 없다. 의료업계와 은행업계는 복잡한 산업 분야지만 의회는 효과적으로 규제할 수 있었다. 더욱이 이들 분야는 의회 의원들을 포함해 누구나 일상적으로 이용하는 IT 기술에 비해 현실적으로 직접 연루된 정책 입안자들이 드물다. 시장이 업계, 고객, 공급자, 경쟁사 그리고 전체 국가의 관점에서 이익의 균형을 잡는 데 실패한 경우, IT 분야에 새로운 규제를 시행할지에 대한 결정은 정책 입안자들의 판단에 달려 있다. IT 산업 분야를 정부가 규제하기에는 전문성이 떨어진다는 지적은 틀린 것은 아니지만 핵심을 잘못 짚었다. 규제의 목표는 인센티브를 바꾸는 것이다. 인터넷 플랫폼처럼 정부의 개혁 압력을 무시하는 업계는 협력할 때까지 더 힘들고 부담스러운 규제가 가해질 것이라고 각오해야 한다. IT 업계가 과중한 규제를 피하는 최선의 길은 업계의 리더들이 가벼운 규제를 수용해 그들의 사업 관행에 적절한 변화를 꾀하는 것이다.

2017년 7월, 트리스탄과 내가 워싱턴 DC를 찾았을 때까지도 도시는 주요 IT 플랫폼을 부담없이 포용하는 분위기였다. 의회는 구글과 페이스북을 IT 업계를 대표하는 기업으로 여겼다. 페이스북 디렉터인 피터 틸은 트럼프 대통령에게 계속 자문하며 백악관에서 주요 IT 기업 경영자들과 고위급 회의를 주도했다. 우리는 연방거래위원회^{FTC}의 한 위원, 반독점 정책에 전문성을 가진 싱크탱크의 고위 간부들, 그리고 엘리자베스 워렌과 마크 워너, 두 상원의원과 함께 하는 네 번의 미팅을 확약 받을 수 있었다.

연방거래위원회는 소비자 보호와 반경쟁적인 사업 관행의 예방이라는 두 가지 중요한 임무를 띠고 있다. 1914년에 창설된 연방거래위원회는 기업과 그 고객 그리고 공공의 이익 사이에서 균형을 잡아주는 중요한 역할을 수행하지만, 지난 30년간 진행된 규제 완화와 예산삭감은 연방거래위원회를 약화시켰다. 우리가 터렐 맥스위니^{Terrell McSweeny} 위원과 회동할 당시 연방거래위원회는 사실상 마비 상태였다. 다섯 명 정원의 집행위원들 중 무려 세 자리가 공석이었다. 실리콘밸리의 어떤 기업도 연방거래위원회의 규제를 걱정하지 않았다.

맥스위니 위원은 2018년 5월에 마침내 정원이 다 채워졌을 때 우리가 연방거래위원회에 가장 잘 접근할 수 있는 방법에 대한 관점을 공유했다. 맥스위니 위원은 연방거래위원회의 소비자 보호 의무를 설명하고, 서비스 약관 위반이 소프트웨어 기업을 규제하는 가장 쉬운 방법이라고 지적했다.

우리의 워싱턴 방문에서 가장 중요한 대목은 마크 워너 상원의원을 만나는 일이었다. 우리는 우리가 진행해 온 공중보건과 반독점 관련 활동을 소개하는 것으로 미팅을 시작했다. 그리고 나는 지난 5월 그의 보좌관에게 물어본 것과 다른 질문을 건넸다. 의회는 장차 소셜미디어를 이용한 불법 선거 개입을 막기 위한 복안이 있는가라고 말이다. 워너 상원의원은 2016년 대선 기간에 벌어진 사태에 대한 우리의 견해를 물었다.

트리스탄과 나는 수사관이 아니다. 우리는 증거가 없었다. 우리가 가진 것은 대선 기간 동안 틀림없이 일어났을 거라고 생각하는 사태를 설명하는 가설 정도였다. 우리의 첫 번째 가설은 러시아가 민주당 전국위원회와 민주당 의회 선거위원회 서버에 침투해 훔친 자료 중 일부를 위키리크스에 올린 것보다 훨씬 더 많은 작업을 벌였다는 것이다. 해킹 사건이 전부였다고 보기에는 대선을 둘러싼 '러시아 커넥션'이 너무 많았다. 예를 들면 2014년 루이스 마리넬리Louis Marinelli라는 남성은 캘리포니아주를 미국연방에서 분리독립시키자는 운동을 개시했다. 그는 해당 운동을 '소버린 캘리포니아Sovereign California, 캘리포니아 주권 운동'로 명명하고 페이스북과 트위터에 페이지를 개설해 자신의 대의명분을 널리 알리는 한편, 2015년에는 같은 이름으로 된 165페이지짜리 보고서를 발간했다. 그런 분리독립 주장은 일부 영향력 있는 캘리포니아 주민들의 후원을 이끌어냈고, 그중에는 아주 유명한 벤처 자본가도 포함돼 있었다. 그러나 분리독립 운동을 시작한 세력은 캘리포니아 주민들이 아니었다. 뉴욕주 버펄로 출신으로 러시아와 깊은 유대 관계를 가진 마리넬리라는 인물이 파트 타임으로 거주하면서 소버린 캘리포니아 운동을 시작한 것이었다. 적어도 그의 운동자금 중 일부는 러시아에서 나왔고, 러시아인들이 띄운 봇bot이 소셜미디어에서 해당 운동을 후원했다. 워너 상원의원과 대담하는 자리에서 우리는 텍사스 독립 운동도 벌어지고 있음을 지적하면서 여기에도 러시아 커넥션이 개입했을 가능성이 크다는 가설을 제시했다. 이들 사이트는 소셜미디어를 통해 미국 사회를 분열시키는 데 주력하고 있었다. 러시아인들은 그 밖에 어떤 일을 저질렀을까?

만약 러시아가 소셜미디어를 이용한 분열과 불화, 거짓 정보 캠페인 전체를 주도했다면? 러시아의 소셜미디어 캠페인이 가진 목표는 무엇이었을까? 우리는 그 캠페인이 캘리포니아 분리독립 운동이 시작된 2014년 전에 분명히 시작됐을 거라고 추정했다. 그 시기는 광고주들이 페이스북의 이용자들 중 유사한 특징을 가진 모든 이용자를 표적으로 삼을 수 있게 해주는 '닮은꼴 관객' 서비스를 페이스북이 선보인 2013년까지 소급될 수 있다. 페이스북에서 정치적 담론이 작동하는 방식을 고려하면, '닮은꼴 관객'은 진정한 신봉자들과 투표를 단념하라는 부추김에 넘어갈 수 있는 사람들을 대상으로 삼기에 특히 효과적이었을 것이다. 페이스북은 모든 광고주에게 광고 지원 서비스를 제공하기 때문에 우리는 이들이 모르는 사이에 러시아 해커들의 범행을 도왔을 가능성도 배제할 수 없었다. 만약 러시아 해커들이 '닮은꼴 관객'을 사용하지 않았다면 이들은 엄청나게 효과적인 툴을 놓친 셈이었다.

2014년만 해도 러시아의 소셜미디어 캠페인은 특정 후보를 표적으로 삼지 않았을 것이다. 대신 이들은 이민자 정책, 총기 규제와 아마도 음모이론 같은, 특히 양극화를 초래하는 논쟁적 이슈에 집중했을 것으로 우리는 추정했다. 2016년 대선 이전에 논쟁적인 콘텐츠가 페이스북과 다른 소셜미디어 플랫폼에서 폭증한 사실에 주목하고, 거기에 러시아가 한몫했을 것이라는 가설을 세웠다.

러시아 요원들은 표적으로 삼을 미국인들을 어떻게 알아냈을까? 그들은 이용자들의 데이터베이스를 유기적으로 구축했을까? 아니면 이미 존재하는 데이터베이스를 얻었을까? 만약 후자라면 그것은 어디에서 왔을까? 우리는 그 해답을 알지 못했지만 양쪽 다 가능하다고 생각했다. 러시아 해커들은 상당한 규모의 이용자를 확보하기에 충분한 시간이 있었다. 특히 광고비를 투자했다면 페이스북은 해당 플랫폼 안에 그룹을 만드는데 많은 도움을 줬을 것이고, 그만큼 그룹을 만들고 키우는 데도 더 효과적이었을 것이다. 그룹은 조작에 취약한 두 가지 특징을 갖고 있다. 누구든 그룹을 만들 수 있으며, 그룹 운영자가 자신이 주장하는 사람과 일치하는지 확신할 수 없다는 점이다. 더욱이 그룹 이름을 짓는 데 제한이 거의 없기 때문에 악의적인 세력도 겉으로는 실제보다 훨씬 더 적법한 모습으로 가장할 수 있다. 나는 워너 상원의원에게 2016년 초에 활동했던 버니 샌더스^{Bernie Sanders} 지지 그룹 중 일부는 러시아 세력의 일부였을 것이라고 말했다.

우리는 러시아 세력이 분열을 부추기는 여러 논쟁적 이슈를 다루는 페이스북 그룹을, 더욱이 그 영향을 극대화하기 위해 어느 한 편만이 아니라 반대 편 그룹까지 만들었을 것으로 추정했다. 이들 그룹의 활동 방식은 러시아 세력이 미국인으로 가장해 트롤 계정을 만든 뒤 수많은 봇을 동원해 그룹을 만드는 식이었다. 그런 다음 이들은 페이스북에 광고를 싣는 방식으로 회원을 모집했을 것이다. 여기에 가입한 사람들은 대부분 미국인으로, 그런 그룹이 사실은 러시아인들이 만든 작품이라는 사실을 꿈에도 몰랐을 것이다. 그것이 총기 문제든 이민이나 다른 이슈든 간에 이용자들은 그룹의 특정한 주장에 이끌려 가입했고, 일단 회원이 되고 나면 분노와 공포를 일으키도록 설계한 포스팅에 꾸준히 노출됐다. 그룹에 열심히 참여한 사람들의 경우 그 효과는 더욱 커서 믿음은 더욱 공고해졌고, 더욱더 극단으로 치달았다. 그룹은 필터 버블을 형성했고, 그 안에서 트롤과 봇 그리고 다른 회원들은 트롤이 퍼뜨리고 조장한 주장을 중심으로 연합했다.

우리는 또한 민주당 의회 선거위원회에 대한 해킹이 벌어졌음에도 대량의 데이터 유포가 없었다는 점은, 해당 데이터가 의회 선거에 실제로 사용됐음을 시사한다는 점도 지적했다. 위키리크스가 폭로한 대량의 이메일은 모두 민주당 전국위원회 서버를 해킹하면서 나온 것이었다. 그와 대조적으로 민주당 의회 선거위원회를 해킹해서 나온 데이터는 소셜미디어에서 맞춤형 유세에 활용될 수 있는 정보와, 더 크게는 모든 선거구에서 나온 민주당 데이터였다. 이것은 민주당 지지 유권자들에 관한 내부 정보나 다름이 없었다. 추정컨대 민주당 의회 선거위원회 데이터를 통해 러시아 세력이나 잠재적으로는 공화당의 누군가는 한 지역구의 어떤 민주당원들이 투표하지 말고 집에 있으라는 설득에 넘어갈 만한지 파악할 수 있었을 것이다. 우리는 2016년 대선 마지막 몇 달 동안, 러시아 세력이 실제로 선거 결과에 영향을 준 주와 하원의원 선거구에 투자를 집중했다는 사실을 나중에 알게 됐다.

러시아 세력의 선거 방해 공작은 공화당 예비 선거에서 가장 효과적이었을 확률이 크다. 러시아 세력은 대통령 출마 후보자들이 유세를 펼치기 시작할 무렵부터 1년 이상, 페이스북 그룹을 부추겨 논쟁적 사안에 관한 거짓 정보를 유포해 왔다. 17명 후보자들 중 단 한 사람을 제외하고 모두 비교적 주류라고 할 수 있는 공화당 지지 기반에서 유세를 펼쳤다. 그 예외인 17번째 후보자인 도널드 트럼프는 러시아의 불법 선거 개입으로부터 가장 큰 혜택을 입었다. 트럼프만이 러시아인들이 주도하고 부추긴 이슈, 다시 말해 이민, 백인 우월주의, 민족주의와 포퓰리즘 같은 테마를 기반으로 유세를 펼쳤기 때문이다. 의도했든 우연이었든 트럼프가 공화당의 대통령 후보로 지명된 데는 거의 분명히 러시아의 개입 덕분이었다.

힐러리 클린턴에 맞선 대선 유세에서도 트럼프는 러시아의 페이스북을 통한 선거 공작의 덕을 톡톡히 얻었다. 우리는 러시아 세력과 트럼프가 소외됐다고 느끼는 트럼프의 지지 기반인 백인 유권자들에 집중하는 동시에, 다수 유권자들의 투표를 억압하는 전략을 취했다고 추정했다. 페이스북의 필터 버블과 그룹은 그런 작업을 비교적 수월하게 해줬다. 우리는 러시아 세력이 대선에 얼마나 영향을 미쳤는지 몰랐다. 그러나 오바마에게 투표했던 사람들 중 4백만 명 정도가 2016년 대선에서 투표하지 않았다. 클린턴이 패배한 주에서 나타난 표차보다 거의 52배나 많은 규모로, 이들이 투표했다면 클린턴이 승리했겠지만 그러지 못했다.

나는 다음과 같은 관측으로 결론을 맺었다. 러시아 세력은 민주주의를 저해하고 미국 대통령 선거에 영향을 미치는 데 페이스북과 다른 인터넷 플랫폼을 이용했고, 거기에 소요된 비용은 F-35 전투기 한 대 값도 안되는 1억 달러 정도였던 것으로 추산된다. 그것은 80~100명 정도의 해커를 3년~4년간 고용하는 데 드는 비용과 굉장히 큰 규모의 페이스북 광고비를 감안해 내 나름으로 추정한 값이다. 캠페인 비용은 실상 그보다 더 적었을 수도 있지만, 결과를 감안하면 1억 달러도 헐값에 지나지 않는다. 러시아는 열악한 경제력으로 초강대국의 지위를 되찾으려는 야심에 부합하는 신종 전쟁 방식을 찾아낸 것인지도 모른다. 미국은 전 세계 국방비 지출의 절반에 이르는 막대한 투자력, 정부와 금융 기관의 철통 데이터 센터 같은 마지노선을 구축했지만, 적대 세력이 그런 부분을 무시하고 대신 미국의 인터넷 플랫폼을 이용해 미국 유권자들의 심리를 조작할 줄은 아무도 몰랐다.

워너 상원의원과 그의 참모진은 우리의 설명을 바로 이해했다. 워너 의원은 "실리콘밸리에 우리의 우군이 있습니까?"라고 물었고, 우리는 애플이 강력한 우군이 될 수 있다고 대답했다. 광고에 의존한 사업 모델이 아니고 데이터 프라이버시를 애플 브랜드의 핵심으로 삼고 있다는 점이 그 근거였다. 워너 의원의 표정이 밝아지며 "우리가 어떻게 해야겠소?" 라고 물었다. 트리스탄은 그 기회를 놓치지 않고 "청문회를 열어서 마크 저커버그가 선서하고 증언하게 하십시오. 필터 버블, 두뇌 해킹 그리고 불법 선거 개입을 통해 수익을 올리는 것이 어떻게 정당화될 수 있는지 설명하게 하십시오."라고 의견을 밝혔다.

워싱턴의 국회의원들은 소셜미디어를 통한 불법 선거 개입의 위협을 다루는 데 도움이 필요했고, 워너 상원의원은 우리에게 기술 자문을 부탁했다.

2주 뒤인 2017년 8월, 「USA 투데이」편집국장이 내게 논평을 써달라고 청탁해 왔다. '나는 초기에 구글과 페이스북에 투자했다. 지금 이들은 나를 두렵게 한다'는 제목이었다. 나는 신문에 기명 논평을 한 번도 써본 적이 없었다. CNBC는 이후 2주 동안 비즈니스 프로그램인 「스쿼크 앨리²」에 나를 세 번이나 초대해 해당 이슈를 좀 더 폭넓게 다루면서 내게 논평을 구했다. 신문 칼럼과 TV 출연은 페이스북에 관한 온갖 뉴스가 우

---

2 스쿼크 앨리(Squawk Alley): 미국 CNBC의 비즈니스 프로그램으로 월요일부터 금요일까지 뉴욕 증권거래소에서 생방송된다. 꽥꽥거린다는 뜻의 '스쿼크'는 증권거래소에서 주식 브로커들이 분주하게 정보를 주고받는 행태를 빗댄 말이다. – 옮긴이

리가 워너 상원의원과 논의했던 모든 가설이 맞았음을 보여주는 시점에 이뤄졌다.

점점 더 커지는 증거에도 불구하고 페이스북은 러시아의 불법 선거 개입에 연루된 사실을 계속 부인했다. 이들은 마치 언론이 해당 사안에 대한 흥미를 금방 잃고 다른 이슈로 옮겨갈 것으로 생각한 듯했다. 그렇게 짐작한 이유를 찾기는 어렵지 않았다. 페이스북은 이용자가 어디에 주의를 기울이는지에 대해 누구보다도 잘 알고 있었다. 이들은 선거 개입 뉴스도 페이스북이 과거에 직면했고 곧바로 잊혀졌던 십여 개의 스캔들과 다르지 않다고 추측했다. 트리스탄과 나조차도 결국에는 페이스북의 바람대로 사람들의 관심에서 멀어질 것이라고 짐작했다. 그렇게 되기 전에 우리는 페이스북 임직원들이 회사를 개혁해야 한다는 압박감을 느낄 수 있도록 이용자들이 스마트폰에 설치된 인터넷 플랫폼의 어두운 면을 충분히 알 수 있게 되기를 바랐다.

그러던 중 2017년 9월에 페이스북의 보안 부문 부사장인 알렉스 스타모스Alex Stamos가 '페이스북의 정보 운영 업데이트'라는 글을 올렸다. 무해하게 들리는 제목에도 불구하고, 해당 글은 다음과 같은 폭탄 선언으로 시작됐다.

"페이스북은 러시아가 10만 달러를 들여 2015년 6월부터 2017년 5월까지 3천 개의 광고를 게재한 사실을 밝혀냈다. 3천 개의 광고는 페이스북에서 '진짜가 아닌inauthentic' 것으로 판단한 470개의 계정과 연결돼 있었다."

10만 달러는 광고비로 그리 많다고 여겨지지 않지만, 한 달 뒤 조너선 올브라이트Jonathan Albright 연구원은 러시아에서 후원한 페이스북 그룹 중 여섯 개에서 나온 포스팅만 3억 4천만 번이나 공유된 점을 지적하며, 그 진정한 맥락을 설명해 줬다. 페이스북 그룹은 공통 관심사를 중심으로 만들어진다. 정보를 공유하는 이들의 대부분은 미국인으로, 자기 그룹의 리더가 진실하다고 믿었다.

페이스북 그룹은 수백만 개에 이르며 거의 모든 기관, 유명인, 정치인, 브랜드, 스포츠, 철학, 사상을 아우른다. 허위 정보, 가짜 뉴스, 음모 이론, 증오 발언 등 극단적 사상을 중심으로 구축된 그룹은 필터 버블이 돼 공유된 가치를 더욱 강화하고, 그런 가치에 정서적 애착을 높인다. 그런 그룹과 필터 버블에 힘입어 자극적인 게시물은 큰 돈을 들이지 않아도 페이스북에 존재하는 엄청난 규모의 비슷한 생각을 가진 사람들에게 유포될 수 있다. 소셜미디어를 통한 러시아의 선거 개입은 예외적일 만큼 비용 대비 효과가 컸다.

앞으로 치러질 선거에 러시아가 또 개입할 것이라는 우려는 트럼프 행정부와 공화당 국회의원들이 해당 사안에 대한 수사를 거부하고 있기 때문에 더욱 커진다. 우리는 로버트 뮬러[Robert Mueller] 특별검사 수사팀과 아무런 접촉도 없었지만, 언론 보도에 따르면 뮬러는 수사 과정에서 언제든 해고될 수 있는 위험에 처해 있었다. 언론은 뮬러가 뉴욕주 검찰총장인 에릭 슈나이더만과도 공조해 관할 지역 내에서 돈 세탁과 다른 범죄가 벌어졌을 가능성이 있다고 보도했다. 「커먼 센스 미디어」의 설립자인 짐 스타이어[Jim Steyer]는 내게 슈나이더만 검찰총장을 만나보라고 제안했다. 그의 주선으로 나는 슈나이더만을 맨해튼의 웨스트 60번가에 있는 가브리엘 레스토랑에서 저녁 때 만났다.

우리가 하는 작업을 간단히 설명하자 슈나이더만은 자기 부서의 자문역으로 활동하는 콜럼비아대학교 로스쿨 교수인 팀 우와 공조를 부탁했다. 우 교수는 '망 중립성$^{net\ neutrality}$'이라는 용어를 만든 주인공이다. 그는 영향력 있는 저서 『주목하지 않을 권리$^{The\ Attention\ Merchants}$』(알키, 2019)에서 타블로이드 신문부터 페이스북 같은 설득적 기술 플랫폼에 이르는 광고의 진화상을 다루고 있다. 며칠 뒤 우 교수를 만났을 때 그는 사법체계에서 주 검찰총장의 역할이 무엇인지, 적법한 기소에 어떤 유형의 증거가 필요한지 내게 설명해 줬다. 이후 6개월에 걸쳐 그는 슈나이더만 부서의 직원들과 일련의 설명회를 주선했는데, 이들은 매우 인상적이었다. 우리는 그들에게 인터넷 플랫폼을 설명할 필요가 없었다. 뉴욕주 검찰청 직원들은 인터넷을 잘 이해하고 있었을 뿐 아니라 플랫폼 포렌식을 수행할 수 있는 데이터 과학자까지 채용하고 있었다. 검찰청 직원들은 더없이 복잡한 사안도 수사할 수 있는 기술과 경험을 갖추고 있었다. 적절한 시점에 우리는 해당 사건에 대한 통찰과 더불어 몇몇 내부고발자들을 소개해줬다. 2018년 4월이 되자 38개 주의 검찰청이 페이스북에 대한 수사를 시작했다.

6

의회, 사태의 심각성을 깨닫다

기술 진보는 우리에게 더 효율적인 퇴보의 수단을 제공할 뿐이다.
– 올더스 헉슬리Aldous Huxely

우리가 워싱턴을 방문한 다음 달에 언론은 우리가 워너 상원의원에게 제시했던 가설의 많은 부분이 사실이었음을 입증해 줬다. 러시아 세력은 예비 선거 과정에서 논쟁적 사안에 초점을 맞추는 한편, 대통령 선거 기간 동안 클린턴을 비방하고 트럼프는 지원하는 방식으로 선거에 정말로 개입했다. 국회의 민주당 의원들은 이 사안을 파헤치고 있었고, 일부 영향력 있는 의원들은 우리에게 도움을 요청했다. 8월 말에 우리는 워싱턴으로 돌아와 달라는 의회 측의 전화를 받았다. 이들은 우리를 사흘간 초대했고, 빈틈없이 일정을 짰다. 워싱턴 방문 직전 르네 디레스타가 우리 팀에 합류했다. 디레스타는 인터넷을 통한 음모 이론의 유포 방식에 관한 세계 최고의 전문가 중 한 명이다. 낮에는 정보 검증 전문 회사인 '뉴 날리지New Knowledge(2019년 Yonder로 사명 변경)'의 연구 부문장으로 기업이 2016년 러시아 세력이 사용했던 것과 같은 유형의 전술, 즉 허위 정보, 인신 공격, 중상 모략 등의 피해를 입지 않도록 도와준다. 뉴 날리지는 또한 트위터에 '해밀턴 68Hamilton 68'이라는 계정을 만들어 러시아 세력의 허위 정보 공격을 추적해 공개하고 있다. 독일의 '마셜 펀드Marshall Fund'로부터 후원을 받아 2017년 8월 2일 출범한 해밀턴 68은 누구든 러시아 정권에 친화적인 트위터 계정이 어떤 사안을 다루고 홍보하는지 추적할 수 있게 해준다.

르네는 '민주주의를 위한 데이터' 재단의 정책 부문장이기도 하다. 이 단체는 '사회에 긍정적으로 기여하는 프로젝트에 자발적으로 참여하고 협력하는 데이터 과학자와 기술자들의 포용적인 공동체'로 자리매김하는 것을 임무로 내세우고 있다. 르네의 주요 관심사는 전 세계적으로 민주주의를 훼손하기 위해 악의적인 세력이 어떤 노력을 기울이는지 분석하는 것이다. 우리와 달리 르네는 선거 보안 분야에서 특히 프로였다. 그녀는 러시아의 선거 개입 징후를 이미 2015년부터 파악하고 있었지만, 정부 수사 기관이 나서도록 설득하는 데 애를 먹었다.

아버지가 연구원이었던 덕분에 르네는 다섯 살인가 여섯 살 때부터 컴퓨터를 접했다. 컴퓨터가 없었던 적이 있었는지 기억할 수 없을 정도다. 뉴욕주 용커스Yonkers에서 자란 르네의 또 다른 관심사는 음악이었다. 어릴 때부터 피아노를 배우기 시작해 대학에 다닐 무렵까지 연주자 수준으로 피아노를 쳤다. 아홉 살 때 코딩을 시작했고, 8학년 때 슬론-케터링

Sloan-Kettering 병원의 한 연구실에서 자원봉사자로 일했다. 음악 훈련과 시간적 추론 간의 상관 관계를 모색하는 프로젝트에도 참여했다. 작은 프로젝트였지만 르네의 두 관심사를 한데 연결해 줬다. 뉴욕주립대 스토니브룩 캠퍼스에서 컴퓨터 과학으로 학위를 받은 뒤 정부 기관에 입사해 IT 운영을 맡았다. 르네는 이력서에 당시 경험을 티 나게 내세우지 않고, 대신 월스트리트에서 알고리즘을 활용한 거래 분야에 참여했던 사실을 더 강조한다. 해당 경험을 통해 르네는 시장 참여자들이 다른 경쟁자들을 이기기 위해 어떤 트릭을 사용하는지 관찰했고, 그중 일부는 해커들이 선거 개입에 활용했을 것으로 짐작하는 여러 툴과 유사했다.

워싱턴에서 처음 만난 사람은 워너 상원의원이었다. "나는 여러분과 한 팀입니다."라는 말로 미팅을 시작했다. 미팅의 초점은 페이스북, 구글, 트위터의 최고 경영자들을 불러 이들 소셜미디어가 러시아의 2016년 대선 개입에서 어떤 역할을 했는지 묻기 위해 청문회를 열고 싶다는 상원의원의 열망에 집중됐다. 상원위원회 실무자들은 CEO들의 참석을 확정짓기 위해 해당 인터넷 플랫폼과 협의 중이었다. 협의가 끝날 때까지 아무런 발표도 없을 것이었다.

그 첫날 오후에 우리는 하원 정보위원회^{HPSCI}에서 주요 직책을 맡은 캘리포니아주의 애덤 시프 하원의원과 두 차례 미팅을 가졌다. 정보위원회는 정당 간 갈등으로 분열돼 있었고, 시프 의원은 의회 의장의 강력한 반대에도 불구하고 의회의 감독 기능을 확보하기 위해 전통적인 접근 방식을 시도해야 하는 난감한 직무를 맡고 있었다. 당시 민주당은 소수당으로 하원에서 아무런 힘이 없었고, 그 때문에 시프 의원의 직무도 더더욱 어려울 수밖에 없었다. 시프 의원은 르네와 나에게 정보위원회 담당자와 만나자고 요청했고, 의회 근처의 안가에서 미팅을 가졌다. 대화는 우리의 가설과 그것이 차후 선거에서 어떤 시사점을 갖는지에 집중됐다. 르네는 러시아 세력이 소셜미디어에서 거짓 정보를 유포하는 여러 기법의 특징을 소개했다. 러시아 세력의 공작은 인터넷에 넘치는 자유주의자와 반대론자의 커뮤니티 덕택에 더 용이했다. 이들은 거의 확실히 레딧, 4chan, 8chan 등과 같이 익명의 의사 표현을 권장하는 사이트에 집중했다. 이들 사이트는 다양한 이용자들로 구성돼 있지만, 특히 전통적인 매체에서는 환영받지 못하는 견해를 가진 사람들이 많다. 이들 중 일부는 그런 점에 불만을 품고 분노의 출구를 찾고 있다. 다른 이들은 사회의 위선이라고 여기는 점을 폭로할 채널로 이런 사이트를 이용한다. 그리고 또 다른 사람들은 그 나름의 안건이 있거나 사사건건 남들과 충돌하는 성향 때문에 그 배출구를 찾는 경우다. 그리고 어떤 사람들은 인터넷 이용자들을 제물 삼아 자극적이거나 황당무계한 발언을 내놓고 그에 대한 반응을 즐기고 싶을 뿐이다. 이들 사이트는 러시아 세력이 이민, 총기 문제, 백인 민족주의 등에 관한 메시지가 담긴 씨를 뿌리기에 더없이 비옥한 땅이었다. 거짓 정보를 심고 퍼뜨리기에 이상적인 기반이기도 했다.

르네는 거짓 정보나 음모 이론을 키우는 전형적인 경로가 레딧, 4chan, 8chan 같은 사이트라고 설명했다. 언제든 그런 정보나 이론은 넘쳐나고, 그중 일부가 많은 사람의 관심을 끌어 마치 바이러스처럼 소셜미디어 전체로 확산된다. 러시아인들을 위해 하나의 거짓 정보가 관심을 끌 때마다 해당 주제에 대한 합법적인 뉴스 기사로 보이는 문서가 있는 하나 이상의 웹사이트를 만들어냈다. 그 다음에는 언론인들에게 AP통신보다 더 주된 뉴스 출처가 된 트위터를 공략했다. 이들의 전략은 문제의 거짓 정보나 음모 이론 링크를 트위터에 대량 개설한 계정을 통해 동시에 노출시키는 것이었다. 이들 트위터 군대는 실제 계정과 봇 계정으로 구성됐다.

만약 어느 기자도 그런 내용을 기사화하지 않으면 트위터 계정은 "주류 언론은 당신이 알기를 원치 않는 이 기사를 읽는다."는 식의 트윗을 날린다. 뉴스 사이클이 24시간으로 확대되면서 언론의 보도 경쟁은 사상 유례없이 치열해졌고, 보도 가치를 차분히 따질 시간도 사라져 버렸다. 그 때문에 결국 몇몇 정통 언론은 그런 가짜 내용을 보도하게 된다. 일단 보도가 되면 그때부터 진짜 게임이 시작된다. 엄청난 숫자의 봇이 포함된 트위터 계정의 군대는 해당 보도 내용을 트윗과 리트윗으로 퍼 날라 신호의 강도를 극적으로 증폭시킨다. 일단 해당 이야기가 트렌드를 타기 시작하면 다른 뉴스 매체도 거의 확실하게 해당 사안을 짚게 돼 있다. 그 지점에서 보도된 이야기는 대중 시장으로, 다시 말해 페이스북으로 옮겨간다. 러시아 세력은 가짜 뉴스를 자신들이 관리하는 페이스북 그룹에 심었을 것이고, 페이스북의 필터 버블에 힘입어 가짜 뉴스는 사실로 받아들여질 뿐 아니라 더욱 널리 공유된다. 트롤과 봇들이 유포를 도와주지만, 가장 성공적인 거짓 정보와 음모 이론은 페이스북 그룹의 동료 회원에게서 가짜 뉴스를 전달받아 사실이라고 굳게 믿는 미국 시민들을 이용한 것이었다.

그 대표적인 사례는 이른바 '피자게이트Pizzagate'다. 사건의 빌미가 된 정보는 힐러리 클린턴의 대선 캠프 부의장 남편이자 부적절한 섹스팅 스캔들로 불명예 퇴진한 앤서니 위너Anthony Weiner 전직 하원의원의 랩톱에서 FBI가 찾아냈다는 주장이었다. 그에 따르면 민주당 소속 당원들과 연계된 소아성애자pedophilia들의 비밀 조직이 워싱턴 지역의 피자 가게를 근거지로 사용한다는 내용이었다. 이 음모 이론은 더 나아가 민주당 전국위원회의 서버에서 빼낸 이메일에 소아성애자와 인신매매에 관한 내용이 암호 메시지로 들어 있으며 특히 한 피자 가게가 악마적인 의식을 진행하는 장소로 사용되고 있다고 주장했다. 2016년 대선을 나흘 앞두고 터진 이 정보는 완전한 날조였지만, 많은 이들은 사실로 믿었다. 한 남자는 그 사실을 철석같이 믿은 나머지 그 해 12월, AR-15 소총으로 무장하고 해당 피자 가게에 나타나 건물에 총알 세 발을 발사하기까지 했다. 다행히 아무도 다치지 않았다.

음모 이론을 파헤치기는 대개 어렵지만 피자게이트의 원인은 다른 대부분의 경우보다 더 명확하다. 그 이야기는 한 백인 우월주의자의 트위터 계정에 처음 나타났다. 위키피디아에 따르면 4chan과 트위터 이용자들이 해킹당한 DNC 이메일에 숨은 비밀 메시지를 찾는다며 분석 작업을 벌였고, 그 결과 많은 비밀을 찾아냈다고 주장했다. 인포워즈를 비롯한 온갖 음모 이론 사이트가 해당 주장을 퍼뜨렸고, 극우세력은 이를 증폭시켰다. 이 이야기는 선거 다음달에 퍼졌고 여기에 트위터가 한몫했다. 인터넷 연구자인 조너선 올브라이트의 분석에 따르면 해당 내용을 퍼 나른 트위터 계정의 대다수가 체코 공화국, 사이프러스, 베트남에서 나왔고, 대다수 리트윗은 봇 계정에서 나왔다. 체코 공화국, 사이프러스, 베트남이라니 대체 어찌된 일일까? 이들은 러시아 요원들이었을까? 아니면 단지 수익을 얻으려는 기업인들이었을까? 2016년 미국 대선은 양쪽 모두를 끌어들였던 것 같다. 어디에서나 웹 트래픽이 광고 수입으로 이어질 수 있고, 쉽게 속아 넘어가는 사람이 수백만에 이르는 온라인 세계에서 기업가들은 그런 점을 최대한 활용할 게 분명하다. 널리 회자된 뉴스 중 하나는 마케도니아에 사는 한 젊은이의 경우로, 가짜 뉴스를 이용한 광고 판매가 클린턴 유권자들 사이에서는 부진했지만 트럼프 팬들 사이에서는 매우 잘 통했고, 그보다 덜하기는 했지만 버니 샌더스 지지자들 사이에서도 제법 효과가 있었다는 내용이었다.

표면상으로도 피자게이트 음모 이론은 황당무계하다. 워싱턴 DC의 한 피자 가게가 민주당과 연계된 소아성애자 집단의 거점이라고? 이메일을 통해 비밀 메시지를 주고받는다고? 그럼에도 사람들은 해당 뉴스를 믿었고, 한 사람은 그것을 철석같이 믿은 탓에(그의 표현에 따르면 '그 사건을 자체 수사했고') 문제의 피자 가게에 총알을 세 발이나 발사하기까지 했다. 어떻게 이런 일이 벌어질 수 있을까? 바로 필터 버블 때문이다. 필터 버블을 평범한 그룹 활동과 구별짓는 것은 지적인 고립이다. 필터 버블은 사람들이 자신과 동일한 신념을 공유하는 사람들에 둘러싸여 있고, 그런 신념과 맞지 않는 생각이나 의견을 배제할 수 있는 곳이면 어디에나 존재한다. 이들은 신뢰를 제물로 삼아 그것을 확대시킨다. 그런 현상은 채널이 반대되는 관점을 차단할 때 텔레비전에서도 벌어질 수 있다. 플랫폼으로서는 필터 버블이 사이트에 머무는 시간, 참여 강도, 공유의 적극성을 높여주기 때문에 제거해야 할 동기가 거의 없다. 필터 버블은 실상은 존재하지 않는 합의의 환상을 불러일으킨다. 이것은 러시아 세력이 미국 대선에 개입할 당시에 특히 두드러졌다. 트롤과 봇을 대거 동원해 거짓 정보를 공유하고 유포함으로써, 작전의 대상이 된 페이스북 그룹의 인간 회원들에게 합의의 환상을 높여줬기 때문이다.

필터 버블 안에 있는 사람들은 쉽게 조정당할 수 있다. 이들은 적어도 한 가지 핵심 가치를 자신들이 소속된 그룹의 회원들과 공유한다. 공유

가치를 갖게 되면 다른 회원에 대한 신뢰가 높아지고, 더 나아가 그룹에 대한 신뢰와 소속감을 높인다. 회원 하나가 어떤 뉴스를 공유하면 다른 회원들은 대개 그 뉴스를 일단 사실로 믿어준다. 그룹 회원들이 해당 뉴스를 수용하기 시작하면 다른 회원들도 그것을 믿어야 한다는 압력이 쌓인다. 러시아인 트롤과 그들이 조종하는 다수의 봇 계정이 전체 회원의 1~2%를 차지하는 한 페이스북 그룹을 상상해보자. 이 시나리오에서 그룹 회원들의 신뢰는 특히 트롤과 봇에 의해 조작될 위험성이 높다. 피자 게이트 같은 음모 이론은 트롤과 봇이 주도해 시작하고 공유한다. 수신자들은 그 이야기가 공통의 정치 프레임을 갖는 회원들의 확인을 거쳤다고 추정하고, 이를 다시 공유한다. 이런 방식으로 거짓 정보와 음모 이론은 빠르게 자리를 잡는다. 러시아 세력은 이런 기법을 이용해 2016년 대선에 개입했다. 이들은 행사도 주최했다. 특히 잘 알려진 사례는 러시아 요원들이 친무슬림 페이스북 그룹과 반무슬림 그룹의 행사를 텍사스 주 휴스턴의 같은 장소, 같은 시간에 개최한 일이다. 목표는 양 세력의 대치를 일으키는 것이었다.

이 모든 것이 가능한 것은 이용자들이 소셜미디어에서 보는 내용을 신뢰하기 때문이다. 이들은 그것이 친구들한테서 나온 것처럼 보일 뿐 아니라, 필터 버블 덕택에 각 이용자가 본래부터 가졌던 신념과 일치하기 때문이다. 각 이용자는 두려움과 분노를 비롯한 감정적 특성을 정확히 투영해 보여주는 자신만의 「트루먼 쇼Truman Show」를 갖는 셈이다. 자신이 품

---

1 트루먼 쇼: 1998년 개봉된 영화로, 주인공 트루먼이 태어날 때부터 성인이 될 때까지 모든 생활을 24시간 생방송하는 TV 쇼가 배경이다. 정작 본인만 모든 게 가짜라는 이 사실을 모르고 있다가 결국 사실을 알고 자신의 삶을 찾아간다는 내용의 영화다. - 옮긴이

었던 신념과 부합하는 내용을 지속적으로 만나는 일은 매력적이지만 그러는 사이에 민주주의는 약화된다. 러시아인들은 이용자 신뢰와 필터 버블을 악용해 불화의 씨앗을 뿌렸고, 민주주의 체제와 정부에 대한 신뢰를 떨어뜨렸으며, 궁극적으로 특정 후보를 다른 후보들보다 더 지지하도록 유도했다. 러시아의 개입은 기대했던 것보다 훨씬 더 크게 성공했고, 여전히 막강한 효력을 발휘하고 있다. 그중 큰 이유는 정부의 주요 기관과 이해관계자들이 사태를 파악하고 인정하는 데 느렸고, 따라서 재발 방지에 필요한 노력에 게을렀기 때문이다. 필터 버블과 선호 버블은 비판적 사고를 약화한다. 더 심각한 문제는 설령 이용자가 문제의 소셜미디어 플랫폼을 포기하더라도 피해가 지속될 수 있다는 점이다.

러시아 세력이 사용한 여러 기법을 르네로부터 전해 들으면서, 나는 진정한 슈퍼스타와 마주하고 있음을 깨달았다. 당시 나는 르네의 라이프 스토리를 개략적으로만 알고 있었지만 내가 아는 몇몇 요소, 정부 용역에 따른 IT 운영, 알고리즘을 이용한 거래, 정치 캠페인, 백신접종 거부자 네트워크에 대한 침투, 트위터상의 인신 공격, 러시아 세력의 민주주의 공격에 대한 연구만으로도 나는 르네의 뛰어난 지력과 헌신을 인정하지 않을 수 없었다. 르네가 우리 팀에 합류한 것은 획기적인 사건이었다. 트리스탄이나 나와 달리 르네는 가설 그 너머까지 갈 수 있었다. 그녀는 이 분야를 여러 해 동안 연구해왔다. 가설이 아닌 '사실'의 세계를 살아왔다. 우리가 만난 의회 의원과 그 보좌관들은 너나 할 것 없이 르네를 즉각 인정했다. 르네가 우리로부터 얻은 것은 그녀가 아는 것을 공유할 새로운 플랫폼이었다. 르네는 '민주주의를 위한 데이터'에서 일하며 사이버 위협을 조기 식별하는 한편, IT 기업에게 컴퓨터 알고리즘을 이용한 선전선동의 확산을 심각한 문제로 인식하라고 촉구해왔다. 연구자들과 첩보 전문가들의 경우에 흔히 나타나듯이, 이들의 빼어난 통찰은 언제나 적기에 적임자들에게 닿은 것은 아니었다. 러시아 세력의 2016년 대선 개입을 막기에 너무 늦었다는 점은 분명했지만, 그런 사태가 2018년에 재발되는 것을 막는 데는 우리 셋이 도움을 줄 수도 있을 터였다. 그것이 우리의 목표였다.

우리의 미팅은 하원 정보위원회 담당자들이 페이스북과 트위터를 이해하는 데 도움을 달라고 요청하면서 마무리됐다. 해당 위원회는 상원 정보위원회와 같은 날 동일한 증인들을 불러 청문회를 열 계획이었다. 하지만 담당자들은 도움이 필요했다. 민감한 업무 특성상 이들 직원 중 누구도 소셜미디어를 적극 사용하지 않았다. 이들은 페이스북, 인스타그램, 유튜브 또는 트위터의 내부 속성을 배울 필요가 있었다. 그들은 브리핑 자료를 준비해 줄 수 있는지, 청문회에서 의원들이 증인들에게 할 질문 내용을 준비해 줄 수 있는지 물어봤고, 르네와 나는 이 기회를 적극 수용했다. 우리가 커리큘럼을 짜고 하원 담당자들에게 인터넷 플랫폼의 기본을 가르칠 수 있는 기한은 7주였다.

이 기회는 하원 정보위원회의 일부 직원들에 그치지 않았다. 워너 상원의원의 직원들도 비슷한 도움을 요청했고, 상원 법사위원회에 소속된 리처드 블루멘털, 알 프랑켄, 에이미 클로부커, 코리 부커 상원의원의 직원들도 마찬가지였다. 이들은 상하원 정보위원회보다 먼저 청문회를 열기로 돼 있었다.

브리핑 자료를 만드는 과정은 고치고 또 고치는 반복 과정이었다. 담당자들은 일주일에도 여러 번씩 질문을 던졌다. 우리에게서 배운 플랫폼의 작동 원리를 바탕으로, 그들만의 출처에서 취득한 정보의 본질을 분석하고 이해하는 데 필요한 질문이었다. 하지만 그들이 취득한 정보 내용은 우리에게 공개하지 않았다. 이들은 알고리즘에 대해, 특히 그것이 페이스북의 경우에 어떻게 작동하는지 브리핑해 달라고 요청했다. 이들도 알고리즘의 기본은 알고 있었다. 위키피디아의 정의를 빌리면 알고리즘은 '일정 부류의 문제를 해결하기 위한 명확한 지침'으로, 보통 계산, 데이터 처리, 자동화된 추론 등과 연계돼 있다. 하지만 인공지능 기술이 발전하면서 알고리즘도 새로운 데이터에 맞춰 적응하거나 '학습'할 수 있게 됐고, 따라서 그만큼 더 복잡해졌다. 페이스북은 지속적인 성장을 제한할 수 있는 모든 마찰 요소를 제거하는 데 총력을 기울여 모든 것을 자동화했고, 끊임없이 진화하는 알고리즘에 의존해 22억 이용자와 수백만 광고주를 관리하고 있다. 이들 알고리즘은 이용자들의 온라인 행태에 근거해 서로 다른 이용자들 사이에서 공통적인 패턴을 찾아낸다. 이것은 공통의 관심사 수준을 훨씬 뛰어넘어 시간, 위치 및 온라인 행태의 다른 맥락적 요소도 포함한다. 만약 A라는 이용자가 새 차를 구입하기 전에 온라인에서 10여 가지 행태를 보인다면(이들 중 많은 경우는 차를 구입하는 것과 무관한 내용이다), 알고리즘은 그와 동일한 행로를 보이는 다른 이용자들을 찾아낸 다음 그들에게 차량 구입 광고를 띄우는 식이다. 페이스북의 복잡성을 고려하면 AI에는 많은 알고리즘이 필요하고, 이들 간의 상호작용은 때로 예기치 못했거나 바람직하지 못한 결과를 낳을 수 있다. 어느 한 알고리즘의 사소한 변화조차 시스템 전체에 심각한 파급 효과를 초래할 수 있다. 빠르게 움직일 때 예측할 수 없는 방법으로 상황을 파괴할 수 있는 명확한 사례다.

페이스북은 자신들의 기술이 '가치 중립적'이라고 주장하지만 실제로 드러나는 증거는 그 반대다. 기술은 그것을 만들어낸 사람들의 가치를 반영하게 마련이다. 기술 미래학자인 재런 러니어는 알고리즘의 역할을 개별 이용자들과 그 이용자 간 데이터에서 상호 연관성을 찾아내는 것으로 본다. 영국의 일간지 「가디언」에 기고한 칼럼에서 러니어는 "그 상관관계는 사실상 각 개인의 성격에 관한 효과적인 이론이며, 그 이론은 끊임없이 측정되고 얼마나 예측 가능한지에 따라 평가된다. 잘 관리된 모든 이론과 마찬가지로 이들은 적응형 피드백을 통해 개선된다."고 썼다. 인터넷 플랫폼이 이용하는 알고리즘의 경우, '개선'의 목표는 플랫폼을 위한 것이지 이용자를 위한 것이 아니다. 알고리즘은 경제 전반에 걸쳐 의사결정을 자동화하기 위해 사용된다. 이들은 권위적이지만 그렇다고 공정하다는 뜻은 아니다. 예를 들면 대출신청서를 분석하는 데 사용되는 경우, 개발자의 인종적 편견을 반영한 알고리즘은 선량한 사람들에게 피해를 입힐 수 있다. 알고리즘 개발자들이 자신들의 편견을 인식하고 그것을 배제했다면 해당 알고리즘은 공정할 수 있다. 만약 페이스북의 경우에서처럼 개발자들이 기술은 정의상 가치 중립적인 것이라고 주장한다면, 사회적으로 바람직하지 못한 결과가 초래될 위험성은 극적으로 높아진다.

대통령 선거가 우리의 민주주의에서 차지하는 중요성을 고려하면, 국민은 페이스북, 구글, 트위터의 CEO에게 증언하라고 요구할 권리가 충분히 있다. 다른 어떤 산업 분야의 CEO라도 그렇게 했을 것이다. 하지만 페이스북, 구글, 트위터의 CEO는 그러지 않았다. 미국 의회에 팽배한 당파적 갈등이 반영된 탓에 다수당은 이들 CEO의 증언을 강요하지 않았다. 대신 각 기업의 대표 변호사들을 부르는 것으로 합의했다. 이들은 엘리트 교육을 받은 성공적인 법률가였지만 엔지니어는 아니었다. 토론에는 능했지만 기업의 서비스 내부에서 작동하는 기술적인 부분에 대한 이해는 제한적이었다. 처음부터 청문회 효과를 최소화하는 것이 목표였다면 이들은 완벽한 증인이었다. 이들은 증언하기 위해 나왔지만 실수를 피하기 위해 어떤 실질적인 내용도 말하지 않을 것이었다. 그런 점을 인식하고 우리는 페이스북, 구글, 트위터가 청문회에서 어떤 식으로 질문을 회피할지, 그런 경우 핵심 정보를 캐내기 위해 어떤 질문으로 다시 돌아가야 할지 조언했다.

실리콘밸리에서는 정부는 제대로 기능하지 못한다는 통념을 갖고 있었다. 이들은 워싱턴에서 일을 제대로 하는 관료들은 실리콘밸리에서 온 사람뿐이라는 인식을 갖고 있다. 우리의 경험에 따르면 이런 인식은 크나큰 오해였다. 이 기간 동안 우리와 함께 작업한 의회 직원들은 하나같이 인상적이었다. 명석하고 양심적이고 성실하기만 한 것이 아니었다. 일반 이용자들처럼 정책 입안자들도 실리콘밸리가 성공적으로 자율규제를 한다고 믿었기 때문에, 그들은 감독의 속도를 높이기 위해 해야 할 일을 했다. 이들은 자신들이 무엇을 모르는지 알고 있었고, 그런 점을 인정하는 데도 주저하지 않았다.

첫 번째 청문회가 열리기 전날 밤, 페이스북은 1억 2천 6백만 이용자들의 개인정보가 러시아의 개입에 노출됐으며, 인스타그램도 2천만 명의 정보가 유출됐다고 공개했다. 러시아 세력의 개입과 아무런 연관도 없다고 8개월간 부인하다가, 내부 수사 결과 루블화로 지불된 10만 달러 규모의 러시아 측 광고 매입을 발견했다는 발표는 폭탄선언에 가까웠다. 정보가 노출된 이용자 수는 미국 전체 인구의 3분의 1이 넘는 규모였지만 그 영향은 극도로 축소해서 말한 것이었다. 러시아 세력은 무작위로 1억 2천 6백만 명의 페이스북 이용자들에게 접근한 것이 아니었다. 정교하게 조준된 표적이었다. 한편으로 이들은 트럼프에게 투표할 만한 사람들만을 노려 이를 자극하는 메시지를 보냈다. 다른 한편으로 이들은 기권할 가능성이 큰 민주당 유권자들을 식별해 투표하지 말 것을 종용하는 메시지를 보냈다. 2012년 오바마에게 표를 던졌던 사람들 중 4백만 명이 2016년 클린턴에게 투표하지 않았다는 사실은 러시아 개입의 효과가 어느 정도였는지 시사하는 대목이다. 얼마나 많은 유권자가 클린턴의 이메일 서버, 클린턴 재단, 피자게이트 그리고 다른 이슈에 대한 러시아의 거짓 정보 때문에 투표를 포기했을까? CNN은 러시아 세력이 선거를 몇 개월 앞두고 상당한 지지자를 끌어모은 '블랙티비스트Blacktivist'를 비롯해 유색인종을 겨냥한 페이스북 그룹을 여러 개 운영했다고 보도했다. 이들은 그와 비슷한 접근방법으로 '미국무슬림연합'이라는 이름의 또 다른 그룹도 운영했다. 트위터에서 러시아인들은 '깨어있자88staywoke88', '블랙뉴스아울렛BlackNewsOutlet', '무슬리메리칸스Muslimericans', 'BLM솔저BLMSoldier' 등과 같은 계정을 운영했는데, 그 의도는 블랙티비스트와 미국무슬림연합의 경우처럼 진짜 운동가들이 그 나름의 대의명분을 위해 활동한다는 착각을 심는 것이었다. 대선에서 겨우 1억 3천 7백만 명만이 투표한 사실을 감안하면 1억 2천 6백만 명의 유권자들을 표적으로 삼은 러시아의 선거 개입은 거의 확실하게 효과를 발휘했다. 페이스북은 그런 사안의 심각성을 어떻게 희석하려 들까?

청문회는 10월 31일 할로윈 날에 상원 법사위원회와 함께 시작됐다. 우리는 의회 담당자들이 다른 많은 사람과 접촉한 사실을 알고 있었고,

의원들이 우리가 제공한 질문을 하는 것을 듣는 기분이 좋았다. 페이스북, 구글, 트위터의 최고 변호사들은 미리 짜온 각본에 충실했다. 예상대로 페이스북의 대표 변호사인 콜린 스트레치Colin Stretch는 가장 어려운 심문을 받았고, 그 질의의 대부분은 민주당 의원들로부터 나왔다. 스트레치 변호사는 청문회의 거의 막판, 존 케네디 상원의원이 질의할 때까지 미리 짜온 각본을 잘 따랐다. 루이지애나 주의 공화당원인 케네디 의원은 페이스북이 개별 이용자의 개인 데이터를 감시할 능력이 있는지에 관해 일련의 질문을 던짐으로써 전 세계를, 특히 공화당 동료 의원들을 놀라게 했다. 스트레치 변호사는 페이스북이 개인 데이터를 보지 못하도록 규정한 정책이 있다는 대답으로 해당 질문을 회피하려 시도했다. 순박한 시골 변호사 같은 이미지 뒤에 케네디 의원은 명석한 사고를 숨기고 있었고, 결국 스트레치 변호사가 '예'와 '아니오' 중 하나를 선택할 수밖에 없을 때까지 자신의 질문을 재구성했다. 케네디 의원은 "페이스북이 이용자의 개인 데이터를 감시할 능력이 있습니까?"라고 물으며, 스트레치 변호사가 진실만을 말하겠다고 선서했음을 상기시켰다. "아니오"가 스트레치의 최종 대답이었다. 내 머릿속에서 나는 퀴즈쇼에서 오답일 때 나오는 '삐익' 소리를 들었다. 내가 볼 때 이것은 심각한 사안이었다. 페이스북은 막대한 데이터를 보유한 컴퓨터 시스템이다. 페이스북 엔지니어들은 자신들의 업무를 수행하기 위해 해당 데이터에 대한 접근권을 가져야 한다. 페이스북 초기, 이 회사의 인사담당자가 채용 인터뷰 중에 후보자의 페이지에 접속하는 것은 드문 일이 아니었다. 하지만 어느 시점에서 페이스북은 개인 계정에 대한 접근은 금지돼야 한다는 점을 인식했다. 이들은 직원들에게 부적절하게 개인 데이터에 접근하는 것은 즉각 해고 사유에 해당한다는 점을 분명히 밝혔다. 페이스북에서 규칙은 종종 직원들의 행태를 바꾸기 위한 것이라기보다는 법적 책임을 예방하기 위한 성격이 더 크다. 따라서 페이스북이 그런 규칙을 얼마나 효과적으로 시행했는지 모르지만 페이스북에서 누구도 개인 데이터에 접근할 수 없다는 증언은 부정확한 것이었다. 다음에 상원의원이 청문회를 개최할 때, 위원회는 스트레치 변호사의 증언 내용을 페이스북의 조직상 최고 변호사보다 더 높은 지위에 있는 경영진의 증언을 청취해야 할 증거로 제시할 수 있었다. 스트레치의 증언은 정치 풍향이 바뀔 경우, 의회 위원회가 다음 청문회에서 CEO에게 증언하라고 요구할 수 있는 근거를 제공했다. 그것은 작은 승리였다.

궁극적으로 스트레치와 다른 소셜미디어 회사의 대표 변호사들은 상원 법사위원회에서 제기된 곤란한 질문을 교묘하게 비켜나갔고, 그 때문에 상원 간부 중 한 사람인 다이앤 파인슈타인Dianne Feinstein이 질책했다. 다음 날 아침 상원 정보위원회의 청문회가 시작되면서 쇼는 계속됐다. 나는 합리적으로 들리지만 실제로는 알맹이 없는 답변으로 어려운 질문을 회피하는 대표 변호사들의 능력에 감탄하지 않을 수 없었다.

하원 정보위원회의 최종 청문회는 초현실적이었다. 데빈 누네즈Devin Nunes 위원장 주도의 공화계 멤버들이 개최한 청문회와, 하원 간부 중 한 사람인 애덤 시프가 이끄는 민주계 멤버들의 청문회가 열렸다. 우리의 관심은 시프 의원이 주도하는 청문회였다. 두 번의 상원 청문회를 거친 다음에 더 이상 새로운 내용이 나올 것으로 예상하기 어려웠지만 실상은 달랐다. 하원 정보위원회는 러시아 세력이 주도하는 그룹들이 게재한 페이스북 광고 사례를 대형 표지판에 인쇄해서 청문회에 공개했다. 그 광고들의 이미지는 청문회의 결정적인 시각적 증거로 아직도 내 기억에 생생하게 남아있다.

TV로 중계되는 의회 청문회는 보통 드라마틱한 연기는 많은 반면 실속은 적다. 그런 현상은 당파 간 분열이 두드러졌던 2017년 의회에서 특히 두드러졌다. 우리의 시각에서 볼 때 정상적인 규칙은 이들 청문회에 적용되지 않았다. 인터넷 플랫폼이 러시아 세력의 미국 대선 개입에 악용됐음을 수백만 미국인들에게 알렸다는 점에서 이들 청문회는 매우 중요한 역할을 했다. 이 청문회는 의회가 인터넷 플랫폼을 감독할 수 있는 장치나 기구를 마련하기 위한 첫 행보였고, 우리는 거기에 작은 도움을 보탤 수 있었다. 하원 정보위원회의 청문회가 끝난 지 몇 시간이 지난 뒤, 나를 웃게 만드는 이메일을 하나 받았다. 하원 정보위원회의 민주당계 대표 조사관이 보낸 이메일은 이런 내용이었다. "직장에서 적절한 방식으로 당신을 사랑합니다. In a workplace appropriate manner, I love you"

케네디 상원의원의 질문에 대한 스트레치 변호사의 허위 진술을 제외하면, 3대 소셜미디어 기업의 대표 변호사들은 임무에 성공했다. 이들은 불에 기름을 뿌리지는 않았지만 페이스북 관련 폭로는 긴 후유증을 남겼다. 러시아의 대선 개입에서 이들 세 회사가 수행한 역할에 대한 언론의 관심이 폭발했다. 청문회를 TV로 중계함으로써 의회 위원회는 적어도 한 개의 뉴스 사이클을 차지했다. 1억 2천 6백만 페이스북 이용자들의 개인정보가 러시아 세력의 대선 개입에 노출됐다는 사실 폭로와 더불어, 이들 청문회는 그보다 더 큰 성과를 거뒀다. 페이스북, 구글, 트위터가 민주주의를 훼손하는 데 일익을 담당했을지 모른다는 의심은 큰 화제가 됐다. 그에 대한 주류 언론의 관심은 눈에 띄게 높아졌다. 11월 1일 오후, 하원 정보위원회의 청문회가 열리던 도중 나는 MSNBC에 처음 출연해 진행자인 알리 벨시와 이 사안을 논의했다. 그것은 여러 방송 출연 경험 중 처음이었다. 사람들은 2016년 대선 개입에서 페이스북이 한 역할에 관해 논의하기 시작했다. 다음날 전화 통화에서 트리스탄과 나는 지난 4월 이후 괄목할 만한 변화가 일어났다고 말했다. 채 7개월도 안 되는 기간에 우리는 소셜미디어의 어두운 측면에 대해 진지한 토론을 촉구한다는 우리의 목표를 달성했다. 그것은 시작이었지만 그 이상의 내용이 나오지 않았다. 플랫폼은 여전히 책임을 회피하고 있었고, 무엇인가 더 큰 대중의 인식과 압력이 극적으로 나오지 않는 한 변화할 용의가 없어 보였다.

페이스북의 방식

문제는 어느 특정한 기술이 아니라 사람들을 조종하는 광적이고 음험한
방식으로 권력을 집중시켜, 결국 문명에 위협이 되도록
기술을 사용하는 데 있다. – 재런 러니어

청문회 덕분에 언론은 러시아의 대선 개입에서 인터넷 플랫폼이 수
행한 역할에 더욱 큰 관심을 갖게 됐다. 모든 기사는 일반의 인지
도를 높이는 데 일조했고, 정책 입안자들에게 무슨 수단이든 써야 한다는
압력이 점차 늘어났다. 우리는 많은 정치인을 만났고, 그로 인해 정치의
한 가지 규칙을 알게 됐다. 그것은 바로 변화를 원하고 대규모 로비 예산
이 없다면 유권자들의 압력보다 더 나은 대안은 없다는 점이었다. 청문회
가 열린 다음 주, 나는 5백 달러를 내고 루이지애나 주 상원의원인 존 케
네디의 조찬 모임에 참석했다. 상원의원과 보좌관 두 명, 로비스트 19명

그리고 내가 함께 한 조찬 모임이었다. 행사가 시작되기 전 상원의원은 방을 돌면서 참석자들과 인사를 나눴다. 로비스트들은 P&G, 알코아 Alcoa, 아마존 같은 회사에서 온 사람들이었다. 이들은 모두 임박한 감세 법안에 대해 이야기하고 싶어했다. 상원의원이 내게 다가왔을 때 나는 "저는 시민의 한 사람으로 의원님께서 지난 주에 열린 상원 법사위원회 청문회에서 훌륭한 일을 하신 데 대해 감사하려고 여기에 왔습니다."라고 말했다. 케네디 상원의원은 무슨 말을 하는지 금방 깨닫지 못한 듯 잠깐 늦게 반응했다. 그가 한 말을 더 이상 정확히 기억하지는 못하지만, 남부 특유의 끄는 말투로 "알아줘서 고맙습니다. 여기에 와줘서 반가워요. 당신을 다시 만나게 되기를 바랍니다."라고 대꾸했다. 불행히도 아직 만남은 성사되지 않았다.

11월 두 번째 주에 나는 싱크탱크 기관인 '오픈마켓 인스티튜트'의 후원으로 워싱턴에서 열린 반독점 규제 관련 콘퍼런스에 참석했다. 그 행사의 기조 연설자는 전통적인 독점 규제 방식을 취해야 한다고 강력 주장해 온 알 프랑켄 상원의원이었다. 컬럼비아대학교 로스쿨의 팀 우 교수와 '오픈마켓Open Market'의 리나 칸Lina Khan은 인터넷 플랫폼의 맥락에서 반독점에 관해 연설했다. 이들은 아마존, 구글, 페이스북이 모두 20세기의 시장 상황에서는 거의 허용되지 않았을 독점 권력을 가졌으며, 그런 권력을 경쟁사를 차단하고 이용자들에게 불리하게 사용한다고 주장했다. 내가 한 발표는 공중보건에 비유해 인터넷 대기업에 대한 반독점 규제를 주장하는 트리스탄의 이론을 빌려온 것이었다. 인터넷은 초창기의 개념과 인식을 이용해 정부 규제를 받지 않는 특혜를 여전히 누리고 있었다. 21년 간에 걸친 방임 덕분에 인터넷 시장의 주도 기업은 크게 번창했을 뿐 아니라 다른 어떤 산업 분야에서는 불가능했을 행태까지도 용인돼 왔다. 이를테면 미국 연방거래위원회^{FTC} 같은 규제 기관에 협조하지 않거나, 소비자 데이터 개인정보보호를 경시하거나 무시하는 행태, 선거 관련 광고에 대한 연방통신위원회^{FCC}의 규정을 면제받는 식이었다.

1981년까지 미국은 독점이 소비자와 경제에 유해하다는 철학을 유지했다. 독점 체제는 소비자들에게 경쟁 시장체제보다 더 높은 가격을 소비자들에게 부과하며 혁신과 창업 속도를 둔화시킬 수 있다. 20세기 초반 시장을 독점했던 스탠더드 오일$^{Standard\ Oil}$과 다른 독점 트러스트는 셔먼 독점금지법$^{Sherman\ Antitrust\ Act}$, 클레이튼 법$^{Clayton\ Act}$, 연방거래위원회법 $^{Federal\ Trade\ Commission\ Act}$ 같은 법이 제정되는 단초로 작용했고, 그 결과 오랫동안 공화와 민주 양당은 경제 권력의 반경쟁적 집중을 막는 노력을 지원했다. 2차 세계대전 이후 독점과 대치되는 철학, 즉 시장이 자원을 분배하는 최선의 방식이라는 철학이 등장했다. 소위 '시카고 학파$^{Chicago\ School}$'의 반독점 철학은 이러한 시장 주도의 신자유주의 세계관의 일부로 떠올랐으며, 경제 권력의 집중은 그것이 소비자들에게 더 높은 가격으로 전가되지 않는 한 문제가 되지 않는다고 주장했다. 시카고 학파는 레이건 행정부의 공식 정책이 됐고, 이후 시장 경제를 지배했다. 우연의 일치인지도 모르지만 앞에서 내가 언급한 대로, 1977년 정점을 찍었던 창업률은 1981년 이후 현저히 쇠퇴했을 뿐 아니라 소득 불평등도 스탠더드 오일 시대 이후 최악의 수준으로 나빠졌다.

아마존, 구글, 페이스북의 세 인터넷 플랫폼은 시카고 학파의 반독점 철학으로부터 엄청난 혜택을 입었다. 구글과 페이스북은 제품을 소비자들에게 무료로 제공하며, 아마존은 소매 가격을 낮게 유지하면서 유통 경제를 변화시켰다. 그런 덕택에 이들 세 기업의 비즈니스 관행은 규제를 받지 않았고, 시장을 주도하고 통합할 수 있는 자유를 확보할 수 있었다. 아마존에 대한 반독점 규제 주장은 가장 설득력이 높고, 그런 논리는 더 큰 문제를 이해할 수 있는 틀을 제공한다.

아마존은 반독점 규제를 받지 않은 덕택에 수평적으로뿐 아니라 수직적으로도 통합을 꾀할 수 있었다. 잘 상하지 않는 소비재에 집중하던 본래 사업 모델에서 아마존은 식자재 마트인 홀푸드Whole Foods를 인수해 식료품 분야로 수평 확장을 꾀했고, 아마존 웹 서비스AWS를 통해 클라우드 서비스 분야로 확대했다. 아마존의 수직 통합은 외부 판매자들을 한데 모은 마켓플레이스Marketplace, 아마존이 인기 생필품에 자체 브랜드를 붙인 베이직Basics 그리고 음성으로 작동시키는 알렉사Alexa와 파이어Fire 홈 비디오 서버 같은 하드웨어를 포함한다. 전통적인 반독점 규칙대로라면 아마존의 수직적 통합 전략은 허용되지 않았을 것이다. 독점적인 소비자 데이터를 이용해 같은 사이트에서 인기 상품과 직접 경쟁할 제품을 판별하고, 개발하고, 판매하는 사업 방식은 1981년 이전이라면 시장 지배력 남용으로 규제 기관의 비판을 샀을 것이다. 날로 확대되는 아마존의 유통 사업도 그와 비슷한 우려를 자아냈을 것이다. 식료품 같은 부패하기 쉬운 제품으로 수평 통합을 꾀하는 것은 교차 보조금 때문에 문제가 됐을 것이다. 아마존은 클라우드 서비스 사업을 이용해 잠재적 경쟁사의 성장을 감시할 수 있지만, 아마존이 마켓플레이스에서 팔리는 인기 제품의 데이터를 활용하는 방식으로 클라우드 데이터를 이용한다는 뚜렷한 증거는 없다.

구글의 사업 전략은 시카고 학파가 전통적인 독점금지 접근방식과 어떻게 다른지를 보여주는 완벽한 사례다. 이 회사는 당시만 해도 인터넷에서 가장 중요한 이용자 활동이라 생각하는 색인 검색으로 사업을 시작했다. 구글은 웹의 오픈소스 커뮤니티가 만든 색인 서비스를 편리하고 사용하기 쉬운 무료 서비스로 대체함으로써 개방형 인터넷의 많은 부분을 사유화할 수 있을 것으로 판단했다. 구글은 검색 부문에서 확보한 주도적 시장 지위를 이용해 이메일, 사진, 지도, 비디오, 업무용 애플리케이션과 다양한 기타 앱 분야에서 대규모 사업을 구축했다. 대부분의 경우 구글은 독점 권력의 혜택을 기존 사업분야에서 신규 분야로 이전시킬 수 있었다. 그와 달리 경제 권력에 대해 여전히 전통적인 시각을 유지하는 유럽연합은 2017년 구글이 검색과 애드워즈 광고 데이터를 새로운 가격비교 애플리케이션에 활용함으로써 유럽의 경쟁사를 말살시켰다며 27억 달러의 배상 판결을 이끌어냈다. EU의 주장은 설득력이 컸고, 구글의 대다수 경쟁사가 단기간에 사라졌다는 점에서 피해가 명백했던 것이다. 주주들은 그런 판결에 별일 아니라는 듯한 반응을 보였고 구글은 항소했다(2018년 8월 EU는 다른 반독점 위반을 이유로 40억 달러 배상을 명령했다. 이번에는 안드로이드 운영체제를 둘러싼 문제였다).

　시카고 학파의 반독점 모델은 다른 방식으로도 구글과 페이스북에 혜택을 안겼다. 바로 그들 자신도 참여자가 될 수 있는 새로운 시장을 만들 수 있게 됐다. 전통적인 반독점 규칙대로라면 기업은 시장을 만들거나 그 시장의 참여자가 되거나 둘 중 하나를 선택해야지 둘 다 선택할 수는 없다. 만약 한 시장의 소유자가 참여자의 자격도 갖는다면 다른 경쟁사는 압도적으로 불리한 위치에 놓일 수밖에 없다는 논리였다. 구글의 더블클릭DoubleClick 인수는 온라인 광고 사업에서 정확히 그런 상황을 연출했다.

구글이 다른 온라인 광고 회사들 대신 자회사인 더블클릭을 선호하리라는 것은 분명한 사실이었다. 구글은 유튜브를 인수했을 때도 그와 비슷한 행태를 보였다. 알고리즘을 바꿔 유튜브에서 구글 콘텐츠가 유통 과정에서 더 유리하게 만든 것이다.

구글과 페이스북은 경제학자들이 '양면 시장two-sided market'이라고 일컫는 환경에서 작동한다. 위키피디아는 이를 '서로에게 네트워크 혜택을 제공하는 두 개의 뚜렷한 이용자 그룹을 갖는 경제 플랫폼'으로 정의한다. 오리지널 양면 시장은 발행자가 단일 거래에서 판매자와 고객 사이에 놓이는 신용카드 같은 상황이었다. 인터넷 플랫폼에서 양측은 동일한 거래의 일부가 아니다. 이용자들은 데이터의 출처이자 상품이지만 거래나 경제 관계에 참여하지는 않는다. 광고주들은 고객이고 시장의 수익을 제공한다. 이 플랫폼을 전통적인 양면 시장에 견줄 수 있게 하는 요소는 양쪽이 시장의 성공(혹은 규모)에 의존한다는 점이다. 페이스북과 구글의 규모에서 양면 시장은 이들 기업에 독점 권력을 제공함으로써 다른 경쟁사는 넘어설 수 없는 이점을 안겨준다.

구글은 검색엔진, 클라우드 서비스 그리고 벤처 자본 사업 덕택에 새롭게 떠오르는 제품에 대해 매우 정확한 시각을 갖는다. 구글은 막강한 시장 권력을 이용해 최고의 유망 기업은 인수하고, 나머지는 고사시킴으로써 신규 기업의 성장을 제한하는 것을 주저하지 않았다. 미국의 규제 기관은 이런 행태에서 아무런 문제도 알아채지 못했다. 유럽의 규제 기관은 자체 법규를 통해 구글을 통제하려고 시도해왔다.

페이스북도 시카고 학파의 반독점 모델로부터 구글과 비슷한 이점을 누렸다. 페이스북은 구글의 오픈 웹 사유화를 흉내 내어 자사의 소셜 네트워크를 사진 앱(인스타그램), 문자 메시지(왓츠앱, 메신저), 가상현실(오큘러스) 등으로 보완했다. 다양한 콘텐츠로 이용자들을 한데 모은 페이스북은 미디어 회사에 '인스턴트 아티클스Instant Articles' 같은 신상품을 통해 작업하도록 유혹한 다음 미디어 회사에 불리하도록 약관을 바꿈으로써 저널리즘 경제성을 약화시켰다. 2013년 페이스북은 가상사설망VPN 앱을 만드는 이스라엘의 오나보Onavo를 인수했다. VPN은 공개 네트워크에서 개인정보를 보호하기 위한 툴이지만, 페이스북은 오나보에 조지 오웰식 감시를 연상시키는 기능을 더했다. 오나보는 이용자가 해당 VPN을 이용할 때 어떤 일을 하는지 페이스북이 낱낱이 추적할 수 있게 해준다. 오나보는 페이스북이 다른 앱도 감시할 수 있게 한다. 정상적인 환경에서라면 이 중 어떤 활동도 VPN 서비스에 적합한 것으로 간주되지 않을 것이다. 이것은 거칠게 비유하면 보안 서비스 회사가 다른 도둑들로부터는 당신의 집을 보호해 주면서, 정작 자신들은 당신의 귀중품을 훔치는 상황과 비슷하다. VPN을 쓰는 목적 자체가 남들의 불법 염탐을 막는 것이다. 오나보 이용자 규모가 상당한 수준에 이르렀다면 막대한 양의 이용자와 경쟁사 관련 데이터를 페이스북에 제공했을 것이다. 2018년 8월 애플은 오나보가 애플의 개인정보보호 기준을 위배했다고 발표했고, 페이스북은 해당 앱을 앱 스토어에서 철수시켰다.

페이스북이 오나보를 통해 추적한 경쟁사 중 하나는 스냅챗으로 알려져 있다. 2013년 스냅챗이 페이스북의 인수 제의를 거부한 이후 두 회사의 관계는 적대적이었다. 페이스북은 스냅챗의 핵심 기능을 인스타그램에 베끼기 시작했다. 스냅챗은 주식 시장에 상장돼 독립 회사로 운영되고 있지만 페이스북의 압력은 여전하며, 그로 인한 피해도 나타나고 있다.

전통적인 반독점 개념에서라면 스냅챗은 거의 확실하게 페이스북을 반경쟁적 행태로 고발할 만한 근거를 갖고 있다.

반독점 규제가 유명무실한 틈을 타 인터넷 대기업은 과거 IBM이 메인프레임 컴퓨터 시장을 지배하던 시절 이후 유례를 찾아볼 수 없을 정도로 인터넷 시장을 주도하고 있다. 실상 오늘날의 인터넷 플랫폼은 IBM이 전성기에 발휘했던 것보다 훨씬 더 큰 영향력을 행사하고 있다. 페이스북은 22억 명의 월별 이용자를 핵심 플랫폼에 유치하고, 전 세계 인구의 거의 3분의 1에 직접적인 영향력을 행사한다. 페이스북의 다른 플랫폼도 엄청난 월별 이용자 기반을 자랑한다. 15억 명이 왓츠앱을 사용하고, 13억 명이 메신저를 이용하며, 10억 명이 인스타그램을 쓴다. 특히 메신저와 페이스북 사이에 중복이 있기는 하지만 왓츠앱과 인스타그램 이용자들 중에는 페이스북 비회원이 많다. 페이스북은 핵심 플랫폼 전체에서 28억 명 이상, 혹은 전 세계 인구의 40% 정도를 회원으로 보유하고 있다고 봐도 과언이 아니다. 최고의 전성기를 누리던 시절에도 IBM의 독점은 정부 기관과 대기업에 국한됐다. 두뇌 해킹과 그로 인한 필터 버블 덕택에, 소비자들에 대한 페이스북의 영향력은 과거 어떤 단일 기업보다도 더 클지 모른다.

세계 인구의 40%가 당신의 서비스를 이용하도록 설득한다는 것은 실로 엄청난 성취다. 여러 정황상 그것은 전적으로 칭찬받을 만한 일이다. 예를 들면 코카콜라는 전 세계 200개국에 걸쳐 19억 명이 매일 이 음료수를 마신다. 하지만 코카콜라는 선거에 영향을 주거나, 폭력을 조장하는 증오 표현을 퍼뜨리지 않는다. 페이스북은 거대한 커뮤니케이션 네트워크로써 코카콜라보다 훨씬 더 큰 영향력을 발휘하며, 코카콜라와 달리 페이스북은 독점 권력을 지니고 있다. 페이스북은 이용자들과 전 세계를 대상으로 수익만을 추구하는 데 그치지 않고, 공공재로서 최적화해야 할 의무가 있다. 만약 페이스북이 그럴 수 없다면(그리고 지금 드러나는 증거는 그리 바람직하지 못하다) 정부가 개입해 해당 회사의 시장 장악력을 줄이고, 경쟁을 독려하는 방안을 내놓을 수밖에 없을 것이다.

저커버그와 셰릴이 서비스의 명백한 오류를 고쳐 브랜드 이미지를 제대로 유지하려는 노력을 보이지 않았다는 사실은, 최소한 그들이 독점 권력임을 시사하는 대목이다. 이용자들에게 다른 대안이 없다는 점을 알고 있었기 때문에 이들은 브랜드 이미지가 손상되는 것을 별로 걱정하지 않았다는 뜻이다.

왜 페이스북이 초기의 경고 신호를 무시하고 뒤이은 외부의 비판까지 무시했는지 설명해줄 수 있는 두 번째 가능성이 있다. 마크 저커버그는 하버드대 재학 시절에도 권위, 규칙, 자신의 제품을 쓰는 이용자들에게 계속적인 무관심을 보였다. 그는 하버드대학의 서버를 해킹해 대학 재산을 자신의 첫 번째 제품으로 만드는 데 사용했고, 윙클보스 형제의 신뢰를 악용했으며, 더페이스북^{TheFacebook}을 선보인 지 얼마 안 돼 인스턴트 메시지로 한 대학 친구와 나눈 대화를 통해 이용자들에 대한 무관심을 드러냈다. 다음 내용은 인터넷 뉴스 사이트인 「비즈니스 인사이더^{Business Insider}」를 인용한 것이다.

저커버그: 그래, 그러니까 하버드대 누구에 대해서든 정보가 필요하면.

저커버그: 그냥 달라고 하면 돼.

저커버그: 나는 이메일, 사진, 주소, SNS 모두 해서 정보가 4천 개 이상 있어.

[친구 이름은 익명 처리]: 뭐라고? 그걸 어떻게 구했어?

저커버그: 사람들이 그냥 알려주더라고.

저커버그: 나도 왜 그런지 모르겠어.

저커버그: 사람들이 그냥 나를 믿나 봐(trust me).

저커버그: 바보 같은 머저리들(Dumb fucks)

내가 말할 수 있는 한, 저커버그는 늘 이용자들이 필요 이상으로 프라이버시에 가치를 둔다고 믿었다. 그 때문에 대체로 이용자들이 정보를 더 공개하도록 부추기는 쪽을 택했고, 물의를 일으키면 그때 가서 문제를 수습했다. 대부분의 경우 프라이버시를 약화시키는 도박은 페이스북에 유리하게 작용했다. 이용자들의 부정적인 반응으로 인해 페이스북은 비컨 Beacon을 철회할 수밖에 없었지만, 프라이버시를 무력화하기 위한 페이스북의 끈질긴 시도는 이용자들의 저항 자체를 더 자주 압도했다. 이용자들은 자신들의 프라이버시가 무시된다는 사실을 몰랐거나 신경 쓰지 않았고, 그 덕택에 페이스북은 지구상에서 가치가 가장 높은 기업 중 하나로 떠올랐다.

"빨리 움직이고 무엇이든 깨뜨려라."라는 페이스북의 모토는 이 회사의 강점과 약점 모두를 반영한다. 페이스북은 성장을 위해 끊임없이 실험하고 새로운 프로젝트를 시도하고 한계선을 건드린다. 많은 실험은 실패하거나 제대로 작동하지 않는 바람에 공식 사과를 내놓거나 문제를 개선하기 위한 또 다른 실험에 착수한다. 내 경험에 비춰볼 때 페이스북만큼 효과적으로, 혹은 이들 표현에 따른다면 빠르게 움직여서 성장 계획을 실행한 회사는 거의 없었다. 빠르게 움직이는 바람에 무엇인가를 깨뜨리기

나 실수를 저지르게 되면 페이스북은 놀라울 만큼 능숙하고 신속하게 정상으로 회복했다. 어떤 실수나 문제로 페이스북의 성장 속도가 둔화된 적은 거의 없었다. 대부분의 경우 앞으로 더 잘하겠다는 약속하는 정도로 문제를 짚고 넘어갈 수 있었다.

분명히 말하건대 위험을 감수하는 것은, 특히 바람직한 판단력이 동반된 경우 사업에서 긍정적인 일이라고 믿는다. 페이스북이 실패한 지점은 회사의 영향력이 커지면서 전술도 바뀌어야 한다는 사실을 인식하지 못한 점이었다. 작은 규모에서는 용인될 수 있는 실험이 그보다 더 큰 규모에서는 문제가 될 수 있다. 페이스북처럼 기업이 글로벌 수준으로 커지면 어떤 실험을 할 때 지극히 신중한 접근법을 취할 필요가 있다. 이용자와 공공의 이익을 우선시해야 한다. 부작용을 예상하고 미리 대비해야 한다.

처음부터 저커버그를 돋보이게 만든 한 가지 특징은 페이스북이 전 세계를 연결할 수 있을 것이라는 비전이었다. 내가 처음 만났을 당시 저커버그는 이용자 10억 명 돌파를 목표로 세우고 있었다. 이 책을 쓰던 시점 기준으로 페이스북의 월 이용자는 22억 명에 이른다. 2017년 매출액은 400억 달러를 넘어섰다. 아무것도 없는 상태에서 시작해 14년 만에 이런 규모의 성취를 이루기 위해서는 훌륭한 실행 능력 이상이 필요하다. 성장 비용은 다른 이용자들의 희생으로 부담한 것이었다. 페이스북은 회사의 성장 속도를 둔화시킬 수 있는 온갖 형태의 장벽과 장애를 제거했고, 저커버그와 경영진은 그런 활동을 거의 예술의 경지로 끌어올렸다. 규제와 비판이 생기면 페이스북은 "사과드립니다. 더 잘하겠습니다!"라는 마법의 주문으로 질타를 사라지게 만들었다. 너무 자주 표현했던 그러한 사과와 약속은 실제 행동으로 이어지지 않았다. 약속을 이행할 경우 회사의 성장 속도가 둔화될 것이기 때문이었다. 그리고 페이스북이 법규를 준수하는지 규제 기관이나 비평가들이 검증할 방법은 거의 없었다. 최근까지도 페이스북은 알고리즘, 플랫폼 그리고 사업 모델의 투명성을 제고하려는 모든 시도에 저항해왔다. 정치 광고임을 표시하도록 한 최근의 결정은 투명성을 보장하기 위한 첫 걸음이지만, 실상은 페이스북 자체보다 다른 외부 세력에 더 큰 영향을 미칠 것이라는 게 중론이다. 투명성이 제고되지 않으면 법규 준수 여부는 검증할 수 없다.

거시적 관점에서도 페이스북의 사업은 비교적 단순하다. 월트 디즈니 같은 비슷한 규모의 기업과 견주어도 페이스북은 운영상 훨씬 덜 복잡하다. 페이스북의 핵심 플랫폼은 서비스와 현금화 구조로 구성돼 있다. 인스타그램, 왓츠앱, 오큘러스 같은 인수한 서비스 제품은 상당히 자율적으로 운영되지만, 그렇다고 이들의 사업 모델이 복잡성을 크게 높이지는 않는다. 사업의 상대적 단순성으로 인해 페이스북은 의사 결정 과정을 한 곳으로 집중할 수 있다. 대략 10명으로 구성된 핵심 팀이 회사를 운영하지만 저커버그와 셰릴 샌드버그 두 사람이 모든 사안의 최종 결정권자들이다. 이들 주위에는 2017년 말까지 최대 성장 전략을 거의 완벽하게 실행한 탁월한 운영자로 구성된 팀이 포진하고 있다.

페이스북의 예외적인 성공 덕택에 저커버그의 브랜드는 록스타와 사교 지도자의 요소를 한데 버무려놓은 듯한 양상이다. 그는 페이스북의 서비스 제품에 헌신하면서 사업의 다른 부문에 대한 운영은 셰릴에게 일임하고 있다. 여러 보도에 따르면 저커버그는 서비스 제품의 내용과 품질에 세세하게 관여했으며 결정을 내리는 데 단호하다. 그는 의문의 여지 없는 보스다. 저커버그의 부하 직원들은 그의 경영 스타일을 연구하고, 그의 결정에 더 효과적으로 영향을 미칠 수 있는 기법을 고안해냈다. 셰릴 샌드버그는 영민하고 야심만만하며 지독하게 잘 체계적인 인물이다. 셰릴은 말할 때 단어를 매우 신중하게 고른다. 예를 들면 인터뷰에서 셰릴은 핵심 문제는 전혀 짚지 않으면서도, 완전히 진심을 담아 솔직하게 말하는 것처럼 보이게 하는 기술에 통달했다. 셰릴이 말할 때 갈등은 사라진다. 특히 자신의 이미지 관리에 철저해서 일상의 세세한 내용까지 관리한다. 2018년 중반까지 셰릴은 엘리어트 슈라지Elliott Schrage를 전문 상담역으로 데리고 있었다. 슈라지의 직함은 글로벌 커뮤니케이션, 마케팅, 공공 정책 부문의 부사장이었지만 실제 업무는 셰릴을 보호하는 것으로, 구글 시절부터 수행한 역할이었다.

페이스북 조직도를 그 성격에 맞춰 그린다면 거대한 안테나가 위로 삐죽 올라온 커다란 빵 한 덩어리 같은 모양일 것이다. 저커버그와 셰릴은 그 안테나의 꼭대기에 앉아 있고, 슈라지(그가 사직할 때까지)와 최고재무책임자인 데이빗 웨너David Wehner, 최고제품책임자인 크리스 콕스Chris Cox와 몇몇 간부가 지원을 하는 형태다. 나머지 모두는 빵 덩어리에 자리잡고 있다. 이런 형태는 내가 본 대기업 조직 체계에서도 가장 중앙 집중된 의사 결정 구조인데, 이것은 사업 자체가 복잡하지 않기 때문에 가능한 상황일 것이다. 셰릴이 페이스북에 합류한 초기, 그녀의 경영 스타일을 보여주는 상황이 발생했다. 그것은 대다수 기업의 경우 판단의 실패를 물어 그런 결정을 내린 당사자를 해고하고, 정책을 수정하는 결과로 이어질 수 있는 내용이었다. 나는 셰릴에게 전화를 걸어 해당 사안을 어떻게 다룰 계획이냐고 물었다. 셰릴은 "페이스북에서 우리는 한 팀이에요. 우리가 성공하면 그건 한 팀으로서 성공한 겁니다. 실패하면 그건 팀의 실패인 거죠."라고 대답했다. 내가 사안의 위중함을 강조했지만 셰릴은 "절대러 전체 팀을 해고하라는 말씀이세요?"라며 요지부동이었다. 되돌아보건대 어쩌면 그 편이 더 나았을지도 모르겠다.

셰릴이 설파한 경영 철학은 일이 잘 돌아갈 때는 굉장한 장점이다. 자기 PR에 열중하기보다는 모두가 전체 팀의 업무 성과에 초점을 맞추기 때문이다. 페이스북의 경우 2012년 주식 상장 직후부터 2017년 말까지 모든 일이 순조롭게 풀렸다. 정밀하게 튜닝된 경주용 자동차가 자갈 하나 없는 도로 위를 직선으로 질주하는 장면을 상상해보라. 이런 상황이 바로 페이스북이었다. 필연적으로 무엇이든 잘못되게 마련이며, 이제 진짜 테스트다. 이론적으로 '팀 철학'은 이견과 자기 반성에 안전한 공간을 마련해 주지만, 페이스북에서 실제로 벌어진 현상은 그렇지 못했다. 그 팀을 대표하는 개인이 없는 경우 모든 성공의 공로는 최고 직위에 있는 사람에게 가게 마련이다. 설립자로서 저커버그가 갖는 위상을 고려하면 페이스북 팀이 그에게 도전하는 경우는 거의 없었고, 시련이 닥쳤을 때도 그를 탓하지 못했다. 이것은 셰릴의 경영 철학의 단점을 보여준다. 공로나 잘못의 소재를 따지지 않으면 실수의 책임을 물을 수 없게 된다는 점이다. 그래서 실패에 직면하면 팀은 실패의 근원을 따지기보다는 수세적으로 비판을 회피하기에 급급해진다. 페이스북 플랫폼이 러시아 세력에 의해 악용됐다는 증거가 나왔을 때 페이스북이 보인 반응도 바로 그와 비슷한 양상이었다.

페이스북은 창업 이후 많은 실수를 저질렀음에도 비교적 수월하게 빠져나갔지만, 러시아 세력의 선거 개입은 쉽게 회피할 수 없는 첫 번째 잘못이었다. 이 사건은 페이스북이 지난 13년 동안 직면했던 어떤 문제와도 다르게 갈등을 불러일으켰다. 회사는 그런 종류의 갈등을 감당할 만한 경험이 없었다. 이들은 부인, 지연, 회피, 가장하는 표준적인 대응을 내 놓으면서 갈등이 사라지기를 기대했다. 과거에는 그런 방법이 통했으나, 이번에는 갈등이 사라지지 않았다. 언젠가 증발할지도 모르지만 과거의 경우처럼 빠르게 사라지지 않았다. 저커버그와 셰릴을 밀어붙일 수 있는 사람이 페이스북에는 전혀 없었으므로, 과거에 썼던 방식을 되풀이하면서 어떤 식으로든 다른 결과가 나오기를 기대했다. 부정적인 피드백에 익숙하지 않던 저커버그와 셰릴은 벙커로 후퇴해 칩거했다. 아무런 대안이 없다는 점을 깨닫고 나서야 이들은 다시 전면에 나왔다.

　나와 트리스탄, 르네는 부인하고, 지연하고, 회피하고, 가장하는 페이스북 전략을 경이로운 느낌으로 지켜보았다. 어떻게 저커버그와 셰릴은 이 상황이 어떤 결과로 이어질지 내다보지 못할 수 있을까? 우리는 별다른 자원이 없는 초미니 팀이었지만 더 이상 혼자가 아니었다. 선거 개입은 바야흐로 중차대한 현안으로 떠올랐다. 많은 훌륭한 사람이 이 문제를 여러 다른 각도에서 조명하고 있었다. 그런 내용이 화제로 부각됐을 때 우리는 우연히 그 중심에 서 있었고, 그 덕분에 여러 정책 입안자와 언론인들로부터 우리의 관점을 말해달라는 요청을 많이 받았다. 다행히 두 사람이 11월에 우리 팀에 합류하면서 새로운 기술과 에너지를 불어넣었다. 린 폭스Lynn Fox는 애플, 팜Palm, 구글 등에서 홍보 담당 중역을 지낸 미디어 전문가로 우리가 쏟은 노력의 효과를 증폭시켰다. 11월 중순에 「뉴욕타임스」는 르네에 대한 프로필 기사[1]를 실었다. 한 주 뒤, 페이스북의 전

1　https://www.nytimes.com/2017/11/12/technology/social-media-disinformation.html

직 프라이버시 관리자였던 샌디 파라킬라스^{Sandy Parakilas}가 「뉴욕 타임스」에 '페이스북의 자율 규제를 신뢰할 수가 없다'[2]라는 제목의 칼럼을 기고했다. 페이스북에서 처음으로 최고 프라이버시 책임자를 맡았고, 2006년 나를 저커버그에게 소개한 크리스 켈리^{Chris Kelly}는 샌디를 알고 있었고, 그래서 그 당시 샌디도 소개해 줬다. 샌디는 우리가 무슨 일을 하는지 알고 있었고, 자신도 우리 팀에 합류할 수 있겠느냐고 물었다. 샌디는 그처럼 우연하게 우리 팀에 합류한 경우였다. 우리가 만났을 때 샌디는 페이스북의 전직 직원이었고, 넉 달 뒤에 벌어진 청문회는 그를 내부고발자로 변모시켰다.

2017년 12월 11일, 온라인 IT 전문 매체인 「더 버지^{The Verge}」는 페이스북의 전직 성장 담당 부사장이던 차마스 팔리하피티아^{Chamath Palihapitiya}가 한 달 전 스탠포드대 강연에서 페이스북의 성공이 초래한 부정적 결과에 유감을 표명했다고 보도했다. 그는 "나는 우리가 사회의 기본적인 작동 방식과 규범을 부숴버리는 툴을 만들어냈다고 생각합니다."라고 경영대학원 학생들 앞에서 말했다. 차마스의 말은 페이스북의 초대 회장인 숀 파커의 지적과 일치했다. 파커는 11월 페이스북 안에 '사회적 인정을 추구하는 피드백의 순환 고리'를 만든 것을 후회한다고 언급한 바 있다. 이런 피드백의 순환 고리는 이용자들이 사진이나 글 혹은 댓글을 올릴 때마다 다른 누군가가 '좋아요'를 누르고, 그때마다 이용자는 사회적 인정을 받았다는 작지만 확실한 만족감, 즉 일종의 도파민 효과를 느끼게 만드는 방식으로 구성된다. 페이스북은 파커의 발언을 무시했지만, 차마스의 강

2　https://www.nytimes.com/2017/11/19/opinion/facebook-regulation-incentive.html

연에는 펄쩍 뛴 것이 분명했다. 「더 버지」의 첫 보도가 나간 지 72시간 만에 차마스는 자신의 발언을 번복했다. "내 의도는 중요한 논의를 시작하자는 것이었지 한 회사를, 특히 내가 사랑하는 기업을 비판하자는 것이 아니었습니다. 지금이야말로 소셜미디어가 제공하는 툴을 어떻게 사용할지, 그들에 대해 어떤 기대를 가져야 할지, 가장 중요하게는 어떻게 젊은 세대들이 소셜미디어를 책임감 있게 사용하도록 이끌어야 할지에 관해 범사회적 논의를 벌여야 할 때라고 생각합니다. 나는 페이스북과 소셜미디어 기업이 이 미지의 영역을 성공적으로 헤쳐나갈 것이라고 확신합니다." 그는 이어 CNN 인터내셔널의 크리스티안 아망푸르^{Christiane Amanpour} 쇼에 출연해 마크 저커버그가 자신이 만난 사람들 중 가장 똑똑한 사람이라는 점을 분명히 하는 한편, 저커버그는 소셜미디어의 문제를 파악해서 우리 모두를 구원할 수 있는 유일한 자격이 있다고 주장했다.

나는 차마스를 잘 모른다. 2007년 저커버그가 나에게 차마스를 채용하는 것을 도와달라고 요청해, 90분 동안 단 한 번 그와 구체적인 대화를 나눴을 뿐이다. 당시 차마스는 메이필드 펀드^{Mayfield Fund}라는 벤처회사에서 일하고 있었고, 그의 사무실은 내가 일하는 엘리베이션 사무실보다 한 층 위에 있었다. 차마스는 스리랑카에서 태어나 가족과 함께 캐나다로 이주했다. 경제적 어려움을 극복하고 일류 교육을 받아 실리콘밸리로 진출했다. 영리하고, 성실하며, 매우 야심만만하고, 자신의 행동은 항상 옳다는 확신에 찬 차마스는 전형적인 '실리콘밸리 브로^{Silicon Valley bro}'의 기운을 물씬 풍긴다. 그는 매우 성공적인 포커 선수이기도 해서, 한때 포커 월드시리즈의 메인 이벤트에서 출전자 6,865명 중 101위에 오르기도 했다. 한마디로 차마스 팔리하피티야는 수줍어하는 타입의 인물이 아니다.

그는 누군가가 자신에게 고함을 지른다고 해서 순순히 물러설 타입이 아니다. 그럼에도 그는 하룻밤 사이 페이스북을 논리 정연하게 비판하던 사람에서 회사의 PR 메시지를 앵무새처럼 읊조리는 인물로 변했다. 그것은 누구든 의혹을 품게 만들 만했다.

왜 차마스의 페이스북 비판은 숀 파커나 초기의 다른 비판자들의 비판보다 더 심각하게 받아들여졌을까? 한 가지 명백한 차이가 있었다. 차마스는 2011년 페이스북을 떠나기 전에 성장Growth 팀의 여러 리더를 채용했다. 페이스북에서 통용되는 용어 중에서 '성장'은 회사가 이용자 수와 이용자가 사이트에 머무는 시간을 늘리고, 성공적으로 광고를 팔 수 있게 해주는 모든 기능을 포괄한다(트리스탄의 분석에 따르다면 성장은 두뇌 해킹을 책임진 그룹이다). 만약 차마스가 계속해서 페이스북의 임무에 의문을 품었다면 회사에 채용된 직원들과 그를 아는 사람들이 페이스북 리더들의 선택에, 페이스북의 선택에 의문을 품기 시작했을 가능성이 높다. 그랬다면 그 결과는 소위 '수전 파울러의 순간Susan Fowler Moment'처럼 발전했을지도 모른다. 파울러는 우버Uber의 엔지니어로 블로그에 회사의 차별적이고 부정적인 문화를 폭로했고, 이는 직원들의 반발을 일으켜 결국 경영진의 퇴진으로까지 이어졌다. 파울러를 그토록 중요한 변수로 만든 이유는 우버의 관리팀, 이사진, 투자자들이 회사의 유해하고 부정적인 문화를 수년 동안 알고도, 바꿀 생각을 하지 않고 방치해왔기 때문이다. 파울러는 해당 문제를 어느 누구도 부인할 수 없는 방식으로 요약했고, 그 결과 직원들은 회사의 변화를 요구하기에 이르렀다. 차마스가 스탠포드대학에서 한 발언은 정확히 그런 역할이었다. 그 뒤에 벌어진 차마스의 번복 상황을 보건대, 페이스북이 수전 파울러가 우버에 미친 것과 같은 일이 벌어지지 않도록 모종의 압력을 가했으리라는 추정이 가능하다.

차마스의 번복은 한 가지 통찰을 제공했다. 페이스북이 여러 곤경으로부터 유연하게 벗어날 수 있는 기회의 창은 그리 오랫동안 열려 있지 않을 것이다. 존슨앤존슨이 1980년대 일어났던 타이레놀^Tylenol 위기를 벗어난 모범 사례를 페이스북이 따라갈 수 있는 기회는, 페이스북이 무지와 잘못을 솔직히 시인하는 조건에서만 유효할 것이다. 차마스는 페이스북에 교훈의 기회를 마련해 줬다. 그들은 "이제 알겠습니다! 저희가 일을 망쳤어요! 그런 문제를 해결하고 신뢰를 회복하는 데 총력을 기울이겠습니다."라고 고백할 수도 있었다. 페이스북은 차마스의 유감 표명을 교훈의 기회로 삼지 못하고, 러시아 선거 개입에 대한 책임과 수면 위로 떠오른 다른 문제에 대한 책임을 회피하는 데 전념하겠다는 신호를 보냈다. 이것은 불행한 일이었다. 나는 2016년 이후 페이스북은 고의로 잘못을 저지른 것이 아니며, 오히려 희생양일지도 모른다고 이해하려 애썼다. 페이스북이 심각한 문제를 안고 있으며, 이를 하루빨리 바로잡아야 한다고 요청한 이메일을 저커버그와 셰릴에게 보낸 이후 6개월 동안, 나는 내 커뮤니케이션 방식에 문제가 있었거나 내가 제대로 메시지를 전달하지 못한 모양이라고 추정해왔다. 트리스탄과 내가 공개적으로 페이스북의 문제점을 발언하기 시작하면서, 나는 페이스북의 전현직 직원과 관계자들이 우리가 내세운 대의명분에 동조하기를 바랐고, 숀 파커와 차마스 팔리하피티야 같은 사람들이 저커버그와 셰릴을 설득해 페이스북의 기존 접근법을 바꾸기를 바랐다. 하지만 변화는 일어나지 않았다.

요지부동의 페이스북

인공지능 창조에 성공한 일은 인류 역사상 최대 사건일 것이다.
불행하게도 그로 인한 위기를 피하는 방법을 파악하지 못한다면
인류의 마지막이 될 수도 있다. — 스티븐 호킹Stephen Hawking

한기업이 불과 14년 만에 22억 명의 이용자를 거느리고, 연간 400억 달러의 매출을 올린다면 다음 세 가지를 확신할 수 있을 것이다. 첫째, 오리지널 아이디어가 굉장했다. 둘째, 사업 계획이 거의 완벽하게 시행돼야 한다. 그리고 셋째, 그런 과정의 어느 시점에서 기업의 경영자들은 현실 감각을 잃어버리게 된다. 여러 해 동안 당신의 기업이 손대는 모든 것이 황금으로 변한다면, 해당 기업의 경영자들은 그들에 대한 사람들의 말을 좋은 것으로 믿기 시작할 것이다. 자신들의 임무를 고귀한 것으로 간주하고, 비판을 외면할 것이다. 그들은 이렇게 반문할 것이다.

"비판자들이 그렇게 똑똑하다면 왜 우리처럼 성공하거나 부자가 되지 못했단 말인가?"라고 말이다.

페이스북보다 훨씬 덜 성공한 기업은 그러한 자만심의 희생양으로 전락하곤 했다. 거칠고 당돌한 이들을 우대하는 실리콘밸리의 문화는 자만심을 심어주고, 그에 따른 결과는 예상을 크게 벗어나지 않는다. 자만심에 사로잡혔던 기업의 잔해는 IT 산업의 지형 곳곳에 널려 있다. 디지털 이퀴프먼트, 컴팩, 넷스케이프, 썬 마이크로시스템즈 및 마이스페이스는 각자의 전성기에는 뜨거운 성장세를 보였었다. 그리고 인텔, EMC, 델, 야후처럼 성장세가 둔화되면서 위세를 잃어버린 생존 기업도 있다. 이들 기업의 경영자들은 성장이 멈추고 주가가(그리고 그들의 끝없는 성장의 꿈이) 몰락하는 마지막 순간까지도 강력한 성장을 자신 있게 예측했다. 그리고 마이크로소프트, 오라클^{Oracle}, IBM처럼 한때는 논쟁의 여지없는 선두주자였지만, 엄청난 규모의 시가 총액에도 불구하고 시장 영향력은 극적으로 축소된 기업도 있다.

나는 아주 오랫동안 저커버그와 셰릴이 자만심의 희생양으로 전락했다는 사실을 인정하지 못했다. 2016년 10월, 처음으로 그들에게 연락을 취하려 시도했을 때에도 나는 그런 신호를 포착하지 못했다. 2017년 2월, 내가 댄 로즈에게 염려스러운 상황을 조사하도록 설득하는 데 실패했을 때도 상황은 여전히 분명해 보이지 않았다. 증거는 2017년 10월 31일과 11월 1일의 청문회가 열리기 전 달부터 쌓이기 시작했지만, 나는 여전히 저커버그와 셰릴이 결국 자신들의 접근 방식을 바꿀 것이라고 믿고 싶었다. 결정타는 차마스의 에피소드였다. 차마스의 스탠포드대 강연이 열리기 전에 페이스북은 "우리가 러시아의 개입을 초래한 것은 아니지만 그런 사태는 우리의 이용자들에게 발생했고, 따라서 우리는 그들을 보호하는 데 총력을 기울일 것이다."라고 발표할 수 있었다. 페이스북은 전형적인 위기 관리 매뉴얼에 따라 수사관들에게 적극 협조하고, 러시아 개입의 영향을 받은 이용자들에게는 적절한 설명과 증거로 관련 내용을 설명할 수 있었을 것이다. 많은 시간이 필요하겠지만 페이스북이 그렇게 나왔다면 나는 사건에 연루된 모든 이들, 즉 이용자, 광고주, 정부, 페이스북 직원들이 호의적으로 반응했을 것이라고 확신한다. 단기적으로는 매출과 주가에 얼마간의 타격이 있겠지만 머지않아 페이스북은 이용자들로부터 더 큰 신뢰를 확보할 것이고, 그로 인해 주가도 최고치를 경신할 수 있었을 것이다.

그러나 페이스북은 그렇게 대응하지 않았다. 처음에 보였던 반응을 고수하면서 2017년을 마감했다. 한치도 양보하지 않았고, '비판을 포용하라'는 위기 관리의 핵심 수칙을 위반했다. 대신 페이스북은 외부의 비판을 부인했고, 더 나아가 그런 비판 세력의 존재마저 인정하지 않았다. 세상에 던진 페이스북의 메시지인 "여긴 아무것도 볼 게 없소, 그냥 지나가요."는 우리가 알고 있는 것과는 완전히 맞지 않는 것이어서 나는 당황했다. 이 사람들은 대체 무슨 생각을 하고 있었을까?

내 안의 이상주의적 바람은 여전히 저커버그와 셰릴이 상황을 다르게 보고, 2018년 미국 중간 선거가 임박한 상황에서 2016년과 비슷한 상황이 발생하는 것을 막을 수 있는 능력을 페이스북만이 갖고 있다는 사실을 인지하도록 설득할 방법이 있으리라는 것이었다.

시작할 때부터 우리는 최선의 결과를 얻기 위해서는 페이스북의 협조가 필수적이라는 점을 이해했다. 선거 개입과 공중보건에 대한 위협은 페이스북이 놀라울 정도로 성공적인 광고 사업 모델을 만드는 과정에서 내린 디자인 선택의 결과였다. 규제로 페이스북의 동기와 행동을 변화시킬 수도 있겠지만 그런 규제를 시행하기까지는 여러 해가 걸릴 것이 분명하고, 심지어 최선의 시나리오조차 실제로는 선택할 만한 내용이 되지 못했다. 유일한 선택은 페이스북이 국가와 세계의 공익을 위해 사업을 어느 정도 희생하도록 설득하거나(이것은 내가 올림픽 100m 육상대회에서 우승할 가능성이 없는 것처럼 보이는 일이었다), 그저 일이 운 좋게 풀리기를 바라는 것이었다.

트리스탄은 페이스북의 전현직 직원들 중에서 저커버그와 셰릴에게 영향을 줄 만한 협조자를 찾아낼 수 있을 것이라는 낙관적 전망을 유지했다. 확률이 얼마나 낮든 시도해볼 만한 가치는 있었다. 직원들 중에서 아직 공개적으로 나서는 사람은 아무도 없었지만, 트리스탄은 그에 대한 희망을 포기하지 않았다. 그는 인간적 설계에 관심을 표명한 페이스북의 영향력 있는 경영진과 일련의 미팅을 잡았지만 아직까지 그런 관심이 정책 변화로까지 이어지지는 못했고, 거기에는 저커버그와 아마도 셰릴의 권력이 작용했으리라는 추정이 가능했다.

우리는 소셜미디어의 부작용에 대한 논의가 촉발되도록 돕는다는 애초의 목표를 달성했지만, 아직 인터넷 플랫폼의 실질적인 변화로까지 이어지지는 못했다. 우리의 우군, 특히 워싱턴과 언론계 관계자들은 계속 밀어 부치라고 독려했다. 페이스북은 압박을 받을 때만 반응하는데, 우리가 그런 압박을 주도하는 역할을 할 수 있을 것이라고 이들은 주장했다. 페이스북의 전략은 우리의 분노가 사그라들 때까지 기다리면서 어떤 잘못도 인정하지 않은 채, 언론과 의회가 다른 사안으로 옮겨가기만을 바라는 것이었다. 온갖 사안으로 갈팡질팡하는 트럼프 행정부의 행태를 감안하면 그것은 괜찮은 방법처럼 보였다. 페이스북은 이용자와 정치인들 사이에서 워낙 좋은 인상을 받아왔기 때문에 그런 압력이 약해져 사라지고 말 것이라는 기대는 타당해 보였다. 페이스북은 저커버그가 아직 하버드대학에 다니던 시절부터 잘못을 저지르고 나서 사과하는 행태를 반복해 왔고, 사과는 항상 과거의 문제를 묻어버렸다. 페이스북은 이번에도 그렇게 흘러갈 것으로 자신했지만 난공불락은 아니었다. 저커버그와 셰릴이 주도하는 회사의 의사 결정 과정은 위기 관리에 최적화되지 않은 듯했고, 선거 개입 뉴스는 그런 약점을 부각시키고 있었다.

나는 이와 비슷한 상황을 겪은 경험이 있다. 1994년 빌 게이츠는 내게 자신의 첫 번째 저서인 『미래로 가는 길The Road Ahead』(삼성, 1995)을 미리 읽어본 다음 의견을 달라고 요청해왔다. 당시 나는 마이크로소프트와 관련된 모든 사안에 깊은 관심과 주의를 기울이고 있었다. 그로부터 머지않아 미국 법무부는 윈도우에 인터넷 익스플로러를 불공정하게 묶음으로 제공한다며 마이크로소프트를 상대로 반독점 소송을 개시했다.

당시 마이크로소프트는 요즘의 구글에 맞먹는 글로벌 권력으로, IT 시장을 주도하면서 경쟁사의 도전을 견제하고 있었다. 그리고 회사의 모든 의사 결정은 마이크로소프트 본사가 위치한 워싱턴 주 레드먼드Redmond의 비교적 작은 팀에서 나왔다. 일찍부터 이메일을 소통 도구로 채택한 마이크로소프트는 글로벌 규모의 기업 운영을 놀라울 만큼 신속하게 처리하고 있었다. 이메일 덕택에 마이크로소프트 직원들은 오스트레일리아, 남아메리카, 아프리카 혹은 아시아처럼 멀리 떨어진 지역에서도 문제가 터질 때마다 정해진 지휘 계통을 따라 몇 시간 안에 레드먼드의 의사 결정자들에게 사안을 보고할 수 있었다. 이러한 이메일 시스템과 그에 따른 경쟁 우위는 마이크로소프트에 결정적인 돌파구로 작용했다. 반독점 소송이 시작되기 전까지는 말이다. 마이크로소프트 측 반독점 소송 변호사들이 가장 먼저 한 일은 법적 위험을 줄이기 위해 이메일 사용 관행을 바꾸도록 강제한 것이다. 변호사의 명령은 하룻밤 새 마이크로소프트의 내부 커뮤니케이션 내용을 자산에서 법적 책임으로 바꿔버렸다. 변호사들은 사실상 회사를 마비시켰다. 마이크로소프트는 인터넷 사업 기회를 어떤 식으로든 놓쳤을지 모르지만, 문제의 반독점 소송 때문에 그런 간극을 따라잡을 기회는 더 멀어져 버렸다.

마이크로소프트에 견주어서도 페이스북의 의사 결정은 더욱 중앙 집중돼 있었다. 마이크로소프트 직원들은 빌 게이츠를 존경했지만 빌은 토론을 권장했다. 그는 "그건 내가 들어본 것 중 가장 멍청한 의견이야!"라고 말하는 것으로 유명했지만, 그것은 토론을 해보자는 일종의 초대였다. 그는 상대가 자신의 의견을 변호하기를 기대했다. 상대가 변호를 잘하면 빌은 생각을 바꾸기도 했다. 그와 비슷한 상황이 페이스북에서도 벌어질 수 있겠지만, 그렇다고 그것이 페이스북의 규범으로 보이지는 않았다. 페이스북에서 저커버그는 상석에 앉아 있다. 많은 사람이 그와 토론을 벌이거나 반론을 제기할 것으로 생각하지 않는다.

2017년 10월 초, '오픈 마켓 인스티튜트'의 배리 린은 날더러 소셜미디어의 부작용, 그를 알리기 위한 여정 그리고 그에 대한 최선의 정책 아이디어를 장문의 에세이로 써보라고 요청했다. 그는 이어 진보적인 정책을 옹호하는 유명 잡지 「워싱턴 먼슬리Washington Monthly」의 편집자들을 설득해 내게 6천자 분량의 에세이를 청탁하게 했다. 내 목표는 이슈와 관련된 정책 권고안을 명확히 정리해 워싱턴의 정책 입안자들에게 전달하자는 것이었다. 토론을 위한 지적 기반을 제공하고, 우리 작업의 다음 단계를 위한 플랫폼을 만들자는 목표였다. 나는 초안을 10월 말에 넘겼다.

원고를 수정하는 과정에서 나는 담당 편집자인 폴 글래스트리스와 길라드 에델만으로부터 소크라테스식 문답 마스터클래스를 받을 수 있었다. 이들은 명석한 질문을 제기했고, 그에 응답하는 과정에서 나는 내 글의 많은 허점을 보완할 수 있었다. 우리는 여기에서 제시한 정책 처방을 의회의 여러 관계자에게 보여주고 피드백을 받았다. 내 글에 대한 편집과 리뷰 작업은 11월 어느 날 길라드가 다 됐다고 선언할 때까지 한 달간 이어졌다. 이 에세이는 2018년 1월호의 커버스토리로 결정됐고, 1월 8일에 발행될 예정이었다. 에세이는 선거 개입 정황을 넘어 인터넷 플랫폼이 공중보건, 프라이버시 그리고 경제에 미치는 위협까지 다뤘다.

공중보건은 트리스탄과 나의 본래 초점이었지만, 선거 공정성에 대한 워싱턴 정가의 관심이 7월 이후 우리의 관심을 독점했다. 2017년 말, 우리는 IT 제품이 어린이들에게 미치는 영향을 따지는 일로 공중보건의 문제를 다시 제기했다. 성장을 무조건 추구하는 과정에서 인터넷 플랫폼은 다양한 어린이용 제품을 개발했다. 해당 플랫폼이 어린이들의 취약성에 무지한 것인지 아니면 바로 그런 점을 노렸는지 모르지만, 이들이 만든 어린이용 제품은 발달상의 문제와 심리적 위험을 지닌 것으로 보인다. 이 사안을 다루는 과정에서 우리는 어린이와 미디어에 초점을 맞춘 미국 최대의 비영리 단체 '커먼 센스 미디어'와 제휴 관계를 맺을 수 있었다. 우리는 2017년 여름에 처음 커먼 센스 미디어 측과 접촉했다. 커먼 센스 미디어는 TV 프로그램, 영화, 비디오 게임 관련 리뷰를 부모들에게 제공할 뿐 아니라 연령대에 부적절한 웹 콘텐츠로부터 어린이들을 보호하려는 노력도 기울이고 있었다. 이런 작업은 페이스북, 구글, 유튜브, 인스타그램, 스냅챗 등과 잦은 그리고 때로는 치열한 전쟁을 벌일 수밖에 없게 만들었다. 나는 커먼 센스 미디어의 설립자인 짐 스타이어를 10학년 때 처음 만났고 이후 죽 친구로 지내 왔다. 트리스탄의 작업에 대해 처음 논의를 벌이는 순간부터 짐은 공조의 기회를 찾아냈다. 커먼 센스 미디어는 스마트 스크린 중독의 위험을 이해했고, 그래서 코미디언 윌 페럴Will Ferrell을 앞세워 스마트기기 없는 저녁 식탁을 옹호하는 일련의 공공 캠페인을 만들었다. 이 기관의 가장 큰 어려움은 소속 직원들이 아동 발달과 관련 정책, 로비 기법은 잘 알고 있었지만, IT 커뮤니티에서 충분한 인지도가 없다는 점이었다. 팀에 브랜드가 되는 유명 공학자가 없는 상태로는 커먼 센스 미디어의 업계 내 영향력은 제한적일 수밖에 없었다. 2017년 12월, 여러 달에 걸친 논의 끝에 짐은 우리에게 설득력 있는 큰 거래를 제안했다. 우리가 그들의 사무실을 미팅 공간으로 쓸 수 있도록 해 워싱턴 DC 및 새크라멘토에 있는 캘리포니아 주정부에 대한 그들의 로비력을 활용할 수 있도록 한 것이다. 그 대가로 트리스탄은 선임 연구원으로, 나는 자문역으로 커먼 센스 미디어에 합류해 우리의 IT 관련 지식과 네트워크를 더해주기로 했다. 우리는 2월 7일 하루 동안 워싱턴에서 열리는 콘퍼런스에서 트리스탄의 새로운 합류 소식을 발표하기로 계획했다. 커먼 센스 미디어가 널리 확보한 정책 입안자와 미디어의 네트워크 덕택에 이 콘퍼런스는 사람들의 이목을 끌 것이고, 페이스북에 대한 압력도 높일 수 있을 것이었다.

그와 함께 트리스탄은 또 다른 방향의 노력을 기울이기 시작했다. 공학자들과 다른 뜻있는 사람들을 한데 모아 인터넷 대기업의 사업 관행에 대한 반대의 목소리를 높이고 강화하겠다는 생각이었다. 이미 '잘 보낸 시간' 프로젝트를 자신들의 디지털 활동을 적절히 통제하려는 사람들의 활발한 토론 커뮤니티로 키운 경험이 있는 트리스탄으로서는 우리의 운동에 다른 유형의 기관이 필요하다는 사실을 이해했다. 그리고 그런 기관을 만들기로 했다. 바로 '인간중심 기술센터'였다.

트리스탄과 나는 인간중심 기술이 실리콘밸리의 '차세대 유망 기술Next Big Thing'이 되리라는 전망에 공감하고 있었다. IT 제품은 위험해서는 안 된다. 우리에게 잘못된 정보를 전달하거나 하향 평준화해서도 안 된다. 신기술의 목적은 이용자들의 능력과 권리를 높여 삶의 질을 향상시키는 것이다. 현재와 같은 모델은 지속될 수 없지만, 그렇다고 해서 IT 업계가 쇠퇴의 고통을 겪을 필요는 없다. 태양 에너지와 풍력이 실용 수준에 다다른 재생에너지의 경우처럼 인간중심 기술은 낡은 접근법을 새로운 것으로 대체하고, 인간이 초래한 문제를 커다란 사업 기회로 전환할 수 있다. 우리는 기술이 세상을 더 나은 곳으로 만들기를 바란다. 그런 목적을 성취할 수 있는 방법은 인간중심 기술이다.

인간중심 기술이란 무엇인가? 인간의 지능을 활용한 기술, 스티브 잡스의 '정신을 위한 자전거' 비유와 부합하는 기술로 돌아가기를 원한다. 인간중심 제품은 인간의 약점을 악용하지 않는다. 도리어 이용자의 약점을 보완해주고 강점을 활용한다. 이것은 중독을 막고 그것이 실패하는 경우 부작용을 줄일 대책을 세운다는 뜻이다. 기기 설계는 의존성 없이 유틸리티를 제공해야 한다. 앱과 플랫폼 설계는 기존의 필터 버블 효과를 제한하고, 새로운 유형의 필터 버블이 생기는 것을 막아줌으로써 이용자를 존중해야 한다. 제대로 적용된다면 모든 인터넷 플랫폼은 새로운 '정신을 위한 자전거'가 될 것이다. 데이터 프라이버시 분야에서 정말로 유용한 아이디어는 페이스북 커넥트나 오픈아이디 커넥트^{OpenID Connect}의 대안으로 보편적인 인증 시스템을 도입하는 것이다. 페이스북 커넥트는 모든 사이트에 편리하게 등록하고 접속할 수 있게 해주지만, 이용자 입장에서는 그 대가로 개인정보를 희생할 필요가 없어야 한다. 이상적인 시나리오는 애플이 얼굴 인식에 적용한 모델을 따르는 것이다. 이 모델에 따르면 데이터는 항상 스마트폰에, 즉 개별 이용자의 수중에 있다. 내가 염두에 둔 아이디어는 이용자가 로그인할 때 이용자의 이익을 대변하는 독립 회사가 로그인에 필요한 최소한의 정보만 제공하는 방식이다.

새로운 세대의 기술이 나올 때마다 기업가와 엔지니어들은 이용자들의 욕구를 악용하기보다는 그들의 필요에 부응하도록 제품을 설계함으로써 수익을 얻을 기회가 있다. 가상현실, 인공지능, 자율주행차, 사물인터넷^{IoT}, 스마트 스피커와 웹 기능을 갖춘 TV, 승용차, 가전제품 등은 모두 '정신을 위한 자전거'를 만들 수 있는 기회를 제공한다. 안타깝게도 이런 카테고리의 제품 설계자들이 그런 방향으로 생각한다는 증거를 찾지 못했다. 대신 우리가 듣는 용어는 '빅 데이터'로, 가치를 창출하기보다는 추출하는 코드처럼 쓰인다. 궁극적으로 페이스북과 구글이 인간중심 기술을 채택하도록 설득할 수 있는 최선의 방안은 경쟁을 권장하고, 시장에서 가치를 입증하도록 유도하는 일이다. 소비자들에게 다른 디자인 옵션을 제공하는 데 여러 해가 걸린다는 점을 고려하면 한시라도 더 빨리 시작하는 것이 좋다.

2018년 1월 1일, 저커버그는 새해의 목표를 발표하는 글을 페이스북에 올렸다. 페이스북 CEO가 매년 자신의 도전 계획을 발표하는 것은 일종의 전통이 돼 있었다. 어느 해는 중국어 회화를 배웠다. 다른 해는 자신이 직접 죽인 짐승의 고기만을 먹겠다고 발표했다. 나는 저커버그가 왜 이런 도전을 공개하는지 모르겠다. 저커버그의 2018년 목표는 페이스북을 고치는 것이었다. 그는 아홉 가지 계획을 제시했다. 잠깐 뭐라고? 페이스북을 고친다고? 어디에서 그런 생각이 나온 것일까? 회사 내의 누구도 고쳐야 할 문제가 있다고 인정한 적이 없었다. 돌연 저커버그는 가짜 뉴스에 대한 세간의 우려와 지나친 페이스북(또는 다른 소셜미디어) 이용은 불행한 감정을 유도할 수 있다는 점을 인정했다. 그는 전형적인 저커버그식 수리법을 제시했는데, 바로 페이스북을 더 열심히 이용하라는 주문이었다! 저커버그의 계획은 페이스북에서 일어난 문제를 해결하기 위해 이용자들이 처음에 문제를 일으킨 작업을 더 많이 해야 한다는 것이었다. 페이스북의 어딘가가 잘못됐음을 미처 깨닫지 못한 사람들은 저커버그의 글에 당황했다. 이게 무슨 뜻이지?

저커버그의 글에 대한 응답으로 「워싱턴 먼슬리」는 내가 쓴 커버스토리를 예정보다 며칠 더 이른 1월 5일 온라인에 게재했다. 비록 해당 에세이를 완성한 것은 한 달 전이었지만, 그 내용은 마치 저커버그의 새해 결심을 반박하는 글처럼 읽혔다. 저커버그의 글은 페이스북의 오류를 간접적으로 언급한 반면, 내 글은 직접적이고 구체적이었다. 그의 해법이 더 많은 페이스북 이용인 데 반해 내 글은 이용자의 개인정보 보장, 데이터 소유권, 약관 그리고 선거 개입 등에 직결되는 열 가지 해법을 제시했다. 언론은 그런 내용을 보도했고, 그 때문에 당초 소수의 정책 입안자들을 표적으로 삼았던 내 글은 워싱턴 정가를 넘어 널리 확산되기 시작했다. 2017년 우리는 우리의 메시지를 수용할 만한 관객을 꽤 많이 확보했지만 정작 실제적인 영향력을 행사할 수 있는 관객, 다시 말해 페이스북의 경영진에 대해서는 아무런 영향도 미치지 못하고 있었다. 페이스북의 PR 관계자들은 사석에서는 사실과 부합하는 내용을 언급하기 시작했지만 공개 석상에서는 여전히 우리를 무시하고 있었다. 그리고 그것은 그들에게 통했다. 그러다 「워싱턴 먼슬리」의 글이 나왔다. 해당 에세이의 운 좋은 타이밍은 페이스북의 직접적인 참여를 유도할 수 있을 듯했다.

1월 7일 일요일, 나는 6주간 머물 예정으로 아내 앤과 함께 뉴욕으로 날아갔다. 다음날 아침, 나는 원ONE 캠페인에서 보노와 협력 관계인 제이미 드러몬드Jamie Drummond에게서 이메일을 받았다. 억만장자 투자가로 자신의 재산을 전 세계 민주주의를 옹호하는 데 사용해 온 조지 소로스George Soros의 대변인에게 나를 소개해도 되겠느냐는 내용이었다. 투자 사업에 몸담은 동안 나를 감탄시킨 뛰어난 투자가들이 몇 명 있었는데, 조지 소로스도 그중 하나였다. 이메일에서 소로스의 동료인 마이클 바숑은 소로스가 「워싱턴 먼슬리」에 실린 내 기고 기사를 읽었으며, 내용이 워낙 마음에 들어서 그것을 1월 25일 스위스 다보스에서 열리는 세계 경제 포럼World Economic Forum 연설의 바탕으로 쓸 계획이라고 알려줬다. 그는 내게 소로스를 만나 연설문 작성을 도와줄 용의가 있느냐고 물었다. 물론이었다. 우리는 그 주 주말에 만나기로 약속했다.

같은 날 나는 친구인 크리스 켈리에게 전화를 걸었다. 그는 페이스북의 전직 최고 프라이버시 책임자로, 저커버그를 내게 처음 소개해준 인물이었다. 나는 우리가 알게 된 모든 사실에 대한 크리스의 생각을 듣고 싶었다. 크리스는 페이스북을 신속히 고칠 수 있는 사람들은 저커버그와 셰릴뿐이라는 내 견해에 동의했다. 페이스북의 일정한 협조 없이는 선거의 공정성이나 무고한 사람들을 지켜낼 방법이 없었다. 회사에서 권력을 가진 사람은 저커버그와 셰릴이었다. 이들은 방향을 바꿀 수 있는 윤리적 권위를 갖고 있었다.

불행하게도 저커버그와 셰릴은 비판자들에게 대응하기를 거부했다. 위기 관리 전문가들이 클라이언트에게 비판자들과 손을 잡으라고 조언하는 데는 두 가지 이유가 있다. 그렇게 함으로써 문제의 입체적인 실상을 파악할 수 있고, 비판자들과 협력함으로써 신뢰를 회복하기 위한 여정의 첫 발자국을 뗄 수 있다. 페이스북은 차마스 팔리하피티야의 스탠포드대학 강연 때까지 모든 비판자를 무시했다. 차마스의 강연조차 본인이 직접 유감 표명을 하게 만든 다음, 어떤 문제든 '더 많은 페이스북 사용'만이 해법이라고 주장하며 어디에도 양보하거나 잘못을 인정하지 않았다.

한 친구가 페이스북의 고참 경영진 중 한 명인 앤드류 '보즈' 보스워스 Andrew 'Boz' Bosworth의 트윗 내용을 나와 공유했을 때가 새벽녘이었다. "나는 페이스북에 12년간 몸담아 왔는데 이런 질문을 던지지 않을 수 없다. 대체 로저 맥나미는 어떤 인간이야?" 그것은 나도 다른 맥락에서 스스로 묻곤 하는 질문이지만, 이 경우는 필연적인 결론을 시사하는 내용이었다. 페이스북 수뇌부도 「워싱턴 먼슬리」에 실린 내 글을 읽었다. 저커버그나 셰릴과 동격은 아니었지만 보즈는 내부 서클의 멤버였다. 우리는 밝은 쪽을 보기로 했다. 보즈의 레이더에 우리가 들어갔다는 자체가 발전이라고. 내 글은 확실히 여러 언론인의 눈길을 끌었고, 이는 우리의 대의명분을 널리 알리는 데 도움이 됐다.

2016년 내가 저커버그와 셰릴을 처음 만났을 때 이후로 변하지 않은 것이 하나 있었다. 페이스북은 비판을 진지하게 받아들이는 것은 고사하고 비판에 아예 열려 있지 않았다. 소식을 전하는 메신저를 무시하라는 것이 이들의 첫째 직관이었다. 만약 그것이 안 되면 훨씬 더 강력한 무기로 대응하라는 것이었다.

그 날 늦게, 팀 버너스-리가 「워싱턴 먼슬리」 기사를 트위터의 팔로어들에게 트윗했다. 버너스-리는 내가 존경하는 사람 중 한 명이었다. 내 글에 대한 그의 승인은 내게 세상을 다 얻은 듯한 성취감을 느끼게 했다. 갑자기 내 글은 온 사방으로 전파됐고, CNBC, 폭스의 터커 칼슨 쇼, CBS 모닝 뉴스, NBC 나이틀리 뉴스와 투데이 쇼, MSNBC, 프런트라인, CNN, 60분, 블룸버그 테크놀로지, BBC 라디오, 블룸버그 라디오 등등 인터뷰 요청이 쇄도했다. 나와 트리스탄 그리고 샌디 파라킬라스는 그 주 월요일과 금요일 사이에 수많은 TV와 라디오 프로그램에 출연했다. 네트워크 TV 덕택에 우리는 전국 수백만 시청자들에게 우리의 메시지를 전달할 수 있었다. 하지만 그 주의 하이라이트는 금요일, 뉴욕시 북쪽 베드포드에 있는 소로스의 집을 방문했을 때였다.

조지 소로스는 87세였지만 항상 생기가 넘쳤다. 나는 그가 테니스 경기를 마치고 돌아올 무렵 도착했다. 소로스는 나를 집안으로 초대해 부인인 타미코를 소개한 다음, 약속한 세션을 시작하기 전에 샤워를 해야겠다며 양해를 구했다. 잠시 기다리는 동안 타미코는 내게 「워싱턴 먼슬리」에 실린 기사에 관해 물었다.

소로스의 강연 내용은 내가 처음 봤을 때도 이미 훌륭했지만, 소로스 본인은 완벽주의자답게 더 고칠 게 있다고 생각했다. 우리는 문장 하나하

나를 고치고 편집하는 데 네 시간 이상을 할애했고, 마침내 소로스는 내용에 만족감을 표시했다. 그것으로 나는 내 일이 끝났다고 생각했지만, 소로스는 다음날인 토요일에도 와줄 수 있느냐고 물었다. 그는 강연 내용을 다시 리뷰한 다음 언론의 예상 질문에 대한 답변을 준비할 생각이었다. 조지 소로스가 인터넷 플랫폼의 독점이 지닌 위험성을 경고하리라 예상하는 사람은 없을 터였으므로, 소로스는 내 기사에 언급된 기술적 문제를 충분히 이해해서 언론의 질문에 제대로 답변하고 싶어했다. 토요일 아침 나는 소로스, 타미코, 마이클 바숑과 함께 식당 테이블에 둘러앉아 소로스가 언론의 예상 질문에 자신 있게 대답할 수 있게 될 때까지 온갖 이슈를 여러 방향으로 리뷰했다. 여기에 세 시간 이상이 걸렸다. 소로스의 강연 내용은 이 책의 부록에 넣었다.

전 세계에 민주주의를 정착시키려는 소로스의 헌신은 2018년 1월, 도널드 트럼프의 부상, 유럽에서 나타난 급진 민족주의자들의 성장세와 맞물려 특히 두드러졌다. 지정학적 변화에 대한 언급으로 연설을 시작한 소로스는 구글과 페이스북 같은 인터넷 독점 기업이 몰고 온 민주주의의 위협에 초점을 맞췄다. 자신의 강점을 활용해 경제적인 관점에서 위협을 설명했다. 그는 인터넷 독점 기업들을 석유 재벌과 유사한 추출extraction 사업으로 특징지었지만, 더 나은 사업 모델을 가졌다고 설명했다. 이들은 네트워크 효과 덕분에 규모가 커질수록 더욱 큰 수익을 얻는다. 그렇게 기업이 성장하기 위해서는 해마다 모든 이용자로부터 더 많은 시간과 주의를 끌어야 하는데, 이는 이용자들에 대한 감시와 더불어 이용자들의 심리적 중독을 유도함으로써 얻어진다. 워낙 많은 이용자를 보유한 결과 이들 독점 기업은 게이트키퍼 기능을 한다. 미디어 기업은 그들의 조건에 따라 활동할 수밖에 없다. 그럼에도 인터넷 독점 기업은 자신들의 웹사이트로 소개되는 콘텐츠에 아무런 책임도 지지 않고, 그 때문에 거짓 정보가 만연하게 된다. 적극적 이용자들은 사실과 허구를 분별할 능력을 잃고, 외부 조작에 취약해진다. 소로스는 독재 정권과 인터넷 독점 기업 간의 동맹이 민주주의에 잠재적 위협으로 작용할 수 있다고 경고했다. 그는 독점 기업이 중국의 영향력과 중국에서 비슷한 양상의 게임을 벌이는 기업과의 경쟁에 취약하다고 경고했다. 소로스는 인터넷 독점 기업으로부터 이용자들을 보호하기 위한 유럽연합의 접근법을 칭찬하는 것으로 연설을 마무리했다. 소로스는 「워싱턴 먼슬리」에 기고한 내 글에서 시작했지만, 최종 강연은 그보다 훨씬 더 나아가 인터넷 플랫폼이 지정학에 미치는 위협과 연계시켰다. 내가 소로스의 집을 나설 무렵 나는 그의 연설이 중대한 영향을 미칠 것이라는 바람을 품었다.

그런 바람은 현실로 나타났다. 1월 25일 다보스에서 한 소로스의 연설은 유럽과 미국 양쪽의 정부에 큰 반향을 불러일으켰고, 미국 대통령 선거로 국한됐던 비교적 제한적인 논의는 훨씬 더 광범위한 글로벌 경제학과 정치학의 공간으로 확대됐다. 정책 입안자들은 소로스의 발언을 매우 진지하게 받아들인다. 그의 견해에 동의하지 않는 사람들도 마찬가지다. 아흔 살에 가까운 억만장자가 기술에 관해 그처럼 신중하고 단호하게 발언하리라고 예상한 사람은 거의 없었다. 많은 사람이 소로스의 연설을 인상적인 경고로 받아들였다. 기술 플랫폼에 대한 정책 입안자들의 깊은 신뢰가 3개월 전의 의회 청문회로 흔들리게 된 미국의 경우, 소로스의 연설은 인터넷 독점 기업에 대한 재평가가 필요하다는 추가 압력으로 작용했다. 소로스의 연설이 일반 이용자들에게 미친 영향은 좀 더 추상적이었다. 대다수 이용자들은 정말로 페이스북을 좋아한다. 구글도 마찬가지다. 엄청나게 많은 일일 이용자의 규모를 달리 설명할 방법은 없다. 페이스북과 구글이 개별 이용자에게는 유익해 보일지 몰라도 사회 전반에는 유해하다는 사실을 아는 사람은 많지 않다. 얼마나 많은 이용자가 소로스의 연설 내용을 들었는지 모르지만, 지난 10월과 11월의 의회 청문회 중 하나를 시청한 규모보다 적을 것으로 짐작한다. 사실은 청문회를 시청한 사람도 그리 많지 않았고, 더 많은 사람은 언론의 헤드라인으로 해당 내용을 접했다. 나는 소로스의 주장이 사람들의 뇌리에 깊이 각인됐을 것으로 생각하지 않지만, 청문회 직후에 다시 부정적인 내용이 언론의 헤드라인을 장식함으로써 사람들에게 "같은 회사에 새로운 문제가 있구나"라는 인상은 줬을 것으로 짐작한다. 점점 더 많은 이용자가 페이스북과 구글을 둘러싼 논란을 이해하기 시작했을 것으로 짐작한다. 더 많은 이는 설령 구체적인 내용이나 그것이 개별 이용자들에게 어떤 영향을 미치는지는 모르더라도, 인터넷 플랫폼에 문제가 있다는 사실을 알게 됐으리라 생각한다.

여론조사원

기술이 쿨하기는 하지만 그것이 우리를 부리게 하기보다는
우리가 주도적으로 그것을 사용해야 한다. – 프린스Prince

앤 드류 보스워스가 쓴 "대체 로저 맥나미는 어떤 인간이야?"라는
트윗은 내가 페이스북에 기대한 종류의 반응은 아니었다. 보즈가
나를 위협으로 본다고 상상하기가 어려웠지만, 그렇다면 왜 나를 굳이 언
급했을까? 저커버그의 새해 결심 발표에서 파악했듯이 페이스북의 반응
은 어떤 식이든 뉴스 미디어를 통해서였다. 그것은 우리의 신호를 확대시
켰고, 2016년 선거 과정에서 드러난 페이스북의 사업 관행에 대한 일반의
인지도와 의심을 높였다.
저커버그의 새해 결심은 페이스북의 공식 발표 시리즈 중 시작에 지나

지 않았다. 그로부터 열흘 뒤에 뉴스 피드를 바꾼다는 발표가 나왔다. 페이스북은 미디어 콘텐츠의 중요도를 낮추는 대신 가족, 친구, 그룹이 올리는 게시물을 더 강조하기로 했다. 그리고 이런 변화가 가짜 뉴스를 줄이고, 이용자들이 가장 신뢰하는 출처에서 나오는 콘텐츠를 늘리기 위한 노력이라고 설명했다. 그런 설명에 회의를 품은 이들은 페이스북이 규제 기관에 미디어 기업으로 보일 위험성을 줄이기 위해 바꾸는 것으로 분석했다. 언론과 출판사의 콘텐츠가 줄어들면 페이스북 편집이 편향적이라는 비난의 기회도 최소화할 것이다. 문제는 페이스북이 정말로 미디어 기업이라는 점이다. 페이스북은 알고리즘을 포함해 여러 방식으로 편집적 판단을 행사한다. 페이스북의 입장은 항상 이용자들이 친구를 선택하고 어떤 링크를 누를지 판단한다는 것이었지만, 실상은 페이스북이 이용자의 뉴스 피드마다 콘텐츠를 선별해 배치했고, 그 때문에 적지 않은 외부의 비판을 초래했다. 그중 주목할 만한 것은 2016년 5월 보수 진영에서 페이스북의 '화제의 소식Trending Stories' 기능이 편향적이라고 제기한 비판이었다. 그 당시에는 편집자들이 화제의 소식을 주관했다. 2016년 봄에 게재된 뉴스 중 보수 성향의 게시물은 다양한 변수가 작용한 탓에 채 절반이 되지 않았다. 페이스북이 그런 비판에 직면한 데는 공동설립자인 크리스 휴즈가 오바마 대통령의 2012년 재선 캠페인에서 디지털 부문을 담당한 것과 무관하지 않았다. 이유야 어찌됐든 인간 큐레이터를 알고리즘으로 대체한다는 2016년 5월의 결정은 재난에 가까웠다. 극우 성향 세력들은 해당 알고리즘을 효과적으로 조작했고, 그 결과 거짓 정보가 '화제의 소식' 코너를 장악했다. 힐러리 클린턴의 이메일 서버 소식은 그렇게 확대됐다.

뉴스 피드를 바꾼 것이 플랫폼에 실리는 외부 콘텐츠에 대한 책임을 부인하기 위한 페이스북의 또 다른 시도였는지는 분명하지 않지만, 그것이 필터 버블을 뚫을 수 있는 가장 유력한 콘텐츠, 즉 저널리즘을 위축시키면서 도리어 필터 버블의 가장 주된 요소인 가족, 친구, 그룹을 더욱 부추기는 결과로 이어진 것은 분명했다. 그런 변화는 도리어 퇴보에 가까워 보였다. 2015년에 그런 조치를 취했다면 러시아의 선거 개입 효과는 더욱 증폭됐을 가능성이 컸다.

2018년 2월, 우리의 노력은 한층 체계적인 조직 형태로 현실화되기 시작했다. '인간중심 기술센터CHT'가 출범했고, 어린이와 소셜미디어에 관한 하루짜리 '기술에 관한 진실Truth About Tech' 콘퍼런스가 시작됐다. CHT는 소비자들에게 기술의 부작용을 알려주는 비영리 기관이다. 「뉴욕 타임스」는 CHT의 출범 기사를 게재하면서 설립자와 자문역의 명단을 실었는데, 그중 두 사람이 페이스북 출신이었다. 두 사람은 기사가 나간 이후 우리와 공조하는 것을 공격하는 페이스북 측의 악의적인 전화에 시달렸다. CHT의 임무는 정치적 중립을 유지하면서 이용자에게 초점을 맞추고 있었지만, 저커버그와 셰릴은 페이스북의 전 동료들이 거기에 이름을 올린 데 불쾌감을 표시했다. 페이스북 출신 직원들이 시달림을 당한 일을 제외하면 페이스북의 반응은 CHT에 아무런 영향도 미치지 못했다. 이런 사실은 다음날 우리가 '기술에 관한 진실' 콘퍼런스를 개최하기 위해 워싱턴에 모였을 때 확인됐다. 커먼 센스 미디어와 인간중심 기술센터의 공동 프로젝트로 공식 발표된 '기술에 관한 진실' 콘퍼런스에 초빙된 강연자들은 다음과 같았다. 상원의원 마크 워너와 에드워드 마키, 하원의원 존 들레이니John Delaney, 소아 내분비학자로 설탕의 중독성을 폭로한 로버트 러스티그$^{Robert Lustig}$ 박사, 작가인 프랭클린 포어, 첼시 클린턴$^{Chelsea Clinton}$ 그리고 CHT 팀에서는 나와 트리스탄 해리스, 랜디마 페르난도^{Randima} ^{Fernando}가 참석했다. 페르난도는 트리스탄과 '잘 보낸 시간'에서 함께 일하다 최근에 CHT에 합류했다. 커먼 센스 미디어는 페이스북과 구글 측 인사들도 초대해 스크린과 온라인 콘텐츠의 유해한 영향으로부터 어린이들을 보호하는 방안을 놓고 건설적인 대화를 꾀했지만 이들은 거기에 참여하지 않았다.

콘퍼런스 개회식에서 하원의장인 낸시 펠로시$^{Nancy Pelosi}$ 의원이 나를 찾았다. 우리는 음악적 취향이 비슷해서 그레이트풀 데드와 U2 콘서트 무대 뒤에서 몇 차례 악수를 나눈 적이 있었다. 펠로시 의원은 나를 따로 불러 우리 팀이 하원 정보위원회에 도움을 준 일에 감사를 표하면서, 다른 민주당 하원의원들과 접촉하는 데 도움이 필요하냐고 물었다. 내가 그렇다고 대답하는 데 걸린 시간은 아마도 우주에서 가장 짧은 시간 단위였을 것이다. 펠로시 의원은 자신의 전체 담당 직원들에게 먼저 사안을 브리핑하는 것이 좋겠다고 추천했고, 나는 몇 주 뒤 그렇게 했다. 그 때의 짧은 만남이 그보다 훨씬 더 큰 수확으로 나타난 셈이었다.

같은 날 뉴스 웹사이트인 「더 버지」가 6개월 동안 저커버그와 셰릴의 개인 여론조사원으로 일하다 최근 페이스북을 퇴사한 태비스 맥긴^{Tavis} ^{McGinn}에 관한 케이시 뉴턴$^{Casey Newton}$ 기자의 기사를 실었다. 나는 충격에 휩싸였다. 페이스북은 상상할 수 있는 온갖 이슈를 물어볼 수 있는 상당수의 조사원이 이미 있는데, 단지 두 경영자의 인기 정도를 가늠하기 위해 별도 인력을 채용할 필요가 있었을까? 더욱 놀라운 대목은 타이밍이었다. 맥긴은 2017년 4월부터 9월까지 페이스북에서 일했다. 이들은 러시아의 선거 개입에 어떤 관련도 없다고 계속 부인하던 시기에 여론조사원을 채용한 것이었다.

해당 기사에서 태비스는 페이스북에서 일한 경험이 자신이 바라던 내용과는 달랐다고 설명했다.

"저는 내부에서부터 변화를 주고 싶어서 페이스북에 입사했어요. 사회에 어마어마한 영향을 주는 거대한 조직이 여기에 있는데, 아웃사이더로서는 아무것도 할 수 있는 게 없었죠. 하지만 만약 이 회사에 들어가서 이용자들의 생생한 반응을 저커버그에 정기적으로 알린다면 어쩌면, 정말로 어쩌면, 그것이 페이스북의 사업 관행을 바꿀 수 있을지도 모른다고 생각했어요. 거기에서 6개월간 일하면서 내부에서조차 회사의 사업 관행을 바꿀 수 없다는 사실을 깨달았어요. 회사의 가치를 바꿀 수 없었어요. 문화를 바꿀 수 없었어요. 제가 정말 너무 낙관적이었던 것 같아요."

"페이스북이 저커버그이고, 저커버그가 페이스북이에요."라고 태비스는 말한다. "저커버그는 페이스북 투표권의 60%를 장악하고 있어요. 서른 세 살된 개인 한 명이 기본적으로 전 세계 20억 명 이용자들의 경험을 완전히 통제하는 셈이죠. 미국의 대통령에게도 견제와 균형 시스템이 있죠. 페이스북에서는 사실상 이 한 사람이 다예요."

2016년 대통령 선거 이후 우리 팀의 누구도 저커버그나 셰릴과 접촉하지 못했다. 우리는 그들이 무슨 생각을 하는지 추측만 할 수 있을 뿐이었다. 태비스는 이들이 몇 개월 전에 무슨 생각을 하고 있었는지 아는 사람이었다. 우리는 그와 만나고 싶었다. 「워싱턴 포스트」의 엘리자베스 드워스킨 기자가 태비스의 연락처를 알고 있었고 우리에게 소개해 주겠다고 자청했다. 그로부터 이틀 정도가 지난 뒤 태비스가 내 휴대폰으로 연락해 왔고, 그때 나는 뉴욕에서 전철을 타고 이동하던 중이었다. 다행히 통화는 내가 탄 전철이 1번 라인의 28번가 역에 정차할 때까지 끊어지지 않았다. 나는 전철에서 내려 플랫폼에서 거의 30분 동안 태비스와 통화했고, 우리의 대화는 지나가는 전철 소음으로 가끔 지장을 받았다.

태비스는 저커버그와 셰릴의 심리 상태, 주식 상장 이후 페이스북 문화가 어떻게 바뀌었는지에 대한 내 생각을 재정리해 줬다. 그는 페이스북의 극적인 성공이 세계 최대 소셜 네트워크의 확고한 리더라는 저커버그의 지위를 공고히 해줬다고 강조했다. 셰릴은 저커버그의 파트너로서 그에 버금가는 대우를 받았고, 내부적으로 이들을 '빅 투Big Two'로 불렀다. 태비스를 고용한 것은 페이스북에 대한 부정적인 여론이 자신들의 개인 브랜드를 퇴색시킬 수 있다는 저커버그와 셰릴의 우려를 반영한 결과였다. 태비스는 저커버그와 셰릴 모두 페이스북 이후의 더 큰 야망을 갖고 있으며, 높아지는 비판 여론 때문에 그 야망이 위협받고 있다고 확신했다. 페이스북에 합류한 지 얼마 되지 않아 태비스는 저커버그나 셰릴 누구도 나쁜 뉴스를 듣고 싶어하지 않는다는 사실을 알았다. 나는 더 상세한 내용을 듣고 싶었지만, 페이스북의 기밀유지계약NDA을 지키려는 태비스의 의도를 존중하기로 했다.

2월 16일 로버트 뮬러 특별검사가 2016년 미국 대통령 선거 불법 개입, 온라인 사기, 금융 사기 등의 혐의로 러시아인 13명과 러시아계 조직 세 곳을 명시한 37페이지 분량의 기소장을 발부했다. 기소장에서 페이스북, 인스타그램 및 트위터를 명시하면서 러시아인들이 얼마나 손쉽게 이들 소셜 플랫폼의 아키텍처와 알고리즘을 악용해 거짓 정보를 퍼뜨리고 투표를 저지했는지 언급했다. 해당 내용은 페이스북에 폭탄처럼 떨어졌다. 여기에 페이스북의 광고 담당 부사장인 롭 골드만Rob Goldman이 기소에 대한 반응을 트위터에 폭풍 트윗한 덕분에 세상 사람들은 페이스북 문화의 단면을 엿볼 수 있었다.

골드만의 트윗은 트럼프 대통령이 리트윗하는 바람에 글로벌 뉴스로 확대됐고, 이는 페이스북이 미처 예상하지 못한 사태였다.

Rob Goldman ✓
@robjective

〔 Follow 〕 ∨

오늘 뮬러의 기소 내용에 매우 흥분됩니다. 우리는 러시아 측에서 페이스북에 게재한 광고를 의회, 뮬러 팀, 미국민과 공유함으로써 러시아 측이 우리 시스템을 어떻게 유린했는지 대중들이 알 수 있게 했습니다. 그럼에도 러시아 측의 행위와 관련해 아직 제대로 알려지지 않은 주요 사실이 남아 있습니다.

5:57 PM - 16 Feb 2018

Rob Goldman ✓
@robjective

〔 Follow 〕 ∨

러시아 측 개입의 대다수는 2016년 미국 대선 결과에 영향을 미치려는 시도와 관련돼 있습니다. 저는 러시아 측의 모든 광고를 봤고, 그에 따르면 선거 결과를 바꾸는 것이 주요 목표가 '아니다'라고 아주 확실하게 말씀드릴 수 있습니다.

5:57 PM - 16 Feb 2018

Rob Goldman ✓
@robjective

〔 Follow 〕 ∨

러시아 측 광고비의 대부분은 대통령 선거 '뒤에' 지출됐습니다. 저희는 그런 사실을 공개했지만 거의 어떤 언론도 이를 보도하지 않았습니다. 그런 내용은 러시아의 선거 개입으로 트럼프가 당선됐다는 각본과 맞지 않았기 때문이겠죠.

Hard Questions: Russian Ads Delivered to Congre...
What was in the ads you shared with Congress? How many people saw them?
newsroom.fb.com

5:57 PM - 16 Feb 2018

Rob Goldman ✔
@robjective

Follow ∨

·러시아 측 선동과 거짓 정보 유포의 주요 목표는
표현의 자유와 소셜미디어 같은 미국의 시스템을
악용해 미국을 분열시키는 데 있습니다. 그러는
가운데 미국인들 사이에서 공포심과 증오심을 부추겨
왔으며, 믿을 수 없을 만큼 잘 통하고 있습니다. 지금
우리나라는 심각하게 분열된 상태입니다.

5:57 PM - 16 Feb 2018

Rob Goldman ✔
@robjective

Follow ∨

러시아의 진정한 의도가 가장 잘 드러난 한 사례는
휴스턴에서 벌어진 반이슬람 시위입니다. 미국인들은
친이슬람과 반이슬람 세력 양쪽을 부추겨 시위를
조직한 러시아 측 트롤의 선동에 말 그대로
꼭두각시처럼 넘어가 거리로 나섰던 것입니다.

Russian Trolls Organized Both Sides of an Islam Protest in Texas
Update: Nov. 3 — Houston counter-protesters are alleging that their protest
was not connected to the Russian-led group. The story now reflects those...
sacurrent.com

5:57 PM - 16 Feb 2018

골드만의 트윗은 페이스북 경영진의 심리 상태를 엿볼 수 있게 해준
다. 명백히 이들은 뮬러의 기소를 자신들에 대한 사면으로 해석했다. 이
들은 러시아인들이 페이스북과 인스타그램을 악용해 '미국을 분열시킨'
일은, 선거 결과에 영향을 미치려고 의도하지 않은 한 괜찮다고 생각했
다. 그것은 페이스북 핵심 멤버 중 한 사람이 얼마나 심각하게 상황 인식

을 못하고 있는지 적나라하게 보여줬다. 언론과 블로거들은 골드만과 페이스북의 무지한 현실 의식을 비웃었다. 골드만의 폭풍 트윗은 페이스북 내부의 사고방식에 대한 태비스의 시각을 사실상 검증한 셈이었다.

며칠 뒤 나는 샌프란시스코에 있는 마켓 스트리트의 한 커피숍에서 처음으로 태비스를 만났다. 그는 노스 캐롤라이나 출신으로 노스 캐롤라이나대학 채플힐캠퍼스에 재학 중 자신이 창업에 재능이 있다는 사실을 깨닫고 냉장고를 학생들에게 대여해 주는 사업을 시작했다고 말했다. 졸업 후 태비스는 시장 연구 분야에서 커리어를 시작했다. 조사 방법을 짜고 시행하는 데 전문가가 돼 보험회사인 가이코^{GEICO}에 입사했고, 이어 구글로 자리를 옮겼다. 구글에 있는 동안 여러 번 페이스북의 구애를 받았지만 태비스는 2017년 초 저커버그와 셰릴의 전담 여론조사원 제의를 받을 때까지 유혹을 느끼지 않았다.

뮬러의 기소와 뒤이은 골드만의 폭풍 트윗을 주제로 태비스와 나는 90분간 서로의 견해를 나눴다. 페이스북을 그만둔 이후 태비스는 'Honest Data'라는 사업체를 세워 새로운 시장 조사 사업을 시작했지만, 파트타임으로 우리 팀에 합류해 페이스북에 대한 자신의 우려를 규제 기관에 제대로 알리고 싶어했다. 그는 페이스북의 모든 직원이 서명하게 돼 있는 기밀유지계약을 검토한 끝에, 주 정부의 검찰 수사처럼 법적 소송이 진행되는 경우 해당 계약을 무효화할 수 있다고 결론지었다. 우리는 주 정부의 검찰총장과 함께 당장 수사를 진행하는 상황은 아니었지만, 뉴욕주 검찰총장 및 그의 팀과 협력 관계에 있었다. 나는 그들을 소개해 주겠다고 제안했다. 다른 주 검찰총장과 협력 관계를 맺는 일은 이치에 맞았다.

이틀 뒤인 수요일, 트리스탄과 나는 시애틀을 방문해 워싱턴주 검찰총장의 수석 보좌관, 게이츠 재단^{Gates Foundation}의 청소년 정신건강팀, 그리고 마이크로소프트의 CEO를 만났다. 이들 셋은 관심사가 매우 달랐고, 우리의 존재도 아직 잘 모르고 있었으므로 우리의 목표는 작은 씨앗을 뿌리자는 수준이었다. 우리는 처음의 두 미팅에서 그렇게 소박한 접근법을 사용한 뒤 마이크로소프트 본사를 방문해 CEO 사티야 나델라와 비즈니스 개발팀 수장인 페기 존슨을 만났다. 나델라의 책 『히트 리프레시^{Hit Refresh}』(흐름출판, 2018)는 해리스가 '인간중심 기술센터'에서 설정한 가치와 일치하는 철학을 표명하고 있었고, 우리는 그가 우리의 노력을 지원해주기를 바랐다. 마이크로소프트 같은 기업은 첫 미팅에서 당장 무엇인가를 약속하는 일은 없지만, 나델라와 존슨은 신중하게 우리와 동조했다. 나델라는 마이크로소프트 상품 중 엑스박스^{Xbox}와 링크드인은 포그의 저서에 나온 설득 기법을 활용하지만, 다른 대다수 제품은 그렇지 않다는 점을 지적했다. 이는 트리스탄의 인간적 설계 개념을 윈도우 제품 라인에 적용할 경우 상당한 혜택이 있을 것이라는 뜻이었다. 그는 트리스탄에게 다시 돌아와 마이크로소프트 엔지니어링 리더십 팀에게 인간중심 기술의 개념을 브리핑해달라고 요청했다. 우리는 나델라의 사무실을 나서다가 나델라를 만나러 들어가는 마이크로소프트의 창업자 빌 게이츠와 마주쳤다. 일주일 전 인터넷 미디어인 『악시오스^{Axios}』와의 인터뷰에서 빌은 실리콘밸리의 IT 대기업이 거만하게 행동한다면서, "기업은 정부가 적절한 검토를 통해 우리가 해야하는 기능을 수행할 수 없게 하는 것을 옹호하지 않도록 조심해야 한다."고 마이크로소프트 성장에 결정적 제동을 걸었던 것과 같은 정부 규제를 자초하는 위험이 될 수 있다고 경고했다.

뮬러의 기소와 골드만의 트윗 외에도 페이스북은 2월 한 달간 일련의

PR 실수를 저질렀다. 다양한 소비재를 생산하는 대기업인 P&G와 유니레버Unilever는 페이스북과 구글을 비판하면서 이들 플랫폼을 통한 광고를 중단하겠다고 위협했다. P&G는 페이스북 플랫폼의 투명성과 책임성 결여에 불만을 표시하면서, 광고주들은 광고업계의 공개 기준을 지키지 않는 초대형 인터넷 플랫폼을 더 이상 묵인해서는 안 된다고 강조했다. P&G는 페이스북의 당시 관행으로 인해 지불한 광고비에 걸맞은 효과를 얻고 있는지 파악할 수가 없었다. 유니레버는 가짜 뉴스와 극우주의자들의 콘텐츠, 그런 사태를 조장하는 데 일조한 플랫폼에 반대했다.

며칠 뒤 언론은 페이스북이 2중 인증two-factor authentication으로 불리는 보안 기능을 위해 이용자들이 제공한 전화번호로 수백만 건의 마케팅 메시지를 보냈다고 공개했다. 이는 페이스북이 명시적으로 그러지 않겠다고 약속한 내용을 노골적으로 위반한 사태였다. 각계의 신랄한 비판이 쏟아졌고, 페이스북의 보안 부문 부사장인 알렉스 스타모스Alex Stamos는 해명성 트윗을 날리면서 적법한 비판에 마이동풍식으로 일관해 온 페이스북의 속성을 다시 드러냈다. 언론은 페이스북 문화에 대한 태비스의 가설을 다시 한번 입증한 셈이었다. 다음에는 벨기에의 한 법원이 페이스북이 개인정보보호법을 어겼다며, 벨기에에서 이용자 데이터 수집을 멈추라고 명령했다. 언론 보도가 다른 IT 플랫폼을 다루는 경우에도(언론은 플로리다 주 파크랜드의 고등학교에서 총기난사 사고가 벌어진 직후 러시아 측 봇이 가짜 뉴스를 퍼뜨린다는 사실을 폭로했다) 페이스북의 평판은 타격을 받았다. 마지막으로 '보수주의 정치 행동 회의CPAC, Conservative Political Action Conference'에서 페이스북이 후원한 가상현실 슈팅 게임은 파크랜드 고등학교의 총기 학살 사건 직후라는 타이밍 때문에 엄청난 비판을 받았다.

부정적인 뉴스가 거의 매일 페이스북을 난타하는 것처럼 보였다. 트럼프 행정부의 전례 없는 행태에 압도되는 뉴스 환경에서도 페이스북 관련 뉴스는 계속해서 두드러졌다. 대다수 사람은 그런 사건의 세부 내용에는 거의 주목하지 않았지만, 뉴스는 마치 발이라도 달린 것처럼 계속 퍼져나갔다.

페이스북은 계속해서 자사의 사업 모델을 변호했다. 과거에는 사과를 하면 대부분 비판을 중화시켰다. 이제는 아니었다. 외부 비판을 1년 넘게 무시하는 것은 통하지 않았다. 저커버그의 2018년 새해 결심과 내부 경영진의 트윗이 이용자들의 반발로 이어지자 페이스북은 처음으로 비판 내용을 인정했다. 여론의 압력이 차이를 만들어낸 것이었다.

내가 처음에 가졌던 두려움, 즉 페이스북의 문제는 시스템 차원의 문제라는 두려움은 언론, 정책 입안자 그리고 뮬러 수사팀에 의해 거듭 확인됐다. 페이스북 경영진은 외부의 비판에 반응하기 시작했지만, 회사의 나머지 조직은 그동안 해온 방식대로 운영하고 있었다. 내부에서 불만이 터져 나오고 있다는 소문도 들었지만 그저 희망사항에 불과할 수도 있었다. 새로운 내부고발자도 나오지 않았고, 회사 내의 누구도 그런 수사를 뒷받침하는 어떤 데이터도 유출하지 않았다. 하지만 페이스북에 대한 압박은 심해지고 있었다.

케임브리지 애널리티카,
페이스북의 운명을 바꾸다

일단 신기술이 롤러처럼 당신 앞으로 굴러오는 경우, 당신이 증기
롤러의 일부가 아니라면 당신은 도로에 깔리는 그 길의 일부분이다.
– 스튜어트 브랜드Stewart Brand

2018년 3월에는 거의 매일 소셜미디어의 의도치 않은 해악에 관한 기사가 쏟아져 나왔다. 과학잡지 「사이언스Science」는 영어로 쓰인 모든 논쟁적 트윗을 분석한 MIT 교수들의 연구를 실었다. 그에 따르면 거짓 정보와 가짜 뉴스가 사실에 기반한 뉴스보다 70% 더 자주 공유되고, 6배 정도 더 빠르게 유포됐다. 봇은 사실과 가짜 정보를 대략 균등하게 공유하는 것으로 나타나, 거짓 정보의 공유를 더 선호하는 것은 사람들이라는 점을 시사했다. 누구도 그것이 트위터에 국한된 문제라고 주장하지 않았다. 이 연구는 소셜 네트워크의 부작용이 시스템 문제이며, 인

간의 추악한 행동을 부추기도록 설계된 결과임을 드러내는 증거였다.

그것이 신호라도 된 것처럼 거짓 정보 선동 사이트인 인포워가 퍼뜨린 텍사스주 오스틴에서 일어난 폭탄테러 용의자들의 가짜 정보는 유튜브 인기 차트 정상에 올랐다. 유튜브는 이런 왜곡된 결과가 나온 것을 위키 피디아가 진위 여부를 제대로 따지지 않은 탓으로 돌리려 시도했고, 위키 피디아는 그것이 거짓 정보라며 실상을 폭로하겠다고 주장했다. 그날 나는 위키피디아의 최고책임자인 캐서린 마^{Katherine Maher}에게 연락했고, 캐 서린은 유튜브가 해당 내용을 발표하기 전에 위키피디아에 먼저 접촉하거나 사태에 따른 보상을 제안하지도 않았다고 확인해 줬다. 소규모 전문 인력이 전부인 위키피디아는 비영리 단체로, 규모면에서 유튜브와 비교가 되지 않았다. 위키피디아의 반발에도 유튜브는 왜 위키피디아가 유튜브의 사실 확인 작업에 예산을 쓰지 않는지 이해할 수 없다는 반응이었다.

페이스북의 경우는 부정적인 뉴스가 미국 밖에서 밀물처럼 쏟아져 들어오는 상황이었다. 3월 초 스리랑카 정부는 온라인상의 증오 발언으로 소수 무슬림 그룹에 대한 폭력 행위가 급증하자 자국 내 인터넷 서비스 업체에게 페이스북, 인스타그램, 왓츠앱을 임시 차단하라고 명령했다. 스리랑카 정부는 페이스북과 계열사가 플랫폼에서 증오 발언을 제한하기 위한 조처를 제대로 취하지 않는다고 비판했다. 전 세계 여러 국가에서 점점 더 강하게 터져 나오는 비판이기도 했다. 자신들의 커뮤니티 표준이 폭력 선동을 금지하고 있다는 페이스북의 반응은 너무나 전형적이었다. 스리랑카에서는 인구의 87%가 사용하는 싱할라어^{Sinhala}가 아닌 인구의 24%가 사용하는 영어로 커뮤니티 표준을 작성했다. 다른 국가와 마찬가지로 페이스북은 커뮤니티 표준의 시행을 우선시하지 않았다.

며칠 뒤 유엔의 한 보고서는 페이스북이 미얀마의 소수 민족인 로힝야족에게 자행된 종교 박해와 인종 학살 행위를 부추겼다고 비판했다. 스리랑카에서와 마찬가지로 페이스북상의 증오 발언은 무고한 희생자들에게 물리적 폭력의 계기를 제공했다. '국경 없는 의사들'에 따르면 2017년 8월부터 12월까지 사망자 수는 최소한 9천 명에 달했다. 페이스북이 소셜미디어 분야를 완전히 지배하는 나라에서 페이스북은 사람들의 소통에 핵심 역할을 담당하고 있다. 영국의 일간지 「가디언」은 미얀마 폭력 사태를 이렇게 보도했다.

> 미얀마의 폭력 사태를 조사한 유엔의 이양희 조사관은 페이스북이 정부와 시민단체, 일반인들의 삶에서 엄청나게 큰 부분을 차지하며, 정부는 페이스북을 대민 정보 발표의 창구로 사용하고 있다고 말했다.
>
> "미얀마에서는 모든 것이 페이스북을 통해 이뤄집니다."라고 말하면서 이 조사관은 페이스북이 빈곤한 미얀마에 도움을 줬지만, 다른 한편으로는 증오 발언을 유포하는 데도 악용됐다고 지적했다.
>
> "페이스북은 공공 메시지를 전달하는 데 사용됐지만, 우리는 극단적 국가주의 사상을 가진 불교 승려들이 자체 페이스북 페이지를 개설하고 로힝야나 다른 소수 민족을 겨냥해 수많은 폭력 사태와 심각한 증오 감정을 부추겨 온 사실도 알고 있습니다. 저는 페이스북이 애초에 의도했던 바와는 달리, 야수처럼 변해버린 상황에 우려를 표명하지 않을 수 없습니다."라고 이 조사관은 말했다.

온라인 매체인 「슬레이트Slate」는 페이스북의 경영진 중 한 사람인 애덤 모세리Adam Mosseri가 미얀마 상황을 '매우 걱정스럽고 여러 이유로 우리에게 어려운 문제'라고 말한 사실을 보도했다. 그는 미얀마에서 페이스북은 별도의 회사와 협력해 사실 확인 작업을 벌이는 표준 관례를 채택할 수 없었다고 주장했다. 대신 이들은 자체 약관과 커뮤니티 규정을 통해 증오 표현을 규제하려 시도했지만, 이것은 미국의 이용자들에게 그랬듯이 미얀마의 이용자들에게도 분명하지 않았을 것으로 추정된다. 그러나 실상은 그보다 더 심각했다. 페이스북에는 '프리 베이직스'라는 프로그램이 있는데, 이것은 모바일 통신이 있지만 인터넷 서비스를 광범위하게 이용하기는 너무 비싼 국가를 겨냥한 상품이다. 프리 베이직스의 기능은 제한적이지만, 개발도상국에 기반을 잡기 위한 과정에서 언론의 긍정적 반응을 이끌어낼 수 있었다. 전 세계 60개 개발도상국이 프리 베이직스를 포용했는데, 이 중 많은 나라가 전기통신과 미디어에 대한 경험이 거의 없었고, 일부 국가는 해당 서비스로 인해 혼란을 겪었다. 미얀마에서 프리 베이직스는 일반 대중의 인터넷 접속 수준을 크게 높였다. 그것은 프리 베이직스를 수용한 다른 나라에서도 비슷하게 나타난 변화였다. 이들 나라의 국민들은 언론으로부터 정보를 습득하는 데 익숙하지 않았다. 프리 베이직스가 보급되기 전까지는 언론에 대한 노출이나 이해가 거의 없다시피 했고, 소셜미디어에 대한 준비는 더더욱 갖춰지지 않은 상황이었다. 이들에게는 인터넷 플랫폼에서 공유되는 거짓 정보를 걸러낼 수 있는 여과 장치가 없었다. 미국 사람들이 볼 때 가치 있는 아이디어라고 여겼던 프리 베이직스는 그러나 서비스를 만든 이들이 미처 상상할 수 있었던 것보다 더 위험한 것이었다.

미얀마의 경우 정부 정책의 변화로 무선 이용이 급증했고, 그로 인해 페이스북은 가장 중요한 통신 플랫폼으로 자리 잡았다. 집권 여당의 지지 세력이 페이스북을 이용해 로힝야 소수 민족에 대한 폭력을 선동하자 페이스북은 사과하고 앞으로 잘하겠다고 약속하는 기존 전략을 되풀이했다. 실상 미얀마 같은 나라는 페이스북에 전략적으로 중요했지만, 그것은 해당 국가에서 사업을 벌이는 데 소요되는 비용이 낮은 경우에만 해당됐다. 페이스북은 미얀마나 스리랑카 같은 국가에서 정치적 문제를 일으키지 않기 위해 현지 언어를 잘 알고, 문화적 감수성이 예민한 직원을 충분히 고용하지 않았다. 이들 나라에서 불거지는 문제에 시급히 대응할 의도가 없었고, 그런 문제를 인권 침해와 위기로 보기보다는 절차상의 문제로 치부했다.

3월 16일 대사건이 터졌다.

사건은 정치 컨설팅 회사인 케임브리지 애널리티카와 그 모회사인 SCL 그룹의 페이스북 내 활동을 중지시킨다는 페이스북 발표와 함께 시작됐다. 이것은 다음날 영국의 「옵저버」와 「가디언」 그리고 미국의 「뉴욕타임스」의 특종 보도를 희석시키기 위한 사전 작업이었다. 「가디언」의 기사는 다음과 같은 충격적인 폭로로 문을 열었다.

> 도널드 트럼프 선거 팀 및 영국의 EU 탈퇴를 주장하는 브렉시트 캠페인 팀과 일했던 데이터 분석 기업이 수백만 명에 이르는 미국 유권자들의 페이스북 프로필을 불법 수집해 이들이 누구에게 투표할지 예측하고, 특정 후보에 대한 지지를 유도하는 강력한 소프트웨어 프로그램을 구축하는 데 이용한 사실이 드러났다. 이것은 페이스북 사상 최악의 데이터 침해 사고 중 하나로 기록될 것으로 보인다.
>
> 한 내부고발자는 「옵저버」에 케임브리지 애널리티카가 2014년 초 허가 없이 수집한 개인정보로 어떻게 미국 개별 유권자의 성향 분석 시스템을 구축하고, 이를 토대로 개인화된 정치 광고를 보내는 데 사용했는지 폭로했다. 케임브리지 애널리티카는 억만장자 헤지펀드 매니저인 로버트 머서^{Robert Mercer}

가 소유한 기업으로, 당시 트럼프의 핵심 측근이었던 스티브 배넌[Steve Bannon]이 대표였다.

해당 데이터를 얻기 위해 케임브리지 대학의 한 교수와 작업했던 크리스토퍼 와일리는 「옵저버」에 이렇게 말했다. "우리는 페이스북의 허점을 이용해 수백만 이용자들의 프로필을 수집했습니다. 그리고 우리가 그들에 대해 알게 된 내용을 근거로 그들 안의 악마를 깨우는 거죠. 그것이 바로 케임브리지 애널리티카의 본질이었습니다."

그에 따르면 케임브리지 애널리티카는 케임브리지 대학의 연구원인 알렉산더 코건[Alexandr Kogan]을 이용해 페이스북으로부터 이용자 5천만여 명의 프로필을 수집해 엉뚱한 목적에 악용했다. 코건은 러시아 상트페테르부르크에 있는 대학에도 소속돼 있었고, 이전에도 페이스북과 연구 프로젝트를 진행한 바 있었다. 케임브리지 대학은 처음에는 코건의 데이터 접근 요청을 거부했고, 해당 조치에 대응하기 위해 코건과 동료인 조셉 챈슬러[Joseph Chancellor]는 케임브리지 애널리티카의 자금 지원으로 회사를 차려 미국 유권자들에 대한 새로운 데이터 세트를 만들었다. 이들은 페이스북 이용자를 겨냥한 성격 테스트를 만들고, 반복적인 IT 프로젝트에 저가로 노동력을 제공하는 아마존 서비스를 통해 테스트 참가자를 모집했다. 27만여 명이 1달러나 2달러를 받는 대가로 테스트에 참여했다. 이 프로젝트는 테스트 참가자의 성격 특성과 더불어 이들의 친구와 페이스북 활동에 관한 데이터를 수집하는 것이 목적이었다. 테스트에 참여하려면 미국인이어야 했는데, 이들과 연계된 친구들의 규모는 의외로 커서 결과적으로 4천 9백만 명 이상의 개인정보를 함께 수집했다.

케임브리지 애널리티카는 2004년 SCL 그룹의 자회사로 만들어졌다.

영국 회사인 SCL 그룹은 성격 유형에 따라 소비자를 분류하는 기법인 사이코그래픽스psychographics를 이용한 시장 조사가 전문으로, 그런 기법을 선거에서 유권자 행동을 예측하는 데 활용하려 한 것으로 보인다. 시장 연구 업계에서 사이코그래픽스가 소비자 행태를 미리 짐작하는 데 얼마나 효과가 있는지는 상당한 의구심이 있지만, 그럼에도 케임브리지 애널리티카가 클라이언트를 찾는 데는 별 어려움이 없었던 듯하다. 이들 클라이언트의 대부분은 극우 성향이었다. 미국 시장을 대상으로 하자면 SCL은 연방 선거법을 준수할 필요가 있었다. 그래서 미국 시민권자와 합법적인 거주자들을 고용한 미국 지사를 차렸다. 보도에 따르면 케임브리지 애널리티카는 미국 내 규제를 별로 심각하게 여기지 않았다. 로버트 머서와 스티브 배넌 팀은 케임브리지 애널리티카에 자금을 대고 조직을 꾸리면서 알렉산더 닉스Alexander Nix를 CEO로 임명했다. 수개월 안에 시장에 진입해 2014년 미국 중간 선거 동안 가능성을 테스트한 다음, 만약 성공적이면 2016년 미국의 정치 지형을 바꾸겠다는 계획이었다. 모델이 제대로 작동한다고 확신하기 위해서 알렉산더와 그의 팀은 많은 양의 데이터가 필요했다. 수개월 안에 미국 유권자들에 대한 엄청나게 많은 규모의 데이터 세트가 필요했고, 이를 구하기 위해 코건에게 기대를 걸었다. 와일리에 따르면 코건이 수집한 데이터 세트는 케임브리지 애널리티카의 사업 기반을 형성했다. 선거에 집중한 케임브리지 애널리티카의 사업 행태는 코건이 수집한 데이터 세트가 상업적으로 이용돼서는 안 된다는 페이스북 약관을 명백히 위배한 것이었지만, 페이스북은 코건이 규정을 준수했는지 검증하는 시도를 전혀 하지 않았다고 와일리는 폭로했다.

코건과 케임브리지 애널리티카가 이용자 5천만여 명의 프로필을 오용할 당시, 페이스북은 이용자 프라이버시를 침해하는 기업 운영을 하지 않겠다고 연방거래위원회FTC와 2011년에 정식으로 서명한 법원 명령의 효력을 아직 받고 있었다. 해당 합의는 페이스북이 자사가 보유한 데이터를 누군가와 공유하려면 먼저 이용자들로부터 명시적인 사전 동의를 받아야 한다고 요구했다. 명백히 페이스북은 테스트 참가자 27만 명의 친구들, 즉 4천 9백 70만 명에 이르는 페이스북 이용자들의 동의를 얻기 위해 아무런 조치도 취하지 않았다. FTC와 맺은 동의 명령에 적힌 법적 강제 언어가 모호하기는 하지만 그 의도는 분명하다. 그것은 페이스북이 그 이용자와 데이터 프라이버시를 안전하게 보전할 의무를 진다는 것이다. 사람들은 무엇보다 코건이 5천만 명의 프로필을 그처럼 쉽게 수집할 수 있었다는 사실에 충격을 받았다. 그렇게 쉬울 수 있었던 것은 페이스북 때문이었다.

케임브리지 애널리티카 사태가 몰고 올 법적 문제를 둘러싼 언론과 전문가들의 온갖 추측과 전망이 트위터를 뜨겁게 달궜다. 법률 분석가들은 해당 침해 사건으로 페이스북이 주 법률과 FTC 규제를 위반했을 가능성에 초점을 맞췄다. FTC와 맺은 동의 명령을 어기는 경우 위반 건당 4만 달러까지 벌금이 부과될 수 있었다. 케임브리지 애널리티카의 경우 벌금은 페이스북의 기업 가치보다 훨씬 더 높은 수조 달러에 이를 수도 있었다. 케임브리지 애널리티카는 사기와 선거 자금법 위반으로 기소될 위기에 놓였다.

케임브리지 애널리티카 사건은 거의 모두가 우려할 만한 사안을 제공함으로써 페이스북에 관한 논의에 질적인 변화를 몰고 왔다. 2016년 미국 대통령 선거에서 페이스북이 수행한 역할에 충격을 받은 사람들은 이용자 프로필에 부적절한 접근을 허용한 페이스북의 허술한 보안과 그것이 선거 결과에 어떤 영향을 미쳤는지를 걱정했다. 페이스북의 프라이버시 정책을 걱정했던 사람들은 이 사건을 통해 최악의 두려움이 입증된 것을 확인했다. 코건은 외부 앱 개발사에게 친구 목록에 접근할 수 있도록 설계된 페이스북 프로그램을 통해 5천만 이용자의 프로필을 수집했다. 얼마나 많은 외부의 앱 개발사가 해당 프로그램을 이용했을까? 정보 유출 피해자들 중 지극히 일부만이 자신들의 프로필이 불법 수집된 사실을 알았다. 유출된 데이터는 여전히 외부에, 아마 여전히 이용 가능한 형태로 노출돼 있지만 이를 다시 회수할 길은 전혀 없다.

페이스북은 이 사태의 파장을 최소화하려 시도했지만 실패했다. 사건이 터진 당일에 사태를 진화하지 못하자 페이스북은 모든 책임을 케임브리지 애널리티카에 떠넘기려 시도했다. 보안 담당 부사장인 알렉스 스타모스의 트윗에서 드러난 페이스북의 초기 반응은 코건과 케임브리지 애널리티카가 데이터 침해 사고를 저질렀다는 「가디언」의 표현을 부인하는 것이었다. 스타모스는 코건이 연구 목적으로 친구 목록을 수집할 수 있는 권한이 있었다면서, 잘못은 해당 이용자 프로필을 전용한 케임브리지 애널리티카라고 강조했다. 스타모스의 트윗에 따르면 페이스북은 피해자였다.

'데이터 침해data breach'라는 최초 보도를 반박하는 과정에서 페이스북은 의도하지 않게 PR 문제를 더욱 악화하는 결과를 초래했고, 그 때문에 스타모스는 해당 트윗을 삭제했다. 코건을 합법적인 연구자로 설명하면서, 페이스북은 사실상 외부에서 이용자 프로필을 수집하는 것이 일상적으로 벌어지는 상황임을 인정하는 꼴이 돼 버렸다. 우리 팀은 당시 페이스북의 모든 이용자 프로필이 최소한 한 번은 수집됐을 것으로 추정했었다. 그럼에도 페이스북의 인정은 우리에게 충격을 안겨줬다. 그래서는 안 되는 일이었다. 우리는 곧 사적인 이용자 데이터를 제3자들과 공유하는 관행이 페이스북을 성공으로 이끈 핵심 전술이라는 사실을 알게 됐다.

초창기 페이스북은 각 이용자가 페이스북 사이트에서 보내는 시간을 늘리는 것보다 이용자의 절대 숫자를 늘리는 게 훨씬 더 성공적이었다. 외부에서 제작해 투입된 게임, 특히 2009년에 소개된 징가Zynga의 '팜빌FarmVille'은 페이스북 안에서 게임을 하며 다른 이용자들과 소통하는 데 대한 보상을 제공하고, 친구 목록을 활용해 게임 플레이어들의 규모를 늘림으로써 그런 양상을 바꿔놓았다. 2010년 3월에 이르러 팜빌은 월 이용자 8천 3백만 명에 일일 이용자 3천 4백 50만 명을 기록했고, 그것은 페이스북의 재무 구조에도 변화를 가져왔다. 징가는 이용자 증가 추세를 게임 내 광고와 액세서리 구매와 연계했고, 이는 수억 달러 규모의 매출로 나타났다. 페이스북상에서 징가의 게임 내 광고와 구매 매출액 중 30%를 페이스북이 가져갔고, 그 때문에 징가는 페이스북이 확장성 높은 광고 사업 모델을 갖기 전까지 핵심 파트너였다. 주식을 상장하기 전 해에 징가 한 회사가 페이스북 전체 매출액의 12%를 차지할 정도였다. 친구 목록을 활용한 징가의 전략은 페이스북에 결정적인 통찰을 제공했다. 외부 개발사에게 친구 목록에 접근할 수 있도록 허용하는 것은 페이스북 사업에 엄청난 긍정적 효과를 낳았다. 팜빌 같은 소셜 게임은 사람들이 페이스북에 머무르는 시간을 크게 늘렸다. 그만큼 광고 노출 빈도도 늘어났다. 징가는 획기적인 아이디어를 제공한 셈이었다. 페이스북 아키텍처를 발판으로 게임에 이용자들끼리 소통하는 '소셜' 요소를 더해 매출액을 크게 높임으로써, 페이스북으로서는 적극 협력할 수밖에 없는 동기를 부여했다. 2010년, 페이스북은 외부 개발사가 이용자들로부터 친구 목록과 데이터를 수집할 수 있게 해주는 툴을 선보였다. 이들은 친구 목록을 공유하는 데서 얻을 수 있는 긍정적 효과를 보았다. 만약 잠재적인 부작용도 인식했더라면 이들은 그렇게 하지 않았을 것이다. 2011년 FTC와 맺은 법정 명령에도 불구하고, 문제의 공유 툴은 이후에도 여러 해 동안 제거되지 않은 채 남아 있었다.

코건의 데이터 세트는 페이스북 이용자의 ID뿐 아니라 해당 사이트에서의 활동 내용을 포함한 여러 다른 데이터도 포함하고 있었다. 그런 목록은 페이스북 내에서 사용될 경우 큰 가치가 있었지만 케임브리지 애널리티카는 더 큰 계획이 있었다. 이들은 해당 데이터 세트를 미국 유권자 파일과 연결했다. 여기에는 인구 통계 정보와 투표 기록이 포함돼 있었다. 와일리에 따르면 케임브리지 애널리티카는 최소한 3천만 명의 페이스북 프로필을 유권자 파일과 연결시킬 수 있었다. 이는 미국 전체 유권자의 13%에 해당하는 규모다. 그런 규모로만 봐도 해당 데이터 세트는 어느 선거 진영에든 엄청난 가치를 줄 수밖에 없었을 것이다. 페이스북의 광고 툴은 인구 통계와 관심사에 따라 표적 광고를 할 수 있게 해주는 기능 외에 모든 개인정보는 익명으로 처리됐다. 유권자 파일을 이용자 프로필과 연결함으로써 케임브리지 애널리티카는 페이스북 내에서 놀라울 만큼 정확하게 표적 광고를 날릴 수 있었다. 특히 그런 광고의 목표 중 하나가 유권자 투표율을 낮추는 것이라면 그 효과는 더욱 클 것이었다. 2016년 트럼프는 선거인단 투표에서 이겨 당선됐지만, 전체 일반 투표에서는 거의 3백만 표를 뒤졌다. 트럼프는 전통적으로 민주당 성향이던 3개 주,

위스콘신, 미시간 그리고 펜실베니아주의 선거인단 선거에서 총 77,744 표 차이로 승리함으로써 당선됐다. 케임브리지 애널리티카의 데이터 세트가 그런 결과에 영향을 미쳤을까? 그렇다. 그렇지 않다고 말하기는 사실상 불가능하다.

페이스북 내부의 표적 광고는 확실히 효과가 있기 때문에 중요했다. 케임브리지 애널리티카의 원래 고객이던 테드 크루즈Ted Cruz 상원의원 대선 캠프는 케임브리지 애널리티카에서 판매한 사이코그래픽스 모델이 자신에게는 통하지 않았다고 불평했다. 최종적으로 사이코그래픽스는 트럼프 선거 진영에 별로 중요하지 않았을 것이다. 이들에게는 유권자 3천만 명에 대한 상세 파일을 담은 케임브리지 애널리티카의 데이터 세트와 페이스북의 표적 광고 툴과 직원이라는 더욱 강력한 무기가 있었기 때문이다.

「가디언」은 최초의 충격 보도에 이어 내부고발자인 크리스토퍼 와일리와 가진 비디오 인터뷰를 게재했다. 와일리는 핑크색으로 염색한 머리 때문에 온라인 뉴스와 신문에서 금방 알아볼 수 있었다. 영국의 ITN 채널 4는 케임브리지 애널리티카에 대해 미처 알려지지 않은 사실을 시리즈로 방영했고, 이는 회사는 물론 그와 연계된 페이스북에도 부정적인 이미지를 부각시키는 결과를 낳았다. 폭로된 내용 중 하나는 케임브리지 애널리티카의 고위 중역이 자신들은 매춘부를 써서 정치인들을 옭아맬 수 있다고 자랑하는 장면이었다.

「가디언」은 또 독자들에게 코건과 케임브리지 애널리티카의 커넥션에 대해 2015년 12월에 이미 보도한 바가 있음을 상기시켰다. 페이스북은 당시 케임브리지 애널리티카가 코건의 데이터 세트를 취득한 사실을 몰랐다고 주장했다. 페이스북은 약관 위배를 언급하며 케임브리지 애널리티카와 코건에게 편지를 보내 데이터 세트의 모든 사본을 파기하고, 파기 증명서를 확인한다고 주장했다. 페이스북은 케임브리지 애너리티카나 코건에 대한 감사를 한 적이 없었고, 해당 데이터 세트의 파기를 확인하기 위해 조사관을 파견하지도 않았다. 다시 한번 페이스북의 관심은 자사를 법적 책임으로부터 보호하는 데 있었지 이용자 보호는 안중에 없었다.

자신들도 케임브리지 애널리티카의 피해자라는 페이스북 주장은 온라인 뉴스 잡지인 「슬레이트」의 에이프릴 글레이저 기자가 페이스북이 조셉 챈슬러를 채용하고 계속 직원으로 일하는 사실을 독자에게 상기시키면서 허위로 드러났다. 챈슬러는 케임브리지 애널리티카를 대신해 페이스북 이용자의 프로필을 수집하는 회사에서 일하던 알렉산더 코건의 파트너였다. 페이스북은 케임브리지 애널리티카와 코건, 챈슬러 간의 커넥션을 적어도 2015년 12월부터 알고 있었다. 이들은 데이터 세트를 전용한 코건과 챈슬러에게 매우 분노했어야 마땅하다. 왜 이들은 개인적인 이용자 데이터를 전용했던 사람을 채용했을까? 그럼에도 챈슬러는 당시 페이스북의 직원으로 등재돼 있었다. 글레이저의 보도는 사실은 철 지난 뉴스였지만 뒤에 벌어진 사건 때문에 새로운 의미를 띠게 된 경우였다. 페이스북과 코건, 챈슬러의 연결 고리는 2017년 3월 온라인 매체인 「인터셉트 Intercept」가 최초로 보도했다. 「인터셉트」는 케임브리지 애널리티카에서 코건으로, 코건에서 챈슬러로, 다시 챈슬러에서 페이스북으로 이어지는 관계망을 폭로했고, 그 양상은 관련자 누구에게도 좋아 보이지 않았다. 페이스북은 결국 챈슬러를 휴직 처리했다.

만약 페이스북, 코건 그리고 케임브리지 애널리티카의 관계가 2015년 말 이후 잘 알려진 내용이었다면, 왜 그런 사실은 두 번째에 와서 훨씬 더 심각한 문제가 됐을까? 짧게 답하자면 처음 사실이 보도됐을 때 그 맥락이 빠져 있었기 때문이라는 점이다. 2015년 12월의 상황과 달리 이제 우리는 러시아가 페이스북을 이용해 미국 유권자들 사이에 불화의 씨앗을 뿌렸고, 도널드 트럼프에 대한 지지 운동을 펼쳤다는 사실을 안다. 우리는 또 케임브리지 애널리티카가 트럼프 선거 팀의 디지털 운영 부문에서 핵심 자문역이었고, 페이스북은 직원 세 명을 트럼프 진영에 파견해 이들을 지원했다는 사실을 알게 됐다. 2016년의 대통령 선거는 유독 박빙이었고, 따라서 선거 전 막바지 접전 지역에서 실시한 유권자들을 겨냥한 트럼프 진영의 표적 유세가 승패에 결정적으로 작용했을 것으로 보인다. 트럼프가 승리하기 위해서는 선거일에 여섯 가지 상황이 일어나야 했는데, 중요한 주에 대한 페이스북의 표적 광고도 그중 하나였다. 새롭게 드러난 맥락은 케임브리지 애널리티카와 트럼프 진영도 러시아 세력이 그랬던 것처럼 페이스북을 악용했다는 결론으로 이어질 수밖에 없는 내용이었다. 페이스북과 러시아 요원들 간의 관계가 어땠는지는 아직 밝혀진 게 거의 없지만, 페이스북이 자발적으로 코건과 케임브리지 애널리티카 그리고 트럼프 진영과 작업을 벌였다는 사실에는 의심의 여지가 없었다. 페이스북 직원들이 페이스북에서 트럼프의 디지털 전략이 성공을 거두는 데 직접적인 역할을 했을 가능성도 충분했다.

케임브리지 애널리티카 사태가 몰고 온 충격파는 엄청났다. 페이스북을 둘러싼 수많은 부정적 사건에 뒤이어 터져 나온 이 사태는 페이스북에 대해 사람들이 품어 온 최악의 공포를 현실로 보여준 셈이었다. 페이스북은 끈질긴 성장 추구 전략 때문에 이용자에 대한 윤리적 의무를 묵살했고, 대통령 선거에서 잠재적으로 결정적인 영향을 끼쳤으며, 사전 동의 없이 개인정보가 유출된 수백만 이용자들에게 미칠 결과는 아직 알 수 없는 상태다. 11개월 전에 트리스탄과 내가 시작하고 싶어했던 전국 차원의 대화는 새로운 수준에 도달했다. 이후 며칠은 페이스북에 중대한 시험대가 될 것이었다. 케임브리지 애널리티카 사태를 달리 긍정적인 방향으로 전환할 방법이 전혀 없었다. 페이스북은 이 사태를 어떻게 생각할까?

케임브리지 애널리티카에 관한 초기 보도는 특히 우리 팀의 멤버인 샌디 파라킬라스에게 깊은 영향을 미쳤다. 2017년 11월 우리 팀에 합류한 이후 샌디는 우리의 대의명분에 충실했고, 페이스북에서 쌓은 경험을 토대로 소셜미디어의 부정적인 면을 언론의 논평과 인터뷰를 통해 세상에 알렸다. 그는 '인간중심 기술센터'를 출범시키는 데 중요한 역할을 담당했다. 하룻밤 새 샌디의 역할은 극적으로 바뀌었다. 운동가에서 내부고발자가 된 것이다. 2011년부터 2012년까지 샌디는 모든 외부 애플리케이션을 직접 관리하는 페이스북 플랫폼의 운영 관리자였다. 샌디는 이용자 정보의 프라이버시와 보안에 관련된 페이스북 정책과 행태에 대해 그만이 보여줄 수 있는 관점이 있었다.

메인주에서 학자 집안의 아들로 태어난 샌디의 어릴 적 꿈은 재즈 드러머가 되는 것이었다. 샌디는 그런 꿈을 키우다가 좀 더 안정적인 커리어를 찾고자 비즈니스 스쿨에 들어갔다. 그는 비영리 단체인 '모든 어린이에게 랩탑 컴퓨터를One Laptop per Child'의 사업 모델을 바꾸기 위한 사업계획 경연대회에서 우승했다. 그런 성공 덕분에 페이스북에 입사할 수 있었고, 이후 이용자 프라이버시에 초점을 맞춘 새 자리에 배치됐다. 페이스북의 전형적인 스타일대로, 무경험자에 검증되지 않은 신참 졸업생을 커다란 책임이 요구되는 자리에 앉혔다. 다른 회사는 보통 관련 경험이 풍부한 사람에게 맡기는 직위였다. 그 자리는 성장에 도움이 되지 않았고, 이는 페이스북 내에서 높은 우선 순위가 아니라는 뜻이었다. 도리어 이용자 프라이버시를 보호하는 업무는 내부적으로 일종의 걸림돌로 인식됐고, 따라서 샌디는 매우 어려운 처지에 몰렸다. 어떤 식으로든 성공하려면 페이스북 문화의 핵심 요소 중 하나와 맞서서 회사 성장에 작지만 부정적 영향을 미칠 게 거의 분명한, 프라이버시 보호 같은 마찰 요소를 회사가 수용하도록 밀고 나가야 했다. 상황이 자신에게 불리하게 전개된다는 사실을 깨닫기까지는 그리 오랜 시간이 걸리지 않았다.

2011년 11월, 샌디가 프라이버시 직무를 맡은 지 오래되지 않은 시점에 페이스북은 여덟 건의 프라이버시 불만을 둘러싼 타협 과정에서 앞으로 이용자 개인정보를 잘 존중하겠다는 내용의 동의 명령 합의를 FTC와 맺었다. 문제의 불만 내용은 2009년부터 시작된 페이스북의 긴 데이터 오용 내역을 담고 있다. 일부 경우 페이스북은 약속한 내용과 정확히 반대되는 조치를 취했다. 다른 경우 페이스북은 규제 기관에 법규 준수를 약속한 뒤 이를 지키지 않았다. FTC의 보도 자료는 페이스북의 의무 조항을 이렇게 밝혔다.

> 제안된 타결안은 페이스북이 더 이상 기만적인 프라이버시를 주장하는 것을 금지하며, 보유한 데이터의 공유 방식을 바꾸기 전에 소비자들의 허락을 받아야 하고, 향후 20년 동안 프라이버시 운영 기준을 잘 지키는지 독립적인 외부 감사 기관의 주기적인 평가를 받아야 한다.

이런 합의의 의도는 명확했고, 알렉산더 코건과 맺은 계약은 그런 합의를 위배한 여러 사례 중 하나였다.

이용자 데이터의 공유와 관련해 동의 명령은 페이스북에 두 가지 선택을 제시한 것으로 보인다. 친구 목록을 수집하는 툴을 제거하거나 또는 외부 개발사를 모니터링하고 감사해 동의 명령을 집행할 팀을 만들 수 있게 했다. 샌디에 따르면 페이스북은 어느 쪽도 실행에 옮기지 않았다. 동의 명령을 시행하는 데 필요한 엔지니어가 필요하다는 샌디의 요청은 "알아서 하라."는 경고와 함께 묵살됐다. 결국 동의 명령의 프라이버시 개선 조항은 페이스북에 일종의 면죄부를 준 셈이었다. FTC는 페이스북이 스스로 외부 감사 기관을 선정해 페이스북의 동의 명령 준수 여부를 증명할 수 있도록 허용했다. 페이스북으로서는 명령 준수를 걱정할 필요가 없는 셈이었다. 페이스북은 동의 명령을 제대로 지키지 않았음에도 매번 합격점을 받았다.

페이스북에서 '알아서 하라'는 의미는 일종의 생활 방식이었다. 코드는 짤 줄 알지만 그 밖에는 거의 아무런 경험도 없는 하버드대 학부생들이 모여 시작한 회사였다. 이들은 주어진 상황에 따라 그때그때 알아서 해 왔다. 새로 입사하는 직원들도 그와 동일한 경로를 거쳤다. 상황 파악이 늦은 일부 직원들은 회사에서 밀려났다. 살아남은 나머지 직원들은 경험이 별로 쓸모가 없다는 인식에 물들었다. 페이스북에서 승자는 직면한 어떤 문제든 해결할 수 있는 사람들이었다. 이런 모델의 단점은 직원들에게 무엇이든 불편하거나 고치기 어려운 문제를 우회하거나 회피하도록 부추긴다는 점이었다.

2012년 주식 상장을 앞두고 페이스북은 사업의 모든 부분에 걸쳐 점검을 받았는데, 페이스북 플랫폼과 관련된 일련의 프라이버시 문제가 불거졌다. 특히 외부 앱이 이용자의 친구 데이터를 수집할 수 있도록 허용한 툴이 문제로 부각됐다. 샌디가 설명했듯이 페이스북은 이용자 개인정보를 보호하려는 의지가 없었고, 그 때문에 법적 책임의 문제가 불거질 위험성이 다분했다. 그런 문제는 주식 상장 이전에 제대로 제기되고 해결될 수도 있었지만, 그런 일은 일어나지 않았다. 샌디는 페이스북이 FTC와 맺은 동의 명령을 제대로 준수할 의도가 없으며, 그러다 프라이버시 문제가 공론화되면 자신만 책임을 지게 될 것이라는 점을 깨닫고 회사를 그만뒀다.

2년 뒤 샌디 후임으로 들어온 페이스북 플랫폼의 운영 관리자는 학술 연구의 목적으로 성격 테스트를 통해 친구들의 데이터를 수집하겠다는 알렉산더 코건의 요청을 승인했다. 그로부터 18개월 뒤, 바로 그 자리에 있던 사람이 「가디언」의 폭로 기사에 대한 대응으로 코건과 케임브리지 애널리티카에 편지를 보내 문제의 데이터 세트를 파기하고, 파기 증명서를 보내라고 요구했다. 구체적인 증거를 제시할 수는 없지만 FTC와 맺은 동의 명령을 준수하겠다는 서약의 진실성이 2014년에 와서 샌디가 페이스북에서 일하던 시절보다 더 강해졌다고 판단하지 않는다. 만약 더 강해졌다면 페이스북은 거의 확실히 코건과 케임브리지 애널리티카의 규약 준수 여부를 감사하고, 조사할 권리를 행사했을 것이다.

케임브리지 애널리티카 사태를 계기로 우리도 그동안 추정했던 두 가지 사안을 심각하게 재고하지 않을 수 없었다. 하나는 페이스북의 프라이버시 경시로 피해를 입었을지 모르는 사람들의 숫자였고, 다른 하나는 2016년 대선에서 페이스북이 한 역할이었다. 프라이버시에 관한 한 우리에게는 한 가지 섬뜩한 근거 데이터가 있었다. 2012년 주식 상장 때 '페이스북 플랫폼'에 9백만 개의 앱이 설치돼 있다고 페이스북이 공개한 내용이다. 이론상 이들 모두는 친구 정보 수집 툴을 이용하려 시도했을 수도 있지만 그렇지는 않았다는 사실을 우리는 알고 있었다. 그 '애플리케이션' 중 많은 경우는 데이터를 수집하기보다 메시지를 주고받을 목적으로 만든 단일 페이지였기 때문이다. 하지만 플랫폼에 있는 앱의 1%만 친구 데이터를 수집했다고 해도 9만 개에 이른다. 샌디는 자신이 페이스북에서 일할 당시 데이터를 수집하는 앱은 수만 개에 달했다고 확인해줬다. 해당 프로그램은 샌디가 사직한 뒤에도 2년간 계속됐으므로 그 숫자는 더욱 늘었을 것이다.

그리고 케임브리지 애널리티카의 데이터 수집 못지않게 염려스러운 대목은 그것이 결코 가장 큰 규모의 데이터 수집이 아니었다는 사실이다. 샌디의 설명에 따르면 데이터를 수집한 몇몇 애플리케이션은 그 규모가 엄청나게 컸다. 시티빌CityVille과 캔디 크러시Candy Crush 같은 게임의 최고 이용자 숫자는 전 세계적으로 1억 명에 육박했다. 그중 아마도 4분의 1 정도는 미국 이용자였을 것이다. 시티빌과 캔디 크러시 같은 게임이 친구들의 데이터를 수집했다면, 이는 미국에 있는 거의 모든 이용자의 몇 배 규모에 이를 것이다. 많은 애플리케이션이 1백만 명 수준의 이용자가 있었고, 모두가 케임브리지 애널리티카보다 네 배나 더 많은 페이스북 이용자들의 친구 목록에 접근할 수 있었을 것이다. 어떤 페이스북 이용자든 2010~2014년 기간에 데이터 수집을 피했을 확률은 거의 없다.

알렉스 스타모스 같은 몇몇 간부진의 트윗을 제외하면 페이스북은 케임브리지 애널리티카 사태가 터진 이후 닷새 동안 침묵을 지켰다. 페이스북에서 나온 유일한 뉴스도 스타모스와 관련된 내용으로, 5개월 안에 회사를 떠날 계획이라는 발표였다. 기자들과 업계 관계자들은 스타모스가 해고되는 것인지 아니면 자발적으로 떠나는 것인지를 놓고 갑론을박을 벌였지만, 그는 8월 17일 페이스북을 떠나 스탠포드대학의 교수진에 합류했다. 스타모스가 2016년 대선에서 한 페이스북 역할에 대해 더 투명해야 한다고 주장했지만, 셰릴 샌드버그와 엘리어트 슈라지에 의해 묵살됐음을 시사하는 데이터가 여러 개 나왔다. 몇몇 기자들은 스타모스 자신의 명예롭지 못한 이력 때문에 그의 노력에 걸맞은 동정심을 얻지 못했다고 지적했다. 예를 들면 그는 야후가 미국 첩보 기관을 대신해 모든 수신 이메일을 스캔하는 툴을 설치할 때 야후 보안 팀의 수장이었다. 이전까지 어떤 인터넷 플랫폼도 그처럼 광범위한 요청에 부응한 적이 없었고, 그 때문에 야후는 맹비난을 받았다.

닷새가 지난 뒤 저커버그는 침묵을 깨고 '저희가 잘 보호할 것이라고 믿고 페이스북에서 개인정보를 공유한 분들께 그들의 신뢰를 저버린 것'을 사과했다. 「가디언」 보도에 따르면 저커버그의 사과는 진심으로 들렸다.

"저희는 여러분의 데이터를 보호할 책임이 있고, 만약 그럴 수 없다면 여러분에게 서비스를 제공할 자격이 없습니다."라고 저커버그는 썼다. 그는 페이스북이 침해 사고를 유발한 규정 중 일부를 이미 변경했다면서 "저희는 실수도 저질렀습니다. 앞으로 더 해야 할 일이 있고, 적극 나서서 그런 일을 해내도록 하겠습니다."라고 말했다.

저커버그는 외부 애플리케이션과 데이터를 공유하는 페이스북 규정을 바꾸겠다고 약속했지만, 실상은 공허한 것이었다. 페이스북은 이미 2014년에 친구 데이터를 수집하는 툴을 제거했고, 따라서 수집된 데이터를 다시 찾을 수는 없게 됐기 때문이다. 어떤 프로필이 일단 페이스북을 떠나면 그 정보는 어디로든 갔을 수 있으며, 거듭해서 복사됐을 수 있다. 그리고 해당 데이터 세트와 복사본이 어디로 갔는지는 아무도 모른다. 케임브리지 애널리티카 데이터 세트의 복사본은 어떤 식으로 '인터넷 리서치 에이전시Internet Research Agency' 같은 러시아 그룹에 넘어갈 수 있었을까?

샌디의 경험에 비춰보면 이런 결론밖에 내릴 수 없었다. 페이스북은 이용자 데이터를 널리 공유하는 편이 사업에 훨씬 더 유익했기 때문에 실상은 이용자의 데이터 프라이버시를 보호하지 않았다는 것이다. 외부 애플리케이션은 이용자들의 페이스북 이용도, 즉 사이트에서 보내는 시간을 높여주기 때문에 페이스북으로서는 매출과 수익을 늘려주는 핵심 요소였다. 이용자가 페이스북에서 보내는 시간이 늘수록 그 이용자가 보는 광고도 더 많아지고, 따라서 그 이용자가 페이스북에 기여하는 가치도 더 높아진다. 페이스북이 볼 때 이용도를 높여주는 것은 무엇이든 좋은 셈이다. 페이스북은 자신들의 행위가 잘못됐을 가능성을 전혀 고려하지 않은 것 같다.

언론과 정책 입안자들은 페이스북이 데이터 침해 사고에 대해 닷새 동안이나 아무런 공식 대응을 내놓지 않은 데 분개했다. 미국과 영국 의회는 저커버그에게 공식 증언을 요구했다. 내 안의 분석가 기질을 발휘해 들여다보면, 2016년 대선에서 페이스북이 한 역할은 한 가지 일관된 패턴을 보여주는 것이 분명했다. 페이스북은 처음에는 부인하고, 그 다음에는 지연하고, 다음에는 회피하고, 그래도 안 되면 시치미를 뗀다. 진실이 부인할 수 없이 드러났을 때만 페이스북은 책임을 인정하고 사과한다. 돌연 많은 사람이 그런 사과는 저커버그가 하버드대에 다니던 시절부터 써먹었던 방식이며, 페이스북 PR 교본의 한 표준이라는 사실을 깨달았다. 노스캐롤라이나대학 교수로 명석한 학자인 자이넵 투펙치는 페이스북 역사를 '14년에 걸친 사과의 여정'으로 규정했다. 이쯤에서 페이스북의 기업 강령을 이렇게 바꿔야 한다고 생각했다.

> 빨리 움직여라, 무엇이든 깨뜨려라, 사과하라, 그리고 이 과정을 반복하라.[1]

저커버그는 여론의 호감을 사기 위한 시도로 「뉴욕 타임스」, CNN, IT 블로그인 「리코드」 등과 인터뷰를 가졌다. 인터뷰를 보고 읽으면서 나는 왜 저커버그가 공식 발언을 하기 전에 5일을 기다렸는지 알 수 있었다. 그는 준비가 필요했다. 잘못된 대답으로 인한 피해는 닷새 간의 침묵으로 인한 비판보다 더 크다고 결론 내렸을 게 분명했다. 이를 증명할 길은 없지만 당시에는 닷새간 침묵으로 일관한 것이 페이스북과 저커버그, 그리고 셰릴에 대한 브랜드 피해를 더 키운 듯했다. 인터뷰에서 보여준 저커버그의 퍼포먼스도 페이스북에 가해지는 압력을 줄여주지 못했다.

다음날에는 셰릴이 자기 나름의 사과하기 위한 투어를 시작했다. 재무부 장관의 수석 보좌관 출신인 셰릴은 고도의 정치적 경험과 수완을 갖추고 있었다. 페이스북의 최고운영책임자이자 월트 디즈니 컴퍼니의 이사회 멤버로 수많은 기업 경영진을 알고 있었고, 다양한 사업 상황도 겪었다. 또 셰릴은 베스트셀러의 저자로, 소비자들 사이에서 일종의 '브랜드'를 구축했다. 이런 모든 맥락에서 셰릴은 매우 뛰어난 커뮤니케이션 기술을 발휘해왔다. 2017년 가을, 셰릴은 한 인터뷰에서 러시아가 페이스북

---

1 '빨리 움직이고 무엇이든 깨뜨려라'는 페이스북의 본래 강령 'Move fast and break things'에 저자가 'apologize'와 'repeat'를 더해 풍자했다. – 옮긴이

을 이용해 2016년 대선에 개입한 내용을 다루면서 그야말로 위기 관리 커뮤니케이션의 진수를 보여줬다. 셰릴은 표정과 목소리에 진실성을 담아 보는 이들의 신뢰를 끌어냈지만, 막상 인터뷰 기록을 들여다보면 셰릴이 아무런 구체적 사실도 인정하지 않았고, 페이스북의 어떤 실질적 변화도 약속하지 않았다는 점이 분명하게 드러난다. 케임브리지 애널리티카 사태 이후 가진 첫 번째 인터뷰에서 셰릴이 실패했다는 사실은 매우 충격적이었다. 저커버그가 그랬던 것처럼 셰릴도 깊이 캐묻지 않는 인터뷰어를 선정한 것으로 보인다. 그것도 도움이 되지 않았다. 셰릴의 인터뷰는 부정적인 인상을 남겼다. 명성으로만 셰릴을 알고 있던 사람들은 진실성이 결여된 엉성한 인터뷰에 놀라움을 표시했다. 업계 관계자들은 둘 중 하나로 반응했다. 대다수는 논쟁거리가 잊혀져서 다시 예전처럼 돈을 벌수 있기를 기대하는 분위기였다. 페이스북 행태에 실망한 상대적 소수는 셰릴의 해명이 그처럼 설득력이 없는 데 놀랐다는 반응이었다.

셰릴 샌드버그는 자신이 세운 목표는 무엇이든 성취할 수 있다는 점을 알고 있다. 셰릴을 잘 아는 사람들은 거기에 동의할 수밖에 없다. 셰릴의 재능은 굉장하다. 커리어를 시작하면서부터 그녀는 자신의 대외 이미지를 치밀하게 만들고, 정부 기관부터 비즈니스, 자선 활동 및 가족에 이르기까지 이미지의 모든 면을 철저히 관리해 왔다. 셰릴의 화려한 커리어는 그녀의 궤도에 끼어든 몇몇 불운한 사람들이 부수적 피해를 입는 상황을 낳기도 했지만, 실리콘밸리 문화에서 그러한 피해는 보통으로 취급됐다. 중요한 것은 남들을 이용하면서도 겉으로는 고결해 보여야 한다는 점이다. 셰릴은 PR 위기를 맞은 페이스북 이후의 계획도 염두에 뒀던 것일까? 다른 경영자라면 당면한 문제를 파고들어 단기적으로는 타격을 입더라도 장기적으로는 혜택을 기대할 수 있는 방향을 찾았겠지만, 셰릴은 그 반대로 문제를 회피하는 쪽을 택했다. 셰릴은 사태가 가장 결정적이었던 순간에 오히려 스포트라이트를 회피하는 것처럼 보였다. 내가 당시 만났던 여러 업계 관계자와 기자들은 페이스북의 곤경에 쌤통이라는 반응이었다.

저커버그와 셰릴의 적극적인 언론 플레이 뒤에도 페이스북에 가해지는 압력은 계속 커졌다. 3월 21일 페이스북의 한 이용자는 캘리포니아주 산호세에서 집단소송을 제안했다. 같은 날 트위터에 이런 트윗이 올라왔다.

God
@TheTweetOfGod

마크 저커버그는 너희가 절대로 믿어서는 안 되는 인물 중 하나니라. 이것은 실제로도, 알파벳 순서로도 그러하다.

1:42 PM · Mar 21, 2018

12,905 Retweets　　**50,321** Likes

3월 22일, 이언 보고스트^Ian Bogost라는 게임 디자이너가 시사문화지 「애틀랜틱^The Atlantic」에 '내가 만든 젖소 게임도 당신의 페이스북 데이터를 수집했습니다'라는 제목의 글을 실었다.

2010년과 2011년에 잠깐 나는 페이스북에서 마우스로 클릭할 수 있는 가축을 관리하는 버추얼 목장주였다. …
페이스북은 아직 주식을 상장하기 전이었고, 비록 팜빌과 펫 소사이어티^Pet Society 같은 소셜 게임 요청과 요구가 여기저기서 튀어나오기는 했지만 아직 페이스북의 서비스는 사용하는 재미가 있었다.

거기에서 해볼 만한 것은 다 해봤고, 마우스 클릭으로 농장을 운영하는 게임도 그중 하나였으며, 페이스북 그 자체도 마찬가지였다. 2010년에 이미 사람들이 친구들을 최적화할 잠재적 자원 정도로 취급하는 악의적인 관심을 끄는 시장처럼 느껴졌다. 의도적 선택보다는 강요가 사람들의 시간을 빼앗았다. 팜빌 같은 앱은 인위적인 불편 사항을 만들어놓고, 그에 대한 해결책을 따로 팔았다.

그런 경향을 비웃을 목적으로 나는 카우 클리커Cow Clicker라는 풍자성 소셜 게임을 만들었다. 게이머들이 귀여운 젖소를 클릭하면 '음메' 하는 소리를 냈고, 그때마다 '클릭'을 기록했다.

보고스트는 카우 클리커를 만들어 팜빌과 그것을 중심으로 형성된 문화를 비웃었다. 결국 그의 게임은 팜빌의 성공을 이끌었던 것과 같은 소셜 트렌드를 유도했다. 이용자들은 게임에 중독됐다. 보고스트는 그런 현상이 걱정됐고 '카우포칼립스cowpocalypse'[2]라는 이벤트를 끝으로 게임을 접었다. 그는 일상으로 돌아갔고, 케임브리지 애널리티카에 관한 뉴스가 터질 때까지 카우 클리커를 거의 떠올리지 않았던 것 같다. 뉴스를 보자 그는 자신의 앱도 친구와 이용자들의 데이터를 수집했고, 그 모든 데이터가 자기 사무실의 하드드라이브에 아직 저장돼 있는 사실을 깨달았다. 그는 까맣게 잊고 있었다. 이런 경우는 그만이 아닐 것이다.

보고스트의 기사는 일반의 주목을 덜 받았던 페이스북의 허술한 데이터 보안에 스포트라이트를 비췄다. 데이터가 일단 페이스북을 떠나면 이것을 회수하기란 더 이상 불가능하며, 데이터는 어디엔가 계속 살아 있으리라는 점이었다. 2010년과 2014년 사이에 외부 개발사가 페이스북을

---

2 젖소가 불러일으킨 재난. 젖소의 재난이라는 뜻. Cow와 Apocalypse의 합성어 ─ 옮긴이

통해 수집해간 데이터를 페이스북이 이제 와서 감독하고 규제하기란 불가능했다. 누군가 어디엔가 데이터를 갖고 있다. 전부는 아니더라도 대부분은 갖고 있을 것이다. 왜 그렇지 않겠는가? 그 데이터는 여전히 경제적 가치가 있다. 문제의 데이터 세트는 어딘가로 팔렸거나 공개됐을 것이다. 일부는 파기됐을 수도 있다. 그 모든 개인 이용자 데이터에 무슨 일이 생겼는지는 아무도 모른다. 그리고 한 데이터 세트가 얼마나 오래됐든, 앱 회사가 그것을 페이스북 안에서 다시 사용한다면, 해당 데이터 세트가 수집된 다음에 페이스북이 추가로 수집한 모든 데이터의 혜택도 얻을 수 있을 것이다.

그다음 날, 두 번째 내부고발자가 케임브리지 애널리티카에서 나왔다. 처음부터 케임브리지 애널리티카에 있다가 2016년 대선 전에 회사를 떠난 크리스토퍼 와일리와 달리, 브리타니 카이저는 브렉시트와 미국 대선 모두에 관여한 고위 간부였다. 카이저는 정치적 자유주의자로 페이스북의 공동 설립자인 크리스 휴즈가 주도한 2008년 오바마의 선거 캠프에 참여한 바 있고, 2016년 민주당 후보 경선에서는 버니 샌더스에게 투표했다. 내부고발자가 된 이유를 카이저는 더 이상의 거짓말을 막고 싶었다고 대답했다. 「가디언」에 인용된 카이저의 폭로 동기는 다음과 같았다.

> "왜 우리가 이런 사람들에게 변명거리를 줘야 하죠? 왜요? 저는 나이든 백인 남자들을 위해 변명해 주는 데 지칠 대로 지쳤어요. 빌어먹을."

카이저는 실리콘밸리 기업이 해명해야 할 일이 많다고 믿는다.

> "지금 보도되는 것보다 훨씬 더 많은 내용이, 어떻게 사람들이 자신들을, 그리고 자신들의 데이터를 보호할 수 있는지 확실히 전달돼야 한다고 생각해요."

카이저의 첫 번째 인터뷰에서 나온 가장 큰 폭로 중 하나는 휴즈가 얼마나 효과적으로 페이스북을 변화시켜 오바마 캠페인에 필요한 업무량을 줄였는가 하는 점이다. 오바마의 재선 캠페인을 위해 휴즈는 친구들 데이터를 수집하는 애플리케이션을 만들었다. 해당 앱은 코건의 앱과 달리 실제 임무에 솔직했고, 유권자 억제가 불가능한 곳에서 사람들의 투표를 독려하는 사명 자체가 훌륭했지만, 오바마 선거 캠프의 데이터 수집 행위는 그보다 4년 뒤에 코건이 저지른 행위와 마찬가지로 잘못된 것이었다.

카이저는 알렉산더 닉스가 케임브리지 애널리티카를 계열사로 창립할 당시 SCL 그룹에서 일하고 있었다. 오바마 캠페인의 경험 때문에 카이저는 다음 시장 기회는 데이터 분석 분야에서 공화당계가 민주당계를 따라잡는 일일 것이라는 알렉산더의 제안에 매력을 느꼈다. 카이저는 케임브리지 애널리티카로 전직해 클라이언트를 유치하는 작업을 벌였다. 그녀의 초기 클라이언트는 아프리카에 있었지만, 2015년에 그녀와 알렉산더는 차기 대통령 선거가 임박한 점에 착안해 미국으로 무게중심을 옮겼다. 카이저는 알렉산더가 그의 후원자인 로버트 머서와 스티브 배넌과 달리 특정한 당파성을 가진 정치인은 아니었으며, 단지 "미국 시장에서 유력한 광고 회사를 차리고 싶었다."고 주장했다. 「가디언」의 기사 일부를 인용하면 다음과 같다.

> "구글, 페이스북, 아마존 같은 기업들, 이 모든 대기업은 사람들의 데이터를 이용해 수백, 수천억 달러를 벌어들입니다."라고 카이저는 말한다. "저는 지난 몇 년 동안 데이터가 가장 귀중한 자산이라고 기업과 정부에 말해 왔어요. 개인들은 이용당하지 않기 위해 자신의 인간적 가치인 각자의 데이터로 수익을 창출할 수 있어야 합니다."

「가디언」 인터뷰에서 카이저는 브렉시트 캠페인에서 유럽연합을 탈퇴하자는 진영 쪽에서 일하지 않았다는 케임브리지 애널리티카의 거듭된 주장을 반박했다. 카이저는 탈퇴 및 찬성 진영과 연계된 두 단체가 케임브리지 애널리티카와 데이터 공유 계약을 맺었다고 말했다. 직접 돈이 오가지는 않았지만 데이터 가치에 부응한 일종의 '교환exchange'은 있었다고 했다. 「가디언」은 그러한 교환은 영국의 선거법을 위반한 것일 수 있다고 설명했다.

케임브리지 애널리티카 사태는 쓰나미 규모로 커지고 있었다. 브렉시트 결정에도 불구하고 영국 정부는 여전히 해당 사안을 수사할 수 있고, 수사할 것이다. 미국 의회가 10월과 11월에 청문회를 열기로 함에 따라 페이스북이 사태의 책임을 회피하기는 쉽지 않을 것이다. 페이스북은 이미 온갖 부정적인 뉴스를 관리하느라 곤욕을 치르고 있다. 영국발 위협은 그런 사정을 더욱 어렵게 만들 것이다.

심판의 날

페이스북의 케임브리지 애널리티카 스캔들에는
다음과 같은 모든 요소가 들어 있다.

특이한 억만장자, 한때 사랑받았지만 공룡이 돼버린 벤처기업, 007 영화
의 악당을 닮은 정치 용병, 그리고 그가 소유한 수상한 사이코그래프
프로필 기업, 괴짜 내부고발자, 유출된 수백만 명의 페이스북 프로필
데이터, 스티브 배넌, 머서 가문, 결정적으로는 도널드 트럼프와 2016년
대통령 선거의 결과 등 – 찰리 와즐Charlie Warzel

미국에는 기업의 사업 활동을 제한하는 여러 법규가 있다. 법을 통
과시키고 규정을 만드는 데는 엄청난 노력이 요구되기 때문에 공
동체 규범이 심각하게 위배된 경우에만 제한한다. 기업은 공식 허가 없이
는 유독성 물질을 함부로 버릴 수 없다. 왜냐하면 사회는 예전에 그렇게
한 결과 공해를 일으키고 공중보건을 훼손시켜 용납할 수 없는 비용이 발
생한다는 점을 인식했기 때문이다. 금융 기관은 합법적인 방법으로만 고
객의 예치금을 사용할 수 있다. 의사와 변호사는 엄격하게 지정된 상황을
제외하고 고객이 제공한 개인정보를 공유할 수 없다. 기업은 규제를 달가

워하지는 않지만, 그런 규칙이 사회 전체를 보호하는 데 필요한 마찰의 한 형태로 생각해 대부분 수용한다. 대다수 경영자들은 사회가 공공재의 이익을 위해 경제적 자유를 제한할 권리가 있다는 관념을 이해하지만, 사업의 자유와 사회의 권리 간에는 긴장이 남아 있다. 자신들의 사업이 제한받기를 원하는 사람은 거의 없으며, 대부분의 대기업은 정부 청사 홀에서나 여론에서나 전문 로비스트와 다른 운동가들을 앞세워 자신들의 이익을 보호하려 한다.

자본주의 체제에서는 정부와 기업 간에 공생 관계가 성립돼야 한다. 기업은 특히 자산을 보호하는 데 재산법 같은 법의 지배에 의존한다. 규칙을 정하고 이를 시행하는 정부 권력에 의존한다. 민주주의 사회에서 주된 긴장은 법규를 정할 때 어떤 유권자층의 목소리가 더 관철되느냐에서 발생한다. 법규는 기업과 정책 입안자 간의 사적인 협상을 통해 나와야 할까? 피고용인들이 목소리를 내야 할까? 기업이 자리잡은 지역민의 의견은 어떻게 반영돼야 할까? 소비자는 누가 보호해야 할까? '구매자 위험 부담 원칙Let the buyer beware'이라는 표현은 한 편으로는 유용할지 모르지만, 기업의 행위가 구매자가 아닌 사람들에게까지 영향을 미칠 때는 그렇지 않다. 법과 규정이 존재하는 이유는 바로 이런 상황 때문이다.

연방 차원에서 법은 의회에서 제정되고 법원에서 해석된다. 법을 시행하기 위해 행정부 산하 기관은 규정을 만든다. 예를 들면 연방거래위원회는 기업의 영업 활동과 관련된 소비자 보호와 반독점 부문을 규제한다. 법무부는 여러 사안 중에서도 합병과 관련된 반독점 이슈와 대규모로 진행되는 반경쟁 행위를 관할한다. 노동부는 기업의 피고용인들을 보호한다. 새로운 법규는 그로 인해 영향을 받게 될 기업 부문을 포함해 광범위한 분야의 유권자들로부터 의견을 수집해 제정한다. 많은 경우 기업은 법규의 적용 범위를 본래 입법 취지보다 좁히는 데 성공한다. 각 행정부처 기구의 임무는 새로운 이슈에 대응해 진화했고, 주기적으로 법규에 대한 접근 방식에 변화를 가져온다. 50개 주도 기업에 대한 감독 규칙을 정하는 데 한몫한다. 캘리포니아주는 환경 규제 부문에서 단연 선도적이다. 세계에서 다섯 번째로 큰 경제 규모를 가진 캘리포니아주는 배기가스의 배출 기준과 다른 중요한 규제 우선 순위를 정해 영향력을 발휘한다. 많은 주는 연방 차원에서 챙기지 못하는 부문에서 법률과 규정을 시행하고 있다.

인터넷 플랫폼과 관련해 연방의 법과 규정이 제대로 짚지 않은 한 가지 중요한 사안은 프라이버시다. 미국에는 연방 차원의 프라이버시 권리가 없다. 미국 역사의 대부분에서 그런 점은 별로 문제가 되지 않아 보였다. 불법 수색과 압수를 금지한 수정헌법 제4조가 미국 헌법에서 프라이버시 보호와 가장 근접한 대목이다. 그러한 프라이버시 보호의 간극 때문에 많은 주는 별도의 프라이버시 보호법과 규정을 제정했다.

현재 같은 연방 법규 체제는 워낙 오래 유지돼온 탓에 그와 다른 개념이나 철학을 경험한 재계 지도자는 거의 없다. 규제가 부자 및 권력자의 이익과 일반 대중의 이익 사이에 균형을 맞추면서 사회에서 건설적인 역할을 할 수 있다고 상상하는 사람은 거의 없다. 시간이 지나면서 일부 법규는 시대와 맞지 않게 되지만 '정부가 문제'라는 인식은 건전한 규칙과 공정한 법 집행이 자본주의 체제의 성공에 미치는 근본적인 중요성을 간과한 것이다.

지금 인터넷 플랫폼의 사업 행위를 제한하는 규칙과 규정은 거의 없다. 인터넷 플랫폼은 우수한 기업 활동과 제품으로 고객들의 삶을 향상시켜 온 산업계의 최신 세대로, 그렇게 50년간 쌓아 온 신뢰와 선의의 혜택을 고스란히 물려받았다. 오늘날의 플랫폼은 미국의 경제 철학이 규제 완화를 근간으로 받아들였던 시기에 등장했다. '일자리를 죽이는 규제'라는 표현은 정계에서 엄청난 압력으로 발전해 규제에 대한 토론 자체를 억누르는 것은 물론, 왜 규제가 존재하는지조차 잊어버리게 만들 지경에 이르렀다. 일자리를 죽일 목적으로 규제를 만드는 정부 기관은 없다. 이들은 보통 직원, 고객, 환경 혹은 사회 전체를 보호할 목적으로 그렇게 하는 것이다. IT 업계에 종사하는 기업 활동은 여러 세대 동안 비교적 온건했고, 이들이 위협이 되리라고 상상한 정책 입안자는 거의 없었다. 규제 기관은 전통적으로 불량한 행태와 규칙 위반이 잦은 업계에 집중했다. 눈으로 볼 수 있는 피해에 초점을 맞췄다.

고객들은 상품과 서비스가 지불한 비용과 비교해 좋은 가치를 제공하기를 기대하지, 기업에게 도덕적 리더십을 바라지는 않는다. 이들은 기업이 수익을 놓고 경쟁을 벌이며, 각자가 가진 수단을 최대한 활용할 것으로 예상한다. 기업 행위로 피해를 입으면 사람들은 분개하지만, 대부분은 부와 권력 앞에서 무력감을 느낀다. 이들은 권력자들에게는 다른 규칙이 적용된다고 느끼고 실제로도 그렇다는 점을 확인하지만, 그럼에도 기업이 처벌받지 않고 불법 행위를 자행하는 데는 한계가 있다. 너무 멀리 나가면 심지어 부자와 권력자도 법의 제재를 받는다. 2018년 여름, 정책 입안자들과 대중은 인터넷 플랫폼에 관해 활발한 논의를 벌였다. 페이스북과 구글 그리고 다른 인터넷 플랫폼에 규제가 적용돼야 할까? 이들은 너무 멀리 나갔는가?

만약 케임브리지 애널리티카가 페이스북에서 수집해 오용한 데이터 세트가 2016년 대통령 선거에서 아무런 역할도 하지 않았다면, 정책 입안자들과 대중은 이용자 데이터가 오용된 뉴스를 '기업이 흔히 하는 사업일 뿐'이라고 쉽게 넘어갔을지도 모른다. 만약 페이스북 직원들이 데이터 오용 스캔들이 처음 알려진 2015년 12월 이후 몇 달도 안 돼 트럼프 진영에 들어가 케임브리지 애널리티카와 함께 작업하지 않았다면 페이스북은 믿을 만한 알리바이를 댈 수 있었을지도 모른다. 하지만 사건의 전모가 드러나면서 온 세계는 페이스북이 극구 숨기려 애써 온 실상의 한 측면을 목격하게 됐다.

해당 뉴스는 많은 사람에게 충격으로 다가왔다. 대다수 이용자들이 페이스북을 사랑했기 때문이다. 우리는 페이스북에 깊이 의존하게 됐다. 페이스북은 단순한 기술 플랫폼을 넘어 우리 일상의 중심으로 자리잡았다. 소비자로서 우리는 편의성을 열망한다. 다른 사람들과의 관계를 열망하며, 공짜를 바란다. 페이스북은 이 셋 모두를 매력적인 패키지로 묶어 누구든 놀라고 즐거워하면서 매일, 그보다 더 자주는 아니더라도 사이트를 찾아가게 만든다. 생일을 멋지게 축하해주고, 온갖 다양한 콘텐츠에 언제든 자유롭게 접근할 수 있게 해준다. 운동가들이 이벤트를 조직할 수 있게 해준다. 심지어 페이스북 광고도 유용할 수 있다. 케임브리지 애널리티카는 그런 서비스의 진짜 비용이 무엇인지 사람들이 미처 모르던 부분을 드러내 줬다. 페이스북이 주는 편의성과 관계망은 가격표가 붙어 있지 않지만 공짜는 아니다. 아래로 내려갈수록 다운스트림 비용은 커지지만 무엇인가 잘못될 때까지는 뚜렷이 드러나지 않는데, 이런 '잘못'은 2004년 페이스북 설립 이후 우려할 만한 빈도로 나타났다. 개인 데이터의 부주의한 공유는 큰 잘못이지만 그보다 더 큰 문제가 종종 간과된다. 바로 이용자 데이터가 주입되는 인공지능 시스템의 목적이 당사자들의 동의를 구하거나, 그 내용을 알리지 않은 채 이용자들의 주의와 행동을 조작하는 데 있다는 점이다. 외부의 앱 개발사가 친구 목록을 수집할 수 있도록 허용한 페이스북 정책, 증오 표현에 대한 관용, 독재자들의 구미에 기꺼이 부응하는 태도, 그리고 러시아 세력의 대선 개입 과정에서 수행한 역할을 은폐하려는 시도 등은 페이스북이 다른 모든 요소보다 성장을 최우선으로 삼고 있음을 드러내는 징후라고 볼 수 있다.

이것은 단지 정상적인 사업이 아니었을까? 설령 국가 차원에서 페이스북의 선택을 승인하지 않는다고 하더라도, 페이스북의 행위가 정부 규제가 필요할 정도로 심각한 것일까? 규제는 득보다 더 많은 실을 초래할까? 이런 질문을 논의하는 과정에서 사람들은 공통적으로 인터넷 플랫폼에 실망감을 갖게 됐다. 이런 질문에 부딪힐 것이라고 전혀 예상하지 못했지만, 그렇다고 아무런 대응도 하지 않는다면 민주주의, 공중보건, 프라이버시, 혁신 같은 중요한 책임을 전혀 미덥지 못한 기업의 손에 방치해 버리는 결과로 이어질 것이었다.

페이스북은 가상 세계와 실제 세계를 접목하는 데서 엄청난 성과를 거뒀지만, 그 과정에서 사회 구조의 핵심 요소를 재구성할 수밖에 없었다. 페이스북은 20억 이상의 이용자들이 그들만의 현실을 소유할 수 있게 해줌으로써 사람들이 세상을 보는 방식을 근본적으로 변화시켰다. 이용자들을 다른 가치관에 전혀 관여할 필요가 없는 생각이 같은 사람들로만 구성된 그룹으로 분류함으로써 그 결과 공동체의 본질을 바꿔 놓았다. 디지털 소통을 실제 삶의 대안으로 적극 권장하는 가운데 인간 관계를 변모시

컸다. 이용자들의 주의를 조작해 페이스북에 대한 참여도를 증가시켰다. 악의적인 세력이 이용자들을 속이고, 선량한 사람들에게 대규모로 해악을 끼치도록 용인했다. 악의적인 세력이 민주주의를 훼손할 수 있는 플랫폼을 제공했다. 케임브리지 애널리티카 스캔들 덕분에 이용자들은 마침내 페이스북이 자신들을 얼마나 잘 알고 있으며, 그런 정보를 갖고 무슨 짓을 했는지 알게 됐다. 이용자들은 그 실상을 알고 분개했다. 페이스북은 사적인 이용자 정보를 기업의 이익을 위한 거래의 볼모로 취급했다.

페이스북이 역사상 가장 영향력 큰 기업이라고 말하는 것은 과장이 아니다. 페이스북의 실패는 엄청난 영향을 미친다. 증오 표현은 미얀마와 스리랑카의 사례에서 보듯 치명적인 결과를 가져올 수 있다. 부당한 선거 개입은 미국과 아마도 영국의 사례에서 보듯이 민주주의를 훼손하고 역사를 바꿀 수 있다. 그러한 일이 오프라인의 현실에서 일어나면 경찰서로 보낼 수 있다. 그것이 온라인에서 벌어지는 경우 무엇이 바른 대응인가? 우리는 얼마나 더 오랫동안 페이스북의 자율 규제만 믿고 있어야 하는가?

언론은 이용자 신뢰를 악용한 페이스북의 다른 사례를 지속적으로 폭로했다. 또 다른 심란한 경우는 페이스북이 안드로이드 운영체제에서 페이스북을 이용하는 사람들의 스마트폰 데이터인 통화 내역, 문자 메시지 및 다른 메타데이터를 내려받았다는 사실이다. 추측하건대 페이스북은 해당 안드로이드 데이터를 당연한듯이 이용자 데이터의 바다에 추가한 것이었다. 이용자들은 무슨 일이 일어나는 줄 전혀 모르고 있었다. 안드로이드 운영체제의 보안이 취약하다는 점은 업계의 상식이지만, 그럼에도 전 세계 스마트폰 시장의 80%를 차지하며 휴대폰 시장을 주도하고 있다. 케임브리지 애널리티카 스캔들의 경우처럼 페이스북과 안드로이드 뉴스는 수백만 이용자들에게 보안 위협이 엄연한 사실임을 부각시켰다.

기자와 이용자들이 의도적으로 찾아 나서면서 매일 부정적인 사례가 발견됐다. 특히 충격적인 사례는 3월 29일 뉴스사이트인 「버즈피드 BuzzFeed」가 보도한 내용이었다. 이 보도는 페이스북의 광고 담당 부사장인 앤드류 보즈워스가 '추악한 사람들The Ugly'이라는 제목으로 쓴 내부 메모를 소개하고 있다. 시카고에서 한 남자가 총에 맞아 죽는 장면이 '페이스북 라이브'의 비디오로 중계돼 물의를 빚은 다음 날 작성된 이 메모는, 페이스북의 무자비한 성장 추구 전략을 섬뜩한 표현으로 정당화했다.

> "우리는 사람들을 연결합니다. 그게 다예요. 회사 성장을 위해 우리가 하는 모든 일이 정당화되는 것도 그 때문입니다. 이용자들의 연락처 정보를 끌어오는 기능처럼 논란거리가 되는 행위도 마찬가지입니다. 사람들이 친구들에 의해 더 쉽게 검색될 수 있도록 도와주는 모든 미묘한 언어도 그렇죠. 더 많은 소통을 유도하기 위해 우리가 벌이는 모든 작업도 그렇습니다. 언젠가 우리가 중국에서 벌이게 될 작업도 그럴 것입니다. 모두 다요."라고 앤드류 '보즈' 보즈워스는 썼다.

> "그래서 우리는 더 많은 사람을 연결합니다."라고 메모의 다른 섹션에 적었다. "그것은 사람들이 부정적으로 활용한다면 나쁠 수 있어요. 어쩌면 누군가의 사생활이 누군가를 괴롭히는 사람들에게 노출돼 그의 생명을 잃게 만들지도 모릅니다."

> "어쩌면 누군가는 우리 툴을 이용한 테러리스트의 공격으로 죽을지도 모릅니다."

문제의 메모가 공개되자 보즈는 사태를 진화하려 시도했다.

> "저는 오늘 올린 포스트에 동의하지 않고, 심지어 이 글을 쓸 때조차도 거기

에 동의하지 않았습니다. 이 글의 목적은 다른 많은 경우처럼 내부 회람용으로 쓴 것이고, 회사 내에서 더 광범위한 토론을 벌일 필요가 있다고 제가 느끼는 사안을 표면으로 끌어내기 위한 것이었습니다. 이런 내용처럼 어려운 주제에 대한 토론을 벌이는 것은 페이스북의 프로세스에서 긴요한 부분이고, 이를 효과적으로 진행하기 위해서는 심지어 부정적인 아이디어도, 설령 그런 아이디어를 배제하기 위한 목적으로라도 고려할 수 있어야 합니다. 제 글을 큰 그림의 일부가 아니라 별개의 사안으로 본다면, 마치 저나 회사가 그런 견해를 가진 것처럼 오해할 수 있습니다. 그렇지 않습니다. 저는 저희 회사의 제품이나 서비스가 사람들에게 어떤 영향을 미칠지 진지하게 배려하며, 그런 영향을 긍정적인 것으로 만들어야 한다는 책임감을 통감하고 있습니다."

보즈의 메모는 나를 충격 속에 빠뜨렸다. 이 친구는 대체 무슨 생각을 하는 거지? 어떻게 사람이 이런 말을 할 수 있지? 도대체 어떤 회사가 그런 언어가 용인될 수 있다고 판단한다는 말인가? 보즈는 페이스북의 본래 문화를 고수하는 인물 중 하나다. 사내에서 논쟁적인 발언을 자주 하는 경영진 중 한 명으로 알려져 있다. 그가 메모를 쓰면 모든 수신자는 곧바로 메모를 읽는다. 더 중요한 사실은 누구나 그의 메모를 심각하게 받아들인다는 점이다. 페이스북은 물론 보즈의 메모와 트윗보다 훨씬 더 크고 복잡하지만 그 메모와 트윗이 페이스북 문화를 반영한다는 점에는 의문의 여지가 없다. 메시지는 분명했다. 페이스북 문화는 몇 개의 통계 수치를 중심으로 돌아간다는 것, 그 수치는 일일 이용자 규모, 이용자가 사이트에 머무는 시간, 매출액, 수익 규모 같은 것이다. 목록에 명시적으로 나와 있지 않은 것은 분명히 중요하게 취급되지 않는다. 페이스북의 누구도 나중에 초래될 결과에 한눈파는 것이 허락되지 않았다. 이들은 왜 뒤에 빚어질 결과가 페이스북의 문제여야 하는지 이해하지 못했다. 보즈의 메모는 페이스북에 품었던 나의 이상주의에 대한 최후의 일격이었다. 유일한 위안은 누군가가 문제가 된 메모를 언론에 유출했다는 점이었다. 만약 그 사람이 직원이었다면 그것은 페이스북의 일부 정책이 사회에 해악을 끼친다는 점을 사내에서 인식하고 있으며, 명백한 증거 앞에서도 규제 기관에 대한 협조를 거부하는 경영진의 태도로 볼 때 내부고발자의 출현이 불가피하다는 신호일 수도 있었다. 설령 내부고발자가 페이스북의 전직 직원으로 밝혀진다고 해도 그것은 여전히 좋은 소식이었다. 나는 그 메모가 전직 직원으로부터 나왔다고 들었지만 이를 확인할 수는 없었다.

왜 페이스북 직원들은 자기 회사의 비윤리적인 행태를 고발하지 않을까? 왜 이용자들은 항의의 뜻으로 페이스북을 탈퇴하지 않을까? 나는 직원들의 행동을 설명할 수는 없지만 이용자들이 그러지 못하는 이유는 이해한다. 이들은 편의성과 유용성을 갈구한다. 자신들이 조작, 데이터 보안 침해, 혹은 선거 개입의 피해자가 될 수 있다는 사실은 고사하고, 그런 것이 무슨 뜻인지조차 제대로 이해하지 못한다. 자신들이 봐도 좋다고 자녀들에게 허락한 스마트폰이나 컴퓨터 화면이 그들에게 영구적인 심리적 피해를 입힐 수 있다는 사실을 믿으려 하지 않는다. 그에 비해 선출 공무원들은 새로운 유세 기술과 실리콘밸리의 선거비 지원을 반긴다. 이들은 그런 기술이 유권자들에게 인기라는 점을 좋아한다. 정책 입안자들은 그럴 필요가 전혀 없을 것이라고 확신했기 때문에 IT 기술을 규제하는 데 필요한 전문 지식을 개발하지 못했다. 첩보 기관에서도 적성국이 인터넷 플랫폼을 무기 삼아 미국에 해악을 끼칠 것이라고는 미처 예상하지 못한 것으로 보인다. 그 결과 어느 누구도 선거 개입, 증오 표현 그리고 중독의 폐해에 전혀 대비가 돼 있지 않았다. 주요 소셜미디어 기업은 이용자 신뢰와 플랫폼에 내장된 설득적 기술을 최대한 활용해 정치적 타격을 최소화하고, 자신들의 사업 모델을 보호하는 데 급급했다. 케임브리지 애널리티카 사태가 터지기 전까지 그런 방식이 통했다.

페이스북이 자율 규제에 실패했음을 보여주는 뉴스가 거의 매일 나오는데도 저커버그는 자신이 회사를 운영할 최적임자이며, 자신에게 문제의 책임이 있다고 말하면서 책임자에 대한 처벌 요구를 거절했다. 「워싱턴 포스트」는 '악의적인 세력'이 페이스북 플랫폼의 검색 툴을 악용해 전 세계 20억이 넘는 이용자들의 신원을 밝혀내고, 그에 대한 정보를 수집했음을 페이스북이 인정했다고 보도했다. 이어 우리는 페이스북이 시스템과 외부 앱의 상호작용 방식을 바꾸는 바람에 인증과 다른 개인 데이터를 페이스북에 의존했던 데이트용 앱 틴더Tinder가 이용자들로부터 차단되는 결과가 초래된 사실도 알게 됐다(이 내용은 그로부터 한 달 뒤, 페이스북이 자체 데이트용 앱을 발표하는 바람에 마치 의도한 것처럼 보였다). 4월 4일, 페이스북은 2015년 이후 처음으로 개정된 약관을 발표했다. 개정된 내용은 대부분 프라이버시 관련 공개와 이용자 데이터의 취급에 대한 것이었다. 작은 변화였지만 분명한 진전이었다. 여론의 압력은 통하고 있었다.

같은 주에 나온 기사 중 특히 불편한 내용은 페이스북이 수신자들의 받은 메일함에서 저커버그의 메시지를 지운다는 것이었는데, 이는 여느 이용자들은 사용할 수 없는 기능이었다. 페이스북은 처음에는 보안 목적의 수정이라고 주장했지만 누구도 믿을 수 없는 변명이었다. 그러자 다음 날, 보낸 메시지를 취소할 수 있는 '언센드unsend' 기능을 이용자들에게 확대할 계획이라고 발표했다(2019년 2월에 출시한 제한된 '언센드' 기능). 페이스북은 이어 마크 워너, 에이미 클로바커, 존 매케인^{John McCain} 상원의원이 발의한 '정직한 광고법^{Honest Ads Act}'의 모델에 따라 정치 광고의 투명성을 높이겠다고 발표했지만, 곧 후보자들뿐 아니라 특정 이슈를 지지하는 광고도 포함하도록 적용 범위를 확대했다. 페이스북의 최근 변화 중에서 겉으로나 실제적인 면에서도 바르게 방향을 잡은 경우로 돋보였다. 가짜 미국 깃발을 내세운 광고의 역할은 2016년의 러시아 개입에서 비교적 미미한 편이었지만, 미국인 유권자들을 러시아 세력이 만든 페이스북 그룹으로 끌어들이는 데 필수적이었고, 이는 결국 선거 개입에서 주요 도구가 돼왔다. 새로운 정책이 효과를 거두려면 페이스북은 정책을 어기는 기업이나 기관을 확실히 제재해야 할 것이다.

압력이 가중되는 가운데 언론과 공학자들은 의회 의원들이 IT 기술을 적절히 규제할 수 있을 만한 지식을 갖추고 있지 못하다는 데 거의 만장일치로 동의했다. 많은 사람이 기술 규제가 대부분 소규모 벤처기업과 신생기업보다 대규모 기업에 더 유리한 쪽으로 시장을 왜곡하기 때문에 어리석다고 주장했다. 그런 우려는 타당했지만 그럼에도 자유 방임으로 시장 논리에만 맡기기보다는 규제안을 만들어 개입하는 쪽이 더 바람직하다고 주장했다. 또 의회가 IT 기술 분야에 대한 규제 경험이 없다고 해서 시장의 실패로부터 국민을 보호할 책임이 면제되는 것은 아니었다. 실상 IT 분야는 의료, 금융, 원자력 같은 분야보다 덜 복잡하다. 단지 그보다 더 빨리 변할 뿐이다. 새로운 산업이 나타나 규제가 필요할 때마다 의회는 그에 부응하기 위해 속도를 높여야 한다. 과제는 해당 분야에 필요한 지식과 기술을 재빨리 습득하는 일이다. 의회가 그러한 도전에 직면한 것은 이번이 처음은 아니다.

여론은 페이스북을 더 압박했고, 페이스북은 규제가 나오기 전에 협력할 용의가 있음을 보여주기 위해 추가적인 정책과 서비스상의 변화를 발표했다. 늘 그렇듯이 그 발표는 교묘한 속임수를 감추고 있었다. 첫째 페이스북은 데이터 브로커들을 금지했다. 이것은 마치 또 다른 케임브리지 애널리티카가 나오는 것을 방지하기 위한 대책으로 보이지만, 실제로는 페이스북을 자체 플랫폼상에서 데이터 독점을 더욱 강화하려는 의도였다. 데이터 브로커들을 금지함으로써 페이스북은 광고주들이 전적으로 페이스북의 데이터에만 의존할 수밖에 없도록 만들었다. 3월이 지나갈 무렵 페이스북은 블로그에 미래의 선거 개입을 막기 위한 방안을 게재했다. 블로그는 악의적인 세력이 신분 위조를 할 수 없게 하는 대책과 이용자들의 신고를 기다리기보다는 개입 시도를 예측할 수 있는 새로운 계획을 집중적으로 다뤘다. 거기에는 거짓 정보^{disinformation}에 표적을 맞춘 새로운 프로그램이 포함돼 있었지만, 1월에 단행한 뉴스 피드의 변화로 공식 언론 출처의 비중이 낮아진 탓에 적어도 선거 개입 예방책의 한 부문(필터 버블의 침투)은 실효를 거두기가 훨씬 더 어려워졌다.

저커버그는 두 곳의 의회 청문회(상원의 법사위원회와 통상위원회 연합 세션과 하원의 에너지·통상 위원회)에서 증언하기로 합의했지만 영국 의회의 청문회 참석은 거부했다.

청문회는 4월 10일 오후 상원에서 시작됐다. 저커버그는 정장 차림으로 청문회에 도착해 수많은 인사와 악수를 나눴고, 다섯 시간에 걸쳐 질문을 받았다. 그 연합 위원회 인원은 모두 45명이었다. 각 상원의원에게 할당된 시간은 겨우 4분밖에 되지 않았고, 이는 그런 방식에 맞춰 잘 준비해 온 저커버그에게 유리했다. 각 질문에 대답을 장황하게 늘어놓으면 저커버그는 각 상원의원의 질문을 3, 4개로 제한할 수 있었다. 아마도 더 중요한 대목은 위원회의 고참 상원의원들에게 우선권이 주어지고, 이들은 저커버그만큼 제대로 준비가 돼있지 않다는 사실이었다. 행운이었든 혹은 의도한 것이었든 페이스북은 2주간의 휴회 뒤 첫 날에 출석하기로 합의했고, 그 바람에 상원 보좌관들은 청문회에 대비할 시간이 거의 없었다. 그런 타이밍이 페이스북에 안겨준 혜택은 즉각 나타났다. 여러 상원의원은 페이스북의 비즈니스 방식조차 제대로 이해하지 못하는 듯했다. 오린 해치^{Orrin Hatch} 상원의원은 "이용자들에게 서비스 비용을 물리지 않으면서 어떻게 사업을 유지할 수 있습니까?"라고 질문해 페이스북의 광고 사업 모델에 대한 무지를 드러냈다. 미리 준비한 외교관식 답변으로 무장한 저커버그는 참을성 있게 각 상원의원에게 주어진 시간을 소진했다. 상원의원들은 저커버그를 다그치려 시도했고, 두 시간째에 이르러 두어 명의 상원의원은 날카로운 질문을 던지기도 했다. 청문회의 대부분에서 저커버그는 질문을 잘 비켜나갔다. 저커버그는 또 상원의원들끼리 질문을 제대로 조율하지 않은 덕도 봤다. 마치 상원의원들은 저마다 다른 이슈를 제기하는 것처럼 보였다. 십여 가지 다른 문제가 부각됐고, 문제마다 별도의 청문회가 필요함을 시위하는 것 같았다.

세 시간째 초반에 저커버그는 또 다른 행운을 만났다. FBI가 도널드 트럼프의 개인 변호사인 마이클 코엔^{Michael Cohen}의 집과 사무실을 압수수색한 사실이 알려지면서 방송사가 초점을 그리로 옮긴 것이다. 언론의 헤드라인은 일시에 뒤집혔다. 이후 상원 청문회나, 다음날 열린 하원 에너지 · 통상 위원회의 청문회를 시청한 사람은 거의 없다시피 했다. 다섯 시간에 걸친 하원 청문회에서도 저커버그는 똑같은 '시간 잡아먹기' 전략을 사용했다. TV 시청자가 거의 없는 마당에 그것은 별로 문제가 없었다. 하지만 하원의원들은 주목할 만한 질문을 쏟아냈다. 여러 의원은 질문을 용의주도하게 조정했고, 그중 일부 질문은 저커버그를 당황하게 만들었다. 뉴저지 주의 프랭크 펄론 의원은 페이스북의 기본 설정을 데이터 수집을 최소화하는 쪽으로 바꿀 수 있느냐며 저커버그에게 '예'나 '아니오'로 대답하라고 밀어붙였다. 저커버그는 얼버무렸다. 펄론의 질문에 직접 대답하기를 거부했다. 아마도 페이스북으로서는 데이터 수집을 최소화할 의도가 없기 때문이었을 것이다. 저커버그의 시각으로 볼 때 청문회가 내리막길로 치닫기 시작한 것은 그 무렵이었다.

펜실베니아주의 마이크 도일 의원은 케임브리지 애널리티카와 이용자 데이터 수집에 초점을 맞췄다. 도일의 질문에 저커버그는 케임브리지 애널리티카가 문제의 데이터 세트를 취득한 사실을 2015년 12월 「가디언」의 보도를 보고서야 알았다고 주장했다. 도일은 페이스북은 그런 일에 주의를 기울이지 않았던 모양이라고 점잖게 시사했다. 도일 의원은 "증인은 페이스북 이용자 데이터 보안을 확보하는 쪽보다는 증인의 플랫폼으로 개발자들을 끌어들이고 유지하는 데 더 관심을 기울인 것 같군요."라고 말했다.

플로리다주의 캐시 캐스터 의원은 플랫폼 안과 밖 양쪽에 걸쳐 광범위하게 데이터를 수집해 온 페이스북의 행태를 다그쳤다.

> "이용자들로 하여금 커뮤니티를 조성하고 가족들과 연결해주는 대가로 페이스북은 악마의 협상을 맺었습니다. 그리고 궁극적으로 미국 시민들은 조종당하는 것을 좋아하지 않아요. 누군가의 감시를 받는 것도 마찬가지죠. 우리는 집 바깥에서 누군가가 우리를 지켜보는 것을 좋아하지 않아요. 누군가가

동네에서 우리나 우리 자녀들을 미행하거나, 스토킹하는 것도 좋아하지 않죠. 페이스북은 이제 모두의 일거수일투족을 추적하는 장소로 진화했습니다. 증인의 회사는 거의 모든 사람의 데이터를 수집하고 있어요. 맞아요, 우리는 페이스북 이용자들이 그런 사실에 동의를 표시했고, 그런 점이 플랫폼의 일부라는 점도 이해합니다. 하지만 페이스북은 그 이용자들이 페이스북과 애플리케이션에서 로그아웃한 다음에도 그 사람들과, 심지어 페이스북 계정이 없는 사람들의 개인정보를 수집했어요. 맞죠?"

온라인 뉴스사이트인 「폴리티코Politico」에 따르면 캐스터 의원의 질문은 저커버그가 '특히 불편해하는 표정'을 짓게 만들었다. 캐스터 의원은 페이스북 사업의 근본적인 요소, 즉 데이터 프라이버시에 관한 한 이용자에게 선택권이 있다는 믿음은 허상에 불과하다는 사실에 초점을 맞췄다. 약관은 이용자들이 아니라 페이스북을 보호하기 위한 것일 뿐이었다. 캐스터 의원의 질문은 의회가 소비자 보호의 일환으로 디지털 감시 문제를 진지하게 다뤄야 한다는 점을 보여줬다.

뉴멕시코주의 벤 루한Ben Luján 의원은 데이터 수집 문제를 더 깊이 파고들었다. 저커버그가 페이스북이 평균적인 이용자에 관해 얼마나 많은 데이터 요소를 갖고 있는지 모른다고 고백하자, 루한 의원은 그에게 대답을 알려줬다. 2만 9천 개라고. 루한 의원은 또 저커버그에게 기막힌 역설을 일러줬다. 페이스북은 페이스북을 이용하지 않는 사람들에 관한 데이터까지 수집하며, 그렇게 개인정보가 수집된 당사자들은 페이스북에 가입하지 않는 한 페이스북의 정보 수집을 막을 도리가 없다는 점이었다.

매사추세츠주의 조 케네디 의원은 메타데이터에 눈길을 줬다. 그의 질문은 이용자들은 페이스북이 얼마나 많은 데이터를 수집하는지 전혀 알지 못하며, 메타데이터는 개별 이용자의 내밀한 정보까지 드러낼 수 있다는 우려를 반영한 것이었다. 케네디 의원의 질문은 이용자들은 페이스북에 올리는 콘텐츠에는 얼마간 통제권을 행사할 수 있지만, 그런 활동의 결과로 생성되는 메타데이터에 대해서는 그것이 실상 페이스북의 광고 사업을 위한 연료임에도 그에 대한 이용자의 권리는 결여된 현실을 부각시켰다.

하원 청문회는 페이스북의 데이터 수집의 방대한 범위와 그럼에도 이용자 프라이버시에 대한 배려는 결여된 점을 폭로했다. 청문회를 지켜본 사람들이 보기에 페이스북은 법적 소송으로부터 회사를 보호할 목적의 정책은 많았지만, 이용자를 보호하거나 권리를 보장해주는 내용의 정책은 거의 없었다. 의원이 그와 관련된 질문을 던지자 저커버그는 무지를 고백했다. 회사 직원을 시켜 적절한 대답을 주겠다는 약속을 되풀이했다. 페이스북의 실수를 사과했다. 그것은 더 이상 중요하지 않았다. 언론과 월스트리트 증권가의 평결은 상원 청문회의 첫 시간에 이미 내려졌고, 그것은 만장일치에 가까웠다. 저커버그는 기대 수준을 넘어섰고, 의회는 못 미쳤다. 많은 평론가는 해당 청문회를 의회가 IT 규제에 필요한 전문 지식이 결여돼있다는 증거로 내세웠다. 의원들과 가진 후속 미팅의 내용에 따르면, 의회의 민주당원들은 인터넷 플랫폼에 대한 실질적인 감독의 필요성을 인식했다. 그를 위해서는 아무런 이해 관계가 없는 전문가들의 도움이 필요하다며 이들은 우리 팀의 도움을 요청했다. 순수의 시대는 끝났다.

성공?

모두가 하루 종일 너무나 많은 정보를 얻는 바람에 상식을 잃어간다.

– 거트루드 스타인^{Gertrude Stein}

몇 달 동안 페이스북의 사업 모델과 성장 위주의 선택에 관한 폭로가 매일처럼 쏟아져 소셜미디어의 부작용에 관한 논의가 일반으로 널리 확산됐지만, 그렇다고 해서 이용자들이 왜 그것이 자신들에게 중요한지 이해했다는 뜻은 아니었다. 페이스북은 여론의 압력에 반응해 제품과 정책상의 변화를 발표했지만 공중보건, 민주주의, 프라이버시, 그리고 혁신에 대한 위협은 여전히 남아 있었다. 인터넷 플랫폼의 행태를 교화하는 일은 여전히 힘겨운 싸움이었다. 에베레스트 등반에 비교한다면 우리는 해발 5,400미터 정도까지 올라 겨우 베이스캠프에 닿은 셈이었다. 정말 어려운 부분이 우리 앞에 있다.

인터넷 플랫폼은 여전히 정책 입안자와 대중 사이에서 엄청난 호의를 받고 있었고, 기회가 될 때마다 그런 점을 최대한 활용했다. 이들이 직면한 곤경은 피해의 광범위한 양상 때문에 도리어 그 실상이 희석됐다. 일일이 따라잡기가 어려울 지경이었다. 케임브리지 애널리티카, 러시아의 대선 개입, 미얀마의 인종 말살 범죄, 10대 자살률의 증가 같은 이야기는 대중의 주목을 받았지만, 대다수 이용자들은 자신들이 신뢰하는 서비스가 어떻게 그처럼 심각한 피해를 일으킬 수 있었는지 이해하지 못했다. 인터넷 플랫폼이 내린 선택으로 인해 어떻게 그런 사태가 일어났는지 이해하기 위해서는 대다수 이용자들이 기꺼이 쓰겠다고 했던 것보다 더 많은 시간과 노력이 필요했다. 그런 현실을 어떻게 바꿀 수 있는지 파악하는 일은 더욱 더 어려운 과제였다.

IT 기술은 워낙 막강해져서 인터넷 플랫폼은 인간 심리의 약점을 정확히 파고들어 이용자들의 주의를 조작함으로써 막대한 수익을 올릴 수 있었다. 인정하든 인정하지 않든 플랫폼은 전체 국가를 비롯한 대규모 그룹에 영향을 미칠 수 있는 능력이 있음을 증명해 보였다. 정책 입안자들과 대중은 이런 유형의 사업 활동이 사회적 규범을 위배했는지 판단해야 했다. 과학자들은 치명적인 바이러스를 배양할 능력이 있지만, 치밀하게 설정된 연구 환경이 아닌 한 사회는 그런 행위를 용인하지 않는다. 금융 서비스 회사는 고객을 상대로 사기 칠 수 있지만 사회는 그것도 용납하지 않는다. 인터넷 플랫폼의 한계는 무엇일까? 다음 단계로 인터넷 플랫폼이 사회에서 수행할 적절한 역할은 무엇인지를 논의해야 할 것이다. 플랫폼이 사람의 심리적 약점을 이용하는 데 있어서 어디까지 허용돼야 할까? 이들 기업은 회사 제품과 사업 모델로 인해 일어나는 피해를 어디까지 책임져야 할까? 플랫폼은 자신들이 보유한 이용자 데이터에 대해 비밀을 지키는 책임을 져야 할까? 이용자의 데이터 활용 범위에 한계를 둬야 할까?

이런 문제는 페이스북에만 국한되지 않는다. 구글의 감시 엔진은 다른 어떤 기업보다도 더 많은 이용자 데이터를 수집한다. 유튜브는 극단주의자들을 채용하고 훈련하는 유력한 수단이 돼 버렸다. 유튜브는 헤아릴 수 없이 많은 음모 이론으로 들끓는다. 어린이들을 대상으로 삼은 부적절한 콘텐츠가 넘쳐난다. 인스타그램과 스냅챗은 크고 작은 방식으로 10대들의 불안을 확대시킨다. 하지만 소셜 네트워크 부문의 압도적인 지위를 통해 페이스북은 온라인 사업 행태에 대한 일반의 무지와 규제의 부재로 가장 큰 혜택을 입었다. 그 엄청난 규모 때문에 실패의 규모도 증가한다. 가장 극단적인 문제가 모두 페이스북 책임은 아니지만 페이스북은 워낙 이용자가 많고 보안이 허술한 데다, 뒤에 어떤 결과가 일어날지에 무관심한 탓에 악의적인 세력들의 온상이 돼 왔다.

22억의 적극적인 이용자를 보유한 페이스북은 규모에서 세계 최대의 종교와 맞먹는데, 놀라운 것은 그 숫자에 계열사 이용자 수가 포함되지 않았다는 점이다. 페이스북은 서비스를 제공하는 모든 나라에서 엄청난 영향력을 행사한다. 미얀마 같은 일부 국가의 경우, 인터넷은 사실상 페이스북이기도 하다. 이 나라에서 로힝야 소수 민족에 대한 박해는 계속되고 있고, 유엔 조사관들은 페이스북이 그러한 '인종 청소ethnic cleansing'를 부추겼다고 지적했다. 2018년 8월, 로이터 통신은 '1천 건이 넘는 로힝야와 다른 무슬림 민족을 공격하는 포스트와 댓글, 포르노 이미지 사례'를 게재한 특별 보고서를 발행했다. 이들 사례는 페이스북이 미얀마에서 증오 표현을 막기 위한 조치를 취한 다음에 나온 것이었다. 8월 말에 페이스북은 미얀마 군부의 계정을 사이트에서 금지 조치했다. 그것이 미얀마에서 난무하는 증오 표현을 막을 가능성은 거의 없어 보이지만, 그럼에도 그런 조치는 가히 역사적이라 할 만하다. 내가 아는 한 페이스북이 약자를 대신해 강자에 맞선 것은 이번이 처음이다. 반박 증거가 나올 때까지 나는 해당 금지 조치도 페이스북 정책의 근본적인 변화라기보다는 부정적인 여론을 돌려보려는 단기적 욕망을 반영했다고 추측할 것이다.

페이스북은 증오 표현의 유포에 초점을 맞추고 이를 막기 위한 자원을 크게 늘렸지만, 미얀마나 다른 어떤 나라에서도 그것을 제대로 차단하지는 못하고 있다. 그 결과 로힝야 소수 민족은 계속 탄압받고 죽어가고 있다. 미국의 경우 페이스북은 뉴스와 정치 활동에서 가장 중요한 플랫폼으로 자리잡았다. 「트루먼 쇼」 같은 사업 모델과 필터 버블, 이용자 주의를 조작하는 기술 덕택에 페이스북이 공론에 미치는 영향력은 그 유례를 찾아볼 수 없을 정도로 막강하다. 페이스북 직원 중 투표를 통해 선출된 사람은 단 한 명도 없지만, 이들의 행동은 우리의 민주주의에 결정적인 영향력을 행사한다. 거의 모든 민주주의 체제에서 페이스북은 선거 결과를 좌지우지할 수 있는 예측 불가의 권력이 됐다. 전체주의 정권의 경우 페이스북은 시민들을 통제하는 효과적인 수단으로 이용되고 있다. 이런 점은 캄보디아와 필리핀에서 입증된 바 있다. 중국 정부는 이런 아이디어를 극한으로 받아들여 시민 행동을 정부가 감시하고 평가해 정부 시책에 부응하는 경우는 보상 점수를, 그렇지 않은 경우는 처벌 점수를 매기는 '사회 신용 등급social credit, 소셜 크레딧' 제도에 근거한 소셜미디어 플랫폼을 만들었다. 중국 프로젝트의 목표는 국가적 차원에서 국민의 행동을 통제하는 것으로 보인다.

2017년 인터넷 플랫폼의 적절한 역할에 관한 논의가 시작되자 페이스북은 비판자들의 말에 귀 기울이기보다는 싸우는 쪽을 택했다. 허세로 비판을 비켜가려 시도했지만 실패했다. 페이스북은 브랜드 이미지에 얼마간 상처를 입었지만 대응 방식을 바꾸지 않았다. 압력이 가중되자 페이스북은 처음에는 사업 관행에 약간의 변화를 주는 식으로 대응하다가 나중에는 더 큰 변화를 내세우며 대응했다. 2018년 중반까지 페이스북이 밖으로 불거진 여러 문제를 바로잡는 데 최선을 다했다는 점은 분명하지만, 그것도 페이스북의 사업 모델과 성장 기세를 보호하기 위해 한 것이었다. 이 글을 쓰는 시점 기준으로 페이스북은 미래의 선거 개입을 막거나 외부 세력의 이용자 조작을 억제하고 증오 표현을 막거나, 페이스북의 이용자 데이터 공유로 인한 만약의 피해로부터 이용자를 보호하는 데 필요한 근본적 변화는 꾀하지 않았다. 이들 문제는 충분히 이해된 것까지는 아니지만, 이제 널리 알려진 상태다. 문제는 정책 입안자와 이용자들이 페이스북의 변화를 강력히 주장할 것인지 여부다.

저커버그의 청문회 방어 이후, 페이스북은 태풍은 지나갔다고 결론지었을 것이다. 그런 점은 청문회로부터 2주 뒤 페이스북이 2018년 1사분기 실적을 보고하면서 분명해 보였다. 대박이었다. 페이스북의 주요 실적치는 큰 증가세를 보였다. 분기 매출액은 120억 달러에 가까웠고, 이는 분석가들의 전망치보다 5억 달러가 더 많은 규모였다. 수익은 63%나 뛰었다. 월 이용자 22억명, 일일 이용자 14억 7천 명은 전년도보다 13% 증가한 숫자였다. 페이스북은 440억 달러 규모의 현금과 시장성 유가증권을 확보하는 것으로 1사분기를 마쳤다. 투자자들과 가진 콘퍼런스 콜에서 저커버그는 청문회와 케임브리지 애널리티카를 잠깐 언급했지만 거기에 대해 특별히 논평할 것으로 누구든 기대했다면 실망했을 것이다. 의회 청문회의 증언에 대한 평가와 더불어 실적 보고서는 저커버그를 예전의 행복한 지위로 복귀시켜 줬다. 콘퍼런스 콜에서 저커버그는 페이스북이 예전의 사업 상황으로 돌아왔다고 선언했다. 투자자들은 이보다 더 행복할 수가 없었다. 다음날 주가는 9% 뛰었다.

그러나 페이스북을 통한 불법 상아 거래, 베트남 참전 군인들을 상대로 사기 친 가짜 페이스북 페이지 같은 부정적인 뉴스는 계속해서 떠올랐다. 그처럼 뒤에 드러난 부정적인 행태는 별반 영향을 미치지 못했다. 다만 적어도 정책 입안자들 사이에서 이런 후속 사례는 의회 청문회에 대한 사후 분석의 깊이를 더해 저커버그의 청문회 관련 평가를 어느 정도 퇴색시키는 효과로 작용했다.

「워싱턴 포스트」는 저커버그 증언 내용의 사실 여부를 점검하는 장문의 '사실 확인' 기사를 게재했다. 해당 기사는 저커버그가 페이스북의 바람직하지 못한 행태를 가능한 한 가리기 위해 질문을 반복해서 재구성했음을 보여주는 여러 증거를 보여줬다. 예를 들면 이용자가 페이스북에 있는 자신의 데이터에 어느 수준까지 접근할 수 있는지 물었을 때 저커버그는 일반적으로 접근 가능한 콘텐츠 데이터에만 초점을 맞췄고, 페이스북의 광고 사업을 추진하며 보통 이용자들은 볼 수 없거나 관리할 수 없는 타사 데이터에 대한 참조는 가급적 피했다. 그는 이런 재구성 전술에 매우 능숙했고, 특히 상원 청문회에서 그랬다. 일반 대중은 이 기사를 놓쳤을지 모르지만 감독 기능을 가진 의회 의원들은 놓치지 않았다.

청문회를 통해 우리는 민주주의 체제를 지키고, 공중보건과 프라이버시를 보호하기 위해서는 앞으로 가야 할 길이 멀다는 점을 확인했다. 페이스북은 두 건의 심각한 스캔들인 러시아의 선거 개입과 케임브리지 애널리티카 사태에 휘말리고, 두 번의 의회 청문회를 거쳤음에도 기업 이미지는 별반 타격을 받지 않았다. 모든 비판에도 막힘없이 사업 자체는 전속력으로 치달았다. 페이스북에 이용자들을 진정으로 보호할 수 있도록 근본적으로 변화하게끔 설득하자면 스캔들이나 청문회를 넘어선 무엇인가가 필요했다.

이런 결론의 진실은 5월 첫 주에 열린 페이스북의 연례 개발자 콘퍼런스인 F8에서 더욱 명백해졌다. 저커버그와 페이스북의 입장에서 F8은 승리의 상징이었다. 저커버그는 케임브리지 애널리티카를 언급했지만 전체 연설에서 차지하는 비중은 비공개 클럽의 바에서 마시는 드라이 마티니[1]에 들어간 베르무트^{vermouth}의 양만큼이나 보잘것없는 수준이었다. 그 작은 부분만 제외하면 이벤트는 처음부터 끝까지 환호로 가득 찬 야합행사였다. 개발자들은 최근 스캔들에 대해서는 손톱만큼도 걱정을 드러내지 않았다. 페이스북은 아무런 죄책감도 보이지 않았다. 설령 그런 감정이 있었다고 하더라도 페이스북 측은 위기가 도리어 회사를 더욱 강하게 만들었다는 듯이 행동했다. 아마 실제로 그랬을 것이다.

페이스북은 데이트 서비스와 페이스북에 기록된 이용자의 서비스 이용 내역을 보고 지울 수 있게 해주는 '클리어 히스토리^{Clear History}' 툴을 비

---

1 드라이 마티니는 쌉쌀한 베르무트 1에 진을 4~10의 비율로 혼합해 만드는 칵테일이다. 베르무트는 포도주에 향료를 넣어 우려 만든 술로, 흔히 다른 음료와 섞어 칵테일로 마신다. 여기서는 아주 적은 양이라는 것을 설명하기 위해 비유적으로 사용했다. - 옮긴이

롯한 새로운 서비스 계획을 F8에서 발표했다. 이벤트의 주요 발표 내용이었던 데이트 서비스는 시장에 새로운 바람을 몰고 왔고, 이 부문의 선두주자인 매치닷컴Match.com과 틴더에 즉각 영향을 미쳤다. 매치닷컴의 주가는 뉴스가 나오자마자 22%나 곤두박질쳤다. 매치닷컴과 다른 경쟁사들이 오랫동안 이용자 인증과 데이터를 페이스북에 의존해온 사실을 고려하면 놀라운 일도 아니었다. 이미 페이스북에 배신감을 맛본 음악 앱과 게임, 뉴스 제공사처럼 이들은 페이스북을 훌륭한 파트너로 신뢰하면 쓴맛을 볼 가능성이 크다는 사실을 뼈저리게 절감했다. 궁극적으로 페이스북은 파트너의 사업에 타격을 입히게 된다는 사실 말이다.

'클리어 히스토리'는 훌륭한 아이디어일지 모르지만, 페이스북의 최근 행태로 볼 때 그런 발표는 또 다른 PR 전술에 지나지 않을 수도 있었다. 페이스북은 브라우저에 남기는 작은 코드 조각인 트래커tracker를 사용해 이용자가 웹의 어디를 가든 따라다녔다. 페이스북은 다양한 계열사 플랫폼뿐 아니라 '페이스북 커넥트'의 로그인 툴, 월드와이드웹 곳곳에 깔린 수백만 개의 '좋아요' 버튼을 통해 이용자를 추적했다. 페이스북용 아이디와 비밀번호를 다른 사이트에도 사용하는 이용자, 어느 사이트를 방문하든 페이스북의 '좋아요' 버튼을 누른 이용자의 웹 활동 내역과 메타데이터는 대량으로 축적되고 분석돼 해당 이용자의 정교한 프로필을 만들고, 이는 페이스북의 광고 가치를 높이는 열쇠가 됐다. 이용자들에게 클리어 히스토리 앱을 제시한 페이스북의 의도는 마침내 프라이버시에 대한 이용자들의 우려를 심각하게 받아들인 것이거나, 광고를 파는 데 브라우저의 사용 내역을 유지하는 것이 더 이상 필요 없게 된 것이든지 둘 중 하나다. 전자라면 정말 놀라운 일이지만 나는 후자의 가능성도 배제할 수 없다고 생각한다. 2019년 8월, 18개월의 기다림 끝에 페이스북은 '클리어 히스토리' 기능을 단계적으로 시행하기 시작했다. 여론의 압력이 그런 결정에 도움을 줬다는 점은 분명하다.

하원 청문회가 끝난 며칠 뒤 조 케네디 의원과 나눈 대화에서 저커버 그는 클리어 히스토리는 링크뿐 아니라 메타데이터에도 적용된다고 지적했다. 이는 그간의 관행과 사뭇 다른 내용으로, 이용자들에게 진정으로 혜택이 돌아가는 내용이었다. 회의론자들은 더 불길한 설명을 내놓는다. 페이스북은 방대한 규모의 이용자 데이터를 사용해 인공지능으로 작동하는 행동 타기팅 엔진behavioral-targeting engine을 훈련해왔다. 훈련 초기 단계에 해당 엔진은 페이스북이 찾아낼 수 있는 온갖 데이터 요소가 필요하지만, 결국 그런 훈련은 이용자의 행동을 예측할 수 있는 수준에 도달한다. 브랜드 이름을 소리 내어 말하면 페이스북에서 해당 브랜드의 광고를 볼 수 있다고 사람들이 말하는 것을 들은 적이 있을 것이다. 이 경우 이용자는 페이스북이 이용자의 기기에 달린 마이크를 통해 대화를 엿듣는 것이라고 추정한다. 그런 추정은 지금은 현실적이지 못하다. 더 그럴듯한 설명은 이용자의 행동을 예측하는 엔진이 이용자의 욕구를 정확히 예측했는데, 우연히 그에 부합되는 브랜드가 페이스북의 광고주였다는 것이다. 이것은 정말 섬뜩한 시나리오다. 상황은 기술이 향상될수록 더욱 더 섬뜩해진다. 일단 행동 예측 엔진이 일관되게 예측할 수 있게 되면 더 이상 그것을 처음 만들 때 요구된 것과 같은 규모의 데이터가 필요하지 않다. 그중 대부분은 메타데이터인, 더 적은 흐름의 데이터로도 필요한 작업을 수행할 수 있다. 만약 그런 수준이라면 이용자들에게 페이스북에 기록된 이용 내역을 지울 수 있도록 허용함으로써, 굳이 페이스북의 사업 모델을 바꾸거나 이용자를 특별히 보호하지 않더라도 프라이버시가 보호된다는 환상을 이용자들에게 심어줄 수 있을 것이다.

처음 만났을 때 트리스탄은 내게 소셜미디어의 여러 부작용 중에서도 인공지능 엔진이 사회에 가장 큰 위협으로 작용할 수 있다고 분명하게 강조한 바 있다. 그는 페이스북과 구글 같은 기업의 인공지능은 다음과 같은 압도적 이점을 지닌다고 주장했다. 바로 무한대의 자원과 확장성, 놀라울 만큼 상세한 20억 명 이상의 프로필(페이스북의 경우는 이용자들의 감정 유발 요소도 깊이 이해한다), 각 이용자의 위치와 관계, 활동 등에 대한 완전한 그림, 결과에 관계없이 이용자 주의를 조작하도록 부추기는 경제적 동기 같은 것이다. 사실상 인공지능은 20억 이상 인구의 대뇌 피질 속으로 직접 접근할 수 있는 광대역 커넥션을 보유한 셈이지만, 정작 이용자들은 그런 조작과 활용에 대해 전혀 무지하다. 페이스북과 구글의 인공지능 행동 예측 엔진이 성숙해지면 콘텐츠 데이터를 축적하거나 일정한 형태의 메타데이터를 더 이상 유지할 필요가 없어져 언론과 의회 청문회에서 제기된 프라이버시 우려의 주요 부분이 해소되겠지만, 그 과정에서 이용자의 프라이버시가 실제로 향상된 부분은 없다. 이것은 끔찍한 결과다. 프라이버시 보호를 위해 "무엇이든 하라."는 거센 여론의 압력에 정치인들은 겨우 보호의 환상만을 심어주는 표면적 변화에만 급급할 수 있다. 이용자들은 자신들의 데이터가 어떤 목적으로 어디에 어떻게 쓰일지 알려준 뒤 동의를 구하는 방식으로 시작되는 프라이버시 보호가 필요하다고 생각한다. 그런 명시적 절차가 없으면 모든 이용자는 악의적인 세력들에게 취약할 수밖에 없고, 그런 세력은 인터넷의 위력을 악용해 이용자들의 평판을 훼손하고 돌이킬 수 없는 피해를 초래할 것이다.

미국에서 기술 기업을 세워 공개 상장한 두 번째 여성 기업인으로 주목받는 주디 에스트린은 IT 독점기업의 권력은 억제하기 어렵다고 믿는다. '자유 시장 자본주의' + '플랫폼 독점 기업' + 'IT 기업에 대한 이용자와 정책 입안자들의 신뢰'의 조합은 우리를 기술 전체주의자들의 손아귀에 장악되는 상황으로 내몬다. 초대형 IT 플랫폼, 특히 페이스북과 구글 수장들은 국민 투표로 선출되지 않은 신분이면서도 전 세계 자유 민주주의의 근간을 뒤흔들고, 그럼에도 우리는 나라의 명운을 좌우하는 선거의 정보 보안을 이들에게 의존하고 있다. 이들은 공중보건을 위협하고, 개인 프라이버시의 영역을 재정의하며, 글로벌 경제를 재구축하고 있다. 정작 그로부터 직접 영향을 받게 될 사람들에게는 발언의 기회조차 주지 않으면서 말이다. 모두가 특히 기술 낙관론자들은 인터넷 대기업의 이익과 공공의 이익이 어느 지점에서 어떻게 갈등이 생기는지 면밀히 조사해야 한다.

정책 입안자들은 IT 업계의 거센 반발을 예상해야 한다. 업계는 정부 정책에 대해 발언할 자격이 있지만, 현행법은 규제 과정에서 이들에게 불균형적인 영향력을 허용한다. 이들은 초점을 좁혀 자신들의 사업에 미치는 영향을 최소화하려 시도할 것이다. 그것은 그들의 권리이지만 마지막 결정까지 보장할 수는 없다. 대중은 다수의 목소리가 반영되도록 할 수 있고 또 그렇게 해야 한다. 여론의 압력은 이미 효과를 발휘하고 있고, 더 큰 압력은 더 큰 효과를 낳을 수 있다. 이용자들도 온라인 행태를 바꿈으로써 인터넷 플랫폼에 영향력을 행사할 수 있다.

빠르게 변화하는 산업 분야에서 규제는 날이 무딘 도구임을 나는 잘 알고 있다. 정책 입안자들도 이를 이해하며, IT 같은 산업 분야를 규제하는 데 소극적인 이유 중 하나도 거기에 있다. 다시 강조하건대 목표는 인센티브를 바꿔 IT 업계의 행태를 개선하는 것이다. 이상적인 상황은 규제의 위협만으로도 그런 목표를 달성하는 것이다. 위협이 통하지 않으면 정책 입안자들은 보통 가장 쉽고 가장 고통이 적은 규제부터 시작한다. 그것마저 실패하면 규제는 하나 둘 더 강경하고 고통스러운 방향으로 바뀐다. 이런 이유 때문에 규제 대상이 되는 산업계는 대체로 규제 시행 초기에 자발적으로 협조하며, 치러야 할 대가가 너무 커지기 전에 정책 입안자들의 정치적 요구를 만족시킨다. 페이스북과 구글의 경우 규제의 첫 번째 신호는 흔히 'GDPR'로 불리는 유럽의 개인정보보호법General Data Protection Regulation이었다. 이 법을 충실하게 수용했더라면 유럽에서 이들의 정치적 곤경이나 평판의 타격은 완전히 제거하지는 못했을지 모르지만 현저히 줄일 수 있었을 것이다. 그러나 두 회사는 내가 도무지 이해할 수 없는 이유로 해당 법규의 요구 사항에 최소한으로만 부응하면서, 법규의 입법 취지는 노골적으로 무시했다.

2018년 나는 샌프란시스코 지역구 의원인 조 로프그렌으로부터 이메일 한 통을 받았다. 인터넷 플랫폼과 아직 밀월 관계일 당시 플랫폼을 강력히 후원해온 로프그렌 하원의원은 나에게 인터넷 프라이버시 권리장전을 준비하고 있다고 말했다. 로프그렌 의원의 표현은 직설적이었다.

> 자유 사회에서 사람들은 프라이버시의 권리를 가져야만 한다.
> 자유와 프라이버시를 증진시키기 위해서,
> 우리는 **당신에게 당신 데이터의 소유권이 있음**을 선언한다.
> 그에 따라 당신은 명확하고 투명한 방식으로 다음을 주장할 권리가 있다.
> (1) 당신의 개인정보를 수집하거나 제3자와 공유하는 데 동의하거나 참여

의사를 밝힐 권리, 요청한 서비스와 다른 목적으로 개인정보를 사용하는 것을 제한할 권리

(2) 기업이 보유한 당신의 개인정보를 취득, 수정하거나 삭제할 권리

(3) 보안 침해가 발견됐을 때 즉시 고지받을 권리

(4) 당신의 데이터를 사용 가능하고, 컴퓨터가 인식할 수 있는 형식으로 이전할 수 있는 권리

나는 단순하고 직설적인 이 데이터 권리장전이 마음에 들었다. 목적과 접근법에서 유럽의 GDPR뿐 아니라 클로바커, 케네디 두 상원의원이 발의한 법안과 비슷한 로프그렌 하원의원의 제안은 플랫폼을 규제하려는 노력의 첫 단계로 가치가 있었다. 지금과 같은 환경에서 어떤 데이터 프라이버시 권리장전이든 의회를 통과하기란 더없이 어려울 수 있다. 데이터에 대한 이용자들의 소유권과 통제권을 실제로 되찾아줄 법안을 통과시키기는 더욱 어려운 상황이었다. 의회는 그러한 법안을 총력 저지하려는 플랫폼의 치열한 로비 공세에 시달릴 게 뻔했다. 플랫폼은 대외적으로는 어떤 제스처를 취하든 자신들의 행동을 제한하게 될 어떤 법안이든 약화시키려 최선을 다할 것이다. 이들은 드러내놓고 그런 법안의 통과를 반대하기보다는 악법을 제정하는 데 굳이 에너지를 낭비할 필요는 없다는 인센티브를 의원들 사이에 조장할 가능성이 크다. 이 글을 쓰는 시점에서 페이스북과 구글은 정확히 그런 방향을 택해, 실효가 별로 없는 프라이버시 법규를 시행하도록 의회를 몰아가고 있다.

로프그렌 하원의원에게 보내는 답장에서 나는 이런 내용의 의견을 제시했다.

4번 항과 관련해 저는 모든 메타데이터, 즉 이름뿐 아니라 다양한 인간 관계와 행동을 포함한 소셜 그래프 전체까지 해당 이용자 요청에 따라 다른 플랫폼이나 서비스로 이전할 수 있는 권리도 구체적으로 밝히는 것이 중요하다고 생각합니다. 그런 조항이 없으면 신생기업은 불리한 위치에 놓일 수밖에 없고, 따라서 기술 혁신도 어느 정도 제약을 받게 될 것입니다.

우리가 어떤 권리장전을 만들든 그 초점은 어떻게 데이터를 수집하는지 못지않게 어떻게 사용하느냐에 집중돼야 합니다.

마지막 사안은 수집한 데이터의 외부 유포를 자의적으로 허용한 페이스북과 구글, 다른 플랫폼에 대한 내 우려를 반영한 것이었다. 일단 외부로 유출되면 데이터를 되찾지 못하는 것은 물론이고, 어디로 갔는지조차 모를 경우가 많다. 최선의 방책은 개인정보의 부적절하고 예기치 못한 사용으로부터 이용자들을 보호하는 일이다. 어떤 인터넷 권리장전이든 데이터의 사용 문제를 제대로 짚지 않는다면 이용자들에게는 별반 실효가 없을 것이다.

더 나아가 나는 로프그렌 하원의원에게 아무리 잘 시행해도 프라이버시 법규는 플랫폼이 일으킨 여러 문제 중 일부만 다룰 것이라는 견해를 수용하도록 요청했다. 예를 들면 나는 소셜미디어의 핵심 범주에서 경쟁이 사라지면 기술 혁신의 폭은 좁아지고 속도는 느려진다고 생각한다. 현재 소셜미디어에는 페이스북이나 유튜브의 대안이 없다. 이들의 사업 행태가 마음에 들지 않는다고 해도 다른 수가 없다. 이들은 페이스북이 인스타그램과 왓츠앱을 인수한 것처럼 인접 분야의 신생기업을 매입해 잠재적인 경쟁자를 독점 체제를 연장하는 수단으로 전환시켰다. 그뿐 아니라 페이스북과 구글은 가상현실부터 인공지능 및 자율주행차에 이르기까지 여러 유망한 신규 사업에 재빨리 발을 뻗어 아직 시장이 형성되기 전에 기반을 마련했다. 이들 플랫폼이 발을 뻗음으로써 새로운 사업분야가 유망하다는 점이 입증되는 효과는 있었지만, 다른 소규모 회사의 참여 의지를 꺾어 해당 시장을 왜곡하는 결과도 초래했다. 이를테면 페이스북이 가상현실 플랫폼인 오큘러스Oculus를 인수한 것이 다른 경쟁 플랫폼이 하려는 투자를 방해하지 않았다고 하기는 어렵다. 투자에 수억 달러가 요구되는 분야에서 어떤 벤처 자본가가 페이스북과 경쟁하려 들겠는가? 또 거대 플랫폼 기업 내부에서 진행되는 초기 단계의 프로젝트가 독립적인 신생기업과 동일하게 급박한 심정으로 진행될 것이라고 상상하기도 어렵다. 혁신의 속도가 떨어질 수밖에 없다는 이야기다.

실리콘밸리에서 겪은 내 경험에 따르면 구글, 아마존, 페이스북 같은 대기업은 창업자와 투자자들의 행태를 왜곡해왔다. 창업자들이 내릴 수 있는 선택은 대기업으로부터 멀리 떨어지거나 그들에게 팔 수 있을 만한 사업을 만드는 것으로 단순하다. 그로 인한 결과는 온갖 형태의 운송과 배달서비스, 개를 돌보거나 씻겨주는 일 같이 엄마가 하던 잡다한 일을 대신해주는 신생기업이 홍수처럼 쏟아진 것이다. 쥬서로Juicero의 80만 원 짜리 쥬스기처럼 많은 신규 상품이 억만장자들을 대상으로 한 제품처럼 보인다. 이미 창업자와 신생기업이 성공하기 힘든 환경에서, 정책 입안자들은 그런 환경이 더욱 나빠지지 않도록 조심해야 할 것이다.

GDPR이나 로프그렌 하원의원이 만들려는 프라이버시 권리장전 같은 규제는 기관의 규모와 상관없이 모든 기업에게 높은 보호 기준을 설정하고, 이를 어길 경우 상당한 규모의 대가를 지불하도록 요구할 것이다. 적절한 조정이 따르지 않는다면 그 비용은 소규모 신생기업에게 지나치게 부담스러운 규모여서 대기업들의 경쟁 우위를 더욱 강화할 수 있지만, 규제의 취지를 손상시키지 않으면서 그런 위험을 막을 수 있는 여러 방법이 있다. 로프그렌 하원의원에게 4번 항목을 수정해 전체 소셜 그래프(전체 친구 네트워크)를 다른 소셜미디어로 자유롭게 이전할 수 있도록 허용해야 한다고 권고한 것은 신생기업들의 경쟁력을 높일 수 있는 한 방편이다. 지금 페이스북과 경쟁하려는 기업이 있다면 먼저 두 가지 커다란 문제를 해결해야만 한다. 바로 이용자를 찾아내는 일, 그리고 이들이 페이스북에 이미 설정해 놓은 프로필을 자신들의 플랫폼에 고스란히 재생하라고 설득하는 일이다. 친구를 포함한 소셜 그래프를 자유롭게 이전할 수 있게 되면 두 번째 문제의 범위는, 심지어 모든 친구의 허락이 필요한 경우를 감안하더라도 관리 가능한 수준으로 줄어든다. 그러나 소셜 그래프의 이동성은 첫걸음일 뿐이다. 나는 반독점 조치도 옹호했다.

로프그렌 하원의원에게 보낸 메시지에서 나는 가장 피해가 적고, 기업 성장에 가장 우호적이어서 쉽게 옹호할 수 있는 고전적 반독점 모델을 채택하라고 제안했다. 나는 방금 1956년 당시 독점 기업이던 AT&T가 첫 번째 반독점 소송 결과 미 법무부와 맺은 동의 명령을 주제로 「파이낸셜 타임스」에 실을 기명 논평을 썼는데, 아직 발행되기 전이라서 기사 내용을 메일로 로프그렌 의원에게 보냈다. 그 동의 명령은 두 가지 핵심 사항을 담고 있었다. AT&T는 기존 규제 시장인 유선전화 사업으로만 사업 영역을 제한하고, 보유한 특허 포트폴리오를 무료로 허가해 주겠다고 합의했다. 사업을 규제된 시장으로 국한함으로써 AT&T는 당시 태동기이던 컴퓨터 산업에 들어가지 않았고, 그 자리를 IBM과 다른 기업에 내줬다. 이것은 매우 큰 딜이었고 역사적인 관행과도 일치하는 것이었다. AT&T

가 존재할 수 있었던 것도 전신 회사가 전화 회사 시장에 진입하지 못하도록 금지된 덕택이었다. 컴퓨터 산업이 자체 범주로 발전할 수 있도록 허용하는 것은 가능한 모든 면에서 바람직한 정책이었다.

AT&T의 특허 포트폴리오를 의무적으로 허가해주는 일은 더더욱 중요한 사항임이 증명됐다. AT&T의 벨 연구소는 엄청난 양의 연구 성과를 냈고, 그 때문에 광범위한 기초 특허를 보유하고 있었다. 그중에는 트랜지스터도 포함돼 있었다. 트랜지스터 특허를 무료로 이용 가능하도록 만든 덕분에 1956년의 동의 명령은 실리콘밸리의 탄생으로 이어질 수 있었다. 반도체, 컴퓨터, 소프트웨어, 비디오 게임, 인터넷, 스마트폰 등 모든 것이 그 덕분이었다. AT&T가 자체 타임라인에 맞춰 트랜지스터를 이용하도록 허용했다면 미국 경제는 더 좋아졌을 수도 있다고 과연 말할 수 있을까? 누구든 AT&T의 트랜지스터 독점을 허용했더라도 실리콘밸리에서 시작된 수천 개의 신생기업만큼 좋은 결과가 가능했을 것이라고 생각할까? 결정타는 따로 있다. 1956년의 동의 명령은 AT&T의 놀라운 성공에 걸림돌로 작용하지 않았으며, 사실은 너무나 성공적이어서 두 번째 반독점 소송으로 이어졌다는 사실이다. 회사는 결국 1984년에 쪼개졌지만, 그 변화는 또 다른 성장의 쓰나미를 몰고 왔다. 회사 분리 이후 옛 독점기업의 모든 부문은 해당 분야에서 크게 성공했다. 투자자들은 큰 이익을 얻었다. 그리고 무선 전화와 광대역 데이터 통신이라는 두 산업은 반독점 소송이 없었을 경우 걸릴 시간보다 훨씬 더 빨리 큰 시장으로 성장했다.

1956년 AT&T 동의 명령 논리를 구글과 아마존, 페이스북에 적용한다면 반독점 조치는 이들 대기업의 시장 기회를 제한함으로써 신규 진입 기업에게 진출 기회를 열어줄 것이다. 이것은 비핵심 분야 계열사의 매각을 요구할 수도, 요구하지 않을 수도 있다. 이들 디지털 대기업의 특허 포트폴리오에 트랜지스터와 비견될 만큼 결정적인 특허는 없지만, 그럼에도 이들이 특허 기술을 경쟁사의 진출을 막는 해자나 방어벽으로 사용할 거라는 데는 의문의 여지가 없다. 특허 포트폴리오를 개방한다면 그런 특허 기술을 기반으로 사업 기회를 찾는 창업자들이 수천 명에 이르기 때문에 엄청난 기술 혁신으로 이어질 가능성이 높다.

로프그렌 하원의원에게 보내는 메시지에서 나는 중요한 사실을 빠뜨렸다. 조너선 지트레인Jonathan Zittrain 하버드대 교수는 「뉴욕 타임스」에 기고한 칼럼에서, 고객들의 민감한 데이터를 관리하는 직업에 적용되는 신탁 규정fiduciary rule을 데이터 기반 기업으로 확대하자고 주장했다. 신탁자의 신분으로 의사와 변호사들은 항상 고객들의 이익을 최우선으로 삼아 그들의 프라이버시를 보호해야 한다. 만약 의사와 변호사들이 인터넷 플랫폼과 같은 기준으로 행동한다면, 이들은 누구든 비용을 지불하는 사람들에게 당신의 개인정보를 팔고 그에 대한 접근을 허용할 수 있을 것이다. 신탁 규정을 소비자 데이터를 보유한 기업, 다시 말해 인터넷 플랫폼을 비롯해 에퀴팩스Equifax, 액시엄Acxiom 같은 기업으로 확대하면 두 가지 혜택이 있다. 첫째, 기업이 데이터 프라이버시와 보안을 우선시해야 할 강력한 동기가 생긴다. 둘째, 데이터 보유 기관의 잘못으로 피해를 입은 소비자들과 기업은 데이터 기관이 일방적인 약관 조항만으로 면피할 수 없는 법적 배상을 받을 수 있다. 현재 상황에서는 피해를 입었다고 생각하는 이용자가 중재 절차를 신청할 수밖에 없는데, 이것도 고객보다 기업 측에 일방적으로 유리한 절차이기 때문에 배상을 기대하기 어렵다. 만약 소비자가 언제든 소송을 제기할 수 있는 상황이 되면 기업은 더 신중하게 처신할 가능성이 높다. 신탁 규정은 또 다른 혜택도 있다. 바로 단순성이다. 새로운 관료적 절차나 심지어 복잡한 법 제정도 필요 없다.

2018년 4월 마지막 주에 나는 여러 회의와 행사 때문에 워싱턴으로 돌아왔다. 여러 의원을 만났고, 그중에는 조 로프그렌 의원과 투합해 데이터 프라이버시 권리장전을 만드는 데 참여한 실리콘밸리 시절의 친구 로카나 하원의원도 있었다. 카나 의원은 신의성실 규정에 깊은 관심을 보였고, 우리는 해당 규정과 권리장전을 어떤 방법으로 한 쌍을 이뤄 더 효과적으로 소비자를 보호하고 경쟁을 장려할지 논의했다.

그날 오후 나는 낸시 펠로시 상원의원과 즉석 대화를 나눴다. 자신이 이끄는 정당 멤버들이 업계의 로비스트뿐 아니라 다른 전문가들과도 접촉해 심도 깊은 정보를 얻기를 희망한 취지였다. 우리는 로프그렌, 카나 하원의원들과 함께 데이터 프라이버시 권리장전을 만들기 위해 내가 벌여 온 작업을 논의했다. 펠로시 의원은 어떤 법이든 위원회 단계에서 시작해야 하기 때문에 다음 단계는 하원의 에너지 상업 위원회의 구성원들을 논의에 참여시키는 것이라고 알려줬다. 또 해당 위원회의 핵심 멤버들과 만나 데이터 프라이버시뿐 아니라 신탁 규정, 반독점, 선거 보안, 그리고 공중보건 등에 대해 토론할 수 있는 자리를 주선해 주겠다고 말했다. 로비스트들의 영향력에 대응해 어떻게 균형을 맞춰야 할지 걱정이라는 펠로시 의원의 언급에 나는 11월 1일의 청문회에 앞서 하원 정보위원회의 보좌관들에게 제공했던 것 같은 교육 커리큘럼을 제안했다. 목표는 하원 민주당원들이 다시 정권을 잡았을 때를 대비하는 것이었다. 펠로시 의원의 목표는 민주당이 감독 책임을 제대로 수행할 수 있도록 준비를 잘하는 것이었다.

워싱턴은 변화가 일어날 수 있는 한 부문에 지나지 않았다. 또 다른 부문은 주였다. 각 주의 검찰총장은 소환 권한과, 소비자 권리가 침해되거나 다른 불법행위를 찾아낸 분야에 소송을 제기할 권리가 있다. 2017년 우리는 처음으로 뉴욕주의 검찰총장과 참모들을 만났고, 그런 노력을 확대해 매사추세츠, 캘리포니아, 워싱턴 그리고 메릴랜드주의 검찰총장들도 만나기로 했다. 이들 중 몇몇은 페이스북과 이용자들 간의 관계를 데이터 프라이버시 관점에서 심도 있게 조사하고 있었다. 그에 더해 우리는 커먼 센스 미디어의 파트너들과 함께 이용자 프라이버시를 보호하고, 봇을 규제하기 위한 법안을 준비하는 캘리포니아 의회 의원들을 도왔다. 캘리포니아는 역사적으로 그런 문제에서 늘 선도적 역할을 해왔고, 2018년 6월 미국에서 가장 강력한 디지털 프라이버시법을 제정함으로써 인터넷 플랫폼에 대한 규제 부문에서도 선도적 지위를 굳혔다.

7월 25일 오후 페이스북은 2사분기 실적을 보고했다. 빅 뉴스는 페이스북에 가장 수익성이 높은 두 시장인 북미와 유럽에서 이용자 숫자가 각각 보합세와 감소세를 보였다는 점이었다. 페이스북 웹사이트 이용률은 북미에서 모바일 앱 증가율보다 급격히 더 큰 폭으로 떨어졌다. 주가는 다음 날 20% 정도가 빠져 시장 가치 면에서 1,200억 달러의 손실을 기록했고, 이는 하루 만에 빠진 액수로는 역사상 최대 가치 손실이었다. 투자자들은 페이스북의 사업 관행에 어떤 우려를 표명하지는 않았지만 시장이 포화됐다는 판단으로 주가를 떨어뜨렸고, 이는 독점 기업에 꼭 나쁜 일만은 아니었다. 내가 보기에 중요한 것은 낮아진 주가가 페이스북 직원들에게 회사의 전략과 그에 따른 자신들의 역할을 다시 따져보는 계기로 작용할 것인가의 문제였다. 혹시 내부고발자가 나오지는 않을까?

7월말 페이스북은 러시아 세력이 2016년 선거에 개입할 때 사용한 것과 동일한 전술을 채용한 32개 허위 페이지와 프로필을 추방했다고 발표했다. 해당 페이지와 프로필은 페이스북과 인스타그램 양쪽에서 서로 협조하며 활동했다. 29만여 페이스북 이용자들이 이들 페이지를 이용했는데, 그중 하나는 '러시아 인터넷 연구국Russian Internet Research Agency'과 연계된 곳이었다. 8월 초 애플과 페이스북, 유튜브는 알렉스 존스와 그가 운영하는 인포워 관련 콘텐츠와 페이지가 증오 발언에 대한 자기 회사의 규칙을 위배했다며 삭제했지만, 해당 규칙이 구체적으로 무엇인지는 밝히지 않았다. 트위터는 처음에는 이를 따르지 않았다. 그런 행동은 페이스북과 유튜브로서는 갑작스러운 것이었다. 특히 페이스북은 자신들은 중립적인 플랫폼일 뿐이며, 따라서 어떤 콘텐츠가 적절한지는 자신들이 아니라 소위 '커뮤니티 기준community standard'의 판단에 맡겨야 한다고 오랫동안 주장해 왔다. 그 때문에 소아성애자처럼 위법성이 명백한 몇 가지 범주 외에 페이스북은 사이트에 올라온 콘텐츠에 대한 판단을 회피해왔다. 이런 정책은 음모 이론과 거짓 정보처럼 사람들의 관심과 참여가 높은 콘텐츠의 증가를 불러왔고, 페이스북의 수익성을 크게 높이는 효과로 이어졌다. 그럼에도 페이스북이 태도를 바꿔 동참한 것은 페이스북과 유튜브보다 불과 몇 시간 더 빨랐던 애플의 발표가 페이스북에 일종의 정치적 커버 노릇을 제공했기 때문이라는 가설이 나왔다. 트위터는 최초 불참의 이유로 표현의 자유를 내세웠지만 비판의 쓰나미에 직면했다. 트위터는 알렉스 존스의 계정을 일주일간 차단하는 것으로 대응했다가 나중에 그와 인포워를 영구 제명했다. 의회 청문회에 나온 트위터의 CEO 잭 도시를 보도하는 CNN 기자를 모욕하고 비난하는 존스의 모습이 스트림으로 나온 직후였다. 이런 사례에서 내릴 수 있는 결론은 인터넷 플랫폼은 정치적으로 불가능한 경우를 제외하고는 음모 이론, 거짓 정보, 증오 표현 등을 금지함으로써 자신들의 사업 모델에 피해가 가는 것을 원치 않는다는 점이다.

8월 말 「뉴욕 타임스」는 페이스북이 미국 정계에 영향력을 미치기 위해 잘 조율된 캠페인을 펼쳐온 652개의 이란 관련 허위 계정과 페이지를 삭제했다고 보도했다. CNN에 따르면 해당 캠페인은 254개의 페이스북 페이지와 116개의 인스타그램 계정을 포함하며, 팔로어만 1백만 명이 넘었다. 페이스북은 선거 보안에 많은 투자를 했음에도 불구하고, 해당 계정과 페이지를 찾아내지 못했다. 이를 처음으로 찾아낸 것은 사이버보안 회사인 파이어아이FireEye였다. 페이스북의 현재 규모에 비춰볼 때 외부 기관에 의존해 악의적인 세력을 찾아내는 것만으로는 충분하지 않다고 생각한다. 프로세스가 문제를 막으려 할 때는 이미 너무 큰 피해를 입은 다음일 것이다.

8월의 삭제 작업 직후, 온라인 뉴스 사이트인 「마더보드Motherboard」는 페이스북의 콘텐츠 관리 방식을 면밀히 따지는 탐사 보도 기사를 내보냈다. 페이스북은 「마더보드」 측이 콘텐츠 관리팀을 취재할 수 있도록 허용했고, 「마더보드」는 여기에 유출된 문서의 내용을 더해 기사를 썼다. 아마 유출 문서는 현직 페이스북 직원들로부터 나온 첫 사례였을 것이다. 기사를 쓴 제이슨 케블러Jason Koebler와 조셉 콕스Joseph Cox 기자에 따르면 "저커버그는 페이스북이 하나의 글로벌 커뮤니티로 발전하기를 바란다고 말해왔는데, 전 세계 커뮤니티와 문화의 엄청난 다양성을 고려하면 급진적인 이상론이었다. 페이스북은 정교하고 미묘한 콘텐츠 조정으로 이러한 긴장 관계를 해소할 수 있다고 믿지만, 실상은 페이스북의 사업을 근본적으로 위협하는, 상상 이상으로 복잡하고 어려워서 아무런 해법도 찾을 수 없는 문제다. 페이스북의 이런 접근법은 표현의 자유에 대한 검열과 판단의 역할을 정부에서 사기업 플랫폼으로 이전시키는 결과로 이어졌다."고 표현했다.

페이스북은 자사의 인공지능 툴이 거의 모든 스팸을 탐지해 사이트에서 제거했으며, 그와 더불어 테러리스트 관련 콘텐츠의 99.5%, 허위 계정의 98.5%, 음란 콘텐츠의 96%, 지나치게 잔인한 폭력적 콘텐츠의 86% 그리고 증오 표현의 38%를 성공적으로 삭제하고 있다고 「마더보드」 측에 밝혔다. 그러한 숫자는 인상적으로 들리지만 여기에는 맥락이 필요하다. 첫째, 이들 수치는 인공지능이 제거 과정에 기여한 부분만을 보여준다. 우리는 얼마나 많은 부적절한 콘텐츠가 페이스북의 탐지망을 벗어나는지 아직 모르고 있다. 인공지능의 효과와 관련해서 99.5의 성공률은 여전히 10억 개의 게시글 중 5백만 개가 허용되고 있다는 뜻이다. 전체 맥락을 위해 언급하자면 매일 거의 50억 개의 게시물이 페이스북에 올라왔다. 그것도 몇 년 전인 2013년의 상황이었다. 증오 표현을 걸러내는 인공지능의 탐지 기록(제거율 38%)은 실상 전혀 도움이 되지 않는다. 인공지능이 놓친 부적절한 콘텐츠를 찾아내려 인간 조정자가 끼어들지만 최대한 허용한다는 것, 그리고 모든 문제에 대한 해결책을 일반화한다는 페이스북의 두 가지 목표에 묶여 어려움을 겪는다. 조정자들을 위한 규정집은 길고 자세하지만 모순되거나 모호한 내용도 너무 많다. 조정자들은 금세 에너지를 소진하고 만다.

「마더보드」의 두 기자는 페이스북이 콘텐츠 조정 작업을 제대로 하겠다는 결의는 분명하지만, 지금과 같은 조건으로는 성공하지 못할 것이라고 결론지었다. 기사에 인용된 학계 전문가들은 페이스북 같은 규모에서 지금 페이스북이 취하는 접근법으로는 콘텐츠 조정이 불가능하다고 주장했다. 네트워크가 너무 복잡하기 때문이다. 페이스북은 이런 현실을 아직 수용하지 않았다. 이들은 여전히 문제를 해결할 소프트웨어 솔루션이 있다고 믿으며, 자신들의 사업 모델이나 성장 목표를 바꾸지 않고도 성공적으로 콘텐츠를 조정할 수 있다고 생각한다. 페이스북은 당연히 그들만의 시각을 가질 권리가 있지만, 정책 입안자와 이용자들은 그에 회의적이다.

저커버그와 셰릴은 페이스북 브랜드가 부정적인 뉴스의 쓰나미에 타격을 입었다고 판단한 게 틀림없다. 얼마나 영향이 미쳤는지 파악할 요량으로 전직 '옥스퍼드 미국영어 사전'의 편집자로 온라인 사전 사이트 워드닉Wordnik을 설립한 에린 매킨에게 애플, 구글, 아마존, 페이스북, 마이크로소프트, 트위터와 가장 빈번하게 연계된 명사와 형용사가 어떻게 변해왔는지 조사해 달라고 부탁했다. 2016년 대통령 선거 전까지 이들 거대 IT 기업(빅테크)의 최고경영자들은 아무런 경멸적 표현도 끼어들지 않은 긍정적 평판을 듣고 있었다. 구글, 아마존, 애플 그리고 마이크로소프트의 경우는 여전히 그런 상태였다. 페이스북의 경우는 상황이 극적으로 바뀌었다. '스캔들'이라는 단어가 이제 페이스북과 연관된 상위 50개 명사중 하나로 떠올랐다. '침해breach'와 '수사investigation'라는 단어는 상위 250개 명사에 들었다. 형용사를 따져보면 상황은 더 나쁘다. 2015~2016년 빅테크의 다섯 리더들 중 저커버그만 '논쟁적인controversial'이라는 부정적 형용사를 하나 달고 있었다. 2017년과 2018년에는 '가짜인', 또는 '위조된'

이라는 뜻의 'fake'가 페이스북과 연관된 상위 10개 형용사 중 하나로 나왔고, 그 뒤를 이어 '러시안Russian', '혐의alleged', '비판적인critical', '러시아와 연계된Russian-linked', '허위의false', '유출된leaked', '인종차별주의자racist' 같은 단어가 상위 100개의 형용사 중에 포함됐다. 애플, 구글, 아마존과 마이크로소프트는 그들과 연관된 목록에 단 한 개의 경멸적인 명사나 형용사가 들어 있지 않았다. 트위터는 브랜드 이미지에 영향을 미치거나 미치지 않을 수도 있는 명사 두 개를 보여줬다. 바로 '트럼프'와 '봇'이었다. 이 연구는 브리검영 대학Brigham Young University에 있는 '웹의 뉴스NOW, News on the Web' 데이터베이스를 이용했다. 이 데이터베이스의 상위 10대 미국 뉴스 출처는 「허핑턴포스트」, NPR, CNN, 「애틀랜틱」, 「타임」, 「로스앤젤레스 타임스」, 「월스트리트 저널」, 「슬레이트」, 「USA 투데이USA Today」 그리고 ABC 뉴스다.

이 모든 정치적 타격에도 불구하고 페이스북은 아무 일도 없었다는 듯이 행동했다. 8월 초 「월스트리트 저널」은 페이스북이 '이용자에게 새로운 서비스 제공을 위한 노력의 일환으로 카드 사용 내역과 당좌예금 계좌의 잔액을 비롯한 고객들의 상세한 금융 정보를 공유'해 달라고 주요 은행에 요청한 사실을 보도했다. 그런 요청을 받은 은행 중에는 제이피 모건 체이스J&P, 웰스 파고Wells Fargo, US 뱅크 등이 있었다. 적어도 한 대형 은행은 "프라이버시 우려 때문에 논의에서 빠졌다."고 밝혔다. 페이스북 대변인인 엘리자베스 다이애나Elizabeth Diana는 "최근의 「월스트리트 저널」 기사는 우리가 금융 서비스 기업에 적극적으로 금융 거래 데이터를 요청했다고 부정확하게 보도하고 있는데 이것은 사실이 아닙니다."라고 부인했다. 다이애나 대변인은 페이스북의 목표는 메신저의 챗봇chat bot을 은행 서비스와 통합해 고객들이 자신들의 재무 상태를 살펴볼 수 있게 하는 것이라고 주장했다.

또한 8월 초 페이스북은 '페이스북 커넥티비티Facebook Connectivity'라고 불리는 새 조직을 선보였다. 지구상에서 아직 페이스북에 가입하지 않은 나머지 40억 인구를 회원으로 끌어들이기 위한 여러 시도를 아우르는 조직이었다. 미얀마와 스리랑카에서 벌어진 문제의 핵심 원인이라 할 수 있는 '프리 베이직스' 프로그램도 이 커넥티비티의 일부였다. 8월 말 페이스북은 이용자들이 댓글에서 볼 수 있는 임의의 사람들과 그들의 공통 관심사를 보여주기 위해 레이블을 시험하기 시작했다.

내가 만났던 활동가들은 옳다. 변화를 가져오는 최선의 방법은 그런 변화를 요구하는 여론의 압박을 조성하는 것이다. 트리스탄과 내가 힘을 합칠 당시만 해도 우리는 16개월 만에 이만큼 큰 진전을 이뤄낼 거라고는 상상할 수 없었다. 여론을 조성하는 것은 첫 단계에 불과하다는 점도 이해하지 못했다. 수백만 명이 이 문제를 알고 있다. 이것이 자신들에게 어떤 영향을 미치는지, 왜 사회에 대한 위협이 증가할지, 왜 자신들을 보호하기 위해 조치를 취해야 하는지 이해하는 사람은 훨씬 더 적다.

페이스북이 2016년 미국 대통령 선거와 다른 부정적인 사건에서 어떤 역할을 했는지 이해하는 데 2년 이상의 시간을 쏟았다. 그 과정에서 인터넷 플랫폼이 사회와 경제를 변형시키는 데 사용한 다른 방법도 알게 됐다. 지적 자극은 컸지만 감정적으로는 진이 빠지는 과정이었다. 나는 페이스북, 구글, 유튜브 그리고 인스타그램에 대해 무서우면서도 우울하게 만드는 여러 사실을 알게 됐다.

그 내용은 지금도 계속 떠오르는 중이다. 이 책에서 분명히 밝히고 있다시피, 나는 아직도 결론보다는 추론이 더 많다. 그럼에도 나는 페이스북이 특유의 문화와 설계상의 목표, 사업 우선 순위 때문에 악의적인 세력의 손쉬운 표적이 되는 플랫폼이라고 확신하는데, 페이스북은 극단적인 목소리를 확대시키는 알고리즘과 콘텐츠 조정 정책을 통해 도리어 문제를 더 악화시켰다. 페이스북의 성공을 이끈 아키텍처와 사업 모델은 페이스북을 위험하게 만드는 요소이기도 하다. 경제적인 이유로 페이스북은 극단주의자 및 전체주의자들과 때로는 무의식적으로 발을 맞춤으로써 전 세계의 민주주의에 손상을 입히고 있다.

페이스북, 구글 그리고 트위터는 자신들이 거의 모든 나라에서 공론의 장임을 자처하며, 미국을 비롯한 많은 나라에서 주도적인 지위를 차지하고 있다. 이들은 민주주의 체제에서 보통 정부에 일임된 역할을 수행해왔다. 민주적으로 선출된 정부와 달리 플랫폼은 그들이 영향을 끼치는 나라에 대해서는 말할 것도 없고, 그 이용자들에 대해서도 책임을 지지 않는다. 지금까지 이들 플랫폼은 공론장의 통제에 따르는 책임감을 제대로 이해하고 있다는 증거를 어떤 식으로도 보여주지 못했다.

저커버그가 처음 전 세계를 연결한다는 목표를 제안했을 때, 이는 광대역 통신 인프라를 갖춘 선진국을 의미한 것이었다. 그런 목표에 부응하는 인구는 15억 미만이었다. 스마트폰이 십여 개의 유망 경제 분야를 일구면서 잠재적 이용자를 40억 규모로 늘렸다. 소수의 제품만이 그렇게 많은 사람의 관심을 끌 수 있을 텐데, 페이스북의 핵심 제품이 그중 하나라는 사실이 입증됐다. 매달 22억 명이 문제없이 페이스북을 사용할 수 있도록 하기 위해서는 빼어난 실행력이 필요했고, 그런 실행력의 한 요소는 모든 형태의 마찰 원인을 회피하는 일이었다. 그런 목표를 위해 페이스북은 심의가 필요하거나 이용자가 사이트를 탈퇴할 수 있는 모든 요소를 제거함으로써 커뮤니케이션 속도를 최적화했다. 사용자 참여를 극대화하기 위해 페이스북은 단순하면서도 사용하기 편리한 디자인 안에 다양한 설득적 기술을 버무려 넣었다. 페이스북 디자인은 이용자들이 감정의 문을 열고, 비판적 사고 없이 반응하도록 유도했다. 작은 규모에서는 대체로 이런 점이 문제가 되지 않지만, 페이스북 정도의 규모에서는 감정이 이성을 압도하는 소위 '감정적 전염emotional contagion'으로 확대됐다. 감정적 전염은 들불과 흡사하다. 연료를 소진할 때까지 퍼진다. 제대로 통제되지 않고 방치되면 증오 표현은 폭력을 유발하고, 거짓 정보는 민주주의를 훼손한다. 수십억 명을 연결하면 증오 표현과 거짓 정보는 필연적이다. 대규모 대중 네트워크를 운영하는 경우라면 증오 표현과 거짓 정보의 들불을 예견해야만 한다.

실제 세계에서는 소방대원들이 불길을 잡을 전략을 가지고 들불과 싸운다. 그와 비슷하게 금융 시장은 일종의 서킷 브레이커circuit breaker를 써서 가격대가 사실과 감정 사이의 균형을 회복하기에 충분한 시간 동안 거래를 중단시킴으로써 시장의 공황 상황을 제한한다. 페이스북은 월 사용자만 22억에 이를 만큼 성장했지만, 감정적 전염을 억제하기 위한 전략을 개발하는 것은 고사하고 그런 위험을 상상조차 하지 못했다. 페이스북은 편의성은 마찰의 역수라는 것을 파악하지 못했고, 지나치게 높은 편의성, '이용자가 원하는 것'에 대한 지나친 배려는 감정적 전염의 위험성이 상존하는 환경을 만들지만, 회사로서는 해결책을 내놓을 수 없는 상황을 만들어낸다는 점을 깨닫지 못했다. 어떤 수준에서 이런 점은 이해할 만했다. 기업은 효율성과 생산성을 높이는 데 주력하며, 편의성이 좋은 인터넷 플랫폼은 양쪽 모두에서 이점을 갖기 때문이다. 하지만 기업은 임직원, 커뮤니티, 사회 전체에 일정한 윤리적 의무가 있는데, 인터넷 플랫폼은 그런 기준을 맞추지 못했다. 페이스북, 구글, 트위터의 막대한 규모를 감안할 때, 감정적 전염의 폐해에 제대로 준비하지 못했다는 점은 용서하기 어렵다.

인터넷 플랫폼은 선대 기업이 반세기에 걸쳐 일궈 놓은 신뢰와 선의를 수확했다. 그리고 우리의 모든 온라인 행태를 감시해 수집한 개인 데이터로 수익을 올리는 데 그런 신뢰를 이용했다. 그 과정에서 이들은 증오 표현, 음모 이론과 거짓 정보를 부추기고, 외부 세력의 선거 개입을 용인했다. 시민적 책임성을 회피함으로써 수익을 인위적으로 부풀렸다. 이들 플랫폼은 공중보건에 피해를 입히고 민주주의를 훼손하고 이용자의 프라이버시를 침해했으며, 페이스북과 구글의 경우는 '수익성'의 이름으로 독점 권력을 획득했다.

이들 인터넷 플랫폼에서 일하는 사람들 중에 공익을 위해 회사를 등질 만큼 이런 결과에 반대하는 사람은 없었다. 구글과 아마존 일부 직원들은 특정 군사계약에 반대하는 목소리를 높였고, 구글의 일부 직원들은 사측과 직원 간의 법적 분쟁에 일방적으로 사측에 유리한 중재arbitration 기능을 도입하는 데 항의했지만, 아무도 구글의 비즈니스 모델과 관행에 반대하지 않았다. 그에 대한 맥락으로 지금까지 걸어온 과정에서 내가 배운 점을 요약해보겠다.

첫째, 우리가 사랑하는 인터넷 플랫폼은 우리나라와 세계에 피해를 입히고 있다. 우리가 좋아하는 플랫폼은 모르는 사이에 우리에게 피해를 입히고 있는지 모른다. 그뿐 아니라 공중보건, 민주주의, 프라이버시, 경제 등에 부정적인 영향을 미침으로써 우리 모두에게 간접적인 피해를 주고 있다. 나는 이들 플랫폼이 의도적으로 피해를 끼친다고 믿지 않는다. 그런 피해는 부정적인 부작용을 예견하지 못할 정도로 한 가지 일에 집중하는 사업 전략의 부산물이다. 이들은 정말로 똑똑한 사람들이지만, 세상을 사업 메트릭스와 코드라는 좁은 렌즈로 보는 문화에서 작업한다. 이들은 어쩌면 아무런 기술적 해결책이 없을 수도 있는 문제를 만들어냈다.

둘째, 페이스북, 구글, 유튜브, 인스타그램 그리고 트위터는 우리의 민주주의 체제에 지나치게 많은 영향력을 행사하고 있다. 2016년 대통령 선거에서 봤듯이 향후 치르게 될 대통령 선거에서 이들 플랫폼이 결과에 어떤 영향을 끼치게 될지 궁금하다. 이번에는 어쩌면 운이 좋아서 큰 문제없이 넘어갈지 모르지만 행운에 기대는 것은 결코 바람직한 장기 전략이 될 수 없다. 인터넷 플랫폼은 지속적으로 악의적인 세력의 위협을 과소평가하고 잘못 이해해왔으며, 선거 보안과 증오 표현 차단에 상당 규모의 신규 투자를 했음에도 불구하고 이런 잘못은 다시 벌어질 수 있다. 우리는 더 이상 민주주의를 당연시할 수 있는 처지가 아니다. 이제 국민 한 사람 한 사람이 시간을 투자해 중요한 사안에 대해 정확한 정보를 얻은 다음에 투표하고, 선출된 정치인들에게 적절한 책임을 물어야 할 때다. 우리는 가능한 한 최선의 비판적 사고가 필요하다. 시민으로서 우리는 어떻게 페이스북, 구글, 인스타그램, 유튜브 그리고 트위터의 알고리즘이 우리의 주의와 세계관을 조작하려하는지 제대로 파악할 수 있어야 한다.

셋째, 이용자와 정책 입안자들은 지나치게 기술을 신뢰한다. IT 관련 창업자, 기업, 제품이 소비자들의 혜택을 최우선으로 한다는 가정은 더 이상 맞지 않다. 그들이 나쁜 사람이어서가 아니라 그들의 동기와 문화가 시민적 책임성을 외면하도록 부추기기 때문이다. 우리는 이제 많은 IT 제품과 서비스가 안전하지 않다는 사실을 안다. 그렇게 안전하지 않게 만드는 것은 기업의 경제적 가치가 중심이기 때문이며, 이는 변화의 압력이 외부에서 들어와야 문제가 해결된다는 뜻이다. 소비자들(IT 업계에서는 경멸하는 투로 '이용자들'이라고 부른다는 점을 결코 잊어서는 안 된다)은 정치적으로, 경제적으로 막강한 힘을 가지며 이제 그 힘을 행사해야 한다.

신규 제품이나 기술이 시장에 나오면 우리는 일단 회의적일 필요가 있다. 신제품 뒤에 도사린 동기를 이해하고 신중하게 사용 여부를 결정해야 한다. 아마존 에코나 구글 홈을 구입하기 전에, 우리 곁에서 우리가 하는 모든 말을 엿듣는 기기를 소유한다는 것이 무엇을 의미하는지 그 내용을 총체적으로 읽어봐야 한다. 설령 해당 제조사를 신뢰한다고 해도, 그런 기기는 해커들에게 취약할 수 있다. 우리가 들을 음악을 골라주는 기기를 갖는 것이 끝없이 우리 삶을 염탐하는 것을 정당화하기에 충분할 만큼 가치 있는 일인가? 시간이 지남에 따라 플랫폼은 우리의 데이터를 지금은 상상할 수 없는 여러 방식으로 이용할 것이다. 스마트 TV를 집안 네트워크에 연결하기 전에 우리는 해당 TV 제조사가 데이터를 수집해 어떤 용도에 사용할지 파악해야 한다. 현재까지 상황으로 보면 그 대답은 '제조사 마음대로'이다. 다른 여러 특성 중에서도 프라이버시는 두려움 없이 우리 자신의 선택을 내릴 수 있는 능력이다.

우리는 특히 인공지능에 대해 의심을 품어야 한다. 인터넷 플랫폼이 적용하는 인공지능은 우리의 행태를 조작하기 위한 기술로, 장점보다 단점이 훨씬 더 많다. 지나치게 많은 기업에서 인공지능은 우리를 규정하는 활동, 가령 우리의 직업, 일상의 기호와 우리가 믿는 사상의 선택 같은 것을 대신하도록 설계됐다. 나는 정부가 인공지능 개발, 인공지능 적용 분야에 대한 허가권, 인공지능 기반 시스템의 투명성과 감사권 등에 일정 범위의 한계를 정해야 한다고 믿는다. 대규모 프로젝트는 반드시 공익을 감안하도록 기술 분야의 식품의약국^{FDA} 같은 규제 기관이 있어야 한다고 본다.

넷째, 선과 악을 분별하는 최선의 방법은 경제적 동기를 보는 것이다. 물리적인 제품이나 구독권을 파는 기업은 우리의 주의를 독점하기 위해 공짜 상품을 파는 기업보다 우리의 신뢰를 악용할 가능성이 훨씬 더 적다. 이 플랫폼은 정말 똑똑하고 선한 의도를 가진 사람들이 주도하지만, 대대적인 성공은 이들을 본래 기술로는 더 이상 감당할 수 없는 자리로 옮겨놓았다. 이들은 자신들조차 해결할 수 없는 문제를 만들어냈다.

다섯째, 어린이들은 스크린을 통한 기술에 내가 상상했던 것보다 훨씬 더 취약하다. 30여년 동안 우리는 어린이들을 기술에 노출시키는 것이 전적으로 긍정적이라고 추정해왔다. 그것은 틀렸고, 그 때문에 높은 비용을 감수해야만 한다. 나는 이 부분을 16장에서 더 자세히 살펴보겠다.

여섯째, 이용자들은 그들의 데이터에 대해 적절한 보상을 못 받고 있다. 기업이 이용자 데이터를 수집한 다음 소유권을 주장하는 일은 용납할 수 없다. 우리는 우리 데이터를 되찾을 수 없지만, 그것이 어떻게 사용되는지는 권한을 행사할 수 있어야 한다. 각 개인은 어느 기업이나 기관에서 자신의 정보를 보유하고 있는지, 어떻게 보유하게 됐고 어떻게 사용하고 있는지 알아야 한다.

일곱째, 페이스북이나 구글 같은 규모에서 온라인 커뮤니티가 콘텐츠 내용을 감독하는 것은 도저히 현실성이 없다. 그런 과정에서 너무 큰 피해가 발생하고 있다. 중재는 다른 기업의 우선 순위에 의해 부과되는 제약 때문에 부분적으로 도움이 될 수 있지만, 지금까지는 특히 증오 표현을 억제하는 데 실패했다. 우리는 플랫폼에 증오 표현과 거짓 정보의 문제를 시정하라고 점잖게 요청해왔다. 이제는 더 강력한 제재 수단이 필요할 때다.

여덟째, 인터넷 플랫폼의 엄청난 성공을 가능케 했던 기업 문화와 사업 모델, 관행은 글로벌 규모로 용납할 수 없는 문제를 일으켰고, 이것은 결코 스스로 해결되지도 않을 것이다. 여기에서 다시 플랫폼은 필요한 변화를 거부하고 있다. 만약 그런 문제가 사라지기를 바란다면 정책 입안자와 소비자들은 플랫폼이 사업 모델과 사업 관행을 강제로 바꾸도록 해야 할 것이다.

내가 폐지하고 싶은 사업 관행 한 가지는 정치 광고에서 특정 유권자 집단을 겨냥한 '마이크로타기팅microtargeting'이다. 특히 페이스북은 선거와 직접 관련이 있든 없든 상관없이 광고주들이 개별 유권자의 감정을 자극해 선거에 유리하게 이용할 수 있는 사안을 식별할 수 있게 해준다. 후보자들은 더 이상 자신들과 동일한 정치적 성향을 가진 유권자를 찾아 나설 필요가 없다. 대신 이들은 마이크로타기팅을 사용해 개별 유권자를 자극할 수 있는 이슈가 무엇인지 식별해 이를 활용함으로써 기존의 모델을 뒤집을 수 있다. 만약 한 후보 진영에서 어떤 유권자가 환경 보호를 적극 옹호한다는 사실을 안다면 그 유권자에게 맞춘, 이를테면 상대 후보는 환경 보호에 관심이 없다고 공격하는(설령 그것이 사실이 아닐지라도) 메시지를 보낼 수 있다. 이론적으로 각 유권자는 한 후보자에게 다른 이유로 끌릴 수 있다. 페이스북 플랫폼의 설득적 기술과 마이크로타기팅을 조합하면 우리를 분열시키는 또 다른 툴이 되는 것이다. 마이크로타기팅은 정치의 광장을 개별 유권자에 대한 심리적 강도 행위로 탈바꿈시키고 있다.

아홉째, 인터넷 플랫폼이 제기하는 위협은 기술 분야에서 그렇게 하는 것이 어렵지만, 그럼에도 적극적인 규제를 단행해야 한다고 믿는다. 목표는 플랫폼의 사업 추진 속도를 늦추고 이들에 대한 인센티브를 바꾸는 일이다. 이들 플랫폼은 자체 개혁의 의지나 능력이 거의 없다는 사실을 보여줬으므로 그 대안은 규제다. 의회는 감독 기능을 위해 준비할 내용이 많겠지만, 그럴 만한 능력과 의지는 충분하다고 믿는다. 규제는 공중보건, 민주주의, 프라이버시 그리고 반독점 부문에서 필요하다. 단기적으로는 인터넷 플랫폼의 속도를 늦출 수 있는 적절한 마찰 요소를 도입하는 것으로, 첫 번째 필수 단계이기도 하다. 장기적으로는 인센티브를 바꿔 플랫폼의 사업 행태의 변화를 유도하는 것이다. 이를 위한 구체적인 제안 내용은 15장에서 논의할 것이다.

열 번째, 우리가 이들 플랫폼 기업으로부터 어떤 가치를 기대하는지, 그리고 그런 가치를 서비스 받는 대가로 우리가 무엇을 희생할지를 솔직하게 이야기할 필요가 있다. 기술의 영역에서 우리는 민주주의를 보호하기 위해 무엇을 포기할 것인가? 예를 들면 우리는 선거 공정성을 위해 일부 편의성을 희생할 수 있는가? 공중보건을 안전하게 지키기 위해 우리는 무엇을 포기할 것인가? 프라이버시를 보장하기 위해서는? 역동적인 창업 경제를 장려하기 위해서는? 우리와 기술 간의 관계에 얼마간의 마찰 요소를 더하는 일은 커다란 혜택을 낳을 수 있다.

열한 번째, 기술은 무제한의 잠재력이 있지만 사회의 선은 이용자 권리, 커뮤니티와 민주주의를 존중하는 접근법을 취하는 창업자와 투자자들에게 달려있다. 만약 정부와 세계가 인터넷 플랫폼에 힘을 실어준 자유방임형 자본주의를 계속 허용한다면 그로 인한 비용은 공중보건과 민주주의, 프라이버시 및 경제 전체에 지속적인 피해를 줄 것이다. 그것이 우리가 원하는 바인가? 나쁜 결과는 필연적인 것은 아니지만, 그런 사태를 막기 위해서는 타성을 극복해야 한다.

열두 번째, 차마 내키지 않지만 페이스북, 유튜브, 인스타그램, 트위터 같은 플랫폼은 긍정적인 영향보다 부정적인 영향을 더 크게 미치고 있다고 결론 내릴 수밖에 없다. 나는 우리가 이 난맥상을 정리할 수 있다고 생각하지만 그러기 위해서는 강한 의지가 필요하다.

우리는 저커버그와 셰릴이 페이스북의 막강한 시장적 지위와 민주주의와 시민적 자유에 미치는 글로벌 차원의 영향력에 따르는 책임성을 결국 수용할 것이라고 아직도 희망한다. 페이스북은 전대미문의 성공을 거뒀고 그로부터 막대한 부를 축적했다. 이제는 페이스북의 리더들이 시민적 책임성을 인정하고 이용자들의 이익을 앞세울 시점이다.

전 세계의 민주주의 국가는 페이스북이 책임감 있게 행동하기를 원한다. 결국 그런 민주주의 국가는 페이스북의 변화를 강요할 수 있을 것이다. 유럽은 그 첫걸음을 내딛었다. 페이스북과 다른 인터넷 플랫폼으로서는 이런 흐름이 어디로 갈지 미리 예측하고, 저항 없이 그 방향을 따르는 편이 가치와 선의를 보존하는 현명한 조치일 것이다. 만약 저커버그와 셰릴이 개혁 임무를 떠맡지 않는다면 아마도 직원과 광고주들이 변화를 요구하고 나설 것이다. 페이스북 직원들은 트리스탄의 인간적 디자인에 어느 정도 관심을 보여준 바 있다. 이는 반가운 현상이지만 이들이 실제로 나서서 사업 관행과 사업 모델을 바꿔 이용자들을 위한 실질적인 보호를 꾀하려 한다는 증거는 아직 나타나지 않았다. 미얀마와 스리랑카에서 전해지는 끔찍한 뉴스와 나날이 쌓여가는 페이스북의 민주주의 훼손 증거에도 불구하고, 직원들은 내부고발자로 나서기를 주저하고 있다. 이것은 참으로 실망스러운 일이다. 내부에서 변화가 일어날 때까지 우리는 정책 입안자와 대중에 계속 압력을 넣을 수밖에 없다. 우리는 일반의 인식을 높이는 데 많은 진전이 있었지만 정말로 힘든 작업이 남아있다. 가장 중요한 목소리는 페이스북을 사용하는 사람들에게서 나올 수 있고 나와야만 하며, 이들은 인터넷 플랫폼이 제공하는 편의성이 더 중요한지, 아니면 자신과 가족, 사회의 복지가 더 중요한지 결정해야 할 것이다. 이것이 어려운 선택이어서는 안 된다. 만약 그것이 어렵다면 그만큼 우리가 인터넷 플랫폼에 중독됐다는 또 다른 증거인 셈이다.

13

감시 자본주의의 시대

누가 아는가? 누가 결정하는가? 누가 결정할지 누가 결정하는가?

– 쇼샤나 주보프

2019년 8월(1년 뒤)

인터넷 플랫폼이 공중보건과 민주주의, 프라이버시 그리고 시장 경쟁에 어떤 영향을 미치는지에 대한 새로운 폭로가 거의 매일같이 터져나온다. 페이스북과 구글, 마이크로소프트와 아마존의 광고 지원 요소를 기반으로 한 비즈니스 모델은 사회에 위협을 가중시키는 방식으로 전이되고 확산된다. 처음에는 페이스북이 사람들의 주의를 독점했지만 구글과 트위터로, 그보다 덜한 수준이기는 하지만 아마존으로 확산됐다. 마이크로소프트의 전략은 점점 더 구글과 페이스북의 조합을 흉내 내면서 그와 비슷한 사업 방식에 쏟아지는 세간의 비판을 회피해 왔다. 그 뒤에 이어진 것은 부정적인 사건이었다.

2018년 10월, 페이스북은 해커들이 시스템에 침투해 2천 9백만 이용자들로부터 식별 토큰^{identity token}을 훔쳐내 1천 4백만 명의 방대한 개인 정보를 수집했다고 발표했다. 해커들은 인터넷의 다른 플랫폼에서 마음대로 다른 이용자 행세를 할 수 있었고, 그 때문에 이 사고는 페이스북이 인정한 사례 중에서도 최악의 보안 사고라고 할 만했다. 페이스북은 해커들이 스캐머^{scammer}[1]였을 수 있다고 보고했다. 후속 보도에 따르면 페이스북은 문제의 해킹 사실을 알고 해당 직원들을 보호하기 위한 조치는 취한 반면, 이용자들에게는 알리지 않았다. 해당 사건과 연계된 소송을 담당한 판사는 페이스북의 비즈니스 행태를 드러내는 '충격적인 발견 내용'을 공개해도 좋다고 밝혔다.

외부의 선거 개입을 막기 위한 페이스북의 조치가 부족하다는 사실은 2018년 중간 선거 직전, 온라인 뉴스 사이트인 「바이스^{Vice}」가 미국 상원의원, 부통령 및 이슬람 무장테러단체인 ISIS 등의 이름으로 페이스북에 광고를 게재하려고 시도했을 때 드러났다. 페이스북은 그런 허위 광고 게재를 모두 승인했다. 페이스북의 암호화 통신 서비스인 왓츠앱^{WhatsApp}은 여러 국가에서 증오 발언과 선거 개입 수단으로 악용된다는 비판을 받았고, 브라질의 최근 대통령 선거에서도 결정적인 역할을 했을 것이라는 의

---

1 스캐머: 기업 이메일 정보를 해킹해 거래처로 위장한 뒤 중간에서 대금을 가로채는 범죄 수법인 스캠 (scam)으로 범죄를 일으키는 사람을 뜻한다. 스캐머는 주로 피해 대상 기업에 악성코드를 감염시킨 뒤 업체가 지불 결제 방식을 바꾸도록 유도한 다음 주요 거래처가 메일을 보낸 것처럼 바뀐 계좌 정보를 보내 거래 대금을 갈취한다(출처: 네이버 지식백과).

혹을 샀다. 2019년 유럽연합 선거에서 유권자 지지율이 11%인 한 정당은 페이스북에서 무려 85%를 차지해 다른 모든 정당의 비율을 합친 것보다도 많았다. 만약 페이스북의 선거 보호 조치가 공언한 대로 통했다면 해당 정당이 사용한 기법은 실패했어야 마땅하다. 그뿐 아니라 연구자들은 2016년 이후 페이스북이 구축한 선거 광고 데이터베이스는 사실상 무용지물이라고 보고했다. 그 결과 많은 단체가 페이스북 선거 광고를 검색해 볼 수 있는 데이터베이스를 자체 구축하려고 시도했다. 한 사례에서 수천 명이 온라인 공익 뉴스 기관인「프로퍼블리카」가 제작한 브라우저용 플러그인을 이용하고, 페이스북이 제공한 정보를 공유해 자신들이 대상이 된 이유를 설명하는 활동에 자원했다. 페이스북은 선거 보호에 도움이 될 수도 있는 연구 프로젝트를 수용하기보다는「프로퍼블리카」와 다른 두 기업의 접근을 프라이버시 침해로 고발하고 차단했다.「프로퍼블리카」의 연구 프로젝트 참가자들은 모두 사전 동의를 표명했는데, 조지 오웰의 소설『1984』에나 나올 법한 이런 상황은 페이스북에서 점점 더 빈번해지고 있다.

2018년 후반을 장식한 구글 관련 뉴스도 페이스북보다 별반 더 낫지 않았다. 구글은 유럽 규제 기관과 공조할 수 있는 여러 기회를 놓쳤고, 점점 더 커지는 과징금을 감당해야 하는 상황에 놓였다. 유튜브의 저작권 정책을 바꾸라고 제안한 가장 최근의 처벌을 따를 경우 유튜브의 영향력이 약화되는 결과로 이어질 수 있다. 구글은 유럽 규제 기관의 지시에 따를 필요가 없다는 입장을 고집해 상황을 점점 더 심각하게 몰아가고 있다. 지난 9월, 구글의 최고경영자는 외부 세력의 선거 개입 문제를 따지는 미국 상원의 청문회 출석을 거부했다. 참석했더라도 페이스북과 트위터와 견주면 비교적 문제가 적었을 자리였다. 청문회의 빈 자리는 구글의 오만함을 시사하는 듯 보였다. 구글은 여론 반발을 인식한 듯 접근 방식을 바꿔, 안드로이드 운영체제에 구글의 소프트웨어 서비스를 묶는 행태를 시정하라는 유럽의 두 번째 반독점 판결에 협조하겠다고 발표했다.

2018년 10월, 상황은 구글에 매우 불리해졌다. 구글은 반응이 신통치 않았던 소셜 네트워크인 구글플러스Google+의 폐쇄를 발표했는데, 나중에 알고 보니 구글플러스 데이터가 대규모 해킹을 당했는데도 몇 달이 넘도록 그런 사실을 은폐하고 있었다. 또 「뉴욕 타임스」는 구글이 안드로이드의 공동 설립자인 앤디 루빈Andy Rubin의 성추문을 입증하는 믿을 만한 증거에도 불구하고 107억 원 규모의 퇴직금을 지급했다고 보도했다. 여기에 더해 구글의 다른 남성 임원이 부적절한 성적 행위에도 불구하고 처벌받지 않았다는 사실이 알려지면서, 전 세계 2만여 명의 구글 직원들이 업무를 중단하고 사무실을 나와버리는 항의 시위로 이어졌다. 구글이 미국 정부의 방위 계약에 입찰한 데 따른 소규모 항의에 뒤이은 이 파업은 직원 당사자들이 궁극적으로 인터넷 플랫폼의 변화를 이끄는 기회를 잡을지 모른다는 작은 희망을 안겼다. 이를 인식한 구글 경영진은 향후 시위를 막기 위한 조치를 취했다. 가장 최근에는 직장에서의 정치적 대화를 금지하는 정책을 발표했다.

구글은 또한 외부의 선거 조작 시도에, 특히 검색엔진과 유튜브를 통한 공작에 취약한 상태에 놓여 있다. 슬픈 사실은 설령 인터넷 플랫폼이 노골적인 정치적 조작을 제한할 수 있다고 하더라도, 이들 자체는 여전히 민주주의에 위협으로 작용한다. 필터 버블과 선호 버블은 계속해서 협의와 타협 같은 민주적 기본 절차를 훼손하며, 무엇인가가 그런 거품을 깰 때까지 이용자들을 그 안에 가둔다. 행태 중독, 집단 따돌림, 다른 공중 보건 문제는 계속 남아 있게 될 것이다. 우리는 또 곳곳에 만연한 프라이 버시와 온라인 보안의 침해 문제와 씨름할 것이다. 우리는 여전히 조작 대상이 될 것이고, 경제는 독점 기업들의 반경쟁적 행태로 타격을 받을 것이다.

상황은 2019년이 돼도 별로 나아지지 않았다. 8월에 미국 정치학회는 정치 심리학 분야의 연례 수상 논문으로 「고등 민주주의 체제에서 '혼란 의 필요'와 적대적 정치 루머의 공유A 'Need for Chaos' and the Sharing of Hostile Political Rumors in Advanced Democracies」를 선정했다. 정치적 절차에 영향을 미 치기 위해 '혼란 선동chaos incitement'을 포용하는 세력에 인터넷 플랫폼이 어떻게 힘을 더하는지 분석한 논문이었다. 루머와 거짓 정보는 이들 세력 이 선택한 무기다. 문제의 논문은 그런 세력이 특정 이념에 동기부여를 받기보다는 정치 엘리트들을 파괴하겠다는 열망에 더 이끌리고 있다고 주장한다. 혼란 선동가들의 영향은 전 세계적인 규모로 확대돼 왔고, 그 런 흐름이 끝날 조짐은 보이지 않는다.

극단주의자들과 다른 불순 세력은 소셜미디어, 특히 페이스북을 활용 하지만 점점 더 다른 인터넷 플랫폼으로 세력 범위를 넓혀가고 있으며, 이를 악용해 무고한 사람들에게 피해를 입힌다. 사원 두 곳에서 백인 우 월주의자 손에 51명이 목숨을 잃은 뉴질랜드 크라이스트 처치의 대량 학 살 사건은 소셜미디어를 조직적으로 활용해 테러리즘을 선동하고 증폭하 는 면에서 신기원을 열었다. 문제의 학살극을 자행하기 전에 범인은 온라 인에서 수백 명의 공모자들을 모으고, 8Chan에 선언문을 발표했다. 그 는 공격 행위를 페이스북 라이브Facebook Live로 생중계했다. 공모자들은 생중계 내용을 녹화해 유튜브와 인스타그램을 비롯한 웹 전체에 퍼뜨렸다. 이 학살 행위가 뉴질랜드 국민에게 얼마나 큰 충격을 안겼는지는 새삼 강조할 필요도 없다. 범죄 중계 비디오의 공개를 불법화한 뉴질랜드 정부의 강력한 압력에도 불구하고, 인터넷 플랫폼은 모든 복제본을 없애지도 못했고, 새로운 복제본이 게시되는 현상도 막지 못했다. 뉴욕에서 숨은 웹, 혹은 딥 웹deep web을 분석하는 에릭 파인버그Erick Feinberg는 뉴질랜드 정부를 도와 사건 이후 몇 달에 걸쳐 문제의 생중계 비디오 파일 복제본을 찾아냈다. 이후 미국에서는 크라이스트 처치 테러에서 영감을 얻었다고 주장하는 다중 살인 사건이 적어도 두 차례 벌어졌다. 5월말, FBI의 한 지부는 음모 이론에 영향을 받은 범죄 위협이 늘고 있다는 내용의 테러 위협 보고서를 발표했다. 음모 이론은 열성적인 참여자들을 끌어모으고, 인터넷 플랫폼의 알고리즘은 그런 참여도를 반영해 관련 내용을 확산시킴으로써 음모 이론의 막강한 증폭기 역할을 해 왔다.

정치 분야에서도 비슷한 현상이 벌어지고 있다. 영국의 진보 일간지 「가디언」은 보리스 존슨Boris Johnson 지지 세력이 그의 영국 총리 유세를 지원하는 과정에서 페이스북을 활용해 선동 메시지를 널리 퍼뜨렸다고 보도했다. 「가디언」의 폭로에 따르면 이들의 선동 캠페인은 페이스북이 새로 정한 선거 광고 규칙의 허점을 악용했으며, 이를 담당한 회사는 다른 국가에서도 그와 유사한 서비스를 제공한 것으로 드러났다. 그와 비슷한 전술이 미국에서도 사용되고 있을 가능성이 매우 높다.

편법적인 비즈니스 행태로 비판을 받는 것은 페이스북만이 아니다. 샌프란시스코의 한 컨퍼런스에서 있었던 인터뷰에서 「뉴욕 타임스」의 IT 칼럼니스트인 카라 스위셔는 유튜브 CEO인 수전 워치츠키Susan Wojcicki가 어린이를 표적으로 삼은 유해 콘텐츠를 없애지 못했다고 비판했다. '유튜브 키즈Youtube Kids'에 포함된 부적절한 콘텐츠 문제는 여러 해 동안 지적돼 왔지만 유튜브는 이를 제대로 개선하지 못했다. 뒤에 밝혀진 사실은 유튜브 경영진이 주요 담당자들의 거듭된 경고를 무시하고 더 높은 참여와 이용자 증가에 집착하는 바람에 증오 발언, 거짓 정보, 음모 이론이 폭발적으로 증가했다는 점이었다. 유튜브의 전직 알고리즘 엔지니어였던 기욤 채슬럿은 유튜브가 음모 이론가인 알렉스 존스를 150억 회 이상 추천했다고 폭로했다. 이 숫자는 트리스탄 해리스가 지적한 대로 주요 언론 기관을 여럿 합친 것보다 훨씬 더 큰 규모였다. 유튜브는 개선하겠다고 약속했지만 온라인 IT 뉴스 사이트인 「더 버지」가 후속 보도한 바에 따르면 실제 상황은 눈에 띄게 나아지지 않았다. 2019년 9월, 미국 연방거래위원회와 뉴욕 주 검찰은 유튜브가 '어린이 온라인 프라이버시보호법COPPA, Children's Online Privacy Protection Act'을 위배해 미성년 아동들의 프라이버시를 침해했다며, 2천억 원 이상의 기록적인 액수의 벌금을 부과했다. 구글의 주가는 1% 이상 올랐다.

2년 이상에 걸친 폭로 뒤에 언론인과 정책 입안자들은 더 이상 페이스북과 구글의 약속을 액면 그대로 받아들일 수 없게 됐다. 그럼에도 불구하고 이들 기업의 경영진은 신뢰성이 한계점에 다다른 시점에서도 어떻게든 사안을 자신들에게 유리한 방향으로 유도하려 시도했다. 2019년 3월초, 저커버그는 페이스북에 올린 글에서 페이스북, 인스타그램, 왓츠앱 및 메신저 등 회사의 모든 플랫폼에 종단간 암호화end-to-end encryption를 적용하겠노라고 공약했다. 저커버그는 암호화를 이용자를 위한 혜택으로 강조했지만, 그런 결정은 특별히 이용자 프라이버시를 개선하지 않고도 부적절한 콘텐츠에 대한 책임을 회피할 수 있다는 점에서 이용자보다는 페이스북에 더 큰 혜택으로 작용할 것이었다. 3월 말 저커버그는 유해 콘텐츠 축소, 선거 보호를 위한 법 제정, 유럽의 개인정보보호규정을 모델로 한 미국 연방 차원의 프라이버시 보호, 개인정보의 이동성을 보장하는 법규 제정에 새로운 규칙이 필요하다고 주장하는 글을 「워싱턴 포스트」에 기고했다. 전후 맥락을 잘 모르는 사람이라면 저커버그의 칼럼을 발전한 것으로 볼 수도 있었지만, 더 노련한 사람들은 영리한 CEO가 책임을 정부에 전가하려는 의미라고 해석했다. 「가디언」에 기고한 반박 칼럼에서 나는 저커버그의 칼럼을 '위선과 오도의 기념비'로 규정했다.

구글의 CEO인 순다 피차이Sundar Pichai는 「뉴욕 타임스」의 특집 시리즈인 '프라이버시 프로젝트'의 하나로 기고한 칼럼에서 구글을 프라이버시 챔피언으로 자리매김함으로써 저커버그의 허풍보다 한 발 더 나갔다. "구글은 어떤 개인정보도 결코 제3자에게 팔지 않겠습니다." 같은 선언에 누구도 마음을 놓아서는 안 된다. 자체 서비스로 수집한 데이터와 다른 기업에서 취득한 데이터로, 구글은 우리에 관해 다른 어떤 기업이나 심지어 정부 기관보다도 더 많은 데이터를 이미 보유하고 있을 것이다. 누구도 구글이 데이터를 판다고 시사한 적이 없다. 위험은 그게 아니다. 비판의 초점은 구글 자체가 이미 보유하고 있는 막대한 데이터를 악용함으로써 초래될 수 있는 잠재적 피해였다. "당신의 정보가 어떻게 사용될지를 당신이 결정할 수 있어야 한다."는 피차이의 주장은 개인 통제권을 말하지만, 실제로는 그런 권한을 허락하지 않는 약관의 실체를 숨긴다. 또한 대다수 이용자는 구글이 얼마나 많은 개인정보를 보유하고 있는지에 대해 무지하며, 그 때문에 자신을 방어해야 할 필요성조차 깨닫지 못한다는 점도 설명하지 못하고 있다.

피차이의 칼럼에 이어 구글의 한 간부가 내놓은 증언은 전형적인 위증이라 할 만했다. 2019년 6월에 열린 미국 상원의 무역소위원회의 청문회에서 구글의 사용자 경험UX 담당이사인 매기 스탠필Maggie Stanphill은 "아니오. 우리는 구글에서 설득적 기술을 사용하지 않습니다."라고 대답했다. 만약 그때 내가 우유를 마시고 있었다면 그 말을 듣는 순간 코로 뿜었을 것이다. 아마도 스탠필은 '구글'을 법률적이거나 일상적인 의미와 전혀 무관한 것으로 재규정하거나, 아니면 '설득적 기술'을 재정의한 것인지도 모른다. 어느 쪽이든 안드로이드 운영체제와 유튜브 같은 거대 제품의 작동 방식은 그녀의 주장과 모순된다.

주요 소셜 플랫폼 중에서 트위터만이 자사의 선택 내용에 솔직했다. 왜 트위터는 백인 우월주의를 테러리즘처럼 취급하지 않느냐고 물었을 때, 트위터의 한 직원은 그렇게 하면 일부 공화당계 정치인들을 차단해야 하기 때문이라고 충격적인 정당화의 논리를 내세웠다. 트위터는 당연히 정치인들을 차단하는 데 소극적이다. 심지어 약관을 반복해서 위배하는 경우에도 그렇다. 여기에는 경영상의 이유도 작용한다. 미국 대통령이 플랫폼에 어마어마한 가치를 더해준다면 그의 트윗이 약관을 위배하는 경우에도 예외로 눈감아줄 동기는 충분하다. 그의 동맹과 지지자들에게 관대한 태도를 보이는 것도 단기적으로는 수지타산이 맞는 행태라고 볼 수 있다.

우리는 아마존을 구글과 페이스북과 같은 성격의 비즈니스라고 생각하지 않지만 그 생각도 변화하고 있다. 소매상으로 출발한 아마존은 그 촉수를 클라우드 서비스, 광고 네트워크, 스마트 기기 등으로 확장 중이다. 이들 각각은 현금화할 수 있는 데이터의 황금광맥으로 커다란 잠재력을 갖고 있지만, 구글이나 페이스북과 비슷한 정치적 위험도 내포한다. 「블룸버그」는 아마존 직원과 계약자들이 품질 관리를 목적으로 알렉사에 녹음된 음성 파일을 듣고 이를 글로 풀어쓴다는 사실을 폭로했다. 개인정보가 한번 수집되면 본인 의사와는 상관없이 해당 정보만의 생명을 얻게 된다는 사실을 상기시켜 주는 대목이었다. 우리는 그 개인정보가 어떻게 사용될지에 관해서는 아무런 권한도 없다. 후속 기사는 애플과 구글도 디지털 어시스턴트에 녹음된 오디오 파일을 검토하는 전담 직원이나 계약자가 있다는 사실을 보도했다. 두 회사는 그런 방식을 접고, 대신 이용자들로부터 사전 승인을 받고 해당 시스템을 적용하는 쪽으로 바꿨다.

아마존은 또한 혁신적인 방식으로 데이터를 수집한다. 그 완벽한 사례는 아마존 제2 본사가 들어설 도시를 찾는다며 벌인 경연이었다. 5만여 개의 일자리와 약 6조 원 규모의 건설 투자가 뒤따를 것이라는 약속에 미국, 멕시코, 캐나다의 2백여 도시가 유치 의사를 표명하면서 지역 경제와 개발 계획에 대한 상세한 분석을 곁들이는가 하면, 많은 도시는 면세 혜택과 도시 시설 개선 약속까지 제시했다. 최종적으로 아마존이 제2 본사로 선택한 두 도시는 처음부터 유력한 후보지로 꼽혀 온 뉴욕시와 버지니아주의 크리스탈 시티Crystal City였다. 경연을 개최함으로써 아마존은 다른 방법으로는 취득할 수 없었을 독점 데이터를 대규모로 수집할 수 있었다. 그렇게 취득한 데이터를 아마존이 어떻게 활용할지, 혹은 그렇게 수집하는 과정에서 어떤 정치적 대가를 치르게 될지는 아직 알 수 없다.

아마존은 감시 관련 기술을 경찰 부서에 마케팅하면서 민권 단체의 비판을 샀다. 아마존은 얼굴 인식 소프트웨어가 종종 무고한 사람을 범인으로 오인한다는 증거가 많이 나오는 상황에도 불구하고, 자사의 얼굴 인식 제품인 '레코그니션Rekognition'을 법 집행 기관에 팔고 있다. 해당 소프트웨어를 이민세관단속국ICE에도 판매하려 시도했다. 2019년 7월, 온라인 뉴스 사이트인 「마더보드」는 아마존의 계열사인 링Ring이 적어도 2백여 법 집행 기관과 스마트 초인종을 이용한 비디오와 관련된 제휴 관계를 맺었다고 보도했다. 대부분의 경우 링은 경찰의 보증을 얻고 법 집행 과정에 링의 데이터를 이용하는 대가로 경찰에 스마트 초인종을 판다. 링은 집 주인들에게 '이웃'이라는 뜻의 '네이버Neighbors' 앱을 제공하는데, 이를 통해 주변 가정끼리, 경찰과 모두 '보안'을 명분으로 비디오를 공유할 수 있다. 링 소유자들은 경찰과 비디오를 공유한다는 데 동의를 해야 하지만, 일단 동의하고 나면 경찰은 영장 없이도 비디오 자료를 취득할 수 있다. 링은 자사의 스마트 초인종을 이웃에 홍보하면서 낯선 사람들에 대한 공포를 부추긴다. 불행하게도 해당 프로그램은 묵시적인 인종적 편견을 더욱 악화할 수 있다. 미국 시민 자유 연맹ACLU은 링의 카메라가 얼굴 인식 소프트웨어와 결합하면 시민권에 관한 충분한 보호 방안이 마련되지 않은 상태로 광범위한 경찰 감시가 진행될 수 있다고 우려를 표명했다. 영국의 일간지 「가디언」은 링이 커뮤니티 안에서 일정 형태의 경찰 통신에 영향력을 확보했으며, 경찰 측에 '커뮤니티 주민들의 정보에 접근하는 대가로 링 플랫폼에 접근을 허용'하겠노라고 제안했다고 보도했다. 그로부터 얼마 뒤 아마존 CEO인 제프 베조스는 기자들 앞에서 얼굴 인식 기술에 대한 정부 규제를 지지한다고 밝혔다.

마이크로소프트는 구글, 페이스북, 아마존에 이어 소비자 데이터를 이용한 비즈니스 분야에 뛰어들었다. 아마존과 마찬가지로 마이크로소프트는 회사의 데이터 관련 비즈니스 행태에 대한 세간의 비판을 피할 수 있었지만, 비판 거리가 없어서 그런 것은 아니었다. 마인크래프트Minecraft와 엑스박스 라이브Xbox Live 같은 제품은 이를 사용하는 어린이들의 데이터를 수집하고, 링크드인과 오피스 365는 주 사용자인 전문 직업인들의 데이터를, 검색엔진인 빙Bing은 모든 사용자 정보를 모은다. 마이크로소프트 약관은 평이한 언어로 회사가 언제든 가능할 때 데이터를 수집하며, 이를 현금화할 수 있는 권리를 보유한다고 명시하고 있다. 마이크로소프트가 2018년 미국의 증권거래위원회SEC에 제출한 기업실적 연차보고서 Form 10-K는 데이터 수집, 보유 및 상업적 이용은 물론 관련 데이터를 인공지능 분야에 적용하는 데 따른 위험 요소를 매우 긴 목록에 담고 있다. 시간이 지나면서 약관과 위험 요소에 어떤 변화가 생겼는지 추적해 보면 구글, 페이스북, 아마존 및 마이크로소프트가 영향을 받게 될 사람들의 통제나 동의가 불가능한 방식으로 이전에는 개인의 사생활이었던 영역을 꾸준하게 잠식해 왔음을 알 수 있다.

유럽은 인터넷 플랫폼의 이런 행태에 맞서 싸워 왔고, 그에 비해 중국은 정치적 목적을 위해 이들을 차단하고 자국의 대체 플랫폼을 허용했다. 이런 배경에서 미국 연방거래위원회, 법무부 산하 반독점 부서Antitrust Division 그리고 증권거래위원회는 인터넷 플랫폼으로 주의를 돌렸다. FTC와 법무부가 개입했다는 사실은 반길 만한 뉴스였고 1~2년 전이라면 상상조차 할 수 없는 일이었다. 2019년 7월, FTC는 케임브리지 애널리티카의 프라이버시 스캔들을 통해 페이스북이 FTC에 약속한 동의 명령

consent decree을 위반한 사실이 드러났다며, 50억 달러(약 6조원)라는 사상 초유의 벌금을 부과하면서 선수를 쳤다. 페이스북 투자자들은 기록적인 벌금을 호재로 받아들였고, 주가는 최고 기록에 근접했다. 투자자들의 열광적인 반응을 이끌어낸 이유는 세 가지였다. 페이스북은 잘못을 인정할 필요가 없었고, 후속 규제안을 관리하는 데 중요한 역할을 수행할 것이며, 페이스북과 경영진은 2019년 여름 이전에 저지른 프라이버시 침해에 전면적인 면책을 받은 셈이기 때문이었다. 해당 결정에 반대하는 FTC의 다른 위원들은 페이스북이 규제 과정에 지나치게 많은 영향력을 행사했고, 그런 결정으로 사실상 승자가 됐다고 불만을 표시했다. 투자자들이 50억 달러에 이르는 벌금에도 만족감을 표시했다는 사실은 페이스북 수익성이 얼마나 높은지 잘 보여준다. FTC의 벌금 부과에 따른 후속 조치로 미국 증권거래위원회는 케임브리지 애널리티카와 관련해 증권법을 위반했다며 페이스북에 1억 달러의 과징금을 부과했다. 같은 주에 FTC는 페이스북에 대한 반독점 수사를 발표했고, 법무부의 반독점 부서는 빅 테크, 특히 구글, 아마존, 페이스북 그리고 애플의 반독점 검토를 시작하겠다고 밝혔다. 전적으로 기업 간 합병에만 초점을 맞춰 온 미국의 반독점 규제는 이 발표를 계기로 20년 만에 규제 방향에 의미심장한 변화를 불러왔다. 미래의 반독점 규제가 FTC가 페이스북의 프라이버시 문제에 대한 판결에서 보여준 것처럼 업계에 우호적인 방향으로 전개될지는 아직 분명치 않다. 그것이 의회에서 더 강력한 법 제정을 유도할지도 불분명하다. 현재 그러한 입법에 초당적 관심이 있기는 하지만, 실제 입법을 위한 추진력은 거의 없는 상태다.

2019년 9월, 불과 1년 전까지만 해도 상상조차 할 수 없었던 방식으로 페이스북과 구글에 규제 위협이 제기되고 있다는 사실이 알려졌다. 첫째, 8개 주와 컬럼비아 특별구의 검찰총장들이 페이스북 관련 반독점 수사를 발표했다. 다음날 48개 주와 컬럼비아 특별구, 푸에르토리코의 검찰총장들이 구글에 대해서도 같은 내용의 수사를 발표했다. 한 주의 검찰총장은 내게 그러한 발표는 매우 신속하게 나왔다고 귀띔하면서 정치적 동기를 시사했지만, 진지한 수사 가능성도 내비쳤다. 타이밍은 여전히 불분명하다. 페이스북은 저커버그가 직접 워싱턴 DC를 방문해 대통령과 의회 의원들의 지지를 얻으려고 했는데, CNN과 다른 언론의 표현을 빌리자면 '환심 사기charm offensive' 전략을 취했다. 페이스북에 비판적인 의원들은 민주당과 공화당 양쪽에 여전히 많았지만, 보도에 따르면 저커버그는 여러 정치인으로부터 동정적인 반응을 끌어냈다. 케임브리지 애널리티카 스캔들로 의회에 출석해 어색한 장면을 연출했던 저커버그는 그로부터 겨우 18개월 만에 정치적 수완을 크게 발전시켰다. 온라인 뉴스 사이트인 「기즈모도Gizmodo」는 지연하고 회피하는 페이스북의 홍보 전략이 먹히는 데 우려를 표명하는 글을 썼다. 페이스북의 이런 전략은 종종 언론인과 정책 입안자들의 주의 지속 시간보다 더 오래 지속됐다.

페이스북과 구글 같은 플랫폼이 자사의 비즈니스를 적극 방어하는 것은 지극히 당연한 일이다. 그것은 그들의 권리다. 하지만 그것은 동시에 우리의 권리이기도 하며, 반발하는 것은 어쩌면 우리의 의무인지도 모른다. 구글, 페이스북, 마이크로소프트, 아마존 같은 인터넷 플랫폼의 이익은 항상 그 이용자들이나 이용자들이 사는 국가의 이익과 부합하지는 않는다. 여러 면에서 인터넷 플랫폼은 1950년대의 화학산업과 비교할 수 있다. 당시 화학 회사들은 급속히 성장했고 엄청난 이익을 남겼는데, 그 비결 중 하나는 화학 폐기물을 그에 상응하는 환경 비용을 내지 않은 채 함부로 버릴 수 있었기 때문이었다. 이들 고객도 마찬가지로 행동했다. 결국에는 강물에 버린 수은, 산비탈에 아무렇게나 방치한 광산의 돌가루, 부주의한 유독물질 유출 등으로 인해 쓰레기를 치우는 데 드는 비용을 산업계가 지불해야 한다는 사회적 합의가 나왔다. 피해 배상의 책임은 화학업계의 수익 마진을 급격히 떨어뜨렸지만 그와 더불어 화학 기업의 인센티브를 바꿨고, 많은 지역에서 피폐해진 환경을 다시 회복하고 수백만 명의 공중보건을 향상시키는 계기가 됐다. 화학업계의 경험은 단지 정화를 강제만 해서는 불충분하다는 사실을 우리에게 가르쳐준다. 애초부터 유독성 화학물질의 유출을 예방하도록 인센티브를 바꿔야 한다는 점을 알려준다.

인터넷 플랫폼이 공중보건과 민주주의, 프라이버시 그리고 시장 경쟁에 미치는 폐해는 디지털판 독성 물질의 유출에 비유할 수 있다. 이들 전에 존재했던 화학업계와 마찬가지로, 인터넷 플랫폼은 이런 유출의 비용은 사회가 부담해야 한다고 믿는다. 대다수 유독성 화학물질의 유출과 달리 일부 디지털판 독성 물질은 정화할 수가 없다. 이런 상황은 공정한가? 왜 플랫폼은 그들이 초래한 폐해로부터 막대한 수익을 올려야 하는가? 이들이 그런 비용에 책임을 져야 하지 않는가? 미래의 폐해를 줄이고 싶다면 인센티브를 바꾸는 것이 필수적이다. 최소한 인터넷 플랫폼이 그와 관련된 사람들과 커뮤니티에 어떤 책임을 져야 하는지를 적극적으로 논의해야 한다.

2019년 1월, 나와 다른 많은 이의 생각을 바꾸게 한 책이 나왔다. 쇼샤나 주보프 교수의 『감시 자본주의의 시대The Age of Surveillance Capitalism』는 애덤 스미스의 『국부론Wealth of Nations』이 18세기와 19세기에 했던 역할을 21세기에 수행한다. 당대의 주도적인 경제 시스템을 사상 처음으로 설명하는 것이다. 주보프 교수는 구글과 페이스북 그리고 다른 인터넷 플랫폼의 비즈니스 모델을 분석하고, 그 과정에서 이들 기업이 경제와 사회를 어떻게 변모시켜 왔는지 규명하는 가운데 다가올 위험을 경고한다. 이 책은 놀라운 지적 성취다.

내 책의 양장본 출간에 맞춰 홍보 여행을 시작할 무렵 『감시 자본주의의 시대』를 읽기 시작했다. 책을 다 읽는 데 두 달이 걸렸지만, 내 사고의 대전환은 1장과 더불어 시작됐다. 나는 내 책의 홍보 내용에 주보프 교수의 생각과 주장을 거의 즉각 통합시켰다. 전에 트리스탄 해리스가 그랬던 것처럼 주보프 교수는 복잡한 문제를 설명해주는 가이드 역할을 했고, 내가 더 나은 운동가가 될 수 있도록 도와줬다. 처음에는 책을 통해 그렇게 했고, 그로부터 불과 몇 달 뒤에는 직접 만나 서로 힘을 더하기 시작했다.

감시 자본주의는 석유보다는 데이터를 연료로 한 비즈니스 모델이다. 주보프 교수가 설명하듯이 감시 자본주의는 '인간의 경험을 공짜 원재료로 일방적으로 취득해 행태 데이터behavioral data로 번역해 현금화하는' 새로운 경제 시스템이다. 산업 자본주의가 기술을 이용해 환경을 제어했다면, 감시 자본주의는 기술을 이용해 인간 행태를 제어한다. 달리 말하면 감시 자본주의의 목표는 영리 목적의 행태 조작이다. 대다수 이용자들은 조작이 가능하다는 점을 인식하지 못하며, 그것이 자신들이 즐겨 사용하는 제품이나 서비스의 비즈니스 모델이라는 사실에는 더더욱 무지하다.

개별적으로 조작은 무해한 것처럼 보일지 모르지만, 집단 수준으로 확대되면 개개인과 사회에 미치는 해악은 막대하다. 우리는 스스로의 삶에 대한 결정력을 잃어버리며, 건전한 시민의 자질을 훼손당한다. 그리고 이것은 단지 시작일 뿐이다.

구글, 페이스북, 이들의 모방 기업과 이들을 돕는 기업이 행태 조작을 현실로 만드는 데는 여러 해가 걸렸지만, 지금 우리는 그런 현실에 봉착했다. 감시 자본주의는 내가 이 책에서 설명한 모든 문제의 저변에 깔려 있다. 그것은 공중보건과 민주주의, 프라이버시, 시장 경쟁에 명백하고도 현존하는 위험이다. 견제하지 않고 내버려둔다면 사회적으로 큰 해악을 끼쳐 이를 바로잡는 데 여러 세대가 걸릴지도 모른다. 바로잡을 수 있다고 해도 말이다.

주보프 교수는 감시 자본주의가 2000년과 2002년 사이에 구글에서 시작된 뒤 꾸준히 진화했으며, 구글은 이제 도시 규모로 사람들의 행태를 조작하면서 동시에 수십억 명의 선택과 행태를 개별적으로 조작하도록 설계된 프로젝트를 시행하는 수준까지 이르렀다고 주장한다. 그에 따르면 구글은 인간의 모든 경험을 데이터로 변환한 뒤 이를 이용해 모든 인간을 대표하는 디지털 모델을 건설하는 데 매진하고 있다. 트리스탄 해리스는 이런 모델을 '데이터의 부두교voodoo 저주 인형[2]'으로 묘사한다. 이들

---

2   데이터판 부두교 저주 인형(data voodoo doll): 구글이나 페이스북 같은 감시 자본주의 기업은 이용자의 온갖 데이터를 광범위하게 수집, 결합, 분석해 이용자 행태를 추적하는 것은 물론, 기업에 유리한 방향으로 이용자 행태를 의도적으로 조작하고 유도한다. 또한 더 나아가 쇼핑이나 검색, 소셜미디어 활동 등에서 앞으로 어떤 행태를 보여줄지 예측까지하는 수준에 이르렀다. 마치 주술사가 부두교 저주 인형을 통해 사람을 조종하듯, 구글이나 페이스북 같은 감시 자본주의 기업은 막대한 데이터 수집과 분석을 통해 이용자를 조작하고 조종한다. '데이터판 부두교 저주 인형'은 이런 상황을 빗댄 표현이다. – 옮긴이

모델은 인간의 행태를 예측하고 조작하는 데 이용된다. 행태 예측 모델을 파는 것이 데이터나 인구 통계학적으로 타기팅된 광고를 파는 것보다 훨씬 더 수익성이 높기 때문에, 데이터를 영구 보유하겠다는 구글의 확고한 의지가 불안한 이유도 거기에 있다. 우리는 대부분 인터넷 플랫폼이 우리의 생각을 듣거나 읽는다고 추정하지만, 실제는 부두교의 저주 인형과 유사하게 우리의 행태를 예측하는 것이다. 페이스북도 구글의 행보를 따랐지만 2013년이나 2014년이 될 때까지 충분한 예측 능력을 갖추지 못했다. 마이크로소프트와 아마존은 이들을 따라잡으려 공격적으로 나서고 있으며, 기술 이외 분야의 수십 개 기업도 감시 자본주의의 이익을 취하려 시도하고 있다.

주보프 교수의 분석은 인간 경험을 데이터로 변환하는 것이 어떻게 플랫폼이 모든 소비자의 미래 행태를 예측할 수 있게 하는 첫 번째 단계인지 보여준다. 행태 예측은 개인을 겨냥한 광고에 정확한 타이밍을 더함으로써 광고 효과를 크게 높인다. 구글 서비스를 이용하는 마케팅 담당자들은 확실성을, 혹은 그에 가까운 무언가를 사는 셈인데, 이것이 이처럼 대규모로 가능했던 적은 일찍이 없었다. 구글은 대규모 인구에 관한 방대한 데이터를 수집하고 분석해 자동차 구매 같은 주요 결정이나 임신 같은 중대사 전에 어떤 패턴이 있는지 파악하려 시도한다. 이어 개인 행동을 추적하면서 그와 동일한 신호를 찾는다. 양쪽 패턴이 서로 맞으면 구글은 비교적 높은 신뢰도로 그 사람이 언제 차를 사려 하는지, 또는 그 여성이 언제 임신할지 예측할 수 있다. 구글은 해당 구매자나 예비 임산부가 그런 사실을 의식하기도 전에 높은 신뢰도로 그런 변화를 예측할 수 있다. 구글은 심지어 엄마가 언제 기저귀 브랜드를 바꿀지 고려하는 정도까지도 예측할 수 있다. 구글과 페이스북이 제공하는 행태 예측은 마케팅에 커다란 변화를 몰고 왔다. 마케팅 담당자들이 우리 인생의 대소사에 우리보다 먼저 아는 것도 심란한데, 감시 자본주의 기업들은 그런 기법을 돈만 내면 누구에게나 제공한다. 예컨대 임신 사실을 아직 모르는 사람들을 포함한 예비 엄마들에게 백신접종의 효과를 부인하는 음모 이론을 알림으로써 생길 수 있는 피해를 상상해보라.

개별 소비자에 관한 완벽한 정보는 이전에는 불가능했던 마케팅 담당자들의 꿈이다. 이들은 확실한 고객에게 정확한 타이밍에 접근할 수 있다면 얼마든 웃돈을 지불할 용의가 있을 것이다. TV, 라디오, 신문, 잡지, 혹은 옥외 광고판 등 방송 광고는 어떤 식으로도 이런 기법과 경쟁이 되지 않기 때문에 마케팅 담당자들은 더 많은 광고 비용을 구글, 페이스북, 마이크로소프트, 아마존 등으로 돌릴 것이다.

소비자들은 인터넷 플랫폼을 정직한 정보 브로커로 믿고 있지만, 감시 자본주의는 플랫폼의 인센티브를 타락시킨다. 실상 플랫폼은 광고주들에게 제공하는 동일한 데이터를 이용해 검색 결과와 뉴스 피드를 자사의 수익성을 높이는 쪽으로 활용한다.

광고주들은 완벽한 소비자 정보에 접근할 수 있지만, 반대로 소비자들이 얻는 것은 무엇인가? 이들이 얻는 것은 플랫폼과 마케터들의 이익에 봉사하는 검색 결과와 뉴스 피드를 얻는다. 전통적인 자본주의의 한 가지 핵심 원리는 모든 거래의 양쪽 당사자가 불확실성을 가진다는 것이다. 그런 불확실성은 시장이 제대로 작동하는 데 기여한다. 감시 자본주의의 경우 한쪽은 거의 완전한 확실성을 갖는 반면, 다른 쪽은 상대방이 확실하다며 자신들을 위해 선택해주는 것만을 갖는다. 이런 정보 불균형은 유해하며, 소비자 보호를 책임진 정책 입안자들의 조사가 필요하다. 광고주들은 오랫동안 소비자 행태를 조작하는 것이 꿈이었고, 감시 자본주의는 그런 바람을 사상 유례없는 수준으로 실현해준다. 지금 당장은 아무도 이들을 견제할 장치가 없다. 감시 자본주의의 툴은 누구에게나 적용돼 우리 능력으로는 어쩔 수 없는 인간 심리의 근본 요소에 영향을 미치기 때문에 우리 중 누구도 그로부터 자유롭지 못하다.

광고주들은 여러 심각한 문제에도 불구하고 감시 자본주의를 포용해왔다. 이들은 심지어 엄청난 수의 광고가 봇^{bot}이나 창고 선반에 쌓인 기기에만 노출되더라도, 온라인 광고의 투명성 결여를 악용해 실제보다 높은 광고비를 내더라도 플랫폼에 광고를 싣는다. 한 광고 기술 전문가는 내게 많은 사이트가 주장하는 트래픽의 절반은 봇이나 알고리즘으로 조작된 가짜 활동이라고 알려줬다. 광고주들은 자신들의 광고가 설령 불법 의약품이나 ISIS 테러단체의 선동 문구 옆에 노출되더라도 아랑곳하지 않고 광고를 지속적으로 싣는다. 이용자들의 행태를 정확히 알려준다는 정보의 유혹은 저항하기 어렵다. 이전에 제공되던 것보다 훨씬 더 쉽다는 점도 마찬가지다. 그것은 마약처럼 중독성이다. 이런 현실의 개혁을 가로막는 주요 걸림돌은 기업을 대표하는 광고 대행사의 이해 상충이다. 대행사는 전체 광고비에서 일정 비율로 받기 때문에 현상 유지를 해야 한다는 인센티브가 생긴다. 2019년 3월, 글로벌 광고 컨설팅 업체인 「애드에이지^{AdAge}」에 게재된 대로, 광고 수주 관행에 대한 FBI 수사에 업계 관계자들이 협조하기를 꺼리는 이유도 그와 무관하지 않다.

일단 감시 자본주의를 포용하고 나면 광고주들은 덫에 걸리게 된다. 인터넷 플랫폼은 심지어 거대한 광고 기업에 대해서도 막대한 이점을 누리게 된다. 구글, 페이스북, 마이크로스프트, 아마존 등은 기존 미디어에 비해 더 적은 정보를 광고주들에게 공개하지만, 광고주들은 이들을 믿는 수밖에 달리 선택이 없다. 플랫폼은 광고주들이 접촉해야 하는 관객들에 대한 접근권을 제어한다. 광고주들은 아무런 지렛대가 없다. 개별 광고주의 광고비 지출 규모는 인터넷 플랫폼의 매출액에 견주면 비교도 안 된다. 광고주들에게는 설상가상으로 아마존 같은 플랫폼은 이들이 판매하는 제품과 직접 경쟁하는 제품을 판매하기까지 한다. 구글과 페이스북이 언론에 한 행태는 이제 다른 수많은 소비재 기업에도 벌어지고 있는지 모른다.

소비자들은 자신들과 인터넷 플랫폼 간의 관계가 어떻게 변했는지 제대로 이해하지 못하고 있다. 한때 그 관계는 매력적이고 편리한 서비스를 이용하는 대가로 얼마간의 개인정보를 제공하는 것이었지만, 이미 여러 해 전부터 그런 관계는 더 이상 유효하지 않다. 요즘 소비자들이 서비스를 받는 대가로 제공하는 정보는 상대 플랫폼이 나에 대해 보유한 정보의 채 1%도 안될 때가 많다. 믿기 어렵겠지만 지금 당신이 인터넷 플랫폼에 입력하는 데이터는 그들이 이미 확보한 당신의 개인정보에 견주면 미미하기 짝이 없다. 그런 데이터의 압도적 다수는 웹 추적web tracking을 포함한 다른 출처, 예컨대 스캔한 이메일과 문서, 메시지에서 나온다. 은행과 신용카드 처리 회사, 의료 데이터 제공사, 모바일 전화 서비스 회사, 제휴 프로그램, 기타 앱에서 수집한 데이터가 여기에 포함되며, 알렉사 기반의 스마트 기기나 구글 홈, 페이스북 포털Facebook Portal, 구글 스트리트 뷰Google Street View, 포켓몬 고Pokemon Go 그리고 구글의 모회사 알파벳Alphabet의 기획 사업 중 하나인 사이드워크 랩Sidewalk Labs 같은 감시 제품과 서비스를 통해 얻은 데이터도 큰 비중을 차지한다. 지금 당신이 하는 모든 행동은 그것이 온라인이든 혹은 실제 물리적 환경에서든 데이터 흔적을 남긴다. 그런 데이터를 모두 수집할 수 있는 기업이나 기관은 놀라우리만치 정확하고 종합적인 당신의 프로필을 갖추게 된다. 말 그대로 데이터판 부두교 저주 인형인 셈이다. 인터넷 플랫폼이 그런 당신의 정보를 이용해 어떤 일을 할 수 있는지 상상해보라. 구글, 페이스북, 마이크로소프트, 아마존 같이 이용자들과 매일 소통하는 플랫폼은 모든 온라인 활동 내역을 꿰고 있으며, 그를 통해 5천억에서 1조 달러 규모의 시장 가치를 지닌 초대형 기업으로 성장할 수 있었다. 그리고 이것은 시작에 불과하다. 이들이 데이터를 분석하고 활용하는 기술은 앞으로 더욱 급격히 '향상될' 가능성이 크다. 그리고 우리 개인 이용자들은 현재로서는 무방비 상태다. 온라인에 익숙한 디지털 원주민이 된다고 해도 그런 조작이 우리의 보안이나 기회를 약화하고 박탈할 수 있다면 아무런 도움이 되지 않을 것이다.

주보프 교수의 분석은 감시 자본주의의 이윤 동기가 플랫폼에게 존재하는 모든 데이터를 수집하도록 만든다는 점을 보여준다. 이들은 보통 당사자들의 허락을 구하지 않고 수집한다. 구글 스트리트 뷰의 경우는 좋은 사례다. 주보프 교수가 설명하듯이 구글은 21세기 초반 세계가 주인 없는 데이터로 가득 차 있다는 사실을 깨닫고, 가능한 한 많은 데이터에 대한 소유권을 확보하기로 결심했다. 구글은 스트리트 뷰 사진을 만들기 위해 360도 카메라를 장착한 차량으로 모든 거리를 다니며 집과 상점, 오피스 빌딩 등 카메라에 잡히는 모든 그림을 포착했다. 구글은 허락을 구하지 않고 그냥 실행에 옮겼다. 동독의 슈타지Stasi 비밀 경찰의 악몽이 아직 생생한 독일에서 구글은 엄청난 반발에 부닥쳐 스트리트 뷰 프로젝트를 철회할 수밖에 없었다. 그런 기억이 없는 나머지 국가는 스트리트 뷰를 수동적으로 받아들였다. 만약 스트리트 뷰가 최악의 경우였다면 그것을 무시해 버리는 편이 타당했을 수도 있다. 불행하게도 그것은 이전까지 사적으로 여겨졌던 공간에 대한 침해의 시작에 불과했다. 구글은 똑같은 일을 이번에는 공중에서 인공위성으로 잡은 사진을 구글 지도에 추가했고, 계속 더 확대해 갔다.

그러나 스트리트 뷰와 구글 지도의 위성 사진은 정지된 이미지다. 주보프 교수의 설명에 따르면 구글은 인간의 모든 경험을 데이터로 변환하기를 원했고, 그를 위해서는 실시간 감시가 필요했다. 그런 초기 시도 결과 아주 작은 컴퓨터 화면과 카메라를 장착한 구글 글래스Google Glass가 나왔다. 구글 글래스 이용자는 항상 컴퓨터 화면을 볼 수 있었지만, 그보다 훨씬 더 큰 혜택은 이용자가 만나는 모든 사람의 얼굴 인식을 포함해 인간의 행태를 실시간으로 포착할 수 있는 위치에 있는 구글에 집중됐다. 구글 글래스 이용자에 의해 인식되는 다른 사람들은 프라이버시 권리를 행사할 기회조차 없었다. 다행히 구글 글래스는 제품으로서 실패작이었고, 결국 구글은 이 제품을 시장에서 철수시켰다.

구글의 엔지니어와 과학자, 관리자들은 구글 글래스의 기반이 되는 기술은 포기하지 않았다. 주보프 교수는 이들이 실험실로 돌아가 구글 글래스 기능을 비디오 게임으로 재포장했고, 궁극적으로 나이앤틱Niantic이라는 독립 회사를 통해 분리했다고 지적한다. 그 게임은 포켓몬 고였다. 10억 명이 그 게임을 다운받아 사용했는데, 그러자면 스마트폰과 거기에 달린 카메라를 들고 정면을 주시하면서 자기 동네 주위를 돌아다녀야 했다.

이용자들은 자기도 모르는 사이에 나이앤틱과 구글을 위해 엄청난 규모의 행태 데이터를 생성한 셈이었다. 주보프 교수가 지적하듯이 구글은 감시 자본주의를 확고히 하기 위해 그 목표와 행동을 가리는 데 거짓과 교묘한 속임수도 주저하지 않았다.

구글이 속임수를 쓰는 것은 회사가 사악해서가 아니다. 그것이 유일하게 효과적인 실험 방법이기 때문이다. 구글은 자사의 임무가 그런 방법을 정당화할 만큼 가치가 있다고 확신한다. 그런 점에서 구글은 경제적 수익을 위해 이용자 안전을 반복해서 위험에 빠뜨리는 페이스북과 다를 바가 없다. 만약 이용자들이 구글 제품에 푹 빠지기 전에 구글이 무엇을 계획하는지 알았다면 다른 선택을 내렸을지도 모른다. 주보프 교수의 설명에 따르면 감시 자본주의 체제에서 구글이 가진 목표는 비효율과 인간의 스트레스를 없애고, 그 과정에서 수익을 얻는 것이다. 구글은 사람들의 경험을 데이터로 전환하고, 머신 러닝machine learning을 이용해 행태 예측 모델을 만들고, 이어 인간의 행태를 최적화하는 알고리즘을 적용해 일상의 많은 부분에서 발생하는 마찰을 제거함으로써 경제적 효율성을 높이는 데 성공했다. 막대한 부를 창출했고 논란의 여지는 있지만 지구상에서 가장 영향력이 큰 기업으로 성장했다. 그러나 구글의 성공에는 부작용이 있다. 개인적 선택이나 민주주의 같은 비효율적인 인간의 제도는 알고리즘적 프로세스로 대체될 수 있다.

나이앤틱과 더 나아가 구글은 포켓몬 고를 통해 사상 유례없는 대규모 행태 조작을 실험할 수 있었다. 만약 나이앤틱이 포켓몬을 사유지에 두면 게임 참가자들이 낯선 사람의 집 문을 두드릴까? 그랬다. 9.11 사태로 낯선 사람에 경계심이 높아진 상황에서도 현관문을 두드렸다. 이들은 담장을 넘을까? 맞다! 그렇게 했다. 주보프 교수가 『감시 자본주의 시대』에서 묘사한 것처럼 나이앤틱은 맥도날드와 '게임 참가자들을 30만 개에 이르는 일본 맥도날드 매장으로 유도하는' 계약을 맺었다. 스타벅스도 '미국의 1만 2천개 매장을 포켓몬 참가자들의 공식 쉼터인 '포켓 스톱Pokestop'이나 운동 장소gym로 만들어 재미를 누리기로' 결정했다. 스타벅스는 '포켓몬 고 프라푸치노'라는 새로운 메뉴까지 만들었다. 단지 게임에 참가한다고 생각한 이용자들은 동시에 사상 최대 규모의 행태 조작 실험의 대상이 된 것도 몰랐다. 수많은 구글 제품과 마찬가지로 이용자와 구글의 목표는 일치하지 않는다. 그리고 이것은 10억 명의 이용자들에게 일어나고 있다. 비교를 위해 언급하자면 중국 인구가 12억이고, 그중 8억 명이 인터넷을 이용한다. 중국에서 시행되는 행태 조작 프로그램인 '사회 신용 등급' 제도를 둘러싼 모든 합법적인 우려에도 불구하고, 아직 포켓몬 고 정도의 규모로 프로그램을 시행할 능력은 아직 안 된다.

주보프 교수는 포켓몬 고의 비즈니스 모델은 '풋폴footfall'이라는 광고 행태로, 이는 광고주에게 트래픽 라우팅traffic routing, 즉 사람들을 몰아주는 것에 기초한다고 언급한다. 풋폴은 어떤 상점이나 관광지를 찾는 방문객 수를 가리키는 말이기도 하다. 게임 참가자는 거기에 몰두한 나머지 특정 상점을 찾아가도록 유도될 수 있고, 이것은 따로 떼어 보면 그리 큰 문제가 아닌 것처럼 보인다. 그러나 구글은 다양한 정도와 수준으로 자사의 모든 제품에서 그런 유도 행위를 시행한다. 만약 당신이 구글 제품을 사용한다면 구글이 당신의 선택을, 아마도 더 나아가 당신의 행태를 특정한 방향으로 제어하고 유도하는 여러 방식을 따져봐야 할 것이다. 감시 자본주의 기업은 그렇게 모은 데이터를 사용해 검색 결과와 뉴스 피드를 최적화함으로써 그들이 기업과 광고주들에게 파는 행태 예측의 정확도를 완벽에 가깝게 높이려고 시도한다. 그에 따른 위험성은 주보프 교수가 분명히 지적하고 있듯이 감시 자본주의가 궁극적으로 자유 의지를 훼손하고, 사람들로부터 자신들 삶에 대한 자율성을 박탈한다는 것이다. 편의성을 명분으로 우리가 하나둘씩 양보할 때마다 인터넷 플랫폼은 우리의 삶 속으로 더 깊이 침투할 기반을 닦으며, 시간이 갈수록 이는 잠재적으로 점점 더 큰 위협으로 발전한다.

구글 맵과 웨이즈Waze의 사례를 고려해보자. 이들은 그 유용성 때문에 매우 인기가 높다. 소비자들은 구글의 목표가 때로 자신들의 목표와 갈등을 빚기도 한다는 점을 모른 채 이들을 신뢰한다. 소비자들은 한 장소에서 다른 곳으로 가능한 한 빠르고 안전하게 이동하기 위해 지도 서비스를 이용한다. 구글은 그보다 더 복잡한 목표가 있고, 그중 하나는 경로 설정routing과 관련돼 있다. 긴 통근 길을 구글 지도나 웨이즈에 의존하는 운전자들은 때로 더 긴 경로로 가도록 안내받는다. 많은 경우 그런 경로는 실제 교통 사정을 반영한 결과지만, 때로는 미리 예방 차원에서 그렇게 한 것일 수도 있다. 지도 서비스에서 구글은 여러 대의 시스템이 유연하게 작동하도록 하기 위해 '부하 분산load balancing'으로 알려진 기법을 사용한다. 이것은 시스템 전체의 트래픽 속도를 극대화하기 위해 어떤 사람들은 미리 더 긴 경로로 안내할 수 있다는 뜻이다. 지도 서비스에 적용한 부하 분산 기법을 통해 구글은 신의 역할을 하는 셈이다. 구글은 그런 역할을 하라고 선출되거나 선택되지 않았다. 구글이 기회를 보고 그것을 잡은 것이다. 시스템 차원에서 부하 분산은 명백히 더 효율적이고, 지도 서비스 맥락에서 볼 때 큰 문제가 아닐 수도 있지만 소비자 선택권을 제한한다.

편의성은 우리를 대신해 플랫폼이 내린 선택을 수용하도록 길들인다.

주보프 교수는 감시 자본주의의 필수 요소인 더 많은 데이터 수집, 더 정교한 모델 수립, 경제적 수익을 위한 이들 모델의 활용은 과거에 사적인 영역이었던 곳에 대한 더 광범위하고 깊은 침투를 요구한다고 말한다. 그러한 행태를 금지한 법규가 없는 환경에서 공격적인 기업은 이를 최대한 활용할 것이다. 양측이 거래에 동일한 이해를 가져야 한다는 동의에 관한 보통법적 개념은 거짓 정보나 아예 정보 자체가 결여된 상태를 기초로 한 동의, 혹은 조건을 살펴보기 어렵도록 설계된 프로세스로 대체된다. 감시 자본가들은 동의를 구하지 않고 데이터를 요구하는 경우가 너무나 많다. 주보프 교수는 감시 자본주의의 불가피한 결과는 민주주의와 개인의 자유가 알고리즘으로 지배되는 프로세스에 터전을 잃고 마는 상황이라고 주장한다.

경영진의 인식 여부와 상관없이 구글의 전략은 민주주의와 개인의 선택보다 효율성이 더 중요하다고 믿고 있음을 시사한다. 효율성을 위한 최적화는 그것이 미국의 건국 원칙과 상반된다는 점을 깨달을 때까지는 합리적으로 들린다. 감시 자본주의로 인해 우리가 잃는 것은 시민적 자유liberty다. 이 논의를 모든 소비자와 정책 입안자가 참여하는 핵심 논제로 삼지 않는다면, 우리는 너무 늦어버릴 때까지 미처 깨닫지도 못한 채 시민사회의 주요 가치를 희생하게 될 것이다. 그것이 우리가 바라는 것인가? 내 목표는 사람들의 인식을 높여 모든 소비자가 각자 의지에 따라 선택할 수 있게 하는 것이다. 어쩌면 그들은 구글과 다른 감시 자본주의 기업들이 자신들을 대신해 선택해주는 데 아무런 부담을 갖지 않을 수도 있다. 어느 쪽이든 선택은 감시 자본주의 기업이 아니라 소비자 몫이어야 하며, 그를 위해 소비자에게 가능한 한 많은 정보가 주어져야 한다.

감시 자본주의 기업은 그들의 행태를 억제하는 규칙이 거의 없는 환경에서 최대 수익을 추구하는 기업가들이다. 경제적 인센티브는 그들이 주도권을 행사하고, 행동할 권리를 주장하고, 그에 동의하지 않는 정부 기관에 도전하며, 비판을 회피하고, 필요에 따라 행태를 수정하지만 항상 앞으로 나아간다. 그 속성상 이들은 워낙 빠르게 움직이기 때문에 소비자와 규제 기관은 이를 저지할 만한 능력이 없다. 이들이 대응에 나설 무렵이면 감시 자본주의 기업은 이미 자리를 확고히 잡고 다음 단계로 나아가고 있다. 감시 자본주의 기업을 유일하게 실시간으로 견제할 수 있는 주식 시장은 이 비즈니스 모델에 열광하며, 주도 기업의 공격적인 경영에 높은 주가로 보상한다. 투자자들은 몇백만 달러 규모의 벌금이 부과돼도 대수롭지 않다는 듯 반응하면서, 정부가 부과할 수 있는 최대 규모의 벌금조차도 감시 자본주의에 따른 보상이 압도할 것이라고 확신한다.

처음에는 구글이, 다음에는 페이스북이, 그리고 이제는 다른 기업이 감시 자본주의를 포용해왔다. 주보프 교수가 보여주듯이 이들 기업은 일부 비즈니스 관행이 면밀한 조사와 규제를 벗어나지 못할 것임을 알고 있다. 구글과 다른 감시 자본주의 기업은 솔직하지 못하다. 이들은 비판의 대상이 될 수 있는 기업 행태에서 사람들의 주의를 돌리기 위해 진짜 목적과 이용자들을 기만한다는 사실을 숨긴 제품 디자인을 사용한다. 주보프 교수는 그녀가 '강탈 순환dispossession cycle'이라고 명명한 행태를 설명한다. 먼저 이들 기업은 자신들이 원하는 대로 행동한다. 그러다 사회적으로 용납되지 않는 일을 하다가 들키면 부인하고 회피하고 숨긴다. 비판이 지속되면 결국 최소한으로 인정하고, 외형적인 변화를 한 다음 다시

374

아무 일도 없었다는 듯 예전으로 돌아간다. 저커버그가 『워싱턴 포스트』에 기고한 글, 순다 피차이가 『뉴욕 타임스』의 프라이버시 프로젝트 시리즈에 기고한 글, 그리고 앞에 소개한 구글의 이용자 경험 담당 이사의 증언은 그런 점을 잘 보여준다.

주보프 교수가 제시하는 증거와 분석을 통해 점점 더 분명해지는 사실은 감시 자본주의의 필수 요소가 민주주의와 미국을 비롯한 다른 민주주의 국가가 기반으로 삼은 계몽주의 가치에 실존적 위협이 된다는 점이다. 그 위협은 성공적인 비즈니스 전략의 부산물이다. 감시 자본주의 기업의 직원들 중 이런 사실을 인지하는 사람은 거의 없다. 이런 기업의 설립자들이 가진 통제 권력 때문에 페이스북과 구글 같은 플랫폼은 권위주의적 문화를 갖고 있다. 다국적 기업이 흔히 그렇듯이 감시 자본가들은 독재 정부와 타협하는 법을 알게 됐고, 이것은 민주적 가치를 지지한다는 공식 선언을 더욱 훼손하는 결과로 이어진다. 최악의 상황은 이들 기업의 서비스와 비즈니스 관행이 독재 정권에게 민주주의를 훼손하고, 때로는 그런 민주적 절차를 가졌던 국가에서 권력을 잡도록 도와주는 경우다.

인터넷 플랫폼에 대한 대중적 관심사의 대부분은 개인에게 미치는 해악이지만, 더 큰 위험은 사회에 대한 것이다. 개인이 자신의 데이터에 어떤 목적으로든, 심지어 다른 사람들이 조작할 목적으로도 이용할 수 있다는 사실을 수용할 수도 있지만, 그것이 많은 인구에 미치는 영향까지 안일하게 허용해서는 안 된다. 인터넷 플랫폼이 미치는 네 가지 해악은 개인뿐 아니라 사회도 위협한다. 인스타그램을 통한 집단 따돌림이나 경쟁의 해악은 그로 인해 직접 영향을 받는 어린이들의 수준을 훌쩍 뛰어넘는다. 우리는 우울증에 걸리기 쉽고, 심지어 자살을 쉽게 선택해 버리는 세대를 키우고 있다. 이것이 사회에 미치게 될 영향도 간과할 수 없다. 필터 버블로 인한 폐해는 그것이 개인에게 충동질하는 공포와 분노의 수준을 넘어선다. 필터 버블을 통한 조작은 전 세계 공중보건에 악영향을 미쳐 미얀마, 필리핀, 뉴질랜드, 미국 및 다른 국가의 폭력 사태와 대량 살상의 빌미가 됐다. 온라인의 필터 버블과 미국에서 발생하는 자생 테러리즘 간의 상관 관계는 여러 연구로 증명이 됐다. 피츠버그의 '생명의 나무Tree of Life' 유대교 회당에서 벌어진 대량 살상과 엘파소El Paso 쇼핑몰의 총기 학살 사건은 그런 자생 테러리즘의 사례다. 외국의 적대 세력도 필터 버블과 다른 플랫폼 툴을 쉽게 이용해 영국이나 미국, 혹은 다른 나라의 선거에 불법 개입할 수 있다는 사실은 용인해서는 안 되는 대목이다. 여론의 공분을 자아내야 마땅한 대목이다. 페이스북과 구글, 트위터가 제대로 대응하지 못했다는 점, 한 국가의 독립된 정부가 적절한 대책을 세우지 못했다는 점을 고려하면 더더욱 그렇다. 프라이버시 침해 문제도 제기된다. 나는 프라이버시를 아무런 두려움 없이 선택을 내릴 수 있는 능력으로 규정한다. 주보프 교수가 명쾌하게 주장하듯이 감시 자본주의는 인간적 삶의 은신처를 없애고 있다. 플랫폼은 우리가 온라인에서 벌이는 일거수일투족을 추적한다. 외부의 제3기관에서 우리에 관한 데이터를 매입한다. 어떤 기업은 우리의 이메일, 문서, 텍스트를 스캔해 경제적 가치가 있는 정보를 찾는다. 스마트 기기는 물리적 세계에서 벌어지는 우리 행동에 관한 데이터를 수집한다. 어떤 기업은 우리가 부엌이나 사무실, 침실, 승용차 안에서 나누는 대화를 엿듣는다. 사람에 따라서는 이런 사실을 대수롭지 않게 여길 수도 있지만, 사회 차원에서는 심각하게 우려해야 할 문제다. 조작 당한 개인들의 행동은 결국 우리 모두에게 영향을 미칠 수 있기 때문이다.

구글, 페이스북, 아마존, 마이크로소프트 같은 감시 자본주의 기업은 마치 자신들은 예외라는 듯 행동한다. 정상적인 규칙과 감독의 대상이 아니라고 생각한다. 수십억 명을 대표해 선택을 내릴 권리가 있다는 듯 행동한다. 주보프 교수의 주장을 관통하는 가장 심란한 진실은 감시 자본주의는 지식의 대규모 불균형disequilibrium으로 이어진다는 점이다. 데이터 과학자와 컴퓨터 과학자들은 감시 자본주의가 필요로 하는 특별한 지식과 기술을 보유한 반면, 그 나머지 인류는 뒤쳐진 상태로 남는다. 감시 자본주의에서 "우리가 중요한 굽이마다 맞닥뜨리는 핵심 질문은 이런 것이다. 누가 아는가? 누가 결정하는가? 누가 결정할지 누가 결정하는가?"라고 주보프 교수는 말한다. 우리가 당면한 상황은 이 세 가지 질문 모두에 한 가지 대답만을 시사한다. 그것은 바로 '감시 자본주의자들'이다.

이 글을 쓴 2019년 9월 기준, 구글과 페이스북은 그것이 부인할 수 없이 명확한 대답임을 보여준다. 이들은 앞으로 정부 및 사회와 이들의 관계를 근본적으로 바꿔놓을 수 있는 과감한 행보를 보이고 있다. 구글의 모회사인 알파벳의 '스마트시티' 이니셔티브는 '사이드워크 랩Sidewalk Labs'가 시행하는데, 캐나다 토론토의 온타리오 호수 부근 키사이드Quayside 지역에서 만 5천평을 센서와 카메라, 시스템으로 연결하는 대략 1조 5천억원 규모의 개발 계획을 제안했다. 정확한 고품질 데이터는 데이터를 보유한 기업에게 직원과 고객들에게 선택의 마찰을 줄이면서 효율성을 높일 수 있는 방법을 제공한다. 데이터는 권력자가 규칙을 정하고 자신의 경제적 이익을 위한 선택을 제한할 수 있게 한다.

표면적으로는 계획이 매력적으로 보였고, '워터프런트 토론토^{Waterfront} Toronto' 공사가 처음에 이를 지원한 것도 그 때문이었다. 2019년 중반, 사이드워크 랩이 마스터플랜을 제출하면서 더 명확하고 다른 모습을 드러냈다. 워터프런트 토론토 공사가 아닌 사이드워크 랩이 개발을 주도한다는 것이었다. 해당 프로젝트는 정상적인 정치적 절차를 거치지 않을 것이다. 이들의 책임은 제한적일 것이다. 반면 사이드워크 랩의 프라이버시 침해와 행동의 자유에는 제한이 없을 것이었다. 공공 기관과 시 정부는 사실상 사이드워크 랩의 통제에 놓이게 되는 것이었다. '사이드워크를 저지하라'는 뜻의 해시 태그 '#BlockSidewalk'로 명명한 소규모 운동가들이 경종을 울렸다. 미국에서도 몇몇 운동가들이 대의에 동참했다. 나도 그중 하나였다. 사이드워크 랩의 키사이드 계획은 공개 토론회를 위해 연기됐다. 민주주의적 절차는 그렇게 작동하는 것이다.

구글의 모회사 입장에서 토론토 프로젝트는 20년에 걸친 누적된 진보의 정점으로, 미 항공우주국^{NASA}이 1969년 달 착륙을 성사시키기 위해 꾸린 프로그램에 비견할 만한 것이었다. 달에 착륙하기 위해서는 많은 첨단 기술과 기법을 통합해야 했고, 각각의 요소는 다음 단계로 진전되기 전에 완벽하게 맞아야 했다. NASA는 임무의 개별 요소를 별도로, 그리고 순차적으로 테스트해 제대로 작동하는지 확인함으로써 달 착륙에 성공할 수 있었다. 지구 궤도로 진입, 지구 궤도에서 유영하기, 지구 궤도에서 랑데뷰, 달 궤도로 진입, 착륙 없이 달로 하강하기 등은 모두 아폴로 11호가 최초로 달에 착륙하기 전에 성공적으로 실행된 준비 작업이었다. 사이드워크 랩도 정적^{static} 데이터 수집, 데이터판 부두교 저주 인형 제작, 실시간 데이터 감시, 개인 차원의 주의력 조작, 개인 차원의 행태 조작, 다중 수준의 감시, 다중 수준의 조작 등 그와 비슷한 단계가 진행됐다. 내가 볼 때 핵심적인 구성 요소는 검색, 구글 지도, 스트리트 뷰, 구글 글래스, 포켓몬 고 그리고 뉴욕의 허드슨 야드Hudson Yards였다. 구글 지도나 심지어 포켓몬 고를 통한 개인 차원의 데이터 거래가 많은 이에게는 무해한 것처럼 보일지도 모르지만, 사이드워크 랩과 관련된 사람들에게는 그렇지 않다. 토론토의 키사이드 프로젝트는 「마이너리티 리포트Minority Report」와 「매트릭스Matrix」 두 영화의 디스토피아적 비전을 통합한 것이다. 반전은 구글이 정부 역할을 빼앗았다는 점이다. 이것은 구글의 성공은 민주주의를 알고리즘적 절차로 대치할 것이라는 주보프 교수의 예언과 상통하는 것이기도 하다. 나는 충분한 정보를 가진 사람들이 결과를 자발적으로 선택할 수 있으리라고 상상할 수는 있지만, 지금까지 어떤 공동체도 해당 정보에 정통한 선택을 할 기회가 없었다. 그렇게 되도록 하는 것이 바로 내 목표다.

전체주의 정권은 경제 성공의 사례가 있다. 싱가포르와 중국에서 지난 40년간 시민들은 막대한 부의 창출을 대가로 자신들의 삶에 대한 정부의 제한적인 통제를 수용했다. 미국에서 기업은 여러 세대에 걸쳐 '기업 마을company town³'에서 정부의 역할을 수행했다. 이들 중 많은 경우는 인구가 밀집된 도시에서 멀리 떨어진 곳에 위치한 채굴 산업이었다. 그럼에도 나는 미국에서 도시, 주, 혹은 국가 규모로 다양하고, 인구 밀도가 높으며 경제적으로 번영하는 환경에서 한 기업이 민주적으로 선출된 정부를

---

3 (고용·주택 등을) 한 기업에 의존하는 도시 — 옮긴이

대체한 전례를 발견할 수가 없다. 우리는 그러한 시험이 행복한 결말을 만들어낼 것이라고 추정해서는 안 된다.

나는 '스마트 시티'에 반대하지 않는다. 기업이 지배하는 스마트 시티에 반대하는 것이다. 스페인 바르셀로나는 주민들이 데이터를 소유하고 통제할 수 있게 한다는 목표로 스마트 시티 프로젝트를 시작했다. 그것은 고려해볼 만한 가치가 있는 개념이다. 문제는 정부 기관이 고도의 기술 기반 서비스를 주민들에게 제공할 만한 전문성을 갖추지 못해 결국 그런 능력을 갖춘 기업에 의존하게 된다는 점이다. 이런 상황은 필연적이지는 않지만 이를 바꾸는 데는 대중의 의지와 투자가 필요하다.

구글이 커뮤니티를 장악하기 위해 치밀한 수순을 밟는 대목에서 페이스북은 국권의 중요한 한 축을 표적으로 삼았다. 주권국가들은 경찰과 군대 같은 합법적인 무력 수단과 화폐를 통제함으로써 권력을 확립한다. 페이스북은 리브라^{Libra}⁴라는 이름의 새로운 기축통화를 만드는 프로젝트를 발표하면서 주권국가의 독점적 권력에 도전장을 내밀었다.

페이스북은 리브라가 통화 체계가 불안정한 개발도상국에서 은행 계좌가 없는 사람들도 금융 거래를 할 수 있게 해줄 것이라고 주장한다. 소비자들이 이용 가능한 은행 서비스가 없는 국가가 많다. 리브라는 스마트폰 이용자가 날로 늘어나는 상황을 지렛대 삼아 디지털 지불을 활성화함으로써 은행 지점의 존재 명분을 없애겠다는 심산이다. 이 주장은 매력적

---

4 리브라(Libra): 페이스북이 추진 중인 암호화폐로 2020년 발행을 목표로 개발 중이다. 은행 예금이나 단기 국채 등으로 리브라를 사서 전자지갑에 저장했다가 전 세계 어디에서든지 사용할 수 있다. 그러나 리브라 발행은 페이스북이 사실상 통화를 만들어 운영하겠다는 의미이기 때문에 국제 통화 질서에 혼란을 줄 수 있다는 우려가 나온다(출처: 박문각 시사상식사전).

이다. 그렇다고 해도 리브라가 그런 국가에서 제대로 효과를 발휘하자면 여러 해가 걸릴 것이다. 그런 한편, 리브라는 극도로 불안정한 암호 화폐 cryptocurrency를 하루아침에 대체해 누구에게도 탐지되지 않고 세금도 없이, 다시 말하면 불법적으로 돈이 자유롭게 국경을 넘나드는 상황을 가능케 할 수도 있다. 이것은 규제된 금융 시스템을 피하고 싶어하는 자본가들에는 큰 인센티브로 작용할 것이고, 잠재적으로 국가 통화와 세금 수입에 부정적인 영향을 끼칠 수 있다.

블록체인 데이터베이스 기술의 최고 기능과 암호 화폐의 특징을 개념적으로 결합한 리브라는 다른 아키텍처에 그들의 이름을 붙임으로써 경의를 표시한다. 블록체인의 매력은 프라이버시와 보안에 최적화됐다는 점과 분산형 데이터베이스다. 비트코인 같은 블록체인 기반의 암호 화폐는 처음에는 전통적인 화폐의 대안으로 자리매김했다가 열광적인 반응과 더불어 많은 불만도 샀다. 이들은 화폐라기보다 그 자체가 하나의 상품처럼 거래되면서 매우 큰 등락폭을 보였고, 가치의 저장 수단으로는 부적합하다고 인식됐다. 대다수 시장 참가자들은 암호 화폐를 거래하거나 정부의 감시를 회피하는 데 이용한다. 이런 활동의 규모는 작고, 아직까지는 국가 주권에 위협이 될 수준은 아니었다.

리브라 디자인은 비트코인과 다른 초기 암호 화폐의 몇몇 단점을 보완했다. 불안정성을 줄이기 위해 리브라는 미국 달러, 유로, 파운드, 엔, 스위스 프랑 등으로 구성된 준비 기금을 설립했다. 시스템의 주요 기능을 중앙 집중화함으로써 비트코인이나 다른 암호 화폐보다 리브라를 더 쉽게 사용할 수 있게 할 것이다. 이런 조치에도 불구하고 리브라는 사용자들에게 문제로 작용할 몇 가지 특성을 갖고 있다. 예컨대 프라이버시에 관한 한 적어도 일부 데이터는 페이스북과 아마도 그와 연계된 다른 기업에 유출될 수 있다. 페이스북은 이 프로젝트에 수십 개의 금융 기관을 제휴사로 끌어들였다. 제휴사는 리브라 준비 기금으로 마련된 기존 통화의 변동 환율에 따른 지분을 받게 될 것이며, 이는 잠재적으로 가치가 매우 컸다. 스마트 시티 프로젝트와 관련해서도 안정성을 최우선으로 내세운 암호 화폐는 중요한 역할을 담당할 것이고, 충격을 최소화하기 위해 기존 금융 시스템 안에서 만들어질 것이다.

리브라에 대한 반대가 즉각 수면 위로 떠올랐다. 전 세계 정책 입안자와 중앙은행은 페이스북처럼 강력한 시장 영향력을 가진 사기업이 준비 통화를 만들려 시도한다는 데 우려를 표명했다. 페이스북은 유화적인 태도로 규제 기관과 협력할 것이라고 말했다. 은행 규제 기관이 그런 역할을 감당할 수 있을까? 사기업에 의해 조성된 통화 환경에서 누가 소비자와 주권 국가의 적법한 이익을 보호할 것인가? 이것은 기술이 지배하는 세계에서 민주주의 기관이 직면한 여러 도전의 또다른 사례다. 이 도전은 리브라 프로모터가 공중보건과 민주주의, 프라이버시, 시장 경쟁 분야에서 온갖 물의를 빚어 온 페이스북이기 때문에 더욱 버겁다. 우리가 아는 한 리브라와 페이스북이 추진하는 새로운 이니셔티브에 대한 우리의 잣대는 예외적으로 높아야 한다.

아마존의 다음 역점 사업은 미국 경제의 약 18%를 차지하는 의료 부문으로 보인다. 아마존은 이미 진료소와 병원용 의료 장비 분야의 주요 공급업체지만, 의료 비용 관리, 클라우드 서비스 및 알렉사 기반의 스마트 기기에 의료 부문 서비스를 조용히 추가하고 있다. 미국의 금융 방송인 CNBC는 아마존이 진료 기록, 약국 서비스, 1차 진료 등의 분야에 진출을 고려 중이라고 보도했다.

현재까지 마이크로소프트는 지난 10여 년간 집중해 온 비즈니스 분야에서 크게 벗어나지 않았다. 기존 분야에서 구글과 페이스북의 비즈니스 관행을 흉내 낸 것이 전부였다. 빅데이터 비즈니스 기반 및 감시 자본주의의 주요 기업이 되면서 마이크로소프트 주식은 세계에서 가장 가치가 높은 주식이 됐다. 마이크로소프트는 소비자나 정책 입안자들로부터 별다른 비판을 받지 않으면서 성공했다. 이들은 대체로 마이크로소프트의 성장과 수익성에 기여한 데이터의 역할을 잘 모르고 있다. 마이크로소프트가 구글과 페이스북의 비즈니스 관행을 흉내 냄으로써 공중보건과 민주주의, 프라이버시 및 공정한 시장 경쟁에 어떤 위험을 초래하는지에 관해서는 더욱 깜깜하다. 그런 상대적 무지가 얼마나 오래 지속될지는 두고 볼 일이다.

구글, 페이스북 그리고 아마존의 공격적인 확장 계획이 전체 경제에 어떤 의미를 지니는지 잠시 숙고해볼 필요가 있다. 다음 단계의 감시 자본주의는 어떻게 경제를 변모시킬까? 만약 기업이 경쟁 우위의 원천으로 데이터가 물리적인 상품이나 공장, 장비보다 더 큰 가치를 지닌다고 인식한다면 전통적인 자산의 가치에는 어떤 일이 벌어질까?『감시 자본주의의 시대』에서 주보프 교수는 우리에게 20세기 초의 악덕 자본가들도 비슷한 변화를 등에 업고 부상한 사실을 상기시킨다. 이들은 일과 땅을 노동과 부동산으로 상품화함으로써 이득을 취했다. 이들은 석유, 운송, 은행 분야에서 비즈니스 제국을 세웠고, 압도적인 경쟁 우위로 경쟁사와 공급업체를 지배했다. 전체 경제를 파괴할 수도 있는 도미노 효과가 시작됐다. 루즈벨트 대통령의 획기적인 반독점법이 통과되지 않았다면 악덕 자본가들은 다른 수많은 산업 분야로도 손을 뻗었을 것이다. 그런 일이 벌어지지 않은 것은 정책 입안자들이 다양하고 분산된 경제의 혜택을 인식했기 때문이다. 반독점법과 싸우는 과정에서 석유, 운송, 은행 분야의 독점 기업은 지금 우리가 구글과 페이스북, 아마존에게서 듣는 것과 비슷한 주장을 펼쳤다. 그런 주장은 당시 근거 없는 것으로 입증됐다. 나는 지금도 그럴 것이라고 짐작한다.

인터넷 플랫폼은 금융 서비스, 운송, 의료 같은 거대 산업계를 파괴할 수 있을까? 정부의 개입이 없다면 그것은 불가피할 것이라고 나는 우려한다. 구글은 이미 스마트기기, 운송, 의료, 정부 분야로 손을 뻗고 있다. 페이스북은 통화와 금융 서비스를 표적으로 삼았다. 아마존의 초점은 유통, 기술 인프라, 의료 및 스마트 기기 분야다. 이 '스마트'의 흐름은 자동차와 가전제품 같은 범주로 확산되고 있지만, 거의 확신하건대 뉴스와 미디어 산업계가 이미 보여준 것처럼 자동차 제조사와 가전제품 회사들 역시 인터넷 플랫폼과 제휴 관계를 맺고 계속 성장할 만한 역량은 없어 보인다. 포드 자동차의 한 CEO는 구글이 막판에 전략을 바꾼 직후 일자리를 잃었다.

경쟁 경제가 독점 기업에 지배되는 경제보다 더 많은 가치를 생산한다는 경제 이론에도 불구하고 미국 경제의 거의 모든 산업 분야는 지난 1세기 동안 보기 어려웠던 수준의 기업 집중 현상을 보여준다. 거인들의 싸움에서도 모든 독점 기업이 다 같은 것은 아니다. 가장 가치 있는 데이터를 통제하는 기업이 중요한 이점을 갖게 될 것이다. 나는 막대한 규모의 데이터를 보유하고, 높은 마진과 막강한 재정을 보유한 구글, 페이스북, 아마존, 마이크로소프트가 그들이 참여한 어떤 산업 분야에서든 주도적 지위를 확고히 할 것으로 전망한다. "빨리 움직이고 무엇이든 깨트려라." 라는 페이스북 초기 모토가 소셜미디어에 국한됐을 때도, 이들은 공중보건과 민주주의, 프라이버시, 시장 경쟁에 엄청난 피해를 입혔다. 소셜미디어에서는 사람들이 그런 대가에 별 문제를 느끼지 않았을지 모르지만, 이들의 거침없는 행보가 우리 삶이나 생계와 직결된 산업 분야로까지 확산된다면 상황은 달라진다. 이를 허용해서는 안 된다.

알파벳의 스마트 도시 이니셔티브와 페이스북의 통화 프로젝트는 두 가지 중요한 맥락과 닿아 있다. 지난 50년에 걸친 신자유주의neoliberalism, 자원을 분배하는 데 시장이 항상 정부 같은 기관이나 제도보다 더 낫다고 주장하는 이념의 성공은 정부 기관과 다른 미디어 기업에 대한 대중의 신뢰를 떨어뜨리는 결과를 초래했다. 인터넷 플랫폼은 '빨리 움직이고 무엇이든 깨뜨려라' 같은 기업 철학으로 이러한 대중의 신뢰 약화를 악용하고 가속화했다. 적은 예산과 정치적 장애물도 정부 기관과 다른 미디어 기업이 소비자들에게 기대한 서비스를 제공할 수 있는 능력을 떨어뜨렸고, 이는 악순환으로 이어졌다. 정부 기관은 기술이 주도하는 세계에 적응할 수 있을 만한 기술과 예산이 없다. 그런 벽을 넘어 들어온 인터넷 플랫폼은 뉴스와 미디어 기업으로부터 수익과 권위를 박탈했고, 이제는 정부가 수행하던 서비스 분야로 넘어올 준비를 하고 있다. 소비자들은 자신들에게 어떤 위협이 닥칠지, 어떻게 그로부터 스스로를 보호할지 제대로 알지 못한 채 더욱이 그들의 권익을 방어해줄 기관도 없는 상태에 놓여 있다. 그토록 많은 사람이 자신들이 가진 것을 잃어버릴지 모른다는 두려움에 떨고, 자신들의 삶을 통제할 수 있는 어떤 기회에든 악착같이 매달리는 것은 놀라운 일이 아니다. 나는 이것이 모든 형태의 변화에 대한 공포, 총기 규제에 반대하는 투쟁, 환경에 유해하고 이미 경제성이 떨어진 석탄 산업을 끝내 보호하려는 노력, 문신과 바디 피어싱에 대한 열광, 소셜미디어에서 소위 '인플루언서influencer'의 폭발적 증가 등 겉으로는 연관성이 없어 보이는 미국 사회의 행태를 설명할 수 있지 않을까 생각했다. 자신들의 삶에 통제력이 거의 없다는 사실에 분개한 사람들은 언뜻 보기에 그들의 이익과 연관이 적어 보이는 행위를 보이기도 한다. 인터넷 플랫폼은 사람들이 증오 표현과 거짓 정보, 음모 이론을 널리 유포하는 것을 가능케 함으로써 그런 문제를 증폭시킨다.

인터넷 플랫폼이 우리 시대의 다른 중요 문제에 미치는 영향을 생각해 보자. 우리는 유해 콘텐츠를 증폭시키는 인터넷 플랫폼의 힘을 알지만, 그것을 사회 전체의 차원보다는 개인 수준의 영향으로 생각한다. 인터넷 플랫폼의 필터 버블과 광고 수단은 기후 변화를 부정하는 세력, 백인 우월주의, 총기 폭력, 백신접종 거부 운동 등에 어느 정도까지 영향을 미쳤을까? 기후 변화를 부정하는 캠페인은 인터넷 플랫폼이 존재하기 전에 시작됐지만 온라인에서 지지자들을 찾아내고, 이들의 그릇된 신념을 더욱 굳혀 그런 믿음을 정치적으로 전파하도록 부추길 수 있는 인터넷 플랫폼에서 엄청난 혜택을 누렸다. 인터넷 플랫폼이 없었다면 과연 백신접종 반대 운동이 단순한 문제 이상으로 확대될 수 있었을지 의심스럽다. 지구는 평평하다고 믿는 음모 이론 같은 그보다 덜 심각한 이슈도 마찬가지다. 백인 우월주의는 최근 몇 년 사이에 극적으로 증가했다. 인터넷 플랫폼이 제공하는 익명성과 소통 수단 덕택이다. 극단주의자들은 인터넷 플랫폼이라는 메가폰을 이용해 사람들을 끌어들이고 자신들의 메시지를 퍼뜨린다.

만약 인터넷 플랫폼이 존재하지 않았다면 기후 변화, 백인 우월주의, 총기 폭력, 백신접종 반대 캠페인 같은 문제를 처리하기는 얼마나 더 쉬웠을까? 유해 콘텐츠가 증폭되고 널리 유포되는 통로가 없었다면 축복에 가까울 만큼 더 수월했겠지만 그뿐만이 아니다. 인터넷 플랫폼은 더 많은 편의성은 항상 더 낫다고 소비자들이 인식하는 사회적 맥락에서 편의성을 제공한다. 하지만 기후 변화는 어떤가? 아마존이나 도어대시^{DoorDash}를 이용한 배달 서비스는 그보다 덜 편리한 대안보다 기후 변화에 더 유해하다. 머신 러닝과 인공지능을 활용한 인터넷 플랫폼은 막대한 규모의 전력이 필요하다. 이들은 미국 최대의 전력 소비자일 것이다. 기후 변화 같은 사안을 다루고자 한다면 우리는 지금보다 편의성이 더 나빠질 수 있다는 사실을 수용할 준비가 돼 있어야 한다.

소비자들이 약간 더 편리한 웹 서비스를 위해 공중보건, 프라이버시, 경쟁은 말할 것도 없고 민주주의와 자유를 포기할 수 있다는 증거는 소비자들이 짐작하는 결과와 실제로 벌어지는 상황 간의 엄청난 간극을 잘 반영한다. 인터넷 플랫폼은 사람들에게 무해하다는 환상을 심어주는 데 더없이 성공적이었다. 이들은 아무런 비용 지불을 요구하지 않은 채 엄청나게 편리한 기능을 제공하면서, 이용자들의 프라이버시를 미처 눈치채기 어려울 만큼 조금씩 침해한다. 월드와이드웹이 나온 이후 자라난 세대(디지털 원주민) 중 많은 이는 그런 점에 아무런 걱정도 하지 않는다고 고백한다. 그와 다른 환경을 체험해본 적이 없는 일부 디지털 원주민들은 감시 자본주의의 경고를 구세대의 피해망상 정도로 취급한다. 이들 디지털 원주민들의 주장은 감시 자본주의의 영향이 개인 차원에만 국한됐다면 타당하게 여길 수도 있다. 불행하게도 사정은 그렇지 않다. 당신의 데이터는 나나 다른 사람들에게 피해를 입히는 데 사용될 수 있다. 인터넷 플랫폼에 올라온 콘텐츠를 통해 부정적인 영향을 받은 사람들의 행동 때문에 무고한 사람들이 피츠버그와 엘파소, 크라이스트 처치, 미얀마, 필리핀에서 죽임을 당했다. 죽음까지는 아니지만 온갖 피해가 세계 곳곳에서 벌어지고 있다.

나는 파괴적인 감시 자본주의가 우리의 경제와 민주주의를 압도하려 위협하고 있다는 쇼샤나 주보프 교수의 견해에 동의한다. 지금은 아무런 싸움 없이 그렇게 하고 있다. 무슨 일이 벌어지는지 이해하는 사람이 거의 없기 때문이다. 여기에는 정책 입안자들이 포함되는데, 이들 대부분은 시장의 힘이 그런 문제를 규제해줄 것이라 믿는다. 지난 몇 년간의 경험에 따른다면 구글과 페이스북, 마이크로소프트, 아마존은 아무런 제약도 받지 않았고 책임도 지지 않았다. 이들은 자율규제의 의지도 보여주지 않았으며, 모든 잠재적 경쟁사를 압도할 만한 시장 장악력을 지니고 있다. 이들에 대한 제약은 정부와 시민들의 적극적인 참여를 동반하고 외부에서 와야 한다.

민주적으로 선출된 정부를 가진 국가의 경우, 감시 자본주의에 따른 급진적 변화는 그로 인해 영향을 받게 될 사람들의 충분한 숙지와 동의 없이 벌어져서는 안 된다. 당장의 우선 순위는 감시 자본주의와 그것이 민주주의와 개인의 자율성에 미칠 영향은 무엇인지, 그 대안이 될 수 있는 비전에 필요한 사항은 무엇인지 대중을 철저히 이해시키는 것이어야 한다. 첫 번째 목표는 감시 자본주의의 실제와 피해가 무엇인지 대중을 계몽하고, 해당 대안 모델에 대한 지지를 요청하는 것이어야 한다. 웹 서비스가 사회의 근간을 훼손하지 않으면서도 사람들에게 가치를 전달할 수 있는 방법은 많이 있다. 따지고 보면 구글과 페이스북 그리고 다른 기업도 감시 자본주의의 비즈니스 모델을 채택하기 전에는 그렇게 했다. 이들은 그런 비즈니스 모델을 개혁할 용의가 없음을 보여줬고, 오히려 독점적 지위를 이용해 잠재적 경쟁사를 억누르는가 하면, 아직 초창기일 때 싹을 잘라버렸다. 그 결과 감시 자본주의의 파괴적 행태로부터 공중보건과 민주주의, 프라이버시, 공정한 시장 경쟁을 보호할 수 있는 경로는 규제 기관의 개입으로 시작해야 하고, 이어 구글, 페이스북, 아마존, 마이크로소프트를 사용하는 엄청난 숫자의 이용자들에게 의존할 수밖에 없다. 그러나 규제만으로는 충분하지 않으며, 정부 기관은 어떻게 그 국민과 시민들의 필요에 최적화된 기술 기반 서비스를 제공할지 배워야 한다. 2017년 4월 이후 내가 사람들의 이해를 높이는 일을 최우선 과제로 정한 이유도 거기에 있다.

2019년 9월, 오스트리아 비엔나의 한 패널 토론회에서 저술가이자 연구자인 예브게니 모로조프Evgeny Morozov는 내 가설에 동의하면서도 그보다 더 앞서갔다. 그는 구글과 페이스북, 아마존, 마이크로소프트의 최신 이니셔티브가 감시 자본주의와도 구분된다고 특징지었다. 감시 자본주의가 개인 자율성을 공격한다면, 사이드워크 랩과 리브라 같은 프로젝트는 사회의 근간을 표적으로 삼는다는 것이다. 모로조프에 따르면 감시 자본주의 기업이 관여하기는 하지만, 새로운 이니셔티브는 감시 자본주의와는 다른 위협을 제기하며 동일한 요법으로는 대응할 수 없다. 주요 인터넷 플랫폼 기업은 서유럽과 북미 자유 민주주의 체제의 기구와 제도가 쇠퇴하는 현상을 최대한 활용해 그를 보완하는 서비스를 제공하면서 그 대가로 점점 더 많은 권력을 요구한다는 것이다. 감시 자본주의 기업에 우호적으로 나서는 정부 기관의 태도는 민주주의 제도와 체제가 더 이상 그 시민과 국민을 보호해줄 수 없다는 증거로 간주해야 한다. 모로조프는 새로운 위협에 대한 유일한 해법은 민주주의 체제를 재건해 기술에 의해 주도되는 세계에 최적화하는 것이라고 주장한다. 모로조프는 이 주제에 관한 한 확고한 전문성을 지니고 있다. 2011년 발간된 『인터넷 망상: 인터넷 자유의 어두운 면The Net Delusion: The Dark Side of Internet Freedom』이라는 저서를 통해 내가 그런 문제를 이해하기 5년 전에 경종을 울렸다. 나는 그의 주장에 설득력이 있다고 생각했다. 우리가 사회를 보호하려면 최선의 접근법은 정부가 인터넷 플랫폼의 새로운 이니셔티브를 중단시키고, 감시 자본주의의 기반을 공격하는 것일지도 모른다. 이런 대응은 한 세대가 걸릴지도 모르는 자유 민주주의 체제를 재건하는 데 필요한 시간을 벌어줄 것이다.

『감시 자본주의의 시대』는 마치 벼락처럼 내게 충격을 안겼다. 그중 몇몇 개념은 나도 이미 가졌던 생각이지만 주보프 교수의 분석이 가진 종합성과 그것을 뒷받침하기 위해 제시한 증거는 내 이해 수준을 한 차원 높였고, 일말의 의심도 없애 버렸다. 나는 트리스탄의 중독 가설을 인터넷 플랫폼이 공중보건과 민주주의, 프라이버시, 경쟁에 피해를 미치는 근본 원인으로 본 데 반해, 주보프 교수의 책은 그런 중독이야말로 감시 자본주의의 수단임을 폭로했다. 그것을 바로잡고 공중보건, 민주주의, 프라이버시, 경쟁을 회복하는 최선의 길은 감시 자본주의 자체를 공격해 그것이 가진 수단과 그로 인한 행태 조작의 결과를 제거하는 것이다. 이는 데이터 경제를 공격한다는 뜻이다. 우리는 현행 규제 제도가 가진 모든 수단과 방법을 사용해야 할 뿐 아니라 일부 새로운 규제 제도를 도입해야 한다. 그것이 인터넷 플랫폼 중독이나 정부 기관이 기술이 지배하는 세계에서 그에 걸맞은 해법을 제시할 수 없기 때문에 발생하는 문제를 바로잡지는 못하겠지만 그런 방향으로 가기 위한 더 나은 환경은 만들어줄 것이다.

　모든 기술 기업이 감시 자본주의 유행에 편승한 것은 아니다. 애플은 대단히 가치 있는 데이터에 접근권을 가졌음에도 거기에서 제조하는 제품은 점점 더 프라이버시 보호에 전력하겠다는 다짐에 걸맞은 양상을 보여준다. 애플 지도Apple Maps는 개별 이용자의 경로를 저장하지 않으며, 애플이 이용자 경로를 재구축하지 못하도록 필요한 조치를 취했다. 애플의 시리Siri는 상당한 양의 데이터를 개별 이용자의 전화기에서 처리하며, 클라우드로 유출되는 데이터 양을 최소화한다. 애플의 얼굴 인식 ID에 사용되는 3차원 이미지는 결코 개별 이용자의 전화기를 벗어나지 않는다. 애플 페이Apple Pay는 현금으로 사는 것에 걸맞은 구매를 해준다. 애플은 이용자 행태를 감시하는 데 사용해온 페이스북의 오나보 가상사설망을 사실상 없애버렸다. 이어 애플은 페이스북과 구글이 이용자의 모든 행동을 추적하도록 설계한 소위 '연구' 앱을 애플 스토어에 올리자 앱 스토어의 규칙을 어겼다며 페이스북과 구글을 하루 동안 정지시켰다. 애플 카드Apple Card라는 신용카드는 외부 기업에 의해 수집되는 데이터 양을 최소화하도록 설계했다. 애플 페이와 연계된 신용카드는 디지털 상거래에서 프라이버시의 새로운 규범을 세우겠다고 약속한다. 애플은 또한 애플 고객을 추적하는 웹사이트 기능을 최소화하도록 설계한 '애플을 통한 로그인Sign In with Apple'을 발표했다.

몇몇 신생기업이 애플의 뒤를 따랐다. 덕덕고^{DuckDuckGo}와 브레이브^{Brave}는 프라이버시를 강화한 브라우저를 선보였고, 덕덕고는 사설 검색 기능을 제공하며, 고스터리^{Ghostery}와 디스커넥트^{Disconnect}는 앱이 이용자 행태를 추적하는 것을 봉쇄하는 툴이다. 온라인의 업무 자동화 시장에서 마이크로소프트와 경쟁하는 슬랙^{Slack}은 프라이버시 보호를 명확히 규정한 약관을 제시한다. 그렇다고 해도 데이터가 보호받지 못하는 상황이 나올 수 있고, 그런 대표 사례는 해당 기업이 어딘가에 인수되는 경우인데, 적지 않은 기업은 그럴 확률이 높다. 마이크로소프트의 감시 자본주의적 성향을 고려하면 슬랙은 프라이버시 부문의 강점을 활용해 경쟁 우위에 놓일 수 있을 것이다.

나는 우리의 기회에 낙관적이다. 내 책을 홍보하기 위해 여러 도시를 여행하면서 나는 내가 제기한 문제가 초당적이라는 사실을 발견했다. 나는 동일한 메시지를 폭스 뉴스, MSNBC, 폭스 비즈니스, CNBC, 보수주의 성향의 토크 라디오, NPR 등에서 전파했고, 모든 경우에 긍정적인 반응을 얻었다. 나는 트럼프 행정부의 두 부처인 연방거래위원회와 법무부 반독점 부서, 민주-공화 양당의 의원들과 함께 작업할 수 있다. 나는 캐나다에서 네 개, 영국에서 두 개의 서로 다른 정당 의원들을 만났다. 이들은 언제나 동일한 우선순위를 갖지는 않겠지만 그 바탕에 놓인 문제는 우리 모두에게 같다. 미국처럼 정치적으로 양극화된 국가에서 그토록 많은 정책 입안자와 유권자들을 단합시키는 사안을 찾는다는 것은 놀라운 일이다. 이 문제의 한 쪽에는 구글과 페이스북, 아마존, 마이크로소프트에서 일하는 대략 1백만 명의 사람들이 있다. 다른 한 편은 나머지, 거의 3억 3천만 명에 이르는 미국인들이다. 그것만으로도 바람직한 결과를 기대할 희망은 충분하다.

　나머지 장에서 나는 해법을 제시한다. 14장은 우리가 어디에 있고 어떤 선택 사항이 있는지 정리한다. 15장은 정부가 할 수 있는 일을 설명한다. 16장은 당신이 할 수 있는 일을 일러준다. 마지막 장에서 모든 내용을 요약 정리한다.

14

무엇을 해야 하는가

페이스북의 문제는 바로 페이스북이다.

− 시바 바이디야나단

구글과 페이스북은 겸손함이나 역설적 감각 없이 시작했다. 1998년 구글의 최초 강령은 '세계의 정보를 정리해 누구나 이용할 수 있고 누구에게나 유용하도록 만든다'였다. 거기에 뒤지지 않으려는 듯 페이스북은 '사람들에게 공유의 힘을 부여해 세상을 더 열리고 연결된 곳으로 만든다'는 사명을 내세웠다. 두 기업이 그들만의 영역에서 성공을 거뒀다는 데는 의문의 여지가 없어서, 마이크로소프트와 아마존, 다른 기업은 이를 따라잡으려 애를 쓰고 있다. 불행한 것은 회사 강령에서 성공을 너무 좁게 정의해 수많은 국가와 소비자에게 부정적인 부작용을 끼치면서 설립자들에게는 막대한 부를 안겼다는 점이다.

세계 정복의 전략을 추구하는 과정에서 구글과 페이스북은 자기 중심적 소비주의와 시민 이탈이라는 미국의 두 가지 악덕을 아직 제대로 다루기에 부적합한 세계로 수출했다. 이용자들이 해답을 얻고 아이디어를 공유하는 툴은 이상적인 상황에서라면 더없이 멋진 일이지만, 구글과 페이스북이 이런 툴을 시행한 방법은 대규모 자동화와 인공지능을 이용하는 것이었고, 이것은 조작하기가 너무나 쉽다는 사실을 보여줬다. 이용자들은 구글과 페이스북이 현실을 보여준다고 믿지만, 이들은 오히려 놀이공원에 있는 거울의 집에 더 가깝다. 검색 결과를 순식간에 보여주는 구글의 능력은 이용자가 잘못 해석한 권위의 환상을 심어준다. 구글이 보여주는 내용은 검색엔진 최적화 및 조작뿐만 아니라 데이터판 부두교 저주 인형과 광고주의 요구에 영향을 받은 결과임에도 이들은 이를 깨닫지 못한 채 속도와 포괄성을 정확성이라고 착각한다. 어떤 질문이든 답을 얻을 수 있는 능력은 자신들이 이제 전문가라고 생각하게 만들며, 자신들이 말하는 것을 실제로 해당 사안을 정확하게 아는 사람들에게 더 이상 의존할 필요가 없다는 뜻으로 곡해한다. 만약 구글이 이용자들에게 정말로 필요한 대답 대신 그들이 원하는 대답을 주는 식으로 정치인 흉내를 내지 않았다면 그게 통했을지도 모른다. 구글의 유튜브도 이와 비슷하게 작동하지만 영상에서는 더 극단적이다. 처음에는 업계의 비판으로 시작했을지 모르지만 '세 다리 건너 알렉스 존스three degrees of Alex Jones'라는 표현은 음모 이론처럼 자극적인 비디오를 추천하는 유튜브 성향을 제대로 반영하고 있다. 페이스북은 가족과 친구들에 대한 우리의 신뢰를 발판 삼아 세계에서 가장 가치 있는 사업을 구축했지만 그런 과정에서 민주주의 체제의 결함과 동맹국의 결점을 더 가중시켰고, 시민들의 비판 정신을 약화시켜 누구를 믿어야 할지, 또는 어떻게 행동하는 것이 자신들의 이익에 부합하는지 제대로 파악하기 어렵게 만들었다. 악의적인 세력들은 구글과 페이스북의 약점을 뚫고 들어와 이용자의 신뢰를 악용해 증오 표현, 거짓 정보 및 음모론을 퍼뜨리고, 투표하지 말라고 부추기고, 많은 국가에서 시민들을 둘로 나눴다. 이들은 우리가 깨어 있는 시민으로 우리의 자결권을 되찾을 때까지 이 같은 악행을 지속할 것이다.

독자 여러분은 페이스북, 인스타그램, 구글, 유튜브, 마이크로소프트 및 트위터 같은 인터넷 플랫폼이 민주주의, 인권, 프라이버시, 공중보건 그리고 혁신을 가로막는 데 사용해온 방식에 이용자들이 격분할 것이라고 생각할 것이다. 일부는 그랬지만 대다수 이용자들은 인터넷 플랫폼이 제공하는 서비스에 더없이 만족해 한다. 이들은 멀리 떨어진 친척이나 친구들과 연락을 유지할 수 있다는 점을 좋아한다. 자신들의 사진과 생각을 남들과 공유하기를 좋아한다. 이들은 강력한 습관이 돼 버린 플랫폼이 그처럼 심각한 피해의 주범이라는 사실을 믿고 싶어하지 않는다. 그래서 나는 2017년 트리스탄, 르네, 샌디와 합류해 이용자와 정책 입안자들을 연결했다.

페이스북은 여전히 민주주의에 위협으로 남아있으며, 다른 플랫폼도 마찬가지다. 민주주의는 사람들이 사실과 가치를 공유할 때 제대로 작동하며, 커뮤니케이션과 심의가 필요하다. 그것은 권력자들에게 책임을 물을 수 있는 자유 언론과 다른 대항 세력에 달려있다. 페이스북, 구글과 트위터는 두 방향에서 자유 언론을 축소시켰다. 언론의 경제를 잠식해 숱한 신문과 잡지를 폐간시킨 후 빈자리를 거짓 정보로 압도한 것이다. 인터넷 플랫폼에서 진짜 정보와 거짓 정보는 똑같아 보인다. 유일한 차이는 거짓 정보가 더 많은 매출을 올리기 때문에 인터넷 플랫폼에서 더 우대받는다는 점이다. 인터넷 플랫폼 입장에서 사실은 절대적인 것이 아니다. 처음에는 이용자와 그 친구들에게 맡기지만, 그 후에 참여를 촉진하려고 알고리즘에 의해 확대되는 선택이다. 같은 맥락에서 알고리즘은 중립적인 내용보다 극단적인 메시지를, 진짜 정보보다 거짓 정보를, 사실보다 음모 이론을 더 추천한다. 모든 이용자는 고유한 경험과 잠재적으로 고유한 '사실'이 있다. 같은 생각을 가진 사람들은 자신들의 견해를 공유할 수 있지만, 그들은 동의하지 않는 사실이나 관점을 차단할 수도 있다.

민주주의에 관한 한 인터넷 플랫폼이 몇 가지는 매우 잘하는데, 바로 커뮤니케이션과 이벤트 조직이다. 우리는 '흑인들의 생명은 중요하다'라는 뜻의 '블랙 라이브즈 매터', '여성들의 행진', 다양한 '인디비지블Indivisible' 이벤트, '우리의 생명을 위한 행진March for Our Lives' 같은 행사는 모두 페이스북을 통해 사람을 모았다. '아랍의 봄'이 시작될 때 튀니지와 이집트에서도 같은 일이 벌어졌다. 불행한 것은 페이스북이 잘하는 분야는 민주주의의 등식에서 작은 부분에 지나지 않는다는 점이다.

스탠포드대학의 래리 다이아몬드Larry Diamond 교수에 따르면 민주주의는 다음 네 가지 필수 요소가 있다.

1. 자유롭고 공정한 선거
2. 시정에 대한 시민들의 적극적인 참여
3. 모든 시민의 인권 보호
4. 법과 절차가 모든 시민에게 동등하게 적용되는 법의 지배rule of law

첫 번째, 자유롭고 공정한 선거에 관한 한 우리는 암울한 현실을 알고 있다. 이들 플랫폼은 그런 사건을 계기로 변화를 꾀했지만 외부 개입을 허용했던 요소는 여전히 남아있고, 다른 누구에 의해서든 다시 악용될 수 있다.

두 번째, 시민으로서 시정에 적극 참여할 때 요구되는 세 가지 주요 변수는 다른 시각을 존중하고, 나와 다른 사람들과 토론하고, 타협하는 것이다. 세 가지 요소가 제대로 작동하면 심의는 민주주의 체제가 불일치를 관리하고, 공통점을 찾아 함께 앞으로 나아갈 수 있게 한다. 불행히도 인터넷 플랫폼의 아키텍처와 디자인에 내재된 모든 특성은 심의를 약화시킨다.

모두에게 동등한 권리가 보장돼야 한다는 세 번째 원칙은 페이스북 같은 인터넷 플랫폼의 범위를 벗어나지만, 이들은 상당한 영향력을 행사한다. 많은 국가에서 페이스북은 공론장에 가장 가깝다. 페이스북 같은 플랫폼의 알고리즘은 법보다 우리의 일상 생활에 더 많은 영향을 미친다. 모든 상호작용은 이익이 최우선인 사기업의 약관에 지배된다. 페이스북은 자체 규칙이라고 할 수 있는 '공동체 규범community standard'을 서비스하는 국가에 적용하지만(때로는 해당 국가의 언어보다는 영어로) 대부분 이들 규범은 권력층의 이익을 반영한다. 공동체 규범의 시행은 자동화돼 마치 게임처럼 규칙이 적용되지만 일방적으로 권력 계급에 유리한 경우가 많다.

네 번째, 민주주의의 마지막 원칙은 법의 지배다. 여기에서 인터넷 플랫폼의 영향은 간접적이다. 플랫폼마다 자체 '법'이 있어서 선별적으로 적용할 수 있고, 이는 실제 세계에 영향을 미칠 수 있다. 예를 들면 페이스북은 특정 인종과 종교에 따라 주택 광고를 차별적으로 낼 수 있도록 허용함으로써 공정주택거래법을 위반했다. 경고를 받고 페이스북은 차별 광고를 막았다고 주장했지만 온라인 뉴스 사이트 「프로퍼블리카ProPublica」가 폭로했듯이 차별 행위는 그 뒤로도 오랫동안 지속됐다. 러시아가 페이스북을 이용해 불법 개입한 것으로 드러난 2016년의 미국 대통령 선거 결과는 '법의 지배'라는 원칙에 큰 타격을 입혔다. 감시 자본주의의 사업 모델이 지속되는 한 민주주의에 대한 위협은 여전할 것이다.

내가 이 책의 양장본 원고 집필을 마친 이후, 페이스북과 구글은 야심을 더욱 확장해 민주주의에 새로운 위험을 제기하고 있다. 민주주의 체제와 기관들은 기술에 의해 주도되는 세계에서 시민들의 이익을 보호할 수 있는 전문성과 자원을 갖고 있지 못하다. 많은 정부 기관은 필수 기능을 기업에 양도할 용의가 있지만 기업의 인센티브는 시민들의 이익과 늘 부합하는 것은 아니며, 그로 인해 지불해야 할 비용이 무엇인지도 분명하지 않다.

페이스북은 여전히 전 세계에서 약자들에게 위협이 되고 있다. 이 회사의 프리 베이직스 서비스는 60개 개발도상국을 인터넷 시대로 끌어왔지만, 그에 따른 대가는 엄청난 사회적 붕괴였다. 문화적 둔감성과 현지 언어에 대한 무지는 페이스북이 힘없는 소수 인종을 탄압하는 데 이용되는 상황을 제대로 막지 못하는 부작용을 낳았다. 이것은 이미 스리랑카와 미얀마에서 치명적인 결과로 이어졌다. 공감 의식의 부족으로 인해 페이스북은 현실에 안주하게 됐고, 독재주의자들은 필리핀과 캄보디아에서 일어난 것처럼 해당 국가 국민을 통제하는 수단으로 플랫폼을 악용했다.

페이스북은 공중보건에도 위협이 되고 있다. 이용자들은 중독된다. 페이스북 친구들이 행복한 생활을 자랑하면 질투심을 느낀다. 필터 버블에

간히고, 어떤 경우는 그런 버블을 더 선호한다. 페이스북은 이들이 그런 상태에 이르도록 부추기지만 거기에서 빠져나오게 할 능력은 없다. 선호 버블은 이용자의 정체성을 재규정한다. 그런 상태를 깨고 나오기 위해서는 거의 확실히 기술이 아니라 사람의 개입이 필요하다. 그리고 그처럼 공중보건에 피해를 입히는 것은 페이스북만이 아니다. 유튜브, 인스타그램, 스냅챗, 문자 메시지, 일부 비디오 게임 및 다양한 애플리케이션이 매일 공중보건을 해칠 수 있다.

페이스북은 프라이버시에 위협이 되고 있다. 구글, 마이크로소프트, 아마존과 함께 페이스북은 정보기관을 자랑스럽게 만드는 감시시스템을 갖추고 있다. 페이스북의 데이터 처리도 마찬가지다. 구글과 페이스북은 유럽의 GDPR 같은 강화된 프라이버시 법규가 금지하고 있음에도 불구하고, 이용자가 새롭게 보장받은 권리를 행사하지 못하도록 옵션 대화 창을 만들었다. 알렉사와 구글 어시스턴트로 구동하는 스마트 기기는 우리 삶에 남아있는 모든 피난처를 침범하려고 위협한다.

페이스북은 혁신에 위협이 된다. 페이스북, 구글, 마이크로소프트 및 아마존은 독점의 특권을 누린다. 네트워크 효과 중에서도 가장 막강한 네트워크 효과를 가졌으며, 해자 밖에 또 다른 해자를 둘러 경쟁사의 접근을 막으면서 예비 경쟁자들과 혁신을 하려는 신생기업을 비참하게 만드는 규모의 이점을 갖고 있다.

이제는 문제의 핵심이 페이스북의 작동 모드에 내재돼 있으며, 그 오류가 혜택보다 더 크다는 사실을 인정할 때가 됐다. 저커버그와 페이스북 경영진은 자신들에게 비판적인 여론을 잘 알고 이를 달가워하지 않으면서도, 그런 비판은 비평가들이 제대로 몰라서 그런 것이라고 확신하고 있다. 이들은 24억 명을 단일한 네트워크로 연결하는 것은 명백히 바람직한 일이기 때문에 더 이상 논의할 필요도 없이 자신들이 하던 일을 계속하도록 허용해야 한다고 믿는다. 이들은 단일 네트워크에서 그토록 많은 사람을 연결하면 동족의식이 생기고, 효과적인 차단 장치와 억제 전략이 없는 경우 악의적인 세력에 위험한 힘을 제공했다는 사실을 알 수 없다. 페이스북이 규칙과 윤리를 무시하며 성장 전략을 추구한 결과 큰 피해를 입혔고, 앞으로도 계속 그럴 것이다. 어쨌든 인스타그램이나 유튜브는 페이스북보다 더 위험하다. 두 회사 모두 젊은 층을 대상으로 하며, 어느 쪽도 이용자를 위험에서 보호하는 능력을 보여주지 못했다.

우리는 기술의 초점을 인간 심리의 약점을 악용하는 것에서 이용자의 가장 중요한 요구에 부응하는 것으로 바꿀 때가 왔다. 실리콘밸리와 이용자들이 힘을 합침으로써 기술을 '정신을 위한 자전거'로 다시 만들 수 있다. 기술은 소비자의 정신적, 육체적 행복뿐만 아니라 시민의 사생활과 권리를 존중하면서 해답과 즐거움을 제공할 수 있다. 그렇게 하는 것은 큰 기회가 될 것이다. 태양과 풍력, 조력 등을 중심으로 새로운 산업을 만들어 인간이 초래한 재앙을 해결해가는 재생 에너지에서 단서를 찾자.

차세대 주력 산업으로 자리잡을 기술은 어떤 모습일까? 이는 오늘날 우리가 좋아하는 기능을 상실한다는 의미는 아니다. 소비자가 좋아하는 모든 인터넷 서비스를 해치지 않고, 힘을 주는 형태로 제공할 수 있는 방법이 있다. 플레이어는 아마도 구독subscription에 기반한 다른 모델을 요구할 것이다. 인터넷 플랫폼의 편재성을 감안할 때, 일부 애플리케이션을 지역사회의 이익을 위해 운영하는 공익사업으로 취급하는 것이 적절할 수 있다. 경우에 따라서는 정부 보조금이 적당할 수도 있다. 정부는 이미

에너지 개발, 농업, 그리고 우선 순위에 따라 검토하는 다른 경제 활동에 보조금을 지급하고 있으므로, 시민적 책임을 지는 인터넷 플랫폼이 국가 미래에 매우 중요하다는 판단이 영 터무니없지는 않을 것이다. 보조금은 연구 기금, 창업 자본, 세제 혜택 등 다양한 형태로 제공될 수 있다. 예를 들면 정부는 프라이버시를 침해하거나 이용자 주의와 행동을 조작하지 않는 비즈니스 모델을 가진 인터넷 플랫폼 개발을 장려하기 위해 커다란 보상책을 제시할 수 있을 것이다. 페이스북, 인스타그램, 혹은 유튜브의 대안으로서 주 이용자가 1억 명을 넘는 첫 번째 기업에 10억 달러의 상금을 약속한다면 어떤 일이 벌어질지 상상해보라. 그러한 인센티브는 전통적인 정부 계약에서 얻을 수 없는 방식으로 시장의 힘을 활용하게 될 것이다.

소비자 권리를 보장하기 위한 인센티브는 기존 기술의 새로운 응용으로 이어질 것이다. 마우스 추적 기술을 고려해보자. 구글과 다른 기업은 이용자가 사람인지 판단하고, 그렇다면 구체적인 특징을 포착하기 위해 마우스 움직임을 추적한다. 감시 자본주의의 인센티브는 요즘의 플랫폼이 가령 마우스 추적을 통해 파킨슨병 같은 신경 질환의 첫 징후를 식별할 수 있다면, 이들은 그런 진단을(그런 확실성을) 아마도 최고 입찰자가 될 보험회사에 팔 것이고, 보험사는 그런 정보를 바탕으로 보험료를 인상하거나 보험 자체를 해지하는 식으로 활용할 것이다. 이용자 권리를 보장하는 기업을 보상해주는 환경이라면 보험사는 마우스 추적을 통해 이용자에게 징후를 경고하고, 어디에서 의료적 도움을 받을 수 있는지 조언해줄 것이다.

차세대 주력 산업은 더 많은 데이터 처리와 데이터 스토리지를 중앙집중식 클라우드에서 네트워크 엣지^{network edge}에 있는 기기와 더 작은 클라우드로 보내 처리하는 인터넷 아키텍처를 재고할 수 있는 기회를 제시한다. 분산 아키텍처는 상대적으로 더 안전하고 사적인 것일 수 있다. 예를 들면 나는 웹사이트에 접속할 때 새로운 인증 모델인 비밀 모드^{private mode}를 사용해 프라이버시를 처리하고 싶다. 모든 사이트와 브라우저가 개인 인증을 지원하며, 모든 로그인에 강력한 암호를 생성한다. 앱은 개인 데이터를 클라우드가 아닌 기기에 저장한다. 시스템은 본인임을 증명하는 데 필요한 최소한의 정보만 제공하며, 여기에는 심지어 이름이나 다른 개인 데이터가 포함되지 않는다. 예를 들어 개인 인증 서비스는 특정인의 신원을 공개하지 않은 채 구독자임을 확인해 줌으로써 방문 사이트에 로그인할 수 있게 해준다. 개인 인증 서비스 앱은 일반 콘텐츠 사이트에 적절할 '익명' 로그인 서비스부터 금융 거래처럼 상당한 규모의 데이터가 첨부된 서비스까지 적절하게 제공할 수 있다. 목표는 프라이버시를 기본값으로 설정해 이용자가 모든 데이터 전송을 완벽하게 제어하고, 데이터가 실제로 필요한 사람들에게만 전달되도록 하는 것이다. 플랫폼과 상거래 회사는 개인 로그인 방식을 택하는 이용자들의 데이터에 접근할 수 없게 되는 데 불만이 있겠지만, 이렇게 된 것은 그들의 잘못이다. 처음부터 이용자들의 신뢰를 저버리지 말았어야 했다. 이 글을 쓰는 시점에서 애플은 '페이스북 커넥트', '구글을 통한 로그인'과 유사하지만 내가 방금 설명한 여러 기능을 채택한 '애플을 통한 로그인'을 발표했다. 요즘 시장에서 기술 기업은 원하기만 하면 지금 애플이 그렇게 하고 있듯이, 모든 상품을 소비자들의 권리를 보장해주는 방향으로 설계할 수 있다. 소비자를 연료가 아닌 고객으로 대우한다면 아직 존재하지 않는 새로운 제품을 만들 수 있을 것이다. 시장 기회는 막대하다. 가능한 기술은 이미 존재한다. 필요한 것은 그런 방향을 추구하기 위한 의지다.

차세대 유망 사업은 지금보다 중독성이 덜하고, 개인 데이터를 마음대로 공유하지 않는 스마트폰, 데이터 프라이버시를 존중하는 사물인터넷 기기 및 피해를 입히지 않으면서도 유익하고 재미있는 앱 등도 포함한다. 많은 스마트폰이 이용자의 사용 관리를 돕기 위해 앱을 만들었지만, 우리는 여전히 행태 중독을 부추기는 디자인에 휘둘리고 있다. 스마트 스피커, 가전제품, 자동차 등의 제조사는 소비자 프라이버시에 대한 아무런 배려도 없이 감시 자본주의의 지분을 차지하려 혈안이 된 것처럼 보인다. 현재로서는 차세대 무선 기술인 5G가 시장에 나와 사물인터넷의 대중화를 증폭하게 되더라도 소비자 프라이버시를 보호할 수 있는 규칙이 없다. 5G의 마법은 더 넓은 대역폭을 제공하는 것이 아니라 비용에 있다. 5G가 실현되면 4G 수준의 대역폭이 현재의 10분의 1 비용으로 이용 가능해질 것이다. 다른 문제도 제기된다. 특히 미국과 중국 간의 긴장이 높아지는 시점에서, 전기통신 인프라가 중국에서 제조될 경우 국가 안보에 미칠 영향은 심각할 수 있다.

좋든 나쁘든 사물인터넷은 이미 존재한다. 1세대 스마트 기기의 디자인은 프라이버시와 보안에 관한 한 소비자 행복을 우선시하지 않는다. 비평가들은 아마존 알렉사와 구글 홈이 이용자들을 도청할 수 있다는 점을 경고했다. 5G가 나오면 센서와 스마트 기기는 인터넷 플랫폼이 한때 사적인 장소로 생각했던 장소에서 훨씬 더 많은 종류의 기기를 통해 정보를 수집할 수 있게 해줄 것이다. 이용자와 정책 입안자들이 명시적으로 그렇게 요구하지 않는 한 사물인터넷이 무해할 것이라고 믿을 만한 이유는 전혀 없다. 예를 들어 평면 스크린 TV 같은 1세대 기기는 숱한 정보 프라이버시 문제를 야기했다. 이들이 수집한 데이터가 어디에 어떻게 이용됐는지는 아무도 모른다. 사물인터넷과 인터넷 플랫폼이 융합할 때 일어날 수 있는 피해를 제한하기 위해 미리 조치를 취하지 않은 것은 변명의 여지가 없다.

　불행하게도 기술은 해법의 일부에 지나지 않는다는 점이다. 미국은 시민 참여가 정말 열악하게도 양극화된 나라다. 적어도 미국 국민의 3분의 1은 명백히 사실이 아닌 주장과 사상에 치우쳐 있고, 그보다 훨씬 더 많은 사람은 자신들과 견해가 다르거나 전혀 다른 인생 경험을 가진 사람들과 정기적으로 상호작용하지 않는다. 이런 문제를 어떻게 기술이 해결할 수 있을지 나는 모르겠다. 어떤 식으로든 우리는 시민 참여를 중시하는 쪽으로 문화를 바꿀 필요가 있다. 만약 흑인의 생명도 소중하다는 '블랙 라이브즈 매터', 여권 신장을 위한 '여성들의 행진', 반트럼프 진보 운동인 '인디비지블' 그리고 학생 주도의 총기규제 시위인 '우리의 생명을 위한 행진', 교사들의 노동 증가와 산 후안San Juan에서 일어난 백만 명의 시위 같은 운동이 어떤 징조라고 한다면 그런 흐름은 이미 시작됐다. 불행히도 이처럼 중요한 운동은 정치 스펙트럼의 일부만을 다룰 뿐이며, 지금까지 이들의 성공은 반대편의 저항을 도리어 강화시키는 쪽으로 작용했다. 이 책은 페이스북에 초점을 맞췄다. 그 이유는 2016년 미국 대통령 선거에 러시아 세력이 개입하는 데 가장 큰 역할을 했기 때문이고, 우연히 내가 초기부터 그런 내용을 알게 됐기 때문이다. 미국 대선 차원에서 나는 다른 어떤 플랫폼보다 페이스북과 계열사인 인스타그램이 더 걱정스럽지만 많이는 아니다. 구글, 유튜브 및 트위터는 모두 조작될 수 있다. 2016년 대통령선거 개입이 어떻게 벌어졌는지에 관한 내용은 이미 다 나와 있다. 어느 곳의 어떤 세력이든 그런 수법을 아무 선거에나 원하는 수준으로 써먹을 수 있다. 케임브리지 애널리티카의 데이터 세트와 아마도 그와 유사한 데이터도 유출된 상태다. 누구든 그런 데이터를 '다크 웹Dark Web'에서 구입할 수 있다. 그러나 미국 유권자들에 관한 상세 데이터를 구하기 위해 다크 웹까지 갈 필요도 없다. 엄청난 양의 데이터가 이미 이용 가능하다. 후보자 진영은 2억 명에 이르는 미국 유권자 리스트를 구매할 수 있다. 유권자 한 사람당 1,500개 분야의 데이터가 포함된 이 리스트는 합법적인 데이터 브로커로부터 7만 5천 달러에 구할 수 있다. 상업적 용도로 쓰려는 이용자는 더 많은 비용을 지불해야 하지만 큰 차이가 있는 것은 아니다. 생각해보자. 상업용 데이터 브로커들이 유권자 파일과 쌍을 이룬 목록을 팔지는 않기 때문에 케임브리지 애널리티카가 개발한 데이터 세트를 복제하는 데는 얼마간의 노력이 필요하겠지만, 충분한 동기가 있는 집단이나 세력이라면 확실히 해낼 수 있는 작업이다. 페이스북 이용자 ID가 포함된 데이터 세트는 페이스북 내에서 사용될 때마다 해당 이용자의 최신 데이터로 갱신된다. 아직도 누구든 가짜 페이스북 그룹을 만들고 다른 플랫폼에 허위 계정을 열어 유권자들을 기만할 수 있다.

2020년 대통령 선거가 다가오는 시점에서 우리는 페이스북, 인스타그램, 메신저, 왓츠앱, 구글, 유튜브, 트위터 등 모든 플랫폼에서 증오 표현, 거짓 정보, 음모 이론 등을 통해 선거에 영향을 끼치려는 시도가 벌어질 수 있다고 예상해야 한다. 좋은 소식은 미국 유권자들이 2016년 대선에서 교훈을 얻었다는 점이다. 2018년 중간선거 때 거짓 정보가 늘었다는 보고에도 불구하고 2016년 대선 때 투표 불참을 집중 종용 받은 교외 지역의 백인 여성들, 유색인종 그리고 정치에 회의적인 젊은 층이 대규모로 선거에 참여한 것으로 드러났다. 불행한 소식은 선거를 왜곡할 수 있는 방법은 그 밖에도 많다는 점이다. 그에 필요한 비용도 잠재적인 피해 규모에 견주면 별로 크지 않다. FBI의 국가안보 컨설턴트인 클린트 와츠는 내게 보낸 이메일에서 그런 접근법을 이렇게 정리했다. "많은 사람은 과거를 미래로 투사해 러시아 세력이 허위 정보로 다시 미국 선거에 영향을 미치려 할 것으로 예상한다. 크렘린(러시아의 푸틴 정권)은 전 세계적으로 지배적인 소셜미디어의 주도적인 조작 주체가 아니라, 소셜미디어의 영향력을 활용해 표적 이용자들을 자신들이 선호하는 방향으로 은밀히 움직이게 하는 방안을 찾을 것이다. 향후 정치적 조작 세력은 크렘린의 정보전 전략을 모방하겠지만 빠른 소셜미디어 공략으로 이용자들에게 영향력을 행사하기 위해 고도의 기술인 인공지능을 적용할 것이다. 민주주의에 위협이 되는 것은 독재 국가뿐 아니라 소셜미디어의 영향력을 이용하는 모든 정치 진영과 광고 회사가 온라인에서 사람들을 분열시키고, 유권자들의 투표 성향을 바꾸려고 한다."

노스캐롤라이나대학의 연구자로, 신기술의 정치적 영향력에 관한 세계 최고권위자인 자이넵 투펙치 교수는 인터넷 플랫폼이 권력자들이 새로운 유형의 검열에 영향을 줄 수 있도록 하는 것을 관찰했다. 악의적인 세력은 통신과 정보에 대한 일반의 접근을 거부하는 대신 인터넷 플랫폼을 활용해 대중을 혼란스럽게 만들고, 난센스의 거짓 정보 속에 빠뜨린다. 투펙치 교수는 저서인 『트위터와 최루탄Twitter and Tear Gas』에서 악의적인 세력은 "대중을 정보의 홍수 속에 빠뜨려 그들의 주의와 초점을 흐리게 만들면서 정확한 정보를 제공하는 미디어(신뢰할 수 있는 대중 매체든 온라인 미디어든)의 적법성을 훼손하고, (증거 유무에 관계없이) 그 신뢰성에 공격적으로 의혹을 제기하면서 의도적으로 혼란과 공포 및 의심의 씨앗을 심는다. 한편 표적으로 삼은 기관이나 주체가 거짓이라고 주장하거나 아예 거짓을 지어내거나, 조직적으로 훼방을 놓거나 비방하는 캠페인을 벌여 정보의 적법한 유통을 어렵게 만드는데, 이런 경향은 정부가 대중 매체처럼 통제하기가 더 어려운 소셜미디어에서 특히 더 강하다."라고 표현했다. 인터넷 플랫폼을 이런 식으로 사용하는 것은 민주주의를 훼손하며, 조정자가 가짜 뉴스나 증오 표현을 찾아 삭제하는 방식으로는 이를 바로잡을 수 없다.

내 발견의 여정은 선거에 초점을 맞추는 것으로 시작했지만 궁극적으로 공중보건 문제, 정보 프라이버시 그리고 경쟁과 혁신의 억압 문제도 포함하게 됐다. 내 목표는 복잡하고 미묘한 문제에 일반의 이해를 높여 사람들이 기술의 역할과 국가 미래에 적절한 선택을 내릴 수 있도록 돕자는 뜻으로 시작했다. 인터넷 플랫폼은 예기치 못한 결과에 대한 준비는 고사하고 제대로 된 이해조차 없이 무제한 확장을 추구했다. 이들의 노력은 상상하기조차 어려울 정도로 막대한 부를 창출했지만, 바로잡지 않으면 안 될 심각한 부작용을 사회에 초래했다. 우리는 더 이상 플랫폼이 스스로 개혁하리라고 기대할 수 없다.

이것은 쉽게 내린 결론이 아니다. 실리콘밸리는 내 고향이나 마찬가지다. 기술은 내 천직이었다. 직업적으로 34년을 기술 낙관론자로 살았다. 그러다 2016년 대선이 벌어졌다. 돌연 그 동안 유지해온 장밋빛 기술관과 양립할 수 없는 일을 보게 됐다. 그에 대해 더 알게 될수록 상황은 더 나빠졌고, 마침내 나는 인터넷 플랫폼이 '사람들의 필요에 부응한다'는 기술의 최우선 지침을 망각했다는 사실을 깨달았다. 기술의 제약이 사라진 그 순간에 출범했던 플랫폼은 손쉽게 거둔 성공을 자신들의 능력과 선의를 미덕과, 빠른 진전을 가치와, 엄청난 부를 지혜와 혼동했다. 이들은 실패의 가능성을 고려해본 적조차 없었고, 따라서 그에 대한 준비도 돼 있지 않았다. 그로 인한 결과는 심각했다. 미얀마의 로힝야 소수 민족과 스리랑카의 무슬림, 미국과 뉴질랜드의 총기 폭력 피해자들에게는 치명적일 수 있다.

우리가 사랑해 마지않는, 그리고 생활 속 깊이 의존하게 된 제품이 그토록 엄청난 피해를 일으킬 수 있다는 점은 수용하기 어렵지만 우리가 처한 현실이 그렇다. 우리 부모와 조부모들은 담배에서 그와 비슷한 심판의 순간을 겪은 바 있었다. 이제는 우리 차례인데, 이번에는 담배가 아니라 기술이다. 문제는 인터넷 플랫폼의 차원을 넘어 스마트폰과 문자 메시지, 비디오 게임, 인공지능과 스마트 기기 그리고 가상 대안으로 인간의 상호작용을 대체하는 기타 제품까지 포괄한다. 우리가 쉬운 해결책을 원하는 만큼 현재와 같은 형태로 유지하면서 이런 제품과 우리가 공존할 수 있도록 하는 방법은 없다.

우리는 기술을 너무 우대했다. 그것은 실수였다. 우리는 업계의 자율 규제를 허용했고, 그것도 실수였다. 우리는 인터넷 플랫폼이 이용자들이나 민주주의에 해를 끼치지 않을 것이라고 믿었다. 그것은 더욱 끔찍한 실수였고, 우리는 아직도 이를 바로잡지 못했다. 변화를 꾀할 만한 동기가 없는 한 인터넷 플랫폼은 신기술을 도입해 이미 촘촘한 감시 능력을 더욱 강화할 것이라고 예상해야 한다. 그 신기술은 우리에게 편의성과 다른 혜택을 제공하겠지만, 최근 경험에 비춰본다면 그 부정적 영향은 결코

만만치 않을 것이다. 기술이 발전하면서 그에 따른 위험과 잠재적 피해의 확률도 더 높아질 것으로 예상해야 한다. 문제는 급속한 기술 진화와 그런 기술을 낳는 문화 때문에 더욱 다루기 어려워진다. 현재 벌어지는 인공지능, 가상현실, 딥 페이크^{deep fake}[1], 5G 및 스마트 기기 물결은 인터넷 플랫폼이 형성되던 것과 동일한 문화적 환경에서 만들어지고 있다.

설령 플랫폼이 감시 자본주의를 포기하고 다른 비즈니스 행태로 개혁하더라도, 이들은 자신들이 초래한 피해를 복구할 수 있는 위치에 있지 않다. 놀라울 정도로 많은 사람은 그들을 사실로부터 눈멀게 하는 선호 버블에 갇혀 있는 상황에서, 우리는 사람들을 진짜 세계에서 다시 연결하고, 다른 견해로 다르게 살아온 사람들과 악수를 하고 눈을 맞추게 할 수 있는 방법을 찾아야 한다. 하지만 우리는 플랫폼의 책임을 잊어서는 안 된다. 우리는 이들이 스스로 노력해서 그런 자격을 갖출 때까지 신뢰해서는 안 된다. 또 다른 선거 개입을 용인해서는 안 된다. 비즈니스 모델이 건드릴 수 없고 바꿀 수 없는 것이어서는 안 된다. 어느 기업도 가혹한 대가를 지불하지 않고 사회 가치를 약화하도록 묵인해서는 안 된다. 정부는 인터넷 플랫폼의 개혁을 강제하기 위해 폐쇄도 불사해야 한다.

멀지 않아 주요 인터넷 플랫폼의 경영자들이 크게 각성하기를 바랐지만 그것은 1~2년 전에 일찍이 했어야 한다. 플랫폼의 정보 오남용으로 인해 유럽과 북미에서 민주주의에 끼친 해악을 고려하면 페이스북, 트위터 및 구글은 얼마나 더 오래 그들이 사는 나라의 가치를 약화시킬 것인지 진지하게 고려해봐야 할지도 모른다.

---

1 딥 페이크: 인공지능을 이용한 영상 합성, 조작 기술 – 옮긴이

역사적으로 미국 경제는 특히 기술 부문에서 다른 경제보다 신생기업들에 훨씬 더 크게 의존해왔다. 만약 내 추론이 맞다면, 미국은 기술 혁신과 경제 성장, 일자리 창출을 독점 기업에 의존하는 실험을 막 시작한 상황이다. 만약 구글과 아마존 및 페이스북을 순수하게 투자의 관점에서만 본다면, 나는 이들의 사업 계획과 그 시행 방식에 감탄하지 않을 수 없다. 문제는 의도치 못한 결과로, 내가 상상한 것보다 더 많고 심각하다. 이들 기업은 성공을 위해 굳이 신생기업의 사업 활동을 질식시킬 필요가 없지만 스스로도 어쩔 수가 없다. 그것이 바로 독점 기업의 전형적인 행태이기 때문이다. 우리는 그런 위험을 감수할 용의가 있는가?

인터넷 플랫폼의 여러 부정적 영향이 명백히 드러난 이상, 우리는 모종의 조치를 취해야만 한다. 자본주의자로서 보통은 시장이 스스로 그런 문제를 해결하도록 내버려두는 쪽을 선호하지만, 시장은 그 일을 해내지 못하고 있다. 인터넷 플랫폼은 음악, 사진, 비디오, 뉴스 등 수많은 산업 분야를 혼란에 빠뜨렸다. IT 분야의 창업 환경도 지장을 줬다. 이들은 투자자들에게는 막대한 부를 안겼지만, 일자리 창출과 인프라 기준으로 본 전통적인 경제 가치의 차원에서는 거의 아무런 기여도 하지 못했다. 나는 성공을 처벌하고 싶지는 않지만 그것이 민주주의와 프라이버시, 공중보건 및 경쟁을 보호할 수 있는 유일한 길이라면 그럴 수밖에 없다고 생각한다. 인터넷 플랫폼이 모든 경제 분야에 지장을 주는 것은 국익에 도움이 되지 않을 수도 있다. 사람들은 일자리가 필요한데 인터넷 플랫폼은 그에 부응할 만한 일자리를 창출하지 못한다. 더 큰 문제는 지금 세대의 기술 기업이 다른 경제 분야의 고용을 줄이는 데서 그 가치를 뽑아낸다는 점이다. 실리콘밸리 기업이 다른 산업 분야에서 수백만 개의 일자리를 없애지 않고도 성공할 수 있다고 믿고 싶다. 1970년대 중반과 80년대, 미국이 처음으로 경제를 정보기술 중심으로 재편했을 때 신기술은 기업에게 여러 단계의 중간 관리층을 제거할 수 있게 했지만, 그로 인해 해고된 사람들은 다른 경제 분야에서 더 매력적인 직업을 찾았다. 그런 상황은 이제 더 이상 재현되지 않는다. 현재 경제는 아무런 혜택이나 보장도 없는 임시직, 예를 들면 우버나 리프트의 운전기사를 양산하지만, 중산층의 생활 수준을 보장하는 일자리는 창출하지 않는다. 부분적인 이유는 그것이 이들 플랫폼의 우선 사항이 아니기 때문이다. 모두에게 코딩을 가르치는 것은 답이 아니다. 인공지능을 통한 자동화가 진전될 경우 가장 먼저 대체될 업종이 바로 코딩이기 때문이다.

페이스북과 다른 인터넷 플랫폼이 몰고 온 문제에 대한 손쉬운 해법은 없다. 이들은 이미 견고하게 자리를 잡았다. 이용자들은 끊임없이 배신당하면서도 이들을 신뢰한다. 이 문제를 현재 수준에 가깝게 억제하기 위해서는 반독점 규제와 소비자 보호 및 무역정책에 정부의 개입이 필요하다. 다음 15장에서 정부가 할 수 있는 조치를 설명하겠다.

정부가 할 수 있는 일

당신이 발명한 이 기술은 경이로웠습니다. 하지만 이제는 범죄 현장입니다.
그리고 당신이 증거를 갖고 있어요. 그리고 앞으로 더 잘하겠다고 말하
는 것만으로는 충분하지 않아요. 왜냐하면 이런 일이 일어나지 않는다는
희망을 가지려면 우리는 진실을 알아야만 합니다.

– 캐롤 캐드월라더

다른 모든 사람에게 묻고 싶은 질문은 이 상황이 우리가 원하는 것이냐는
거예요. 그들이 무슨 짓을 하든 내버려두고, 우리는 아무것도 모른 채 그저
편안히 앉아 스마트폰이나 만지작거리며 노는 게 우리가 원하는 건가요?

– 캐롤 캐드월라더

인터넷 플랫폼 이야기는 마치 공포영화 같다. 모든 것이 희망차게
시작했다가 악몽의 연속이 됐다. 이쯤 되면 정부가 개입해야 한
다. 인터넷 아키텍처에 주목해야 할 문제가 있지만 핵심 문제는 기술이
아니다. 페이스북, 구글, 아마존, 마이크로소프트 같은 기업 문화, 비즈
니스 모델 및 비즈니스 관행이 핵심 문제다. 이들 기업의 성공은 단지 천
재적 감각과 출중한 실행력 때문만이 아니다. 이 네 기업이 우리 경제와
민주주의, 일상 생활에 전례 없는 영향력을 축적할 수 있게 된 것은 시장

과 실패한 규제의 산물이다. 한때는 무해하게 보이던 영향력은 어느새 위험한 것으로 변질됐다. 그럼에도 국가는 반복될 뿐 아니라 날이 갈수록 더 심각해지는 이들 기업의 법규 위반 행위에도 불구하고 변화를 요구하지 않는다. 누군가가 우리 부모 세대의 미국인에게, 즉 제2차 세계대전을 겪은 사람들에게 적대세력이 대통령선거에 불법 개입하도록 도와준 기업에 적절한 처벌이 무엇이냐고 물었다면, 대다수는 기업의 사형 선고를 지지했을 것이라고 짐작한다. 많은 사람이 해당 기업의 경영진들을 형사법으로 처벌해야 한다고 주장했을 것이다. '전형적인 인종 청소'나 테러리스트를 모집하고, 급진주의자로 만드는 일을 방조한 기업에도 마찬가지일 것이다. 왜 우리는 그런 비즈니스 행태가 아무런 처벌을 받지 않게 내버려둘까? 왜 우리는 이들 기업이 지금까지 정부가 제공하던 서비스를 '스마트 시티'라는 이름으로 통제하는 것을 내버려두는가?

우리 문화는 지난 50년간 극적으로 변했지만 비즈니스 분야만큼 더 크게 변한 곳은 없다. 1960년 경영전문가인 피터 F. 드러커[Peter F. Drucker]가 경영진에게 다섯 종류의 이해 당사자인 주주, 피고용인, 피고용인들이 사는 공동체, 고객 및 공급자 간에 균형을 맞춰야 한다고 가르쳤다면, 오늘날의 비즈니스는 거의 전적으로 주주의 가치에만 초점을 맞춘다. 그런 변화는 기업이 수천 명을 해고하고, 일자리를 해외로 옮기고, 50년 전만해도 엄두조차 내지 못했던 부도덕한 비즈니스 행태를 용인하게 만든다. 그 때문에 지난 10년은 투자자들에게 황금기였다. 나머지 사람들은 그로인한 비용에 짓눌리고 혜택은 허상에 불과하다.

드러커의 시대에는 정부가 비즈니스 규칙을 정하고 집행했다면, 오늘날의 비즈니스는 지난 1세기 동안 유례를 찾아볼 수 없을 만큼 아무런 규제도 받지 않고 있다. 2008년 금융 산업은 글로벌 경제를 교란했지만 아무런 실질적인 처벌도 받지 않았다. 해당 분야를 취재했던 어느 기자가 내게 말했듯이 오바마 행정부는 시범 사례로 주요 은행이 문을 닫도록 내버려둘 수도 있었지만 그렇게 하지 않고 구제했다. 기업적 사형 선고를 정당화하는 데 필요한 기업들의 악행 수준은 도대체 어디일까? 현재와 같은 환경에서 기업들은 책임을 지지 않아도 되는 상황을 적극 이용하고 있기 때문에, 이것은 제기해볼 만한 질문이다. 한때는 생각할 수조차 없었던 비즈니스 행태가 이제는 정상인 것처럼 돼버렸다. 이 책은 페이스북과 다른 인터넷 플랫폼에 초점을 맞추고 있지만, 이들이 가진 여러 문제는 이미 경제 전반에 만연해 있기도 하다. 인터넷 플랫폼을 바로잡는 것은 우리 경제와 민주주의에서 균형을 회복하기 위한 첫 단계인지도 모른다.

오직 정부만이 자본주의의 규칙을 정하고 감독하는 역할을 수행할 수 있다. 오직 정부만이 소비자들을 해악으로부터 보호할 수 있다. 정부가 제 역할을 해야 할 때가 왔다.

시민으로서 우리는 우리 이익이 적절히 보호될 수 있도록 민주주의 제도를 재건하는 데 필요한 일을 해야만 한다. 그런 변화를 시행하려면 정부는 시민들 지지가 필요하다. 너무 많은 소비자는 여전히 소셜미디어의 어두운 측면에 무관심하다. 그만큼 문제가 복잡하고, 소셜미디어 기업의 홍보 전략이 효과적이었다는 뜻이기도 하다. 좋은 소식은 소비자들이 점점 더 인터넷 플랫폼의 행태를 인식하고 우려하기 시작했다는 사실이다. 정치인들은 유권자들의 민원을 청취하지만 나 같은 운동가들은 소비자들이 인터넷 플랫폼이 초래한 재앙을 이해하고, 이를 바로잡는 데 참여하는 기회를 찾도록 돕기 위해 여전히 해야 할 일이 많다. 정치인들의 또 다른 유권자인 투자자들은 여전히 이 나라의 기업 문화에 열광하고 있다. 이들은 페이스북과 구글에 부과된 기록적 벌금조차 수용할 만한 사업 비용이라고 치부한다. 이들은 여러 보도를 통해 명백히 드러난 인터넷 플랫폼의 폐해를 별로 심각하게 받아들이지 않으며, 도리어 알렉사, 사이드워크랩, 리브라 같은 차세대 이니셔티브에 그것들이 사회와 국가의 자주성에 미칠 위험에도 불구하고 열렬한 지지를 보내왔다. 월스트리트는 인터넷 플랫폼과 미국의 비즈니스 문화가 진정으로 개혁되는 상황을 결코 좋아하지 않을 것이다. 그래도 할 수 없다. 나머지 사람들을 우선시해야 할 시간이 왔다. 월스트리트는 괜찮을 것이다. 우리가 개혁을 일으켜 이용자에게 힘을 실어주는 제품과 서비스를 제공하는 신세대 기술 기업의 출현을 촉진시킬 수 있다면, 이들이 만들어낼 '차세대 거대 시장Next Big Thing'은 이전보다 더 커질 것이다. 모든 새로운 기술 사이클에서 그런 일이 일어난다. 투자자들은 그것을 받아들일 것이며, 탐욕이 이길 것이다.

우리는 정부 개입이 필요하다. 인터넷 플랫폼은 이전 세대의 기술 대기업에 비해 시장에 새롭게 나타나는 경쟁 기업에 두려움이 훨씬 더 적기 때문이다. 구글, 아마존, 페이스북, 마이크로소프트 등 소위 '빅 포Big Four'는 서로가 서로를 공격하지 않는 한 앞으로도 오랫동안 각자 분야에서 지배력을 유지할 수 있을 것이다. 그런 맥락에서 공중보건과 민주주의, 프라이버시 및 시장 경쟁에 끼치는 위협은 소비자와 정책 입안자들이 변화를 이끌어낼 때까지 계속될 것이다. 그렇게 할 수 있는 최선의 방법은 무엇일까? 15장의 목표는 그것을 찾아내는 것이다.

인터넷 플랫폼의 잘못된 부분을 도려내고 좋은 부분을 보전함으로써 행복에 이르는 길이 있다고 나는 확신한다. 그 길을 따라가기 위해 우리는 문제를 규명하고, 가능한 선택 사항을 평가하고, 이를 행동에 옮길 의지가 있어야 한다. 이 책의 양장본이 처음 나온 이후 내가 찾아낸 통찰은 공중보건과 민주주의, 프라이버시, 시장 경쟁에 대한 위협을 별개의 질병이 아니라 일반 질환의 증상으로 취급해야 한다는 것이다. 나는 내 주의를 근본 원인이 존재하는 상류로 돌렸다. 문제는 다른 무엇보다도 편의성을 최우선으로 삼는 인간의 성향 자체에서 시작한다. 인터넷 플랫폼은 그들의 앱이 우리에게 제공하는 편의성의 실제 비용을 속였다. 이들은 편의성을 특징으로 내세우지만 실상은 버그bug다. 우리는 편의성을 추구하는 가운데 인터넷 플랫폼의 농간에 취약해진다. 이런 점을 더 빨리 인식할수록 문제를 고치기도 더 쉬워진다. 16장에서 우리 각자가 해법의 일부가 되는 방법을 일러줄 것이다.

정부 과제는 편의성을 추구하는 우리의 열망, 설득적 기술에 대한 우리의 취약성, 실리콘밸리 문화, 감시 자본주의 비즈니스 모델, 인터넷 플랫폼 세계에서 감시 자본주의의 대안 부재, 설득적 기술이 공공 기관에 제기하는 문제 등 복잡하게 얽힌 문제 요소를 짚어내고 이를 교정할 해법을 찾아내는 일이다. 내가 아는 한 이 여섯 가지 문제를 바로잡을 단일 해법은 없다. 다행인 것은 그렇다고 여섯 개의 별도 해법이 필요하지도 않다. 감시 자본주의가 핵심이다. 그것은 소비자 프라이버시에 다른 어떤 요소보다도 훨씬 더 본질적으로 해악을 끼친다. 예를 들면 감시 자본주의의 인센티브는 더 많은 설득적 기술을 부추기기 때문에 이를 변화시킴으로써 공중보건과 민주주의에 혜택을 안겨줄 수 있을 것이다. 공중의 담론을 오염시키는 증오 표현, 거짓 정보, 음모 이론의 절대량을 줄이는 데도 도움이 될 것이다. 오늘날 실리콘밸리의 독성 문화 또한 감시 자본주의의 부산물이라고 할 수 있다. 지난 2년 간의 경험에 따르면 이런 문제는 스스로 해결되지 않는다. 우리가 감시 자본주의를 개혁할 수 있다면 다른 문제를 바로잡는 데 필요한 시간을 벌 수 있을 것이다.

이 책은 주로 개인과 사회에 미치는 해악에 초점을 맞춰 왔지만, 페이스북, 구글, 아마존 및 마이크로소프트는 다른 비즈니스도 이용했지만 이들 중 누구도 반격할 만한 힘이 없다. 미디어 기업은 콘텐츠 제작에 막대한 비용을 투자했지만, 인터넷 플랫폼은 콘텐츠 생산자에게 적절한 투자나 보상도 없이 빈번하게 수익을 창출한다. 이것은 뉴스와 음악의 경제성을 약화시켰고, 비디오 산업에서도 비슷한 상황이 벌어질 것으로 우려된다. 인터넷 플랫폼의 주수입원인 광고주들은 인터넷 플랫폼이 내세우는 노출 효과와 사람들 반응에 관한 수치가 과장됐다고 끊임없이 불평하지만 변화를 이끌어내지는 못했다. 광고주들은 인터넷 플랫폼의 수직적 통합으로 인한 비즈니스 위협을 아직 인식하지 못하고 있다. 아마존은 브랜드 선택지를 가격과 편의성 두 가지로 줄이는 전략을 구현해 초반 주도권을 잡았다. 아마존은 데이터 이점을 활용해 잘 팔리는 제품은 곧장 복제해 '아마존 베이직스Amazon Basics' 라인으로 출시한 뒤 더 싼값에, 그것도 검색 결과 맨 앞에 놓이도록 우대한다. 그러면서 아마존 상점에서 모방 상표가 범람하는 것을 막지도 않았다. 아마존 베이직스와 모방 제품은 폭넓은 소비자용 상품에서 브랜드 영향력을 절하하는 효과로 이어진다. 그에 더해 제품 검색 분야에서 아마존은 점점 더 큰 성공을 거두고, 아마존 자체가 우선시하는 브랜드를 우대함으로써 유명 브랜드의 광고 효과를 떨어뜨린다. 브랜드 기업과 광고 회사로서는 세계 최대 규모의 온라인 시장에서 아마존의 장악력 및 방대한 데이터 접근성과 경쟁할 방도가 없다. 페이스북은 소비자용 제품 시장을 변모시키는 일에 가세함으로써 스스로를 아마존과 비슷한 위치에 놓은 것으로 보인다. 만약 페이스북이 리브라를 시장에 불러오는 데 성공한다면 이미 구축해 놓은 시장에 지불 시스템을 더함으로써 전통적인 브랜드에 또 다른 위협으로 작용할 것이다.

　정부 개입이 우리가 가진 유일한 해법이라고 마지못해 결론을 내린 뒤 나는 워싱턴 정가를 찾아 세 갈래 접근법을 추천했다. 그것은 바로 공정한 시장 경쟁 환경과 새로운 비즈니스 모델을 내놓는 것, 감시 자본주의의 기반을 공격하는 것, 그리고 사회와 민주주의에 폐해를 주는 비즈니스 행태를 처벌하는 것이다. 증권법을 적용해 감시 자본주의의 성장을 적어도 임시로 억제할 수도 있을 것이다. 나는 이런 기회를 차례로 설명할 것이다.

반독점 개입을 지지하는 정책 입안자들은 점점 늘어나는 추세다. 미국에서 반독점 규제 시스템은 지난 30여년 동안 적용되지 않았다. 전속력으로 추진한다고 해도 반독점 수사와 기소에는 항상 여러 해가 걸리며, 때로는 10년을 넘기기도 한다. 좋은 소식은 법무부나 연방거래위원회의 수사만으로도 대상 기업의 행태가 개선되기도 한다는 점이다.

　미국의 반독점 관련 주요 기사는 페이스북, 구글 및 아마존을 분리하는 데 중점을 뒀다. 분리는 해법의 일부일 수는 있지만 총체적인 답은 아니며, 첫 번째 단계가 돼서도 안 된다. 초기 목표는 경쟁을 늘려 대안적 비즈니스 모델이 번성할 수 있게 하고, 고객, 공급자, 이용자 및 경쟁업체를 독점 기업의 약탈적인 비즈니스 관행에서 보호하는 것이다. 쇼샤나 주보프 교수는 우선 비즈니스 모델을 바꾸도록 요구하지 않은 채 플랫폼을 분리하면 감시 자본주의자 숫자만 급격히 증가하는 결과로 이어질 수 있다고 중요한 점을 지적한다. 더 작고 더 기민한 감시 자본주의자들은 거의 확실히 그들의 에너지를 기존 비즈니스 모델에 쏟아 규모를 키우는 데 전력할 것이다. 페이스북과 구글, 아마존 그리고 마이크로소프트를 분리하면 사이드워크 랩과 리브라 같은 신규 이니셔티브를 중지할 것이고, 이는 바람직한 결과지만 그렇다고 기존 형태의 감시 자본주의가 공중보건과 민주주의, 프라이버시에 미치는 해악을 줄이지는 못할 것이다. 신생기업이 성공하기 위해 필요한 이용자들에게 접근할 수 있는 기회를 현재 플랫폼의 다양한 요소가 차단하기 때문에 경쟁을 개선하거나 대체 비즈니스 모델을 활성화하지 못할 수도 있다.

더 바람직한 출발점은 잠재적 경쟁사에게 힘을 실어줄 수 있는 독점 금지법이다. 내 목표는 소비자를 상품이나 연료로 취급하지 않고 고객으로 대접하는 신산업을 육성하는 것이다. 역사적 전례에서 지침을 찾는다면 이용자들에게 힘을 실어주는 기술의 사업 기회는 궁극적으로 현재 페이스북, 구글, 마이크로소프트 및 아마존의 성공을 낳은 사업 기회보다 더 클 것이다. 숙제는 그런 신산업이 시작될 만한 여지를 만들어주는 것이다. 1956년부터 1984년까지 진행된 AT&T 전기통신 독점 규제 사례는 좋은 로드맵과 유용한 출발점을 제공한다. 규제를 통해 AT&T의 시장 기회를 제한하는 한편, 보유한 지적재산을 무료로 공개했다. 뒤이은 독점 금지법으로 인해 전기통신 장비 시장을 경쟁 시장으로 열었고, 장거리 전화 서비스 분야의 신생기업은 AT&T의 네트워크 인프라를 이용할 수 있었다. 이러한 변화를 시행한 다음에야 법무부는 AT&T 독점 기업 분리를 시작했다. AT&T 프레임워크를 적용하면 자사 제품을 사용하는 소비자에게 힘을 더해주기 위해 설계된 비즈니스 모델을 갖춘 차세대 벤처기업이 활성화될 수 있다.

인터넷 플랫폼의 비즈니스 기회를 제한하는 것은 당연해 보이지만 어디까지 한계를 정해야 하는지는 그리 명확하지 않다. 예를 들면 구글, 페이스북, 마이크로소프트 및 아마존에 스마트시티, 준비 통화 프로젝트, 운송, 금융 서비스, 스마트 기기 등 새로운 이니셔티브를 처분하거나 포기하도록 강요하는 것은 이미 정립된 독점 비즈니스의 범위를 제한하고, 보통 정부가 제공하도록 돼 있는 서비스를 이들 독점 기업이 장악하는 것을 막음으로써 공익에 봉사하는 결과가 될 것이다. 그 단계를 넘어 어디에 한계선을 그어야 할까? 구글에 온라인 광고 산업을 지원하는 인프라를 처분하도록 강요해야 할까? 그것은 매우 좋은 생각인 것 같다. 유튜브는 어떤가? 웨이즈는? 페이스북이 온라인 데이트 서비스에 진출하지 못하게 막아야 할까? 자체 온라인 시장을 처분해야 할까? 인스타그램은? 페이스북이 보유한 하나나 그 이상의 메신저 플랫폼은? 나는 가능한 한 엄격한 제한을 지지하지만 다른 시각도 있음을 인식한다.

플랫폼이 보유한 지적 재산을 독점력 강화의 지렛대로 삼는 것을 억제하는 일은 경쟁을 촉진하는 또 다른 방법이다. 인터넷 플랫폼은 엄청난 규모의 특허 포트폴리오와 상호 특허 라이선스를 보유하고 있어 신생기업을 차단하는 수단으로 삼는다. 무료 라이선스는 신생기업을 도와줄 수 있지만 나는 모든 경우에 누가 혜택을 누릴 수 있는지에 대한 한계를 명확히 해야 한다고 생각한다. 해외 기업에 무료 라이선스를 허용할 이유는 없기 때문이다. 무료 라이선스를 미국에 있는 미국 국적의 기업으로 제한하고, 이미 기반을 잡은 기업에게는 다른 라이선스 조건을 제시함으로써 신생기업 경제를 장려할 수 있을 것이다. 이미 기반을 잡은 미국 기업은 플랫폼의 지적 재산을 사용하는 데 따른 로열티를 지불하고, 그렇게 적립된 로열티는 플랫폼에 피해를 입은 사람들에게 지급하는 보상 같은 좋은 대의를 위해 사용될 수 있다. 같은 개념은 라이선스 보유 기업이 더 큰 기업에 팔리는 경우에도 통할 수 있다.

지적 재산의 본질은 1956년 이후 많은 변화를 겪었고, 따라서 추가 대책이 필요하다. 인터넷 플랫폼이 쌓아 올린 네트워크 효과는 그들의 독점적 지위를 보호하는 데 필수적이다. 장거리 전화 서비스에서 경쟁을 장려하고, AT&T의 독점력을 규제하기 위해 취한 조치는 네트워크 효과의 위력을 줄이는 유용한 지침으로 활용할 수 있다. 규제 기관은 인터넷 플랫폼에게 신생기업의 이용자 확보를 돕기 위해 무료 광고를 제공하라고 요구할 수 있다. 신규 이용자를 1억 명 확보할 때까지는 무료로 하되, 그 이후부터는 조금씩 증가세에 비례한 비용을 내게끔 하는 것은 그리 허황한 아이디어가 아니다. 신규 고객에게 쉽게 접근할 수 있게 하면 데이터 이동 필요성을 없애거나 줄이고, 온갖 프라이버시 문제를 피할 수 있게 된다. 다시 한번 반복하지만 이런 프로그램을 미 국민들이 소유한 미국에서 운영하는 신생기업으로 제한하기를 바란다. 무료 라이선스와 무료 광고를 이용할 자격을 얻기 위해서는 감시 자본주의를 비즈니스 모델로 써서는 안 된다. 이들이 광고 기반 비즈니스 모델을 사용하는 경우에도 특정 고객군을 겨냥한 소위 '마이크로타기팅'은 허용하지 말아야 한다.

독점금지법은 경쟁을 장려하는 수준 이상의 내용을 담고 있다. 연방거래위원회법Federal Trade Commission Act과 클레이턴법Clayton Act은 모두 1914

년에 제정됐는데, 소비자와 시장을 독점적 비즈니스 행태로부터 보호하기 위한 의도를 담고 있다. 인터넷 플랫폼과 관련한 규제 실패 중 하나는 페이스북의 인스타그램 인수와 구글의 웨이즈 매수였다. 인스타그램은 페이스북의 강력한 경쟁사였고, 30대 이하 연령대의 시장을 주도하고 있었지만, 인수를 통해 페이스북은 모든 혜택을 얻을 수 있었다. 마찬가지로 웨이즈는 독립 기업으로 남아 있었다면 구글 지도와 성공적으로 경쟁할 수 있었다. 그러나 인수를 통해 두 회사는 독점적 지위를 더욱 굳혔다. 비슷한 논리는 마이크로소프트의 마인크래프트와 링크드인 인수, 그리고 아마존의 홀 푸드Whole Foods 매수에도 적용된다. 클레이턴법은 이들 인수 합병을 무효화할 법적 근거를 제공할 수 있지만, 결정적인 의문은 여전히 남는다. 합병으로 영향을 받게 된 서비스 간에 공유된 데이터에는 어떤 일이 생길까? 만약 모든 서비스의 데이터가 현재 모회사가 제어하는 데이터와 합쳐진다면 우리는 현재보다 결코 더 나아지지 못할 것이다.

나는 인터넷 플랫폼 내부의 데이터 세트 공유를 규제한 선례가 있는지 알지 못한다. 데이터가 일으키는 피해로부터 소비자를 보호하기 위해서는 거의 분명하게 새로운 규제 비전이 필요하다. 새로운 법과 규제, 그리고 아마도 이를 시행하고 감독할 새로운 기관이 있어야 할 것이다. 인터넷 대기업은 반독점 규제가 필요하지 않은 이유로 스냅챗을 지적하지만, 그 사례는 사실상 내 주장을 뒷받침하는 근거다. 스냅챗처럼 단일한 데이터 세트를 가진 플랫폼은 다수의 데이터 세트를 보유한 플랫폼에 상대가 되지 않는다. 그 단일 데이터 세트가 얼마나 양질인지의 여부는 중요하지 않다.

한때 스냅챗은 주요 경쟁 상대인, 이제는 페이스북의 계열사가 된 인스타그램에 비해 기능적으로 월등한 수준을 자랑했지만 페이스북의 다중적인 독점력 때문에 꾸준히 경쟁 우위를 잃었다. 페이스북의 독점 가상사설망인 오나보는 스냅챗의 어떤 기능이 가장 인기 있는지 파악하기 위해 이용자들을 감시했다. 페이스북의 이용자 기반 덕택에 인스타그램은 스냅챗보다 훨씬 더 크게 성장했다. 페이스북의 광고 기술은 인스타그램이 더 빨리, 더 효과적으로 비즈니스 모델을 현금화할 수 있게 했다. 인스타그램은 페이스북의 광고주 기반을 활용해 더 크고 더 다양한 광고주들을 유혹할 수 있었다. 이미 압승인 게임이다. 스냅챗은 생존은 하겠지만 페이스북이 인스타그램을 인수하기 전에 보였던 잠재력에 미칠 가능성은 거의 없다.

클레이턴법과 연방거래위원회법이 제시하는 한 가지 원칙은 기업이 시장을 운영하거나 참여해야 한다는 개념이지만, 둘 다는 허용되지 않는다. 시장 운영자는 자사 제품이나 서비스를 우대하는 식으로 권력을 남용할 수 있는 엄청난 권력을 갖고 있다. 구글, 페이스북 및 마이크로소프트는 자신들의 광고 네트워크에서, 아마존은 자체 소매 시장에서 이런 원칙을 무시하는 것으로 보인다. 자체 시장에서 가장 성공적인 제품에 대한 데이터를 수집해 그를 바탕으로 자체 브랜드의 모방 제품을 만든 뒤 검색 결과에서 이를 우대하는 아마존의 행태는 대체 왜 허용돼야 하는가? 자체 광고 시장에서 자신들이 만든 독점 상품을 홍보하는 구글의 행태는 왜 허용돼야 하는가? 인터넷 전체에서 사용되는 광고 인프라의 핵심 요소를 구글 한 회사가 소유하는 것이 왜 허용돼야 하는가? 구글의 광고 인프라 독점으로 피해를 입는 것은 비단 경쟁사만이 아니다. 구글 혹은 다른 플랫폼에 광고하는 기업은 광고 효과가 어느 정도인지를 구글이 운영하는 서비스가 제공하는 분석 데이터에 의존해야 한다. 클릭 사기와 온라인 광고의 다른 구조적 문제에도 불구하고, 광고 효과를 측정하는 기업이 구글의 통제에 놓인 탓에 정부 개입 없이는 문제가 해결되지 않을 것이다.

인터넷 플랫폼을 개혁하려 할 때 정부가 직면한 한 가지 도전은 반독점을 둘러싼 현행 법규의 틀이다. 80년대 초반 이래, 법원은 독점 행태의 전통 요소, 이를테면 거래 제한, 약탈적 가격 결정, 시장 내부의 이해 상충 등은 더 이상 반독점 규제의 근거가 되지 않는다고 판단했다. 대기업 로비스트의 오랜 캠페인 덕분에 요즘의 독점금지법은 소비자에 대한 해악에서 오직 한 가지 기준만을 고려한다. 바로 가격 인상이다. 인터넷 플랫폼은 자신들의 서비스에는 아무런 금전적 비용이 없기 때문에 독점 규제에서 면책된다는 환상을 만들어냈다. 그런 환상을 기반으로 플랫폼은 경쟁사, 공급사, 광고사에 무자비한 독점적 권력을 행사해왔다. 2018년 9월, 나는 오픈마켓 인스티튜트의 배리 린과 아침 식사를 하는 자리에서 일찍이 깨달았어야 할 통찰을 뒤늦게 발견했다. 그것은 인터넷 플랫폼은 공짜가 아니며, 데이터와 서비스를 교환하는 것이라는 점이었다. 소비자에게 매기는 가격이 올랐는지 여부를 따지는 진정한 측정 기준은 서비스 대가로 제공되는 데이터 가치의 변화일 것이다. 플랫폼은 이미 개별 이용자에 관해 방대한 데이터를 보유하고 있기 때문에 누적 데이터 가치는 감소하고, 소비자들이 제공받는 서비스 가치도 답보 수준이거나 감소했을 가능성이 크다. 그러나 페이스북과 구글의 개별 이용자당 평균 매출액은 지난 10년여 동안 빠르게 증가했고, 이는 누적 데이터의 가치 감소는 현실을 제대로 반영하지 못할 수도 있다. 만약 누군가가 이를 효과적인 모델로 만든다면 FTC와 법무부는 반독점 수사와 잠재적인 기소의 근거가 될 수 있을 것이다.

　같은 날, 그런 생각을 FTC의 조셉 시몬스^{Joseph Simons} 의장과 법무부 반독점 부서의 마칸 델라힘^{Makan Delrahim} 국장에게 전달했다. 이것은 두 사람과 처음 갖는 회의였고, 둘 다 관심 있게 반응했다. 나도 기대하지 않았고, 둘 중 누구도 아무런 약속을 하지 않았지만 그런 생각을 좀 더 발전시키고 진전되는 내용을 알려달라고 독려했다. 예일대 피터 설로비^{Peter Salovey} 총장과의 뜻밖의 만남 덕분에 나는 그에게서 즉각 동지애를 느꼈다. 사회심리학자 경력이 있는 설로비 총장은 인터넷 플랫폼에 가진 나의 우려에 대한 맥락을 제공했다. 그는 세계 최고 수준인 예일대 경제학부에 나를 소개했다. 마침 학과장인 더크 버지먼^{Dirk Bergemann} 교수는 이미 나와 똑같은 의문을 연구하고 있었다. 그는 자신의 모델이 현실을 제대로 반영하는지 확인해 줄 수 있는 업계의 전문가를 찾고 있었다. 나와 트리스탄 해리스, 샌디 파라킬라스는 그가 필요로 하는 정보를 제공했다. 우리의 타이밍이 대단한 행운이었던 것은 바로 한 후원자가 현재 사회 문제를 해결하는 데 사회과학을 적용하는 예일대의 새로운 연구 기관 설립에 자금을 제공했기 때문이다. 설립은 아직 진행 중이었고, 인터넷 플랫폼이 제기한 반독점 문제는 기관의 성격에 안성맞춤이었다. 2019년 초에 이르러 버지먼 교수와 그의 공동 저자는 곧 출간될 논문을 내게 보내왔다. 인터넷 플랫폼과 이용자들 간의 교환 시스템^{barter system}이 실질적으로는 소비자들이 부담하는 비용 증가로 귀결됐음을 입증하는 논문이었다. 저자들의 핵심 통찰은 소비자에게서 수집한 데이터 가치는 그 출처보다 그것이 다른 데이터에 미치는 영향에 있다는 사실이었다. 이들은 이것을 '데이터의 사회적 가치'라고 불렀다. 이것은 "당신의 데이터를 소유하라$^{own\ your\ data}$"는 주장이 충분한 해법이 아님을 시사한다. 다른 사람들의 데이터에 대한 오용으로부터 무고한 사람들과 사회의 모든 구성원을 보호해줄 수 있는 규제가 필요하다는 뜻이다. 나는 그 초안을 반독점 부서, FTC, 의회 의원들에게 회람했다.

반독점 규제는 미국에만 있는 것이 아니다. 유럽연합은 구글을 주요 표적으로 삼은 자체 프로그램이 있다. 불행하게도 수십억 유로에 이르는 두 건의 벌금조차 의미 있는 영향을 미친 것 같지 않다. 구글과 그 투자자들은 대수롭지 않다는 듯 반응했다. 유럽연합의 반독점 규제가 변화를 강제하는 데 필요한 영향력을 발휘했는지는 분명치 않다. 2019년 8월의 사례로 비춰보면 그런 것 같지 않다. 「월스트리트 저널」은 독일 법원이 "독일의 독점 규제 기관인 연방카르텔국$^{Federal\ Cartel\ Office}$은 페이스북이 자체 계열사와 다른 회사의 앱과 웹사이트에서 수집한 이용자 데이터를 결합하지 못하도록 한 명령을 정지시켰다."고 보도했다. 법원은 카르텔국이 페이스북을 규제할 만한 법적 권한이 있는지에 '심각한 의문'을 표시했다는 내용이었다.

시장 기회를 제한하고 기업 분할을 강제하는 독점금지법의 시행은 경쟁을 개선하는 데는 가치가 있지만, 공중보건, 민주주의 및 프라이버시에 미치는 피해를 줄이지는 못한다. 그런 문제에는 다른 형태의 개입이 필요하다.

내가 워싱턴의 정책 입안자들로부터 원하는 두 번째 목표는 데이터 경제의 오류를 설득하는 것이다. 독점금지법이 시장 경쟁과 혁신을 개선하는 효과가 있다면, 정책 입안자들은 공중보건, 민주주의 및 프라이버시에 피해를 입히는 감시 자본주의의 비즈니스 모델에 제약을 가함으로써 한꺼번에 그런 문제를 개선할 수 있다.

너무나 오랫동안 정책 입안자들은 개인 데이터 관리를 업계의 몫으로 돌려왔다. 빈번한 침해에도 불구하고 이들은 소비자 행복을 보호할 아무런 조치도 취하지 않았다. 이미 1970년 3월에 「뉴욕 타임스」는 개인정보를 디지털화하는 데 따른 위험성을 경고하는 기사를 게재했다. 1995년 IT 전문지인 「와이어드」는 20세기로 넘어오기 직전까지 다른 이름으로 비즈니스를 시작해, 2017년 대규모 개인정보 침해 사고가 터지기 오래 전부터 소비자의 데이터를 부주의하게 취급해 온 에퀴팩스Equifax의 프로필을 실었다. 1970년 제정된 공정신용보고법Fair Credit Reporting Act은 기업들이 소비자 데이터를 수집하고 저장, 이전해 수익을 창출하는 것을 막지 않았다. 이런 비즈니스 행태의 부정적 결과는 컴퓨터와 네트워크 기술의 한계 때문에 수십 년간 견제될 수 있었지만, 그런 한계는 21세기 들어와 사라져버렸다. 데이터를 수집해 활용할 만한 동기는 더욱 커졌고, 그런 행태에 따른 피해의 규모와 강도도 증가했다.

기본적으로 우리가 공개 장소 및 온라인에서 수행하는 모든 작업은 누군가가 수집할 수 있는 데이터 흔적을 남긴다. 그런 데이터 중 대부분은 궁극적으로 팔거나 팔리거나 거래된다. 그 결과 설령 인터넷 플랫폼을 한 번도 사용한 적조차 없는 경우라도 데이터판 부두교 저주 인형이 우리 각자에게 존재한다. 감시 자본주의의 가장 큰 해악은 점점 더 무고한 사람들에게 미치고 있다. 엘파소, 피츠버그 및 뉴질랜드의 크라이스트 처치에서 벌어진 대량 학살 사건의 희생자들은 인터넷 플랫폼 이용자가 될 필요는 없었다. 이들의 학살자가 이용자였고, 그런 플랫폼에 담긴 콘텐츠는 학살의 영감을 불러일으켰다. 감시 자본주의는 그런 살인자들을 부추기는 증오 표현을 더욱 확대해야 할 인센티브를 만들어냈다. 인터넷 플랫폼은 선택을 내렸고, 사람들이 죽었다. 그런 일은 몇 년째 일어나고 있다. 플랫폼은 위험한 발언의 확대를 끝낼 힘이 있지만, 그런 힘을 행사하지 않는다. 대신 이들은 데이터가 존재하는 곳 어디에서나 데이터를 수집한다. 이들은 어떤 내용이든 가장 큰 경제적 가치를 창출하는 콘텐츠를 확대한다. 이들은 과거 사적인 공간이었던 장소에서까지 데이터를 수집할 수 있는 신기술을 만들고 있다. 현재 개인 데이터 수집, 전송 및 상업적 이용에는 심각한 제한이 없다. 이것은 바뀌어야만 한다.

당신이 만나는 어떤 정치인에게든 왜 구글과 마이크로소프트 같은 이메일 플랫폼, 메신저 서비스 그리고 애플리케이션 회사가 우리의 이메일과 통신 내용을 스캔해 자신들에게 유용한 정보를 빼낼 수 있도록 허용했는지 물어볼 필요가 있다. 우리는 미국 우정공사USPS나 전화 회사가 우리의 이메일이나 전화통화 내용을 스캔하는 것을 허용하지 않는다. 그것은 범죄로 규정돼 있다. 어떻게 일부 의료 데이터 서비스와 앱이 우리의 개인정보를 파는 것이 가능할 수 있는가? 미국 의료정보보호법HIPAA은 그런 행위를 막도록 돼 있지만 이를 빠져나갈 수 있는 허점이 있다. 은행, 신용평가서비스 및 신용카드 처리 회사가 우리의 개인금융정보를 파는 게 허용되는 이유는 무엇인가? 왜 휴대전화 회사는 우리의 위치 데이터를 파는 것이 허용되는가? 왜 웹 추적은 허용되는가? 그게 누구든 어떻게 미성년자로부터 데이터를 수집하는 것이 허용되는가? 이런 질문은 진지한 토론의 대상이 될 만하다. 이런 비즈니스 행태는 아무런 이견 없이 형성됐지만 이제는 상황이 변했다. 무고한 사람들과 사회에 요구되는 비용에 주목해야 할 때다. 연방과 주 정부 차원의 법이 제정될 수 있다. 우리는 기업에 어느 수준의 사회적 책임을 기대하는가? 현재 우리는 아무런 기대도 갖고 있지 않은 것처럼 보인다. 하지만 아무런 변화도 없이 방치하면 더욱 큰 피해를 자초하게 될 것이다.

문명사회는 오랫동안 침해를 받지 않는 피난처sanctuary 개념을 포용해 왔다. 가정과 교회가 전통적으로 그런 역할을 수행했지만, 실제로 사람들은 공공 장소를 포함해 다양한 환경에서 사생활을 즐겼다. 이것은 저비용 감시 기술, 특히 비디오 카메라가 나올 때까지는 마찬가지였다. 현재 프라이버시에 대한 기대는 많은 공공 장소에서 보안이라는 이름 아래 희생되고 있다. 소비자들은 자발적으로 아마존 알렉사나 구글 어시스턴트 같은 스마트 기기 형태의 감시 장비를 집안으로 들인다. 그런 장비는 부엌에서 시작해 사무실과 침실로 세력을 넓힌다. 병원과 일부 호텔은 감시 장비를 예전에는 사적 공간이었던 방에 배치한다. 우리의 모든 순간이 감시되고 도청된다는 사실은 불안감을 조장한다. 사람은 모든 순간에 최선의 모습을 유지할 수 있도록 돼 있지 않다. 사람은 정신 건강을 위해 누구의 감시나 간섭도 없는 피난처가 필요하다.

감시 자본주의는 복잡하고 모호하다. 그것이 어떻게 작동하는지 모든 소비자가 이해할 수 있도록 설명하기가 어렵다. 많은 이는 내게 이렇게 말했다. "나는 디지털 원주민입니다. 온라인 서비스를 쓰기 위해 개인정보를 제공하는 것은 좋은 거래라고 생각해요. 제 개인정보가 노출돼도 상관 안 해요. 저는 아무것도 숨길 게 없어요." 이런 말은 사실일 수 있지만 그래도 감시 자본주의를 합리화하지는 않는다. 당신에 관한 데이터판 부두교 저주 인형에 포함된 데이터 대부분은 당신의 참여나 허락없이 인터넷 플랫폼의 손에 들어간 것이다. 당신이 가치 있다고 여기는 서비스와는 거의 아무런 연관도 없다. 그것이 초래하는 해악은 일반적으로 다른 사람에게 미친다. 이것은 다른 사람들에 관한 정보가 당신에게 해를 끼칠 수 있다는 뜻이다. 엘파소, 크라이스트 처치 그리고 다른 수많은 장소에서 벌어진 사건의 희생자들도 그런 경우다.

우리는 대략 30억 명에 대한 데이터판 부두교 저주 인형의 무서운 힘을 누구든 비용만 지불하면 이용할 수 있게 되기를 원하는가? 가령 백신 접종 반대론자들이 구글의 임신 예측 알고리즘을 이용해 예비 엄마들을 자신들의 음모 이론으로 세뇌시켜 많은 사람을 전염병의 위험에 놓이게 만드는 행위를 막는 것이 더 바람직하지 않을까? 인터넷 플랫폼을 등에 업고 세력을 키우는 기후변화 부정론과 백인 우월주의자에도 같은 질문을 던질 필요가 있다. 선거 부정 개입과 투표자 억압[1]의 경우는 어떤가? 인터넷 플랫폼이 이런 문제를 만들지는 않았지만 확대시켜 왔다. 기업이 증오 표현, 거짓 정보 및 음모 이론을 알고리즘으로 확대해 수익을 취하는 것은 정말로 용인돼야 하는가? 우리는 기업이 사회에 해악을 끼쳐 수익을 얻기를 바라는가?

나는 독자들이 사고 실험을 해보기를 바란다. 잠시만 감시 자본주의에 대한 내 우려는 유효하며, 인터넷 플랫폼의 비즈니스 모델은 공중보건, 민주주의, 프라이버시 및 시장 경쟁을 약화시킬 수밖에 없다고 상상해보자. 그렇다면 당신은 그런 문제를 해결하기 위해 어떻게 하겠는가? 당신의 행동이 사랑하는 사람들의 정신 건강을 회복하고, 민주주의를 개선하

---

1 특정 집단의 사람들의 투표를 방해하거나 저지해 선거의 결과에 영향을 미치려고 하는 행위 – 옮긴이

며, 당신에게 두려움 없이 선택할 수 있는 환경을 제공한다는 점을 안다면, 당신은 인터넷 플랫폼이 제공하는 편의성의 일부를 포기할 의향이 있는가? 정치적 변화를 위해 당신의 목소리를 더할 의향이 있는가? 우리가 인터넷 플랫폼과 그들이 제공하는 편의성에 중독된 점을 고려하면, 대부분의 사람들은 정치가 변화를 만드는 가장 쉬운 경로임을 깨달을 것이다.

정치 영역에서는 세 가지 경로가 가능하다고 믿는다. 이상적인 경로, 다시 말해 인터넷 플랫폼이 공중보건, 민주주의, 프라이버시 및 시장 경쟁에 입히는 피해를 막는 가장 확실한 길은 모든 형태의 감시 자본주의를 금지하는 것이다. 이는 데이터판 부두교 저주 인형, 웹 추적, 제3자가 마케팅 목적으로 데이터를 사용하는 일, 서비스 제공사가 이메일이나 문서를 스캔하는 행위, 공공 장소, 가정, 혹은 사무실에서의 기업적 감시 등을 모두 금지하는 것이다. 이런 변화는 특정 고객군을 겨냥한 마이크로 타깃 광고를 없애고, 약 20년 전과 비슷한 형태의 광고와 마케팅 비즈니스로 되돌릴 것이다. 이 시나리오는 데이터를 처음 수집한 기업이 최초 의도한 목적으로 데이터를 사용하는 것만 허용한다. 당신은 안전한 이동 목적으로 우버에 당신의 위치 정보 및 신원을 공유할 수 있지만, 우버는 해당 데이터를 구글이나 다른 누구와도 공유할 수 없으며, 당신을 요청한 장소로 태워주는 목적 이외의 용도로 사용할 수 없다. 이런 변화는 인터넷 플랫폼 사업을 근본적으로 변화시켜 수익성을 떨어뜨리겠지만, 공중보건, 민주주의 및 프라이버시를 회복하기 위해서는 충분히 가치 있는 일이다.

이 '감시 금지' 계획의 목표는 소원을 들어주는 지니^{genie}를 램프 속으로 되돌려 보내는 것이다. 데이터 경제를 원점으로 되돌리는 것은 어떤 데이터 사용을 허용하고 허용하지 말아야 할지에 관한 국가적 논의를 위한 이상적인 환경을 조성할 것이다. 인터넷 플랫폼의 학대에도 불구하고 마케팅 담당자들은 마이크로 타깃 광고에 중독돼 있고, 아마존과 기타 인터넷 플랫폼에 사업을 빼앗길지 모른다는 위협에도 마이크로타기팅을 끝내려는 시도에 저항할 것이다. 일부 현명한 인사들은 또한 이 계획의 실효성에, 특히 그것을 실제로 규제하는 방안의 현실성에 의문을 표시했다. 미국의 규제 당국이 기업이 끼친 피해에 상응하는 처벌을 내리지 못한 전례를 감안하면 타당한 우려다. 한 가지 가능한 해법은 이런 문제에 맞게 만들어진 새 전담 기관을 만드는 것이다. 의회는 새로운 법을 통과시켜야 할 것이다. 이런 기관을 만들자는 법안은 이 글을 쓰는 시점을 기준으로 작성 중이다. 소비자들의 정치적 압력이 한층 더 높아져야만 법 제정이 통과될 것이다.

구글과 페이스북은 국수주의적 관점에서 규제에 반대하는 주장을 펼친다. 이들은 중국의 기술 주도에 맞설 수 있는 미국의 유일한 방어 세력임을 내세운다. 반도체, 스마트폰 및 5G 네트워크 장비 같은 하드웨어 범주에서 중국의 위협을 걱정할 근거는 충분하지만, 페이스북과 구글은 이 범주의 어떤 제품도 만들지 않는다. 우리는 또한 미국 기술 기업의 지적 재산을 보호하고, 중국이 미국 플랫폼의 진입을 제한하듯이 중국산 인터넷 플랫폼의 미국 시장 진출을 제한하기 위한 대책을 마련해야 한다. 하지만 페이스북과 구글은 이런 문제에 발언하지 않는다. 이들이 중국과 경쟁하는 부분은 행태 조작이다. 왜 우리는 미국의 최고 공학자들이 행태 조작에 초점을 맞추기를 원하는가? 미국의 가치에 이보다 더 적대적인 기술은 상상하기 어렵다. 우리나라의 공학자들이 다른 분야에, 이를테면 인공지능을 사회적으로 더 책임을 지는 방식으로 적용하는 일에 에너지를 쏟는 것이 더 낫지 않겠는가? 추정하건대 북미의 모든 인공지능 엔지니어와 과학자의 절반 이상은 페이스북, 구글, 아마존 및 마이크로소프트에서 일한다. 이들 엔지니어의 절대 다수는 행태 조작이나 그와 관련된 일에 종사하고 있다. 사람들은 우리 세대의 최고 지성들이 모인 곳으로 여기던 인터넷이 이제는 고양이 비디오로 넘쳐나는 곳이 됐다고 농담하곤 하지만, 행태 조작은 사람들의 자결권과 사회 질서를 약화시키기 때문에 이것은 더 심각한 문제다.

감시 자본주의를 제어하는 다른 방법은 마이크로 타깃 광고로 올린 수익에 과세하는 것으로, 노벨경제학상 수상자인 폴 로머Paul Romer가 제시한 개념이다. 만약 정책 입안자들이 제3자에게서 구한 데이터를 이용한 상거래와 데이터판 부두교 저주 인형의 사용을 금지할 수 없다면, 차선책은 마이크로 타깃 행위에 부과하는 높은 수준의 과세일 것이다. 예를 들면 100% 과세는 마이크로 타깃 광고의 경제적 매력을 떨어뜨릴 것이고, 그런 광고가 줄어드는 만큼 부정적인 효과도 감소할 것이다. 빅 포 기업의 막대한 규모를 감안하면 마이크로타기팅에 따른 세수입은 약 120조 정도로, 로머의 제안은 많은 정치인에게 매력적일 수밖에 없다.

마이크로타기팅을 겨냥한 과세 혜택은 인센티브를 바꾸는 데 있다. 이상적인 시나리오는 너무 높은 과세율 때문에 인터넷 플랫폼이 새로운 비즈니스 모델을 채택하는 것이다. 불행하게도 감시 자본주의를 위한 치료법으로 세금을 이용하는 아이디어는 두 가지 명백한 문제를 안고 있다. 하나는 마이크로타기팅을 어떻게 정의할 것인가와 다른 하나는 인터넷 플랫폼이 규제를 회피할 능력이 있다는 점이다. 광고는 방송 모델로 제한하면 가장 피해가 적다. 플랫폼은 거기에 저항할 것이다. '마이크로타기팅'을 재정의해 지금 자신들이 하는 일을 계속 할 수 있도록 할 것이다. 마이크로타기팅을 하는 가장 정직한 방법은 소비자들이 광고주나 특정 범주 수준에서 광고의 표적이 되겠다고 명시적으로 동의하는 경우다. 만약 당신이 차나 냉장고를 사려고 계획 중이라면 표적 광고는 매력적일 수 있지만, 임신한 줄 미처 모르는 사람에게 인터넷 플랫폼의 예측 모델이 제시한 '확실성certainty'에 이끌린 광고 기업이 임산부 대상 광고를 보내는 경우는 섬뜩하고 심지어 위험할 수 있다.

인터넷 플랫폼의 특성상 이들 기업은 공장을 보유한 사업보다 훨씬 더 쉽게 규제와 과세를 회피하는 방향으로 변신할 수 있다. 페이스북은 15억 명의 이용자 프로필을 아일랜드에서 미국으로 옮김으로써 유럽연합에서 제정한 개인정보보호규정의 영향을 감소시켰다. 플랫폼은 과세를 회피하는 데도 비슷한 전술을 사용한다. 개인정보를 쉽게 수집할 수 있는한, 기업은 그것을 최대한 활용할 수 있는 침입적 비즈니스 모델을 창안할 인센티브가 있다. 그런 경우 세금 문제는 '마이크로타기팅'의 정의에 관한 끊임없는 소송과 숨바꼭질 같은 게임을 일으킨다. 이 모든 이유로 과세는 내가 두 번째로 선호하는 방법이다.

감시 자본주의의 개혁을 위한 세 번째 경로는 전체가 아닌 일부 형태를 금지하는 것이다. 정치적인 맥락 때문에 금지 기준을 비교적 낮게 잡아, 서비스 제공자들이 경제적으로 가치 있는 데이터를 찾기 위해 그들의 플랫폼을 통하는 이메일, 문자, 문서를 스캔하는 행위를 금지하는 수준이어야 할 것이다. 이렇게 하면 인터넷 규칙은 전기통신 기업, 우편 서비스 및 소포 배달 회사에 부과되는 의무 수준과 비슷해질 것이다. 또 다른 기회는 미 의료정보보호법에 규정된 의료 정보의 프라이버시 규칙을 강화해 현재 존재하는 대규모 허점을 메우는 일이다. 그와 동일한 논리는 위치 정보, 얼굴 인식, 음성 녹음, 가정 주변의 감시, 공공 장소나 상업용 환경의 데이터 비컨 등에서 한 번에 한 범주씩 적용할 수 있다. 사전에 고지된 동의 없이 해당 개인정보를 수집, 전송, 활용하는 행위는 가장 기본적인 시민 가치인 자유와 자결의 권리를 침해하는 것으로 보인다. 감시 자본주의를 바로잡기 위해 이처럼 단계적으로 접근하는 것이 단번에 급속히 실행하는 것보다 더 쉬울지는 분명하지 않다. 현재 드러난 미국 의회의 난맥상을 고려하면 더 어려울지도 모른다.

감시 자본주의를 제한할 수 있는 한 가지 잠재적 경로는 증권법의 적용을 통한 방법이다. 광고와 브랜드 관리 분야의 전문 직업인들은 인터넷 플랫폼이 이용자 수, 광고 효과 및 광고 노출 시간 등을 지속적으로 과장했다고 의심한다. 인터넷 플랫폼은 감사를 막아 왔기 때문에 진실은 아무도 모른다. 하지만 2016년, 광고주들은 페이스북에 비디오 광고 효과를 과장했음을 인정하게 만들었다. 이런 사례는 그 대부분이 구글의 통제권에 놓인 디지털 광고의 배후에 자리잡은 회계 시스템을 조사할 수 있는 근거로 작용할 수 있다. 만약 과장 보고가 사실이고 수년 전까지 소급된다면 그런 위반 행위는 사기에 해당하며, 미국 증권법상 형사 책임을 물을 수도 있다. 범죄 수사와 유죄가 인정되는 경우 구속 사유가 될 수 있다는 가능성은 전체 상황을 크게 반전시킬 수 있다. 미국 증권거래위원회 SEC가 그와 같은 수사를 개시할지는 분명치 않지만 광고주들의 합치된 노력 없이 불가능하다는 점은 분명하다. 아이러니는 특히 아마존이 가격과 편의성에 대한 브랜드 선택권을 줄임으로써 광고와 마케팅의 근간을 약화시키고 있다는 점이다. 만약 마케팅 기업이 유의하지 않는다면 자신들의 사업을 보호할 수 있는 기회를 놓치게 될 것이다.

반독점 개입과 감시 자본주의를 제한하는 일 외에도 워싱턴의 정책 입안자들은 한 가지 일을 더해야 한다. 감시 자본주의와 별개로 존재하는 인터넷과 플랫폼의 결함을 수정하는 일이다. 여기에는 처음부터 인터넷 특징이었던 익명성, 1996년 제정된 통신 품위법Communications Decency Act이 만든 피난처safe harbor 규칙, 데이터의 부주의한 취급을 방지하기 위한 인센티브 부재 등이 포함된다.

인터넷 개발자들의 기대와는 반대로 익명성은 악의적인 세력이 서로를 찾고, 조직하고, 이전에는 상상할 수 없을 정도의 대규모로 무고한 사람에게 피해를 입힐 수 있게 해주는 끔찍한 수단으로 밝혀졌다. 이용자의 진짜 신원을 확인하는 방편으로 본인의 공식 학교 이메일을 써서 로그인하도록 만든 페이스북의 초창기 요구 사항은 소규모에서는 충분히 잘 작동했다. 페이스북 약관은 계속해서 이용자에게 진짜 신원을 요구하지만, 그 신빙성을 확인하기 위한 제도적 장치를 제대로 시행하지 않음으로써 페이스북은 악의적 트롤이 사이트를 확보할 수 있게 한다. 다른 플랫폼은 이용자의 신원을 확인하는 면에서 페이스북보다 덜 적극적이었다. 우리는 경험을 통해 신문 사이트의 온라인 댓글란에 실제 신원을 확인하는 절차를 더함으로써 특히 여기에 사람의 중재를 결합함으로써, 온라인 담론의 품질이 크게 달라진 사실을 알고 있다. 불행한 점은 인터넷 플랫폼처럼 방대한 규모에서 익명성은 사람의 중재 효과를 떨어뜨리며, 심지어 인공지능의 힘을 빌리더라도 별반 나아지지 않는다는 점이다. 플랫폼은 진짜 신원을 밝혀야 한다는 주장에 반대해 싸워야 할 두 가지 큰 인센티브가 있다. 첫째, 그렇게 하면 이용자 숫자가 대폭 줄어 주주, 광고주, 그리고 아마도 증권거래위원회와 온갖 골치 아픈 문제가 생길 수 있다. 둘째, 이용자와 플랫폼 자체에 마찰을 불러올 수 있다. 긍정적인 대목은 일단 시행되면 진짜 신원은 플랫폼에 매우 큰 정치적 혜택을 안겨줄 것이다. 유해한 콘텐츠 양을 줄여주는 한편 이용자와 정책 입안자들의 신뢰를 높여줄 것이다.

1996년 제정된 통신 품위법에 보장된 피난처, 즉 '세이프 하버' 조항은 제230조로도 알려져 있는데, 페이스북과 구글 같은 회사를 미디어 기업이 아니라 플랫폼으로 분류해 제3자가 이들 사이트에서 벌이는 행위나 콘텐츠에 아무런 책임도 묻지 않는다. 이것은 내가 2016년 10월 페이스북에 연락했을 때 댄 로즈가 인용한 법이기도 하다. 제230조의 승인은 인터넷 콘텐츠 조정이 신문, 잡지, 혹은 TV 네트워크의 경우보다 훨씬 더 복잡할 것이라는 의회 의원들의 인식을 반영한 것이었다. 1996년 들어 법원은 이미 선의로 콘텐츠를 중재하다 소송에 휘말린 회사를 처벌하기 시작했기 때문에 의회는 신속하게 행동했다. 신산업을 보호하기 위해 제정된 제230조는 여전히 인터넷 신생기업에 필수적이다. 불행히도 해당 조항은 이제 글로벌 규모의 독점 기업들이 공중보건, 민주주의, 프라이버시에 미치는 온갖 해악에 대한 법적 책임을 막아주는 방패로 전락했다. 제230조를 옹호하는 이들은 모든 인터넷 기업은 플랫폼이 콘텐츠와는 아무런 관련이 없다는 전제에 의존한다. 자유롭게 내버려 두자는 이들의 주장은 전통적인 편집 차원에서는 타당할지 모르지만 더 많은 사람을 끌어들이기 위해 콘텐츠를 의도적으로 확대하는 행위는 무시하고 있다. 플랫폼은 알고리즘을 만들어 증오 표현, 거짓 정보, 음모 이론 같은 콘텐츠를 확대함으로써 수익을 얻는다. 이들이 결과에 아무런 책임도 지지 않은 채 그런 일을 한다는 것은 논리적으로 맞지 않는다.

오랫동안 제230조의 개혁은 의회의 레이더 밖에 있었다. 이런 사정은 2018년 의회가 온라인 성매매금지법^{FOSTA, Fight Online Sex Trafficking Act}을 제정하는 과정에서 제230조의 예외 조항을 좁은 범주로 제한함으로써 바뀌었다. 여러 단체는 FOSTA 모델을 테러리즘과 범죄 행위 같은 범주로 확장하려 시도하고 있다. 인터넷 플랫폼과 관련된 문제에 관해 공화당에서 주도적 역할을 해 온 미주리주의 조시 홀리^{Josh Hawley} 상원의원은 제230조를 개정해 3천만 명 이상의 이용자를 보유한 인터넷 플랫폼이 정치적으로 편향된 콘텐츠 중재를 하지 않는다는 점을 FTC에 입증하도록 하는 법안을 상정했다. 플랫폼이 콘텐츠 중재에 아무런 편향도 보여서는 안 된다는 개념은 합리적으로 들릴지 모르지만 헌법에는 합치되지 않을 수도 있다. 플랫폼이 미디어 기업이 아니라면 이들은 편집 규칙을 따를 필요가 없는 기업이다. 만약 미디어 기업이라면 홀리 의원의 법안은 수정헌법 제1조를 위반하는 셈이 된다. 주목할 점은 어떤 인터넷 플랫폼에서도 정치적 편향에 좌우된 콘텐츠 중재의 증거는 없다. 제230조를 개혁해야 한다는 주장을 뒷받침하는 설득력 있는 근거는 많지만, 이 법안의 근거는 그렇지 않은 것 같다.

나는 인터넷 플랫폼과 다른 어디에서든 표현의 자유를 적극 지지한다. 기업이 콘텐츠를 검열하기를 원치 않는다. 내가 선호하는 제230조 개혁은 알고리즘 증폭을 위한 보호 규정을 제거하는 것이다. 현재 플랫폼은 자체 알고리즘을 아무런 법적 처벌의 걱정 없이, 심지어 이들이 확대하는 일부 콘텐츠가 지속적으로 유해한 결과를 만들어 내더라도 알고리즘을 조율해 수익을 극대화할 수 있다. 그러한 조율이 피해가 예상됨에도 불구하고 결정한 편집상 선택과 다를 바 없다는 논리는 그리 나쁘지 않다. 이 경우 제230조의 보호 규정은 개인과 사회에 피해를 끼친다. 페이스북, 유튜브, 인스타그램 같은 플랫폼은 알고리즘을 통한 확장에 제한을 두지 않는다. 알렉스 존스 같은 사람을 금지하기로 한 이들의 결정은 그런 의중을 시사한다. 플랫폼 입장에서는 한 사람의 모든 콘텐츠를 잃는 편이 다수의 비슷한 주장을 증폭할 권리를 잃는 것보다 더 낫다.

제230조에 관한 한 나는 정책 입안자들이 합리적인 사람이라면 유해한 결과를 예상하는 부문에 플랫폼이 내리는 선택에 개혁의 노력을 기울이기를 바란다. 폭력으로 귀결될 수 있는 백신접종 반대론자들의 음모 이론이나 거짓 정보를 증폭하는 일은 부정적인 결과밖에 없다. 플랫폼은 모든 역량을 동원해 그런 콘텐츠를 광고할 것이 아니라 제한해야 한다. 그것이 실패하면 이들에게 법적 책임을 물어야 한다.

내가 우려하는 비슷한 사안은 많지만 제230조의 범위를 벗어난다. 부당 선거 개입이나 시민권 침해를 가능하게 만든 데 따른 처벌은 어떤 것이어야 할까? 2016년의 선거 개입이나 2017년 로힝야 소수민족에게 행한 미얀마의 '전형적인 인종 청소' 행위를 미처 예상하지 못했다는 페이스북의 설명은 타당할지 모르지만, 그와 비슷한 일이 두세 번 되풀이되는 데는 변명의 여지가 없다. 선거 개입은 2016년 이후 여러 번 발생했고, 국내와 해외 세력이 페이스북과 인스타그램, 왓츠앱, 유튜브, 구글, 트위터 그리고 아마도 다른 플랫폼을 통해 같은 행위를 자행할 위험성은 여전히 존재한다. 플랫폼은 그런 문제를 다룬다고 입으로만 말했을 뿐, 실제 관심은 국내나 해외 선거의 공정성을 보장하기보다 자신들의 비즈니스 모델과 특권을 보호하는 데 있음을 보여주고 있다. 화학산업에 대한 비유로 돌아가자. 인터넷 플랫폼이 디지털 유해 물질을 유출한다면, 이들은 그것이 일으키는 피해 비용을 지불해야 한다.

또 다른 문제는 개인정보 침해다. 야후, 메리어트 호텔 체인, 어덜트 프렌드 파인더Adult Friend Finder, 에퀴팩스, 페이스북, 구글, 여러 다른 기업은 대규모 개인정보 침해 사고를 당했다. 새로운 침해사고가 놀라운 빈도로 발생하고 있으며, 이는 개인정보를 안전하게 보호해야 할 인센티브가 부족함을 시사한다. 그런 침해로 인한 피해는 막대하지만 늘 명백하게 드러나지는 않는다. 기술이 진화하면서 그러한 디지털 유해 정보의 유출 규모와 피해는 날로 증가할 것이다. 언젠가 알렉사의 오디오 아카이브와 구글의 데이터판 부두교 저주 인형에서도 침해 사고가 벌어질 것이다. 그럴 경우 아마존과 구글에는 어떤 처벌이 뒤따를까?

인공지능은 엄청난 규모의 데이터를 소비하지만 현재는 아무런 규제도 받지 않고 있다. 그 결과 인공지능 기술의 응용은 현실 세계에서 최악의 오류를 재생산하고, 이들을 아무도 이해할 수 없는 블랙박스로 포장한다. 경찰 업무 관리, 이력서 검토, 융자금 신청 처리 등에 사용된 몇몇 초창기 인공지능 응용 프로그램은 개발자들이 타당한 주의를 기울이지 않았기 때문에 물리적 세계의 묵시적인 인종 및 성 차별의 편견을 고스란히 물려받았다. 더 암울한 가능성은 그러한 소프트웨어 구매자들이 묵시적인 편견을 유지하되 블랙박스 안에 감추도록 요청했을 수 있다는 점이다. 피해를 일으킬 잠재성을 가진 시스템의 묵시적 편견을 막지 못한 소프트웨어 개발자들에게는 어떤 처벌이 따라야 알맞을까?

데이터에 관한 한 내 목표는 소비자들의 이익을 최우선에 두는 것이다. 우리의 개인정보를 가진 기업이 데이터에 신탁적 규칙을 적용하도록 인센티브를 바꾸자. 변호사와 의사들처럼 개인정보 보유자들은 그들이 대표하는 고객 정보를 자신들의 이익보다 우선해야 한다. 개인정보를 효과적인 보호 대책 없이 보유하는 것은 불법으로 규정해야 한다. 정보 보호에 실패한 결과는 개인정보를 잃어버린 개인 당사자보다 기업 쪽에 훨씬 더 가혹해야 마땅하다. 정보 침해에 따른 처벌은 플랫폼에 대한 어떤 가능한 혜택보다도 더 커야 한다. 이런 모델은 인공지능 애플리케이션에도 적용할 수 있다. 배치하기 전에 모든 인공지능 애플리케이션은 안전과 효능, 아무런 편견도 없음을 입증해야 한다. 묵시적 편견을 막는 일은 많은 비용이 필요하겠지만 의사 결정 과정을 감사할 방법이 없는(이것은 현재의 인공지능 사례에 해당) 제품에서는 예외 없이 의무 규정으로 삼아야 한다. 그에 더해 모든 소비자는 어느 기업이 자신들의 개인정보를 가졌는지, 그것은 어떤 종류인지, 누구에게 전송됐는지, 어떻게 활용돼 왔는지를 알 권리가 있다. 소비자들에게 고지하는 일은 비용이 많이 들겠지만 이것은 바람직한 일이다. 데이터를 악용하는 데 따른 비용이 높아지면 소비자들의 이익도 그만큼 높아진다.

인터넷 플랫폼의 규제 맥락에서 좋은 소식은 해당 문제가 구조적인 것이어서 규제로 해결할 수 있다는 점이다. 나쁜 소식은 문제의 사안이 미국 산업의 문화를 반영한다는 점이다. 시장은 다른 모든 이해 당사자보다 주주를 더 우선시하지만 국민은 정부보다 기업을 더 신뢰한다. 시장이 항상 자원을 분배하는 최선의 방법이라는 추정의 오류를 볼 수 있게 된 지금, 우리는 어떻게 해야 좋을까? 정부 제도와 기관은 그 권위를 되찾을 수 있을까? 기술 주도 시대의 요구에 적응할 수 있을까? 우리 국민이 시민 참여를 다시 활성화할 수 있을까? 소비자 보호만을 위한 목적이라도 정부에 대한 신뢰 회복은 중요한 첫 발이자, 변화를 이끌어내는 데 필요한 운동의 기반이다.

많은 미국인 중 아마도 다수는, 이제 인터넷 플랫폼의 어두운 면을 인식하게 됐다. 트럼프 행정부와 의회의 정책 입안자들도 그런 점을 인지했다. 트리스탄 해리스와 내가 처음 힘을 합친 2017년 4월과 비교해볼 때, 지금 사람들이 보여주는 인지도와 참여하려는 의지는 놀라울 정도로 강하다. 페이스북, 구글, 아마존 및 마이크로소프트는 그 비판자들이 취하는 모든 행동에 그것이 자신들의 권리이기라도 한 것처럼 저항할 것이다. 소비자들이 여기에 참여하지 않는다면 공정한 싸움이 되지 않을 것이다. 모든 이점은 플랫폼에 있다. 수십억 이용자들의 주의를 조작하고 정보를 왜곡할 수 있는 능력 때문만은 아니다. 이들은 고정 자산이 거의 없고, 막대한 규모의 현금을 보유하고 있으며, 주변 환경에 맞춰 규제의 영향력을 최소화할 수 있는 능력이 출중하다. FTC와 2011년 맺은 동의 명령 사례에서 페이스북은 심지어 정부와 맺은 약속조차 무시할 용의가 있음을 보여줬다. FTC가 그런 페이스북에 벌금을 부과하기까지 무려 8년이 걸렸고, 투자자들은 기록적인 6조 가량의 벌금을 도리어 페이스북에 대한 선물로 치부했다.

정부는 다른 전통적인 비즈니스보다 인터넷 플랫폼에 권한을 행사할 여지가 훨씬 더 적고, 플랫폼도 그 점을 잘 알고 있다. 이론상 정부는 선거 개입과 다른 문제로 인해 최소한 일시적으로라도 플랫폼을 폐쇄하겠다는 믿을 만한 위협으로 대응할 수 있었다. 스리랑카 정부는 온라인상의 증오 표현으로 국가가 혼란에 빠지자 그렇게 했고, 후속 조치를 내놓았다. 다른 국가도 그런 점에 유의해야 한다. 일시적 폐쇄라는 확실한 위협은 행태를 바꿀 수 있는 최선의 길일 수 있지만, 위협은 소비자들이 해당 결정을 지지할 때만 효과가 있다. 미국과 다른 대다수 선진국의 소비자들은 비록 한 테러리스트 공격 사태가 그런 점을 시사하기는 했지만 아직 인터넷 플랫폼의 어두운 면이 일시적 폐쇄를 정당화하기에 충분한 위협이 된다고 보지 않는다. 폐쇄하겠다는 확실한 위협은 인터넷 플랫폼의 행태를 바꾸는 가장 빠른 길일 것이고, 나는 더 많은 상황에서 그것이 수용할 만한 대안임을 설득하려 최선을 다했다.

이 여정을 시작한 지 거의 3년이 지난 지금, 페이스북, 구글, 아마존 및 마이크로소프트가 공중보건, 민주주의, 프라이버시, 시장 경쟁에 미친 피해가 가장 극단적인 테러 행위보다도 더 크다는 결론을 내렸다. 플랫폼은 자신들의 비즈니스 모델, 비즈니스 관행 및 문화를 바꾸는 데 저항해왔다. 우리는 더 이상 기적만 기다릴 수는 없다. 우리는 변화를 강요할 필요가 있다. 일시적인 폐쇄 위협이 그런 변화를 이끌어낼 수 있는 최선의 방법인지도 모른다. 공은 우리에게 넘어왔다. 16장에서는 여러분도 해법의 일부가 될 수 있도록 각자 참여할 수 있는 지침을 제시할 것이다.

우리 각자가 할 수 있는 일

미래는 이미 여기에, 다만 아직 널리 퍼지지 않았을 뿐

– 윌리엄 깁슨^{William Gibson}

디스토피아적인 기술의 미래는 우리가 준비하기도 전에 우리 삶을 휩쓸었다. 그 결과 우리는 미처 대비할 만한 시간도, 쉬운 해법도 없는 문제에 맞닥뜨리고 있다. 우리는 거기에 어떤 부정적인 면이 있을 수 있다는 아무런 이해도 없이, 스마트폰을 마치 몸의 일부인 것처럼 받아들였다. 우리는 인터넷 플랫폼이 무해하다고 믿으며, 경고 신호에 너무 느리게 대응한다. 1980년대와 90년대, 철학자 닐 포스트먼^{Neil Postman}은 텔레비전이 우리를 올더스 헉슬리의 『멋진 신세계』로 이끌 것이라고 경고했다. 조지 오웰^{George Orwell}은 책을 불태우는 세상을 우려한 반면, 헉

슬리는 시민들이 더 이상 책을 읽고 싶어하지 않는 세상을 걱정했다. 그는 스마트폰이 자신의 주장을 입증하는 것을 볼 때까지 살지 못했다.

여러분은 어떤가? 어린이들이 문자 메시지와 비디오 게임에 중독되는 상황을 우려하는가? 스마트폰이나 비디오 게임을 내려놓지 못하는 아이들을 걱정하는가? 온라인에서 외모로 집단 따돌림을 받는 사춘기 이전의 여자아이나 또래집단에서 제외될까 걱정하는 십대의 이야기를 아는가? 우리나라 선거에 다른 나라가 개입하는 바람에 벌어질 수 있는 결과를 우려하는가? 미국에서 제공되는 서비스가 다른 국가에서 인종 청소를 부추기는 데 악용되는 윤리적 문제를 고민하는가? 끊임없는 감시에 두려움을 느끼는가? 인공지능에 의해 조작당하는 것을 걱정하는가? 이것은 가상 질문이 아니다.

우리 각자가 어떻게 페이스북과 다른 플랫폼을 사용하는지 그 패턴을 따져보자. 어떤 종류의 내용을 게시하는가? 얼마나 자주? 그중 남을 비방하는 내용도 있는가? 다른 사람들을 설득하려 시도하는가? 정치 현안에 초점을 맞춘 그룹에 가입한 적이 있는가? 소셜미디어에서 다른 주의나 사상을 놓고 논쟁을 벌이는가? 당신을 시종일관 열받게 만드는 포스트를 올리는 사람들이 있는가? 당신이 동의하지 않는 사람들을 차단한 적이 있는가? 이런 질문 중 어느 하나에 '그렇다'라는 대답이 있더라도 속상해할 필요는 없다. 대다수 페이스북 이용자들도 한두 번쯤은 이런 경험이 있고, 그것은 알고리즘이 그런 종류의 활동을 부추기도록 설계돼 있기 때문이다. 무슨 일이 벌어지는지 알게 된 지금, 우리는 어떤 일을 해야 할까?

16장의 목표는 어떻게 당신 자신과 사랑하는 사람들을 인터넷 플랫폼의 부작용으로부터 보호할지 설명하는 것이다. 이 여정은 나의 이해에도 큰 변화를 가져왔다. 나는 문제와 해법을 처음 집필을 마칠 당시에 가졌던 내용과는 다르게 본다. 우리 각자의 행동은 여전히 중요하지만, 우리가 필요로 하는 구조적 변화는 우리가 힘을 합쳐 목소리를 낼 때만 현실이 될 것이다.

첫 단계는 인터넷 플랫폼을 우리가 바라는 형태보다는 그 실체를 있는 그대로 이해하고 수용하는 것이다. 그 다음에 여러분이 해법의 일부가 되기 위해 할 수 있는 일을 공유할 것이다. 행동의 기회에는 정치적 참여, 개인적 기술의 사용, 사랑하는 사람과 친구를 돕는 세 가지 영역이 있다.

우리 대부분은 인터넷 플랫폼이 현실을 반영한다고 믿는다. 우리는 구글의 검색 결과를 신뢰한다. 대부분 우리는 구글, 페이스북, 혹은 트위터에서 읽는 뉴스를 신뢰하며, 유튜브 비디오, 인스타그램 콘텐츠, 페이스북 그룹에 올라온 포스트가 모두 진짜라고 추정한다. 종종 진짜이지만 너무 자주는 아니다. 그리고 진짜와 가짜 콘텐츠 차이를 쉽게 분별할 수 있는 방법은 없다.

현재 같은 신뢰 환경에서 악의적인 세력의 콘텐츠는 지나치게 강한 권력을 지니고 있다. 악의적 세력의 권력을 줄이기 위해서는 플랫폼을 대하는 우리의 신뢰 수준을 낮춰야 한다. 사이버보안 기업인 터비엄^Terbium 설립자인 대니 로저스^Danny Rogers는 페이스북, 구글, 인스타그램, 유튜브, 트위터, 다른 소셜미디어를 일종의 픽션 작품으로, 우리가 소설, 비디오 게임 및 SF 영화를 보는 것처럼 취급하라고 추천한다. 그런 내용에 몰입해도 좋지만 콘텐츠는 실제가 아니라는 사실을 기억해야 한다. 그것은 일종의 시뮬레이션이다. 만약 페이스북이나 인스타그램이 영화라면, 거기에는 '진실을 바탕으로 한 이야기'라는 부제가 붙었을 것이다.

대니는 자신의 사이버보안 비즈니스 덕에 온라인 증오 표현, 거짓 정보, 음모 이론 등을 연구하는 데 시간을 보낸다. 그는 큐어넌QAnon과 백신접종 반대론 같은 일부 음모 이론은 일종의 삶의 방식이 된다는 점을 알아냈다. 이들은 뒷이야기, 문화, 이벤트, 그들만의 의식, 때로는 독특한 어휘도 갖고 있다. 문제는 지지자들이 그런 삶의 방식을 자기 자신의 것으로 수용한다는 점이다. 그것은 그들의 현실이 된다. 그와 비슷한 현상은 인스타그램의 인플루언서 문화에서도 발생한다.

이제 만약 사람들이 큐어넌이나 인스타그램 인플루언서들이 보여주는 경험을 실제 삶이 아니라 게임이나 시뮬레이션으로 본다면 세상이 얼마나 달라질까 상상해보라. 두 그룹이 비디오 게임보다 더 유해할까? 비디오 게임에 완전히 몰입하는 사람들도 있지만, 오늘날 인터넷 플랫폼이 일상적으로 하는 방식으로 사회에 해악을 끼치는 정도는 아닐 것이다.

플랫폼이 이런 일에 앞장서서 자신들 사이트에 있는 콘텐츠는 허구적인 표현일 뿐이어서 너무 심각하게 받아들이면 안 된다고 이용자에게 교육한다면 엄청난 차이를 이끌어낼 수 있을 것이다. 현 시점에서 플랫폼이 그렇게 하리라는 확신은 없다.

일단 인터넷 플랫폼의 진정한 본질을 이해하면 해법과 그 해법에 우리가 기여할 수 있는 기회는 명확해진다. 믿거나 말거나 우리 각자에게 최소한의 노력이 필요한 경로는 정치다.

우리는 생각보다 더 큰 힘을 갖고 있다. 정책 입안자들과 인터넷 플랫폼은 우리 없이는 생존할 수 없다. 그렇다고 해도 둘 다 소비자들이 자신들을 믿고 별다른 주의를 기울이지 않고 자신들이 가는 길을 따라올 때 가장 행복해한다. 정치인들이 인터넷 플랫폼과 다른 점은 여론의 압력에 반응한다는 점이다. 정치인은 유권자에게 반응한다. 만약 우리 중 많은 유권자가 인터넷 플랫폼의 개혁 필요성에 목소리를 낸다면, 정책 입안자들은 우리가 변화하라고 압력을 넣는 활동을 도울 것이다. 그것이 우리가 가진 기회다.

2020년 미국 대통령선거가 빠르게 다가오는 시점에서 우리는 우리의 목소리를 낼 필요가 있다. 이 문제가 특이한 점은 정치적 스펙트럼을 가로지른다는 점이다. 나는 캠페인 경험을 통해 광범위한 관객들과 만날 수 있는 기회가 있었는데, 다른 사안을 대하는 그들의 정치적 지향에 관계없이 내가 보내는 메시지에 대체로 동일한 반응을 보였다. 이들은 해당 문제를 좀 더 이해하려는 여지를 남겼고, 그 문제에 뭔가 조치를 취해야 한다는 시급성을 느끼게 됐다. 미국은 다른 모든 사안을 놓고 양극화될 수도 있지만, 인터넷 플랫폼을 둘러싼 문제에서는 화합의 오아시스라 할 만하다. 이 상황은 의회 내 공화당과 민주당 의원들이나 트럼프 행정부의 직원들에게도 비슷했다. 이 사안에 관한 한 초당적 해법이 가능할 수도 있다. 충분히 많은 사람이 참여한다면 말이다.

'참여한다'라는 말이 무슨 뜻인가? 우리 대부분은 정치에 직접 관여하지 않으며, 관여하기가 얼마나 쉬운지 미처 깨닫지 못하고 있다. 2017년 내가 이 캠페인을 시작했을 때 나는 워싱턴에 아무도 아는 사람이 없었지만, 첫 해에 수십 명의 의원들을 만났다. 알고 보니 모든 정치인은 지역 구민으로부터 의견을 듣고 싶어한다. 당신도 지역구 의원과 상원의원들에게 이메일을 보내거나 전화를 걸어 첫 발을 내딛을 수 있다. 모든 의회 관련 웹사이트에는 이메일 양식과 전화번호가 나와 있고, 검색을 통해 쉽게 찾을 수 있다. 의회 의원이나 보좌관들을 그들의 지역구 사무실이나 워싱턴에서 만날 수 있다. 당신이 해야 할 일은 미리 약속을 잡는 것뿐이다. 하원 의원들은 2년마다 선거를 치르기 때문에 대다수 의원들은 많은 시간을 지역구에서 타운홀 미팅town hall meeting[1]과 행사에 참여해 많은 시간을 보낸다. 당신의 견해를 시장, 주지사, 주 검찰총장, 주의회 의원과 공유하는 것도 유용하다. 이들 모두가 해법에 한 역할을 할 수 있다. 당신은 한 가지 사실에 놀랄 것이다. 정치인을 만나는 일은 재미있다. 한번 시도해보기를 바란다.

정치인들에게 어떤 메시지를 전해야 할까? 공중보건, 어린이, 민주주의, 프라이버시, 경쟁, 혹은 혁신 등 당신이 중요하다고 생각하는 부분이 있다면 그 문제에 초점을 맞춰라. 당신이 가장 깊은 관심을 가진 사안에 가장 효과적으로 메시지를 전달할 수 있다. 정책 입안자들은 인터넷 플랫폼이 미치는 해악의 중복성을 점점 더 잘 알고 있으므로, 당신이 가장 우려하는 사안에만 집중하면 된다. 실제로도 그런 사안을 당신은 가장 잘 이해하고 있을 것이다.

정치인의 주의를 끌 시간이 조금밖에 없을 때 나는 감시 자본주의에 집중한다. 첫 번째 질문은 "구글과 페이스북 같은 인터넷 플랫폼이 자신들에게 가치 있는 정보를 찾아내기 위해 내 이메일과 메시지 및 문서를 스캔하는 것이 왜 합법이죠? 왜 이메일과 온라인 문서를 전화통화와 편

---

1 타운홀 미팅(town hall meeting): 정책 결정권자나 선거 입후보자가 지역 주민을 초청해 정책과 공약을 설명하고, 이에 대한 의견을 듣는 공개 회의 – 옮긴이

지처럼 취급하지 않죠?" 거기에서부터 다른 그릇된 형태의 감시로 논점을 옮겨간다. "왜 의료정보보호법은 모든 기업이 민감한 개인의료정보로 돈벌이하는 것을 막지 않죠? 왜 금융 기관, 이동통신사, 앱 제조사, 다른 기업이 수익을 얻기 위해 사적인 정보를 이전하고 악용하는 것이 합법이죠? 왜 어떤 기업이든 온라인에서 나를 추적하는 일이 허용되는 거죠? 왜 기업이 18세 이하 미성년자의 개인정보를 수집하는 게 허용되죠? 왜 알렉사와 유사 스마트 기기의 제조사는 우리를 감시하고, 우리에 관한 데이터를 이용하는 것이 허용되죠?" 만약 당신이 기후변화, 총기 폭력, 혹은 백신접종 음모 이론 등에 관심이 있다면 인터넷 플랫폼이 관련 해법을 막는 데 어떤 역할을 하는지 정치인들을 이해시켜야 한다. 정치인들은 재빨리 사안의 핵심을 파악할 것이다. 이메일 스캔과 의료정보 이용은 존재해서는 안 되는 법률상의 허점 때문이고, 의회는 이를 즉각 바로잡을 수 있다. 주 정부도 마찬가지다.

연방과 주 의회의 지원 덕분에 인터넷 플랫폼으로부터 어린이들을 보호하는 임무에 에너지를 집중하는 것은 엄청난 가치가 있다. 어린이들을 일찍부터 기술에 노출시킨 실험에 대한 여러 연구는 위험 경고를 보냈다. 증거에 따르면 아이들에게 기기 노출을 미루고 최소화할수록 더 좋다는 사실을 시사한다. 아무런 대안이 없는 한 어린이들에게 스마트폰이나 태블릿을 안겨주지 말라. 문제는 도파민dopamine 과다 자극을 넘어 영구적으로 집중력을 약화시킬 수 있다. 콘텐츠 자체도 유해할 수 있다. 예를 들면 유튜브 키즈는 나이에 부적합한 컨텐츠로 오염돼 있는데, 의회는 이를 규제해야 한다. 당신 지역구 의원들에게 기업이 18세 이하 어린이들의 정보를 수집하고, 이전하고, 활용하는 것이 왜 합법이냐고 물어보라.

학교에서 널리 사용하기 때문에 구글 크롬북^{Chromebook}과 클래스룸 ^{Classroom} 소프트웨어는 감시 자본주의의 초기 단계다. 데이터가 익명이라는 주장은 솔직하지 못하다. 시스템은 각 어린이에 관해 워낙 많은 데이터를 보유하고 있기 때문에 이들의 신원 파악은 기술적으로 문제가 되지 않는다. 미성년자들의 시민적 권리는 이들이 직접 동의하는 것이 아직 허락되지 않는 나이에 침해당하고 있다.

의회가 나서서 해결해야 할 또다른 문제는 아이들이 인터넷 플랫폼의 표적이 될 수 있는 연령이다. 2000년에 발효된 어린이 온라인 프라이버시보호법^{COPPA} 덕택에 13세 이하 아이들은 특별한 보호를 받는다. 그 이상 연령대의 아이들은 법률상 공정한 게임으로 간주된다. 2000년 이후 온라인 세계는 급격히 변화했고, COPPA의 보호를 받는 어린이의 나이를 13~18세 사이로 확대하고, 모든 어린이에게 보호를 강화해야 한다는 주장이 힘을 얻고 있다. FTC가 최근 COPPA 위반 혐의로 유튜브에 벌금을 부과했지만, 미약한 액수를 감안할 때 인터넷 플랫폼의 행태를 바꿀 가능성은 거의 없어 보인다.

케임브리지 애널리티카 스캔들 덕분에 프라이버시 보호는 어린이들만의 문제가 아니라 정부 부처 설명회에서도 뜨거운 주제로 떠올랐다. 유럽연합의 GDPR과 미국의 캘리포니아 소비자 프라이버시 보호법^{CCPA,} ^{Californian Consumer Privacy Act2}이라는 초기 노력은 좋은 의도에도 불구하고, 현재 우리가 알게 된 문제의 폭을 제대로 반영하지 못하고 있다. 의회나

---

2 원문의 'California Computer Privacy Act'는 잘못 표기된 것으로, 'Californian Consumer Privacy Act'가 맞는 표현이다. – 옮긴이

주에서 시행될 수 있는 첫 번째 정치적 우선순위는 인터넷 플랫폼의 모든 이용자에게 자신들이 피해를 입었다고 믿는 경우 손해 배상 소송을 제기할 수 있는 권리를 주는 것이다. 모든 플랫폼의 서비스 약관은 이용자와 플랫폼 간 갈등 발생 시 중재하도록 돼 있고, 이는 일반적으로 플랫폼에 유리하다. 지금 우리가 알게 된 내용을 고려하면 그것은 합리적이지 않다. 이것은 어떤 정치인이든 납득할 수 있는 단순한 사안이다.

소송을 제기할 권리는 쉽게 얻을 수 있는 권리이지만, 중요한 프라이버시 상은 감시 자본주의를 끝내는 것이다. 워싱턴 정가에는 아직 데이터판 부두교 저주 인형의 사용을 금지한 법안이 나오지 않았지만, 일부 하원 의원들은 그에 버금가는 '데이터 최소화data minimization' 의무 조항을 관철하기 위해 최선을 다하고 있다. 그것은 개인정보 전송이나 타사의 수익창출을 막기 위한 조치다. 처음 정보를 수집한 기관이 수집 당시 표명한 의도대로 정보를 사용하는 것은 문제가 없다. 제3자는 사용해서는 안 된다. 기업은 당신의 개인정보를 당신이 명시한 서비스를 제공할 목적으로만 사용할 수 있어야 한다. 다른 사용이나 이전은 허용되지 않는다. 이런 방식으로 프라이버시 규칙을 재설정함으로써 우리는 소비자에게 최대한 많은 통제권과 힘을 부여해 데이터 사용을 협상하는 환경을 조성할 수 있다.

감시 자본주의를 종식시킬 수 없다면, 차선책은 각 개인에게 자신의 개인정보 통제권을 주는 것이다. 의회는 기업이 보유한 데이터와 데이터 출처, 어디로 전송했는지, 보유자가 수익을 창출한 방법을 소비자들에게 알리도록 요구하는 법안을 통과시켜야 한다. 일부에서는 소비자들에게 자신의 데이터 소유권을 부여하고, 데이터로 수익을 낼 수 있는 능력을 안겨줘야 한다고 주장한다. 그것이 현재 우리가 놓인 상황보다는 확실히 더 낫지만 제3기업이나 기관에 미칠 결과를 고려하지는 않았다. 개인정보는 자산이 아니라 일종의 인권으로 취급해야 한다. 개인정보와 데이터 판 부두교 저주 인형은 인간의 장기와 같아서 사고 팔아서는 안 된다는 쇼샤나 주보프 교수의 견해에 동의한다. 선거 운동 중인 정치인을 만나면 소비자들이 자신의 모든 개인정보를 누가 어떻게 보유하고 있고, 어떻게 사용되는지 알고, 사용 방식을 완전히 통제할 수 있도록 함으로써 프라이버시를 보호하라고 말해주기 바란다. 이 문제 역시 주 차원에서 할 수 있는 사안인지도 모른다.

선거 보호는 연방정부, 주정부 및 카운티에 이르기까지 고르게 분포된 임무로, 인프라가 해커에게 취약한 이유 중 하나다. 연방 선거를 연방 정부 차원에서 통제해야 하므로, 선거 인프라를 전력 공급망에 상응하는 전략 인프라로 취급하는 일이 최우선 순위가 돼야 한다. 현 상황은 선출 공무원을 포함해서 주 및 카운티 차원의 악의적인 세력이 당파적 이익에 선거 인프라를 사용하게 할 수 있다.

의회가 취할 수 있는 또 하나 중요한 조치는 선거 운동에 마이크로 타깃 광고를 사용하지 못하도록 금지하는 일이다. 마이크로타기팅은 광고주가 원하는 고객에게만 광고할 수 있게 함으로써 마케팅의 지형을 바꿨다. 이는 정치 광고에서 놀라우리만치 잘 작동하기 때문에 유권자들의 강력한 압력이 없는 한 의회가 이를 금지하는 법을 통과시키리라고 기대하기는 어렵다. 플랫폼은 또한 수정헌법 제1조를 근거로 반대에 나설 수 있다. 의회는 선거 개입에 따른 연방 차원의 처벌을 법제화할 용의가 더 클 것이다. 대다수 주 정부와 지방 정부는 선거 개입 문제를 다룰 전문성을 갖추고 있지 못하다. 우리 각자가 그들에게 이 문제를 더 진지하게 받아들이도록 설득할 기회가 있다.

소셜미디어의 어두운 측면에는 정부가 개입해 완화하거나 제거할 수 있는 다른 문제도 포함된다. 예를 들면 반독점, 신탁 규칙 및 아이덴티티 identity 등으로 15장에서 이미 다룬 바 있다.

인터넷 플랫폼의 부작용으로부터 우리 자신을 보호하는 일은 인터넷 플랫폼을 그토록 매혹적으로 만드는 부분과 그들이 제공하는 편의성이 실상은 이용자들에게 끔찍한 일임을 인식하는 데서 시작된다. 편의성은 마약이다. 우리는 아무리 많은 편의성을 제공받아도 만족하지 못한다. 우리는 그것이 유해한 결과로 이어질 수 있음을 아는 경우에도 편의성을 찾는다. 제2차 세계대전 이후 일상 생활에 편의성을 주는 제품은 대규모 비즈니스가 됐고, 버거킹의 모토 "당신이 원하는 대로 드세요Have it your way."에 반영된 대로 대량 맞춤형으로 발전했다. 21세기 초 들어 구글과 페이스북은 소비자 패키지 상품CPG, consumer package good[3]이 제품에 어떤 영향을 끼쳤는지 아이디어를 얻었고, 그로 인해 현재 우리가 처한 곤경과 같은 수십억 개의「트루먼 쇼」로 이끌었다.

처음부터 인터넷 플랫폼은 편의성에 중점을 두고 디자인해 이용자들이 사용할 수밖에 없도록 유혹했다. 이미 지메일, 구글 지도 및 검색 기능을 사용하는 소비자들로서는 상호 호환성의 혜택 때문에 구글이 새롭

---

3 소비자 패키지 상품은 평균 소비자들이 매일 사용하는 것으로, 규칙적인 대체와 보충이 필요한 아이템을 지칭한다. 이를테면 음식, 음료, 의류, 담배, 화장품, 가정용품 같은 상품이다. — 옮긴이

게 내놓는 상품을 적극 사용하게 되는 것은 지극히 당연한 반응이었다. 예상되는 결과가 어떨지에 대한 비판적 사고와 함께 마찰도 사라졌다. 우리는 더 많은 것을 탐닉한다. 단일 기업에서 얻는 앱이 많아질수록 우리는 더 큰 편의성을 얻지만, 기업 입장에서는 해당 플랫폼을 이용해 이용자들의 선택과 행태를 조작할 수 있는 능력이 더 커진다.

편의성을 우선시함으로써 우리는 더 취약해진다. 삶에서 마찰은 우리의 적응력과 자기결정 능력을 높인다. 지난 2년간 마찰을 포용하는 실험을 직접 수행한 결과, 기술의 편리함이 생각했던 것만큼 유익하지 않으며, 여러 경이로운 것을 놓치게 만든다는 점을 발견했다. 직접 얼굴을 마주하는 만남 대신 전자 수단으로 소통했다. 사람을 직접 만났을 때도 스마트폰의 알림이 대화를 방해하도록 내버려뒀다. 상대의 눈을 바라보는 의미 있는 상호작용이 있는 삶으로 돌아가는 일은 대단히 만족스러웠다. 여전히 기술은 내 삶에서 자리 잡고 있지만, 더 이상 중요한 개인적 관계를 간섭하고 약화시키는 역할은 하지 않는다.

인터넷 플랫폼이 끼치는 잠재적 피해와 편의성 간의 상관 관계를 알아차렸기 때문에 편리함을 거부할 수 있었다. 그 상관 관계가 모든 경우에 완벽하게 적용되지는 않지만, 내 스마트폰과 컴퓨터의 모든 앱, 지갑 속 모든 카드, 사용한 모든 서비스를 평가해보는 동기가 됐다. 그 결과 많은 변화가 있었다.

우리가 스스로를 방어할 수 있는 한 가지 방법은 기술 이용 방식을 바꾸는 것이다. 인터넷 플랫폼은 첫 10분여 동안은 행복을 주지만, 그보다 오래 쓰게 되면 점점 더 큰 불만을 안겨준다는 연구 결과가 있다. 인터넷 플랫폼에 내장된 설득적 기술은 이용자들의 지속적인 참여와 사용을 부추긴다. 우리는 속절없이 스크롤을 계속하며 더 아래로 화면을 따라가면서 정말로 멋진 무엇인가를 만나게 되기를 희망한다. 우리는 우리를 옭아매기 전에는 인터넷 플랫폼의 부작용을 이해하지 못했지만, 이제는 우리의 행동을 바꿀 수 있다.

행동 변화는 인터넷 플랫폼과의 관계를 재고하는 데서 출발한다. 그것이 내가 특히 페이스북과 구글을 위해서 한 일이었다(링크드인을 사용한 적이 없지만, 이용자 주소록에 접근하려는 시도를 보고 프라이버시 침해 의지가 다분한 상품이라고 판정했다). 나는 구글 사용을 포기했는데, 그 부분은 곧 설명하겠다. 페이스북과 트위터는 여전히 사용하지만, 특히 페이스북을 사용하는 내 행동을 바꿨다. 더 이상 페이스북에서 감정 표현 버튼을 사용하지 않는다. 그럴 필요가 없기를 바랐지만 정치적 포스트는 전혀 올리지 않으며, 다른 사람들의 정치 관련 포스트에도 반응하지 않는다. 내 페이스북 페이지는 내 인생의 음악적인 면, 생일, 강아지 사진으로 장식돼 있는데, 그러기까지 6개월이 걸렸다. 그에 더해 나는 페이스북 히스토리를 대부분 삭제했다. 이런 변화를 꾀하기 위해 나는 의식적으로 무엇이든 하기 전에 "잘못될 게 뭐지?"라고 자문했다. 그리고 조금이라도 생각이 떠오르면 바로 그 자리에서 멈춘다. 페이스북 알고리즘은 거짓 정보와 가짜 뉴스를 증폭시키기 때문에 페이스북과 다른 웹 사이트에서 보게 된 정보의 출처를 신중하게 따진다. 프라이버시를 보호하기 위해 다른 사이트로 로그인할 때 페이스북 커넥트를 사용하지 않으며, 웹에서 보는 '좋아요' 버튼도 누르지 않는다. 페이스북 메신저나 왓츠앱도 사용하지 않는다. 인스타그램은 그 이용자들에게 달리 접근할 방법이 없기 때문에, 이 책을 홍보할 목적으로만 사용하고 있다.

구글도 데이터 수집 정책 때문에 가능하면 사용하지 않는다. 구글을 사용하지 않는 데 따른 불편을 줄이려 그것을 일종의 게임처럼 생각한다. 대신 검색 데이터를 수집하지 않는다고 알려진 덕덕고를 검색엔진으로 사용한다. 문자 메시지는 시그널^{Signal}을 이용하며, 지메일, 구글 닥스, 웨이즈, 구글 지도는 사용하지 않는다. 대신 나만의 이메일 서버와 맥^{Mac}용 마이크로소프트 오피스, 애플 지도를 사용한다. 온라인 추적을 막아주는 툴로는 고스터리^{Ghostery}와 디스커넥트 등을 사용해 인터넷 플랫폼이나 다른 앱이 나와 관련된 정보를 수집하기 어렵게 만든다. 나는 가능하면 애플 페이를 쓰는데, 이것이 온라인 지불 세계에서 현금과 가장 근접한 기능을 한다고 보기 때문이다. 지불 과정의 데이터 유출을 줄여줄 것이라는 애플 카드도 사용해보려 한다. 나는 같은 이유로 최대 200달러까지는 신용카드 대신 현금을 사용한다. 웹에서 완전히 숨은 것은 아니지만 적어도 내 그림자는 다른 이용자들보다 더 작은 편이다.

사용하는 기기에도 많은 주의를 기울인다. 나는 애플 제품을 선호하는데, 이는 애플이 안드로이드와 달리 개인의 데이터 프라이버시를 존중하기 때문이다. 두 플랫폼 간의 차이는 안드로이드 이용자들이 생각하는 것보다 훨씬 더 크다. 애플은 이용자 프라이버시 보호를 전략적으로 우선시하지만 안드로이드는 감시를 최우선으로 내세운다. 여전히 전화기를 너무 자주 들여다보는 편이지만 사실상 모든 알림 기능을 껐다. 문자 메시지와 야구에 관한 알림만 허용하며, 그것도 진동 모드로 해놓았다. 독서는 아이패드로 하기 때문에 야간 모드$^{night shift}$로 설정해 놓았는데, 그러면 화면에서 블루라이트가 줄어들어 눈의 피로도 덜고 더 쉽게 잠들 수 있다. 때로는 아이폰의 화면을 흑백 모드로 바꿔 가시 강도를 낮춤으로써 도파민 분비를 줄이려 시도한다. 또 일부러 기기를 침실에서 충전하지 않는다. 노트북 카메라는 덕트 테이프로 가려 놓았다.

아마존의 알렉사 스마트 스피커가 출시된 첫날 이를 구입했다. 부엌에 설치한 지 한 시간쯤 뒤, TV에서 알렉사 광고가 나오자 내가 산 알렉사 스피커가 광고에 반응했다. 나는 알렉사가 항상 엿듣고 있으며, 그것이 프라이버시를 존중한다고 믿어서는 안 된다는 사실을 즉각 깨달았다. 새로 산 알렉사 스피커를 보관 상자로 옮긴 뒤 다시는 꺼내지 않았다. 불행히도 텔레비전, 냉장고와 다른 가정용 기기도 알렉사처럼 우리는 엿들을 수 있다는 점이다. 바로 사물인터넷의 세계다. 부도덕한 제조사는 사물인터넷 기기를 감시에 사용할 수 있다. 무능한 제조사는 고객들을 악의적인 해커에게 취약한 상황으로 내몰 수 있다. 모든 제조사는 방대한 규모의 데이터를 수집하지만, 그것을 어떻게 사용하는지는 아무도 모른다. 내 조언은 사물인터넷 기기를 피하거나, 아니면 적어도 제조사가 강력한 보호 장치를 마련했다고 확약할 때까지는 네트워크와 연결하지 말라는 것이다.

정보 프라이버시는 워낙 추상적이어서 이를 보호하기 위해 적절한 조치를 취하는 사람은 거의 없다. 나는 원패스워드[1Password] 같은 비밀번호 관리자를 이용해 웹사이트에 안전하게 접속하라고 권한다. 나는 '애플을 통한 로그인'에 희망을 걸고 있다. 처음부터 비밀번호 관리자를 대체하지는 않겠지만, 페이스북과 구글의 경쟁 제품과 비교할 때 큰 변화를 몰고 올 것이다. 내 조언은 모든 신상품과 이미 사용 중인 모든 제품이 어떤 영향을 미치는지 파악하고 조심해서 사용하라는 것이다. 인터넷 플랫폼과 사물인터넷 하드웨어 회사는 아직 이용자를 안전하게 보호하겠다는 약속을 명시적으로 하지 않았다. 따라서 이들이 우리의 개인정보를 적절히 보호할 것이라고 믿어버리는 것은 말이 되지 않는다.

만약 18세 이하의 자녀가 있는 부모라면 본인이 디지털 환경에서 훌륭한 역할 모델인지 생각해 보기 바란다. 당신은 자녀 앞에서 얼마나 자주 기기를 들여다보는가? 당신 자녀의 온라인 활동을 얼마나 잘 알고 있는가? 당신 가족의 온라인 시간과 야외 활동 간의 비율은 어떤가? 얼마나 자주 당신의 자녀와 '함께' 온라인에 접속하는가? 자녀가 다니는 학교는 어느 수준으로 컴퓨터와 태블릿을 활용하는가? 그런 활동은 몇 살부터 시작하는가? 당신 자녀의 학급은 1대1 활동 대신 급우들이 모두 참여하도록 장려하는 전통적인 그룹 학습을 얼마나 자주 실시하는가?

설득적 기술이 어린이들에게 미치는 영향을 알고 싶은 부모님께 뉴욕대 애덤 알터[Adam Alter] 교수가 쓴 『멈추지 못하는 사람들』[4]과 니콜라스 카다라스의 『Glow Kids』[5]를 추천한다. 온라인 자료로는 '인간중심 기술센터'[6]와 '커먼 센스 미디어' 사이트[7]를 살펴볼 만하다.

의료 전문가들은 이구동성으로 스마트폰, 태블릿 등 스마트 기기에서

---

4 『멈추지 못하는 사람들: 무엇이 당신을 끊임없이 확인하고 검색하게 만드는가(Irresistible: The Rise of Addictive Technology and the Business of Keeping Us Hooked)』, 홍지수 옮김, 부키, 2019년

5 『글로우 키즈: 스크린 중독은 어떻게 우리 아이들의 주의를 빼앗는가 - 어떻게 하면 그런 최면 상태를 깰 수 있는가(Glow Kids: How Screen Addiction Is Hijacking Our Kids—And How to Break the Trance)』, St. Martin's Press, 2016년

6 https://humanetech.com/

7 https://www.commonsensemedia.org/homepage

작동하는 앱은 어린이들에게 유익하지 않다고 부모들에게 충고한다. 어린이 보호에 관한 한 아이들이 스마트폰에서 해야할 일은 전화를 거는 것뿐이라는 증거가 점점 더 명백해지고 있다. 그 외에 어린이가 스마트폰으로 하는 거의 모든 활동은 다양한 위협으로 작용한다. 우리는 어린이가 기기를 갖고 노는 것이 밖에서 뛰노는 것보다 더 안전하다고 생각했지만 그게 아니었다.

연구에 따르면 디지털 기기와 앱에 덜 노출되는 것이 모든 연령대에 더 유익했고, 특히 유아들에게는 결코 노출시키지 말아야 한다. 미국 소아과학회American Academy of Pediatrics는 2세 이하의 어린이에게는 어떤 스크린도 허락해서는 안 된다고 조언한다. 또한 여러 연구에서 12세 이하 어린이들에 적용하는 스크린 타임을 현재 평균보다 훨씬 더 낮춰야 한다고 주장한다. 어린이들이 디지털 세계에서 잘 살아갈 준비를 하려면 어릴 때부터 스크린에 노출시켜야 한다는 주장은, 스크린 타임이 어린이들의 성장과 발달을 훨씬 더 방해한다는 증거로 인해 효력이 없어졌다.

부모, 교사, 학부모-교사 모임PTA 등은 구글 크롬북 같은 기기가 초등학교에서 사용되는 데 문제를 제기해야 한다. 소아과 의사들은 내게 교실은 어린이들이 교사에게 집중하고, 반 친구들과 어울리는 곳이 돼야 한다고 말한다. 설령 내용이 교육적인 경우에도 스크린은 양쪽 모두를 방해한다. 스마트폰, 태블릿 및 PC 등이 얼마나 일상 깊숙이 들어왔는지 감안하면 스크린 보는 시간을 줄이는 일은 말보다 훨씬 더 어렵다. 많은 학교에서는 컴퓨터와 태블릿이 교실 환경에서 비생산적이라는 증거에도 불구하고, 교실에서 PC나 태블릿을 써야 한다고 주장한다. 어린이에게 과도한 도파민 분비를 유발하는 데는 오랜 시간이 걸리지 않을 수 있다. 의사들은 너무 오래 스크린을 본 아이들이 주의력 결핍이나 우울증 등 다양한 발달 문제로 고통받는다고 보고해왔다. 십대 전후의 청소년들에게는 도파민 과다 분비도 문제지만, 소셜미디어를 악용한 집단 괴롭힘도 심각한 문제다. 디지털 원주민이라고 해도 십대 전후의 청소년들은 모바일 기기에 깔린 인터넷 플랫폼의 중독적 위력을 감당할 준비가 돼 있지 않다. 청소년들을 겨냥한 유튜브의 성공 또한 도전과제다. 어린이들은 자신이 보는 비디오가 연령대에 적절하다고 가정하는데, 그것이 이들을 음모 이론과 다른 난센스 정보에 취약하게 만든다. 구글 클래스룸 앱은 학교마다 널리 설치돼 구글이 막대한 규모의 데이터를 수집할 수 있게 해준다. 비록 해당 데이터가 완전히 익명 처리됐다고 해도(대개는 그렇지 않다), 구글로서는 너무 어려서 아직 동의를 할 수 없는 어린이들의 행태에 관한 강력한 통찰력을 얻을 수 있다.

부모들로서도 난감한 도전에 직면한다. 설령 집안에서 스마트 기기 사용을 통제한다고 해도, 다른 곳에서는 어떻게 자녀들을 보호할 것인가? 디지털 기기는 어디에나 널렸고, 그것이 가진 위험성을 모른 채 남들과 기꺼이 공유하겠다는 사람은 너무나 많다. 한 가지 가능한 첫 단계는 독서 클럽과 비슷한 형태로 부모들이 소그룹을 조직하는 일이다. 목표는 아이디어를 나누고, 디지털 기기를 쓰지 않는 날을 정하고, 집단 행동이 필요한 목표를 세우고 서로를 지원하는 일이다. 소그룹은 문화적 시대정신the cultural zeitgeist을 바꾸기 위한 장기 캠페인의 첫 단계로 효과적일 수 있다.

어른은 어린이보다 기술에 덜 취약하지만 그렇다고 안전하다고 말하기는 어렵다. 스마트폰과 인터넷 플랫폼은 사람들의 관심을 끌어 그 상태를 유지하도록 설계됐다. 페이스북, 유튜브 및 다른 플랫폼은 음모 이론, 거짓 정보와 사실로 위장한 가짜 뉴스로 넘쳐난다. 페이스북과 유튜브는 사람들의 분노를 일으켜 이윤을 창출하며, 이들이 사용하는 알고리즘은 그런 분노를 부추기는 데 매우 효과적이다. 설령 그 분노가 당신에게는 통하지 않을지 몰라도 다른 수백만 명에게는 통하고, 결국 당신에게도 영향을 미칠 수 있다. 선거가 그런 사례다. 특히 페이스북은 서로에게 자신들만의 현실을 주입함으로써 정치적 양극화를 일으켰고, 그로부터 막대한 수익을 올렸다. 페이스북은 24억 명을 연결하는 동시에 그들을 분열시킨다.

스마트폰과 인터넷 플랫폼을 만드는 사람들은 그런 기기의 해로운 측면을 제거하는 데 헌신할 것이라 생각하고 싶다. 애플은 프라이버시 보호를 위한 중요한 조치를 취했지만, 사람들의 기기 중독을 줄이려면 해야할 일이 많다. 안드로이드 운영체제의 프라이버시 프로필은 애플의 iOS보다 훨씬 더 열악하며, 기기에 대한 중독 프로필은 비슷하다. 즉 상황이 매우 나쁘다는 뜻이다. 워싱턴과 주 정부의 정책 입안자들은 인터넷 대기업이 이용자들을 기만하지 않도록 하는 인센티브를 고안할 수 있다. 다른 누구도 이들 정부 기관만큼 플랫폼의 관심을 끌 만한 큰 목소리를 갖고 있지 않다.

플랫폼은 이용자들이 각자의 이익에 너무나 정신이 팔린 나머지 극적인 변화를 요구하지는 못할 것이라고 판단한 것처럼 행동하고 있다. 이들이 틀렸음을 증명하자. 부모, 이용자, 뜻있는 시민들은 그런 목소리를 낼수 있다. 우리는 시민들이 힘을 합쳐 변화를 이끌어낼 수 있는 시대에 살고 있다. '흑인의 생명도 소중하다', '우리 생명을 위한 행진', '여권 신장을 위한 행진', '인디비지블' 등 효과적인 집단 행동은 우리에게 영감을 줄 수 있다. 이들 모두는 페이스북을 이용해 이벤트를 조직했는데, 이것은 인과응보의 정의라고 할 만하다. 사람들을 실제 세계로 끌어모으는 일은 인터넷 플랫폼 중독에 대한 완벽한 치료법이다. 우리가 그렇게 할 수 있다면 세상은 더 살기 좋은 곳이 될 것이다.

마치면서

우리는 우리의 민주주의를 되찾아야 한다. 우리는 그것을 페이스북이나 스냅챗이나 다른 누구에게 맡겨둘 수는 없다. 우리는 민주주의를 되찾아 재건해야 한다. 사회는 사람이지 기술이 아니다.

– 마르그레테 베스타게르Margrethe Vestager[1]

자유는 깨지기 쉬운 것이어서 한 세대도 안 돼 소멸될 수 있다.

– 로널드 레이건

악의적인 세력이 페이스북의 알고리즘과 비즈니스 모델을 악용해 무고한 사람들에게 위해를 끼치는 상황을 처음 목격한 지 4년이 지났다. 당시만 해도 나는 내가 즐겨 사용하는 인터넷 플랫폼이 민주주의와 공중보건, 프라이버시 그리고 시장 경쟁에 피해를 입힐 것이라고는 상상하지 못했다. 만약 당신이 미국, 영국, 혹은 브라질에 살고 있다면, 당신 나라의 정치 지형은 근본적인 변화를 겪었고, 그런 변화는 앞으로도 몇

---

1 유럽연합(EU)의 경쟁 담당 집행위원 – 옮긴이

세대에 걸쳐 지속될 것이다. 당신이 미얀마나 스리랑카, 뉴질랜드, 혹은 미국에 사는 경우라면, 목숨의 위협을 받았을 수도 있다. 인터넷 접속이 가능한 모든 나라에서 플랫폼은 그 사회의 인권 환경을 악화시켰다. 우리는 통제 불능의 진화 실험을 진행 중이고, 현재까지의 결과는 끔찍하다.

『마크 저커버그의 배신』을 쓰면서 내가 가진 목표는 독자들에게 인터넷 플랫폼의 부작용에 관한 전국 차원의 담론에 참여하는 데 필요한 정보를 제공하자는 것이었다. 쇼샤나 주보프 교수와 다른 전문가들 덕분에 그런 문제에 대한 이해도가 이전 양장본 원고 집필을 마쳤을 때보다 훨씬 더 정교하고 종합적으로 발전했다. 항상 배울 점이 더 있겠지만 우리는 이미 행동으로 나설 만큼 인터넷 플랫폼 문제를 잘 알고 있다. "더 연구해 봐야 해."라는 말을 더 이상 수수방관의 핑계로 삼을 수는 없다.

사람으로서 그리고 시민으로서 우리는 인터넷 플랫폼이 일으킨 사회적 혼란과 정치적 격변에 준비돼 있지 않았다. 인터넷 플랫폼은 너무나 빠르게 떠올랐고, 개인과 상거래에 영향력을 급속히 확장했으며 문화적, 정치적, 법률적 제도와 기관을 압도해버렸다. 혹자는 2018년 중간 선거는 명백한 외세 개입없이 잘 치러졌으니 안심해도 된다고 말하고 싶을 것이다. 의식 있는 시민들은 이제 정책 입안자들이 그런 사안을 인식하고 있으니 더 이상 걱정할 필요가 없다고 생각할지 모른다. 그 대신 나는 선거 운동에서 외부 간섭은 훨씬 더 큰 문제의 한 징후에 지나지 않으며, 실상 큰 문제는 정부나 다른 누구도 아닌 바로 인터넷 플랫폼이고 이들이 분명한 책임을 져야 한다고 깨닫기를 바란다.

티머시 스나이더[Timothy Snyder] 예일대 교수는 그의 화제작 『가짜 민주주의가 온다₂에서 세계는 몽유병 환자처럼 부지불식간에 권위주의의 시대를 향해 나아가고 있다고 설득력 있게 논지를 펼쳤다. 자유민주주의 국가와 신흥국가는 20세기의 교훈을 잊은 채, 공포와 분노에 대한 독재적 호소에 굴복하고 있다. 페이스북, 구글, 트위터가 현재 세계 정치의 변화를 일으키지 않았지만 그런 변화를 가능케 했고, 변화 속도를 높였으며, 그런 변화가 전 세계 곳곳에 동시에 미칠 수 있게 했다. 이들 플랫폼이 전 세계적인 영향력과 막대한 이익을 추구하는 과정에서 내린 디자인상의 결정은 민주주의와 시민권을 약화시켰다. 스나이더의 주장은 민주주의 기구는 기술에 의해 주도되는 시대에 맞춰 설계된 것이 아니며, 따라서 시민을 보호하기 위한 임무를 충족시키기 위해서는 바닥에서부터 재건하지 않으면 안 된다는 예브게니 모로조프의 주장과 일치한다.

확실히 해두자. 나는 구글이나 페이스북, 혹은 트위터의 직원들이 자신들의 서비스가 미국이나 다른 나라의 공중보건과 민주주의를 훼손할 것이라고 상상한 적이 있으리라고 믿지 않는다. 하지만 이들이 만든 시스템은 그렇게 작동하고 있다. 이들이 건설하는 새 시스템은 그런 일을 더 효과적으로, 따라서 더 위험하게 수행한다. 스마트 시티와 준비 통화 reserve currency를 위한 원대한 계획을 통해 구글과 페이스북은 해악을 가능케 하는 수준에서 아예 스스로 해악을 끼치는 가해자로 선을 넘고 있다. 의도하지 않은 결과를 예상하지 못하고, 그런 결과에 응분의 책임을 져야 한다는 점을 생각하지 않는 기업의 외골수 성장 추구는 항상 바람직하지

---

2 『가짜 민주주의가 온다: 도둑 정치, 거짓 위기, 권위주의는 어떻게 권력을 잡는가(The Road to Unfreedom)』, 유강은 옮김, 부키, 2019년

못한 부작용을 낳기 마련이다. 페이스북과 구글 같은 규모에서 이러한 부작용은 사회 기반을 약화시킬 수 있다. 사회를 보호하는 것은 사회 자체에 달렸다. 이는 우리가 시민 사회의 일원으로 논의에 참여하고 인터넷 플랫폼 개혁을 요구해야 한다는 뜻이다. 이들이 정부의 역할을 빼앗도록 내버려둬서는 안 된다. 교도소와 군대에 제공한 서비스 민영화로 인한 의도하지 않은 결과는 커다란 피해를 끼쳤다. 인터넷 플랫폼이 후원하는 스마트 시티와 준비 통화 프로젝트가 그보다 더 나은 결과를 가져오리라 기대해서는 안 된다.

나는 페이스북과 구글이 국가 안보에 위협이 된다는 유력한 근거를 댈 수 있다고 믿는다. 공중보건, 민주주의, 프라이버시를 약화하는 사업은 명백히 현존하는 위험이다. 이들이 누구의 감독도 받지 않고 자유롭게 운영할 수 있게 해서는 안 된다. 다른 국가가 선거에 개입할 수 있도록 허용하는 플랫폼은 국민의 공분을 사고, 규제 기관의 개입으로 이어져야 마땅하다. 인공지능이 전략적 기술이라고 주장하는 구글은 지적재산권 도용에 취약한 시설에서 최첨단 인공지능 기술을 관리하겠다고 자원하며 중국 사업에 열을 올렸다. 이 이야기는 구글이 그런 제안을 적어도 일시적으로 철회할 정도로 의회의 공분을 샀다.

내가 이 책의 양장본 원고를 쓸 때 변화를 강요하는 가장 효과적인 방법은 이용자들이 자신들의 온라인 행태를 개선하는 방식으로 주도권을 잡는 것이라고 생각했다. 그런 변화는 여전히 중요하지만, 나는 이제 최선의 개혁 노선은 소비자들이 정책 입안자들과 협력해 그들의 정치적 영향력을 행사하는 것이라고 믿는다. 인터넷 플랫폼은 정부와 소비자가 따로 행동할 때 이들을 막을 수 있는 능력이 충분하다는 점을 입증했다. 나의 희망은 둘이 힘을 합침으로써 소비자와 정책 입안자는 더 큰 힘을 낼 수 있으리라는 것이다. 그러자면 문화적 변화가 필요한데, 이제 그런 변화가 준비됐다는 신호가 곳곳에서 나오고 있다.

완벽한 세상이라면 이용자들은 필터 버블을 탈출해 기술이 자신들의 관계를 중재하는 것을 허용하지 않고 적극적인 시민정신을 발휘할 것이다. 점점 더 많은 수의 미국인들이 정확히 그렇게 행동하고 있다. 흑인의 생명도 소중하다는 '블랙 라이브즈 매터', 여권 신장을 위한 '여성들의 행진', 학생 주도의 총기규제 시위인 '우리의 생명을 위한 행진' 같은 시민권리 운동, 교사와 항공 관제사, 미국 북동부의 슈퍼마켓 체인인 '스톱&숍Stop&Shop' 노동자들의 노동 운동, 푸에르토리코 주민들의 대규모 시위 등은 모두 고무적인 신호다. 중간 선거의 높지 않은 참여율은 또 다른 문제다. 하지만 중간 선거도 민주주의는 단 한 번의 선거 사이클로 회복될 수 없다는 사실을 입증해 보였다. 대다수의 미국인들은 아직도 인터넷 플랫폼이 만든 대체 현실에 편안해 한다.

플랫폼은 우리가 좋아하는 서비스를 제공하기 위해 감시 자본주의가 필요하다고 믿기를 원한다. 이는 말도 안 되는 소리다. 내가 제안하는 변화로 인해 소비자들이 희생하게 될 것은 당신의 디지털 라이프를 감시 자본주의 기업에게 맡기는 데서 얻었던 편의성의 일부다. 수익 향상을 위해서라면 우리의 행복은 언제라도 희생시키는, 이윤을 추구하는 사업이라는 인터넷 플랫폼의 본질을 봐야 한다. 우리는 페이스북, 인스타그램, 구글, 유튜브, 트위터, 레딧, 4Chan, 8Chan 같은 인터넷 플랫폼을 실생활에 기반을 둔 일종의 엔터테인먼트 형태로 간주할 필요가 있다. 이들이 편의를 위해 우리 삶을 지배하도록 둘 수는 없다.

편의성을 포기하는 실험을 직접 해왔다. 상상 이상으로 더 큰 보람을 느낄 수 있었다. 포기해버린 편의성은 그보다 훨씬 더 의미 있고 풍요로운 개인적 관계와 내가 스스로 결정할 권리를 재확인함으로써 얻는 깊은 만족감으로 대치됐다. 어느 수준까지 나갈지는 각자의 의지에 달렸겠지만, 그런 실험을 해볼 만한 가치는 충분하다.

감시 자본주의와 독점적 행태를 억제하기 위한 정부 개입은 대안 사업 모델과 애플리케이션 부상으로 이어질 것이다. 제대로 시행된다면 새로운 규제는 감시 자본주의 기업의 수익성은 줄이는 대신 소비자들에게 더 다양하고 안전한 선택권을 줄 것이다. 페이스북, 구글, 아마존, 마이크로소프트는 경쟁 때문에 사라지지는 않을 것이다. 이상적인 환경은 이들이 다른 여러 기업과 기회를 공유하고, 소비자들의 권리를 존중하게 되는 것이다. 미국은 역사적으로 20세기에 이미 약탈적 독점기업을 규제한 사례가 있다. 1950년대의 AT&T, 70년대와 80년대의 화학산업이 그런 경우다. 그런 경험이 있다고 해서 현재 인터넷 플랫폼의 모든 문제를 다루지는 못하겠지만, 연방거래위원회와 법무부 반독점 부서는 과거 경험으로부터 많은 시사점을 얻을 것이다.

이 책을 쓰는 여정에 4년을 보냈다. 처음 시작할 당시만 해도 이 책에 소개한 문제가 단지 몇몇 사람의 레이더에만 잡혔던 시절이었다. 그 사이 얼마나 멀리까지 왔는지 보라! 이 여정이 어떻게 흘러갈지 아무도 모르지만 여러분도 동참하기를 희망한다. 여러분의 가족과 친구도 데려오라. 함께라면 우리 스스로 자랑스러워할 만한 일을 성취할 수 있다. 우리에게는 활용할 수 있는 많은 툴이 있다. 이들을 다 활용하자. 정책 입안자들도 그렇게 하라고 밀어붙이자. 우리는 시간이 많지 않지만 다수가 우리

편이다. 모든 인류의 절대 다수는 인터넷 플랫폼의 권력과 이들이 미치는 해악을 줄이는 데 공통의 관심을 갖고 있다. 우리는 기술 기업이 우리를 더 이상 연료로 취급하지 말고, 우리에게 힘을 실어줄 수 있는 상품을 만드는 자리로 돌아가라고 요구할 권리가 있다.

내가 꿈꾸는 상황은 수십억 소비자들이 떨쳐 일어나 인터넷 플랫폼을 보는 시각과 사용 방식만 바꾸는 것이 아니라, 정책 입안자들과 협력해 필요한 개혁을 강요하는 일이다. 아마도 이 책이 도움이 될 것이다. 실제 삶에서 전 세계 정책 입안자들은 자신들이 대표하는 유권자들을 보호할 책임을 수용해야 한다. 이보다 더 중요한 사안도 없을 것이다.

부록 1

저커버그와 셰릴에게 보낸 메모: 온라인 뉴스인 「리코드」에
게재할 기사 초안

2016년 10월, 미국 대통령 선거가 열리기 전 마크 저커버그와
셰릴 샌드버그에게 보낸 글이다.

.

페이스북에 대해 깊은 슬픔을 느낀다.

10여 년 전 회사와 인연을 맺은 이후 페이스북의 성공에 커다란 자부심
과 희열을 느껴 왔다…지난 몇 달 전까지. 이제 나는 실망감을 느낀다.
당혹스럽고 부끄럽다.

17억 명이 넘는 가입자를 가진 페이스북은 세계에서 가장 영향력이 큰
기업 중 하나다. 임직원들이 좋아하든 좋아하지 않든, 페이스북이 IT 회
사든 혹은 미디어 회사든 페이스북은 정치적, 사회적 복지에 엄청난 영향
을 미친다. 경영진이 내리는 모든 결정은 실제 사람들의 삶에 중요할 수

있다. 경영진은 모든 결정에 책임이 있다. 모든 성공이 그들의 공로임을 인정받듯이 모든 실패에 대해서도 책임을 져야 한다. 최근 페이스북은 실로 끔찍한 일을 했고, 거기에 변명의 여지가 없다고 생각한다.

페이스북에 대해 심히 개탄하지 않을 수 없는 최근 행태의 몇 가지 사례를 여기에 옮긴다.

- 페이스북은 광고주들에게 흑인과 무슬림 같은 인구 그룹을 제외하는 표적 광고를 허용했다. 주거용 부동산 같은 범주에서 인종을 근거로 차별하는 것은 불법이다. 정치에서 그런 기능은 인종차별주의자들에게 힘을 실어줄 것이다.

- 한 외부 세력이 '블랙 라이브즈 매터'의 움직임을 감시하는 데 페이스북의 공개 API(응용프로그램인터페이스)를 사용했다. 그에 대해 페이스북 경영진은 "이것 봐! 그건 공개 API잖아, 누구든 그렇게 할 수 있는 거지."라는 반응을 보였다. 페이스북이 API를 비롯한 자체 사이트의 모든 기능에 약관을 정하며, 따라서 감시를 금지하도록 쉽게 약관을 개정할 수 있다는 점을 고려하면 이런 반응은 솔직하지 못하다.

- 페이스북의 얼굴 인식 소프트웨어가 사용 허락도 받지 않은 채 사람들을 인식하는 데 사용되고 있다. 페이스북이 외부 기관이나 기업이 자사의 사이트를 통해 감시하는 것을 기꺼이 허용하고 있다는 점을 고려하면 이런 얼굴 인식은 암울한 감시 사회의 미래를 그린 조지 오웰의 소설을 연상시키는 것은 물론, 국민의 사생활 침해를 금지한 수정헌법 제4조 위반의 문제를 심각하게 제기한다.

- 페이스북 알고리즘은 이번 선거 기간에 각 가입자의 뉴스 피드

를 '그들이 좋아하는 것'으로 제한해 사실상 사람들이 자신들의 선입견과 배치되는 게시물을 볼 수 없게 만듦으로써 엄청난 영향을 미쳤다. 양쪽 진영의 트롤은 이런 버그를 악용해 거짓말을 유포하고 사람들의 감정을 자극했다.

- 페이스북은 화제성 글의 목록(페이스북에서 소비자들이 새로운 이야기에 노출될 수 있는 소수 채널 중 하나)을 관리하는 업무에서 사람 편집자를 없앴고, 그로 인해 즉각 스팸성 이야기가 폭증했다.

- 페이스북은 남성과 백인이 직원의 절대 다수를 차지하는 실리콘밸리 기업 중 하나다. 경영자가 여성이기는 하지만 페이스북은 직원의 다양성 면에서 다른 실리콘밸리 기업만큼 큰 진전을 보여주지 못했다.

- 페이스북은 미국 시민의 투표권 성차별을 금지한 수정헌법 제19조와 직장 내 다양성에 반대하는 내용의 글을 쓰고 공개적으로 발언한 이사를 공공연하게 변호해왔다.

이런 실수가 무의식적인 것일 뿐이라고 생각한다면 다음 내용을 고려하기 바란다.

- 페이스북은 청교도적이라고 표현할 수 있을 만한 방식으로 사진을 검열한다. 최근의 검열 사례는 퓰리처상을 받은 베트남전의 네이팜Napalm 소녀 사진과 거의 모든 모유 수유 사진이다. 페이스북은 여성의 젖꼭지 사진을 금지하지만 남성의 젖꼭지 사진은 검열하지 않는다.

- 페이스북은 캘리포니아주 소재 의료용 마리화나 조제 시설의 (심지어 주 법을 준수해 운영하는 경우에도) 페이지 개설을 허용하지 않는다.

- 페이스북은 캘리포니아의 주민 발의안 64호인 성인의 마리화나 이용법^{Adult Use of Marijuana Act}과 관련된 일부 홍보 게시글에 해당 광고가 불법 행위를 부추길 수 있다고 주장하며, 실제로는 그것이 올해 투표에 포함된 발의안의 정치 광고임에도 게재를 금지했다.

이런 사례는 동일하게 심각한 사안은 아니지만, 중요한 것을 드러내는 목록이라고 할 수 있다. 바로 페이스북은 그 사이트에서 벌어지는 일에 자유방임적이지 않다는 점이다. 오히려 그 반대다. 사이트에 남아 있을 수 있는 유일한 콘텐츠는 페이스북 정책과 부합하는 콘텐츠뿐이다. 오랫동안 페이스북 정책은 그것이 정당화하기 어려운 경우에도 아무런 피해를 입히지 않았다. 이제는 더 이상 그렇지 않다. 페이스북은 사람들이 피해를 끼칠 수 있도록 하고 있으며, 페이스북은 피해를 막을 힘이 있다. 현재 부족한 것은 그렇게 해야 할 동기다.

이런 행위는 모두 페이스북이 이용자, 매출액 및 수익 증가에만 전념하며 비상한 성장을 이끌어낸 배후에서 벌어졌다. 페이스북은 월스트리트에서 가장 실적이 좋은 주식 중 하나이자 세계에서 가장 영향력이 큰 기업 중 하나다. 또한 이것은 많은 사람에게 페이스북의 실수를 간과할 수 있는 구실을 주며, 건설적인 비판을 하려는 사람들 규모를 감소시킨다. 나는 이 중 일부 문제를 논의하기 위해 경영진에게 직접 연락을 취했고, 다른 사안은 언론과 접촉했지만 내가 요청한 사안의 대부분은 무시됐고, 그나마 받은 응답도 만족스럽지 못했다.

오랜 망설임 끝에 나는 이 문제를 온라인 뉴스 사이트인 「리코드」를 통해 제기하려고 한다. 내 목표는 페이스북을 설득해 그간의 실수를 인정하고 그에 따른 책임을 수용하며, 더 나은 사업 관행을 시행하도록 하는 것이다. 페이스북은 사회적으로 무책임하지 않고도 성공적일 수 있다. 우리는 이런 점을 알고 있다. 중국 시장의 막대한 경제적 기회에도 불구하고, 가입자들이 그 나라에서 받게 될 복지상의 우려 때문에 페이스북이 시장 진출을 포기했기 때문이다.

무엇이 페이스북을 변하게 할 수 있을까? 페이스북의 경영진은 한 팀이다. 경영진에 힘을 실어 건설적인 반대 의견을 낼 수 있도록 독려하기 위해서는 어떤 일이 벌어지든 함께 단합하겠다는 정책이 있어야 한다. 이런 팀워크야말로 페이스북이 급속 성장하고 엄청난 규모로 커질 수 있었던 동력이지만 추한 면도 있다. 페이스북에서는 최고 경영진 개개인이 실수를, 심지어 큰 실수를 저질러도 처벌받지 않는다. 여러 해 전에 매우 충격적인 사건이 일어났다는 소식을 들었을 때도 그랬듯이, 페이스북에서 책임은 팀 단위로 부과된다. 이런 모델은 경이로운 실적으로 나타났고 너무나 많은 것이 개선됐지만, 이사회가 전체 경영진을 교체할 정도로 문제가 발생하지 않는 한 책임 소재는 사실상 없다는 뜻이기도 했다. 나는 그런 결과로 이어질 만한 현실적 시나리오를 상상할 수가 없다. 그러다 보니 지금과 같은 상황이 벌어지게 됐고, 일주일 단위로 점점 더 충격적인 폭로가 벌어진다. 나는 페이스북 경영진이 사회적으로 좀 더 책임감을 갖도록 독려할 수 있는 방법을 찾고 싶다.

우리의 문화와 정치에서 페이스북이 얼마나 중요한 역할을 차지하는지는 아무리 강조해도 지나치지 않다. 현재 진행 과정과 속도라면 페이스북은 1년 안에 고칠 수 있는 것보다 더 큰 피해를 불과 몇 개월 만에 줄 수 있다. 나는 내 우려에 공감하고 페이스북의 행태에 비판의 목소리를 내고 싶은 사람들과 동맹을 결성해 페이스북이 우리의 걱정을 이해하고, 문제점을 해결하는 데 공조하기를 희망한다. 개인으로서 우리는 페이스북의 행동을 바꿀 힘이 없지만, 충분히 많은 사람을 모은다면 변화를 이끌어낼 수 있을지도 모른다.

조지 소로스의 다보스 포럼 연설: '역사의 현재 순간'

스위스 다보스, 2018년 1월 25일

역사의 현재 순간

안녕하십니까? 제가 세계의 현재 정세를 개괄하는 일은 이제 다보스의 연례 전통이 된 것 같습니다. 한 시간의 절반은 연설로, 다른 절반은 질의 응답으로 채울 계획이었지만 연설에만 한 시간 가까이 걸렸군요. 시간이 오래 걸린 만큼 우리가 직면한 문제의 심각성이 크다고 생각합니다. 제가 마친 다음에 여러분의 발언과 질문을 받겠습니다.

　저는 역사상 현재 순간이 다소 고통스럽게 보입니다. 개방 사회는 위기에 처해 있고, 푸틴의 러시아로 대표되는 다양한 형태의 독재 체제와 마피아 국가들이 부상하고 있습니다. 미국에서는 트럼프 대통령이 마피아 국가를 세우고 싶어하지만 헌법과 다른 제도, 역동적인 시민 사회가 이를 허용하지 않을 것이기 때문에 그럴 수 없지요.

우리가 좋아하든 좋아하지 않든 저의 재단, 저희로부터 기금을 받는 기관과 단체, 저 자신은 과거의 민주주의적 성취를 보호하기 위해 벅찬 싸움을 벌이고 있습니다. 저의 재단은 소위 개발도상국에 초점을 맞춰 왔지만, 이제는 미국과 유럽의 개방 사회도 위협을 받고 있기 때문에 우리는 예산의 절반 이상을 거기에 배정하고 있습니다. 여기에서 벌어지는 사태는 전체 세계에 부정적인 영향을 미치고 있기 때문이지요.

하지만 과거의 민주주의적 성취를 보호하는 것만으로는 충분하지 않습니다. 우리는 개방 사회의 가치를 보호함으로써 미래의 반민주주의적 공격에 더 잘 견딜 수 있도록 해야 합니다. 개방 사회는 항상 그 적을 갖게 마련이고, 각 세대는 개방 사회의 생존을 담보하겠다는 의지를 재확인해야 합니다.

최선의 방어는 원칙에 입각한 반격입니다. 개방 사회의 적들은 승리했다고 느끼고, 지나친 압제를 시행하는데, 이는 국민의 분노를 유발하고 반격의 기회를 제공하게 됩니다. 현재의 헝가리 같은 국가에서 벌어지는 상황이죠.

저는 재단의 목표를 '개방 사회를 그 적으로부터 방어하고, 정부의 책임을 요구하며, 비판적 사고를 장려한다'는 것으로 규정해 왔습니다. 하지만 상황이 나빠졌어요. 개방 사회의 생존뿐 아니라 우리 문명 전체의 생존이 경각에 달려 있습니다. 이것은 북한의 김정은과 미국의 도널드 트럼프 같은 지도자의 부상과 긴밀하게 연결돼 있습니다. 두 사람 모두 정권 유지를 위해서는 핵전쟁이라도 불사할 용의가 있는 것 같습니다. 하지만 근본 원인은 그보다 더 깊습니다.

건설적인 목적뿐 아니라 파괴적인 목적으로 자연의 힘을 활용하는 인류의 능력은 계속해서 증가하는 반면, 우리 자신을 제어하는 능력은 적절히 변동을 거듭해 왔는데 지금은 낮은 썰물의 상황입니다.

핵전쟁의 위협은 너무나 끔찍해서 우리는 그것을 무시하려는 경향이 있습니다. 하지만 이 상황은 실제입니다. 미국은 북한이 핵전력을 갖게 됐다고 인정하기를 거부함으로써 실제 핵전쟁의 방향으로 나아가고 있습니다. 북한이 가능한 한 가장 빠른 속도로 핵전력을 개발하도록 부추기는 강력한 동기가 되고 있고, 미국에게 선제 핵 공격을 감행하도록 만들 수도 있습니다. 사실상 핵전쟁을 예방하기 위해 핵전쟁을 시작하는 셈으로, 명백히 상호 모순적인 전략이죠.

사실은 북한 핵무장 국가가 됐으며, 이미 벌어진 상황을 막을 수 있는 군사 행동은 불가능하다는 것입니다. 한 가지 이성적인 전략은 그것이 얼마나 불쾌하든 현실을 받아들이고, 북한이 핵무장 국가라는 점을 인정하는 것입니다. 이렇게 하자면 미국은 중국을 필두로 모든 이해 당사국과 협력해야 합니다. 베이징은 북한을 견제할 수 있는 권력의 지렛대가 가장 많은 정권이지만, 견제하는 데 소극적입니다. 만약 평양을 지나치게 압박하면 정권이 몰락할 수 있고, 그렇게 되면 중국은 북한 난민들로 넘쳐나게 될 것입니다. 그뿐 아니라 베이징은 미국, 한국, 혹은 일본에 각각 어떤 식으로든 유감이 있고, 따라서 어떤 우대적 조처를 취하는 데도 소극적입니다. 협력을 성취하기 위해서는 광범위한 협상이 요구되지만, 일단 성취되면 동맹은 북한을 당근과 채찍으로 상대할 수 있을 것입니다.

채찍은 북한을 선의의 협상에 임하도록 강제하는 데 사용할 수 있고, 당근은 핵무기 추가 개발의 중단을 입증한 데 대한 보상으로 사용할 수 있을 것입니다. 소위 '동결 대 동결freeze-for-freeze' 합의에 더 일찍 도달할수록 그런 정책도 더욱 성공적일 것입니다. 성공의 기준은 북한이 핵무기를 실전에 사용할 수 있기까지 걸리는 시간으로 측정할 수 있습니다. 저는 최근 크라이시스 그룹Crisis Group이 북한에서의 핵전쟁 전망에 관해 작성한 보고서 두 편을 읽어보시라고 권해드립니다.

우리 문명의 생존에 대한 또 다른 주요 위협은 기후 변화로, 강제 이주의 원인이 되기도 합니다. 저는 다른 자리에서 이주 문제를 심도 깊게 다룬 바 있지만, 이것이 대단히 심각하고 다루기 힘든 문제라는 점을 강조하고자 합니다. 이 자리에서 기후 변화를 더 상세히 다루고 싶지는 않은데, 어떤 대응이 따라야 하는지는 이미 잘 알려져 있기 때문입니다. 우리는 과학 지식이 충분하지만 여기에서 빠진 것은 정치적 의지, 특히 트럼프 행정부의 의지입니다.

분명히 저는 트럼프 행정부가 세계에 위협이 되고 있다고 간주합니다. 하지만 저는 이것을 2020년에, 아니 그보다 더 일찍 사라질, 순전히 일시적인 현상으로 취급합니다. 저는 트럼프 대통령이 자신의 핵심 지지자들을 비상하게 규합한 점은 높이 사지만, 모든 핵심 지지자만큼 똑같이 강한 동기를 가진 더 많은 핵심 반대자를 만들었다는 점도 지적하고자 합니다. 이것이 2018년 중간 선거에서 민주당의 압승을 기대하는 이유입니다.

미국에서 제 개인적인 목표는 제대로 움직이는 양당 체제의 재정립을 돕는 것입니다. 그러자면 2018년 중간 선거의 압승뿐 아니라 민주당이 대승적으로 비당파적 선거구 조정, 자질 있는 판사 임명, 적절히 시행된 인구 조사 및 기능적인 양당 체제를 위한 다른 조치를 목표로 삼아야 합니다.

IT 독점 체제

저는 남은 시간의 대부분을 또 다른 글로벌 문제에 할애하려고 합니다. 바로 거대 IT 플랫폼 기업의 부상과 독점적 행태의 문제입니다. 이들 기업은 흔히 혁신과 해방의 역할을 수행해 왔습니다. 그러나 페이스북과 구글은 더욱 강력한 독점 기업으로 성장하면서 혁신의 걸림돌이 됐고, 이제 우리가 막 인지하기 시작한 온갖 문제를 일으키고 있습니다.

기업은 환경을 최대한 활용함으로써 수익을 올립니다. 광산 회사나 석유 기업은 물리적 환경을 활용하고, 소셜미디어 기업은 소셜 환경을 활용하죠. 이것은 특히 비도덕적입니다. 소셜미디어 기업은 본인도 모르게 사람들의 생각과 행동에 영향을 미치기 때문이죠. 이것은 민주주의 기능에, 특히 선거 공정성에 광범위한 부정적 결과를 초래합니다.

인터넷 플랫폼 기업의 차별적 특성은 이들이 네트워크이고, 점점 증가하는 한계 이윤의 혜택을 누리면서 기록적인 성장을 하고 있다는 점입니다. 네트워크 효과는 진실로 사상 유례가 없을 뿐 아니라 엄청난 변화를 가능케 하지만, 지속 가능하지 않기도 합니다. 페이스북이 10억 이용자를 확보하기까지 8년 반이 걸렸지만, 20억이 되는 데는 그 절반의 시간밖에 걸리지 않았습니다. 이런 속도라면 페이스북은 3년도 안 돼 더 이상 가입자로 끌어들일 사람이 없게 될 것입니다.

페이스북과 구글은 사실상 전체 인터넷 광고의 절반 이상을 장악하고 있습니다. 그런 장악력을 유지하기 위해서는 네트워크를 계속 확장하는

'동시에' 이용자 관심 점유율을 높일 필요가 있습니다. 현재 이들은 이용자에게 편리한 플랫폼을 제공하는 방식으로 그렇게 하고 있죠. 이용자들이 플랫폼에서 보내는 시간이 더 많아질수록 이들은 기업 쪽에 더 큰 가치로 작용하게 됩니다.

콘텐츠 제공사도 소셜미디어 플랫폼을 사용하지 않을 수 없고, 따라서 이들이 요구하는 약관을 수용할 수밖에 없기 때문에 결국은 이들의 수익성에 기여하고 있습니다.

이들 기업의 탁월한 수익성은 주로 자체 플랫폼을 통해 제공되는 콘텐츠에 대한 책임과 해당 콘텐츠에 대한 비용 지불을 회피하는 데서 나옵니다.

이들은 자신들은 단지 정보를 배포할 뿐이라고 주장합니다. 그러나 이들이 독점에 가까운 배급사라는 사실은 이들을 공익 사업체로 만들며, 따라서 경쟁, 혁신, 그리고 공정하고 개방적인 보편적 접근을 보장하기 위해 더 엄격한 규제를 적용해야 합니다.

소셜미디어 기업의 사업 모델은 광고에 기반을 두고 있습니다. 이들의 진정한 고객은 광고주들이죠. 하지만 서서히 광고뿐 아니라 이용자들에게 제품과 서비스를 직접 판매하는 신규 사업 모델이 떠오르고 있습니다. 이들은 자신들이 통제하는 데이터를 활용하고, 여러 서비스를 묶음으로 제공하고, 소비자와 공유해야 할 혜택을 더 많이 지키기 위해 차별적인 가격 정책을 사용합니다. 이는 수익성이 더욱 향상되지만 여러 서비스를 묶어 차별적인 가격을 책정하는 행위는 시장 경제의 효율성을 떨어뜨립니다.

소셜미디어 기업은 이용자 관심을 조작하고, 그런 관심을 '자신들의'

상업적 목적을 위해 이용자들을 기만하고 있습니다. 이들은 의도적으로 자신들이 제공하는 서비스에 이용자들이 중독되도록 설계하고 있습니다. 이것은 매우 유해하며, 특히 청소년들에게 더욱 심각한 문제가 될 수 있습니다. 인터넷 플랫폼과 도박 기업 간에는 유사성이 있습니다. 카지노는 도박꾼을 끌어들여 가진 돈은 물론, 갖지 못한 돈까지 탕진할 때까지 자리에 앉아 있도록 유도하는 기법을 개발했습니다.

우리의 디지털 시대에 매우 해롭고 어쩌면 돌이킬 수 없는 일이 인간의 주의력에 벌어지고 있습니다. 주의력 분산이나 중독뿐 아니라 소셜미디어 기업은 사람들이 자율성을 포기하도록 유도하고 있습니다. 사람들의 주의를 끌어들이는 힘은 점점 더 소수 기업에 집중되고 있습니다. 존 스튜어트 밀John Stuart Mill이 '마음의 자유freedom of mind'라고 부르는 것을 확고히 하고 옹호하기 위해서는 진정한 노력이 필요합니다. 디지털 시대에 성장한 사람들은 그런 자율성을 일단 잃어버리면 되찾는 데 어려움을 겪을 가능성이 있습니다. 이것은 광범위한 정치적 결과를 가져올지도 모릅니다. 마음의 자유가 없는 사람들은 쉽게 조종할 수 있습니다. 이런 위험은 미래에만 도사린 것이 아닙니다. 이미 2016년 미국 대통령 선거에서 중요한 역할을 수행했습니다.

하지만 이보다 더 위험한 전망이 나오고 있습니다. 전체주의 국가와 방대한 데이터를 보유한 IT 독점 기업이 손잡고, 아직 초기인 기업 감시 시스템과 이미 고도로 발전된 국가 차원의 감시 시스템을 결합할 수 있다는 것입니다. 그러면 심지어 올더스 헉슬리나 조지 오웰이 상상했던 것보다 더 끔찍한 전체주의적 통제망으로 나타날 수도 있습니다.

이처럼 위태로운 결합이 가장 먼저 벌어질 것으로 전망되는 나라는 러시아와 중국입니다. 중국의 IT 기업은 특히 미국 기업과 대등한 기술력을 보유하고 있습니다. 시진핑 정권의 전폭적인 지원과 보호를 받고 있기도 하지요. 중국 정부는 적어도 중국 내부에서는, 주요 기업을 보호해 줄 만한 능력이 있습니다.

미국의 IT 독점 기업은 이 거대하고 급성장하는 시장 진출권을 따내기 위해 이미 중국 정부와 타협하려는 유혹을 받고 있습니다. 이들 나라의 독재자들은 자국 국민에 대한 통제 방식을 개선하고, 미국과 다른 국가에서 권력과 영향력을 확대하고 싶기 때문에 기꺼이 IT 독점 기업과 제휴할 용의가 있습니다.

거대 플랫폼의 소유주들은 스스로를 우주의 주인이라고 생각하지만, 실제로 자신들의 지배적 지위를 보존하기에 급급한 노예입니다. 미국 IT 독점 기업의 글로벌 지배가 무너지는 것은 시간 문제일 뿐입니다. 다보스는 이들의 종말이 얼마 남지 않았음을 발표하기에 좋은 자리입니다. 규제와 과세는 이들의 지위를 무너뜨릴 것이고, EU의 경쟁담당 집행위원인 베스타게르는 이들의 숙적이 될 것입니다.

플랫폼 독점 기업의 지배와 불평등 수준의 악화 간에 연관 관계가 있음을 인식하는 사람들도 늘고 있습니다. 몇몇 개인의 손에 집중된 지분 소유권도 일정한 역할을 하지만, IT 대기업이 점유한 독특한 지위는 그보다 더 중요합니다. 이들은 독점 권력을 얻었지만 동시에 서로 경쟁하는 상황에 놓여 있습니다. 이들은 경쟁사로 성장할 잠재력이 있는 신생기업을 집어삼킬 수 있을 만큼 크지만, 극소수 대기업만이 상대방의 영역을 침범할 수 있을 만한 자원을 갖고 있습니다. 이들은 무인 자동차처럼 인공지능이 열어젖힌 신성장 분야를 장악하려 하고 있습니다.

기술 혁신이 실업에 미치는 영향은 정부 정책에 달려 있습니다. 유럽연합과 특히 북유럽 국가는 사회 정책에서 미국보다 훨씬 더 멀리 앞을 내다보고 있습니다. 이들은 직업이 아니라 근로자를 보호합니다. 해고된 근로자를 재훈련시키거나 은퇴시키는 데 비용을 기꺼이 지불합니다. 이것은 북유럽 국가의 근로자들에게 훨씬 더 큰 안정감을 주고, 그 때문에 미국 근로자들보다 기술 혁신에 더 우호적이죠.

인터넷 독점 기업은 자신들의 행위로 인한 결과로부터 사회를 보호하려는 의지도 의향도 없습니다. 그런 태도는 이들을 위협적인 존재로 만들고, 그들로부터 사회를 보호하려는 규제 기관과 대척점에 서게 만듭니다. 미국에서는 규제 기관이 이들 독점 기업의 정치적 영향력에 정면으로 맞설 수 있을 만큼 강력하지 못합니다. 유럽연합은 유럽 지역에 자체적인 플랫폼이 없기 때문에 더 나은 상황입니다.

유럽연합은 독점 권력에 대해 미국과는 다른 정의를 사용합니다. 미국의 법 집행기관은 인수에 따른 독점 상황에 주로 초점을 맞추는 데 비해, 유럽연합의 법은 독점 권력이 어떻게 형성되든 그 권력의 오남용을 금지합니다. 유럽은 미국보다 훨씬 더 강력한 프라이버시와 데이터 보호법을 갖고 있습니다. 그뿐 아니라 미국의 법은 이상한 원칙을 채택해 왔습니다. 피해를 소비자들이 지불하는 서비스 비용의 증가로 측정하는 것인데, 그러다 보니 대다수 서비스가 무료로 제공되는 경우에는 피해 입증이 거의 불가능합니다. 이런 방식은 플랫폼 기업이 그 이용자들로부터 수집하는 귀중한 데이터를 평가 기준에서 빼버리는 결과를 낳습니다.

베스타게르 집행위원은 유럽식 접근법을 앞서 주장해 왔습니다. 유럽연합이 구글의 독점적 행태를 규명하기까지 7년이나 걸렸지만, 그런 성공 때문에 반독점 규제 속도는 크게 빨라졌습니다. 베스타게르 위원의 설득 덕분에 유럽식 접근법은 미국에도 영향을 미치기 시작했습니다.

민족주의의 부상을 어떻게 되돌릴 것인가

저는 지금 우리가 직면한 가장 시급하고 중요한 문제를 여럿 언급했습니다. 결론으로 저는 우리가 혁명적 시기를 살고 있다고 지적하고자 합니다. 우리의 정착된 제도와 기구는 모두 유동 상태에 처해 있고, 이런 상황에서는 오류를 범하기도 쉽고 반동적 움직임도 커집니다.

저는 과거에도 이와 비슷한 조건을 경험한 적이 있고, 가장 최근의 경험은 약 30년 전에 일어났습니다. 제가 재단 네트워크를 옛 소련 제국에 설립한 것도 그 때입니다. 두 시기 간의 주된 차이는 30년 전에는 지배적인 원칙이 국제 통치와 협력이었다는 점입니다. 유럽연합은 막 떠오르는 권력이었고, 소비에트 연방은 쇠락하는 권력이었죠. 하지만 지금의 주된 동력은 민족주의nationalism입니다. 러시아는 다시 떠오르고 있고, 유럽연합은 그 가치를 포기해야 할 위험에 처해 있습니다.

여러분도 기억하듯이 이전의 경험은 소비에트 연방에 별반 긍정적으로 작용하지 못했습니다. 소비에트 제국은 몰락했고 러시아는 민족주의 이데올로기를 채택한 마피아 국가가 됐습니다. 저희 재단은 매우 성공적이었습니다. 과거 소비에트 제국의 일부였던 회원들이 유럽연합에 가입했죠.

이제 우리의 목표는 유럽연합을 근본적으로 재창조하기 위해 도움을 주는 것입니다. 유럽연합은 한때 우리 세대의 열성적인 지지를 받았지만, 2008년 금융위기를 이후 달라졌습니다. 유럽연합은 구식 조약과 긴축 정책에 대한 잘못된 신념으로 인해 길을 잃었습니다. 동등한 국가의 자발적 연합이었던 유럽연합은 채권국과 채무국 간의 관계로 바뀌었습니다. 채권국은 채무국이 준수해야 할 조건과 의무 사항을 부과하지만, 채무국은 그런 의무를 제대로 이행할 수 없는 경우가 많았습니다. 이 연합은 더 이상 자발적이지도 동등하지도 않게 됐습니다.

그 결과 지금 세대의 많은 사람은 유럽연합을 적으로 간주하게 됐습니다. 주요 회원국 중 하나인 영국은 유럽연합을 떠나는 절차에 들어가 있고, 적어도 두 회원국인 폴란드와 헝가리는 유럽연합이 기반을 둔 가치에 극구 반대하는 정부에 의해 통치되고 있습니다. 이들은 다양한 유럽 기구와 첨예한 갈등을 빚고 있고, 이들 기구는 두 나라를 징계하려 하고 있죠. 여러 나라에서도 유럽연합에 반대하는 정당들이 부상하고 있습니다. 오스트리아에서는 그런 정당이 연정하고 있고, 이탈리아의 운명은 3월 선거에서 결정될 것입니다.

어떻게 하면 우리는 유럽연합이 그 가치를 포기하는 것을 막을 수 있을까요? 유럽연합을 속속들이 개혁할 필요가 있습니다. 유럽연합 그 자체의 수준에서, 회원국들의 수준에서 그리고 유권자 수준에서 개혁해야 합니다. 우리는 지금 혁명기에 있습니다. 모든 것이 변할 수 있습니다. 지금 취한 결정이 미래를 좌우할 것입니다.

유럽연합의 차원에서 주요 질문은 유로화를 어떻게 할 것인가입니다. 모든 회원국은 궁극적으로 유로화를 채택해야 할까요? 아니면 현재 같은 상황이 영구히 지속되도록 허용해야 할까요? 마스트리히트 조약Maastricht Treaty은 첫 번째 대안을 처방했지만, 유로화는 해당 조약이 미처 내다보지 못한 결함을 드러내게 됐고 아직 그 해법을 기다리는 중입니다.

유로화 문제가 유럽연합의 미래를 위험 속에 몰아넣는 것을 허용해야 할까요? 저는 그에 강력히 반대하는 입장입니다. 실상은 자격을 갖추지 못한 국가들이 유로화에 가입하려 안달인 반면, 자격을 갖춘 국가는 가입에 반대하고 있다는 점입니다. 불가리아 정도가 예외겠군요. 그에 더해 저는 영국이 유럽연합 회원국으로 남아 있거나 탈퇴하더라도 결국 재가입하기를 바라지만, 만약 그것이 유로화 채택을 전제로 한다면 불가능할 것입니다.

유럽연합이 직면한 선택은 다중 속도 접근법과 다중 트랙 접근법 사이에서 적절한 균형을 찾을 때 더 나은 해법이 나올 수 있을 것입니다. 다중 속도 방식에서 회원국은 최종 결과를 미리 합의해야 하며, 다중 트랙 방식에서 회원국은 특정 목표를 함께 추구하기로 한 국가끼리 자유롭게 연정을 구성할 수 있습니다. 다중 트랙 접근법은 당연히 더 유연하지만 유럽연합의 관료적 속성은 다중 속도 접근법을 더 선호해 왔습니다. 유럽연합의 구조가 경직된 중요한 원인이기도 하지요.

회원국의 수준에서 보면, 이들의 정당은 대체로 시대에 뒤처져 있습니다. 좌파와 우파의 낡은 구분은 친EU와 반EU의 구분법에 가려져 버렸습니다. 이런 점은 나라마다 다르게 나타납니다.

독일에서는 최근 선거 결과 '기독교 민주연합^{CDU}'과 '기독교 사회연합^{CSU}' 간에 샴 쌍둥이(몸이 붙은 채 태어난 쌍둥이 중 한 명)를 연상케 하는 연정이 나왔지만 지속 가능성은 없습니다. 또 다른 정당인 '독일 대안당^{AfD}'은 바이에른 지역의 CSU보다 더 우파적인 성격을 보여줍니다. 그 때문에 CSU는 내년의 바이에른 지역 선거에서 승리하려는 욕심에서 더 극우적인 성향으로 기울고, 그 결과 CSU와 CDU는 도저히 타협할 수 없는 수준으로 정치적 성향의 간극이 벌어집니다. 독일의 정당 체제가 제대로 기능하지 못하는 것도 그 때문이고, CDU와 CSU가 갈라설 때까지 문제는 계속될 것입니다.

영국에서 보수당은 명백히 우파 정당이고 노동당은 좌파 정당이지만, 각 당은 내부적으로 브렉시트를 보는 입장을 놓고 분열돼 있습니다. 이는 브렉시트 협상을 대단히 복잡하게 만들고, 영국이 한 국가로서 유럽에 대한 입장을 결정하고 조정하는 것을 매우 어렵게 만듭니다.

다른 유럽 국가들도 비슷한 재편성 과정을 거칠 것으로 전망되고, 프랑스는 이미 내부 혁명을 치른 상태입니다.

유권자 수준에서는 장 모네^{Jean Monnet}가 이끄는 소규모 지도자 그룹에서 제안한 구상이 유럽연합의 통합을 꾀해 왔지만, 그 동력을 잃어버렸습니다. 이제 우리는 유럽연합 지도부의 상의하달식 접근법과 회원국 차원의 하의상달식 구상을 조합할 필요가 있습니다. 다행히 회원국 차원의 구상이 많이 제시되고 있고, 유럽연합 지도부가 어떻게 반응할지는 두고 볼 일입니다. 현재까지는 프랑스 마크롱 대통령이 가장 적극적인 반응을 보여주고 있습니다. 그는 친EU 플랫폼에서 프랑스 대통령 자리에 도전했고, 그의 전략은 2019년의 유럽의회 선거에 초점을 맞추고 있는데, 그러자면 유권자들의 참여가 필수적이죠.

저는 유럽을 상세히 분석했지만 역사적 관점에서 보면 아시아 지역의 상황이 궁극적으로는 더 중요합니다. 중국은 떠오르는 권력입니다. 중국에는 개방 사회를 열렬히 신봉하는 사람들이 많았지만, 마오쩌둥의 문화대혁명 기간에 농촌 지역으로 추방돼 재교육을 강요받았습니다. 여기에서 살아남은 사람들은 돌아와 현 정부의 요직을 차지했습니다. 그래서 중국의 미래 방향은 한때 활짝 열려 있었지만 지금은 아닙니다.

개방 사회의 옹호자들은 이제 은퇴 연령에 도달했고, 현 지도자인 시진핑은 소위 서방세계보다 푸틴과 더 공통점이 많은 인물로 새로운 정당 지원 시스템을 정립하기 시작했습니다. 안타깝게도 향후 20년의 전망은 암울합니다. 그럼에도 불구하고 중국을 글로벌 통치 제도와 기구에 포함시키는 것은 중요한 일입니다. 문명사회 전체를 파괴할 수도 있는 세계 전쟁을 막는 데 도움이 될 테니까요.

이제 남은 것은 아프리카와 중동, 중앙아시아의 지역 전쟁터입니다. 저희 재단은 이들 지역에 적극 참여하고 있습니다. 저희는 특히 아프리카에 초점을 맞추고 있는데, 케냐와 짐바브웨, 콩고민주공화국의 독재자들은 사상 유례없는 규모로 선거 부정을 자행했고, 그곳 시민들은 말 그대로 목숨을 걸고 독재 체제로 기우는 것을 막으려 저항하고 있습니다. 저희 목표는 지역민들에게 힘을 실어 스스로 문제를 해결하도록 돕고, 불우한 사람들을 구제해 고통을 최대한 줄이는 것입니다. 이런 일은 우리 생애를 넘어서도 지속해야 할 과제입니다.

494

참고 문헌

보통 소설 읽는 것을 더 선호한다. 페이스북에 문제가 있음을 처음 깨닫고 나서 2년 동안 그 문제를 이해하는 데 도움이 될 만한 소설과 논픽션을 여러 권 읽었다. 이 글에서 내 지적 여정을 공유하면서도 페이스북 문제를 가능하게 만든 사람들, 사업 관행, 문화를 조명하는 여러 책과 매체를 소개하고자 한다.

소셜미디어의 부작용에 관한 학습은 2011년 필터 버블에 관한 일라이 패리서의 획기적인 TED 강연으로 시작됐다. TED 강연 비디오와 패리서의 책『생각 조종자들』[1]을 추천한다.

---

1 『생각 조종자들: 당신의 의사결정을 설계하는 위험한 집단(The Filter Bubble: What the Internet Is Hiding from You)』, 이현숙, 이정태 옮김, 알키, 2011년

2017년 초 나에게 에너지를 더해준 책은 조너선 태플린의 『빨리 움직이고 무엇이든 깨뜨려라Move Fast and Break Things: How Facebook, Google, and Amazon Cornered Culture and Undermined Democracy』(Little, Brown and Company, 2017)였다. 태플린은 학계로 들어오기 전에 로큰롤과 할리우드에서 다채로운 이력을 쌓았다. 그는 인터넷 플랫폼이 어떻게 사법 시스템을 활용해 미국 문화를 장악하게 됐는지, 그 과정에서 민주주의에 어떻게 심각한 피해를 입혔는지 설명한다. 팀 우의 『주목하지 않을 권리』[2]는 타블로이드 신문부터 소셜미디어에 이르기까지 기업이 어떻게 사람들의 주의를 끌어 이윤을 취했는지 그 역사를 들려주는 필독서다. 프랭클린 포어의 『생각을 빼앗긴 세계』[3]는 통제되지 않은 인터넷 자본주의에 대한 날카로운 반론이다. 태플린과 포어 두 사람 다 모든 것이 더 고상하고 공론의 광장이 역동적이던 과거의 미디어 환경을 그리워하지만, 그렇다고 해서 이들의 비판적 담론이 그 적실성을 잃는 것은 결코 아니다.

기술이 민주주의에 미치는 위험에 대한 초기 경고는 예브게니 모로조프의 『인터넷의 망상The Net Delusion: The Darkside of Internet Freedom』(Perseus, 2011)이다. 모로조프는 민주주의 운동을 도왔던 같은 툴이 독재정권을 도와 민주주의를 억압하는 데 쓰일 수 있는지 설명한다. 모로조프의 두 번째 저서 『기술 지상주의의 오류To Save Everything, Click Here: the Folly of Technological Solutionism』(PublicAffairs, 2013)는 빅데이터가 사회에 미치는 영

---

2 『주목하지 않을 권리: 당신의 관심을 은근슬쩍 사고파는 광고 산업에 대항할 유일한 방법(The Attention Merchants: The Epic Scramble to Get Inside Our Heads)』, 안진환 옮김, 알키, 2019년

3 『생각을 빼앗긴 세계: 거대 테크 기업들은 어떻게 우리의 생각을 조종하는가(World Without Mind: The Existential Threat of Big Tech)』, 박상현, 이승연 옮김, 반비, 2019년

향을 짚는다.

페이스북에 대한 출발점은 데이비드 커크패트릭의 『페이스북 이펙트』[4]이다. 페이스북이 아직 초창기 시절에 집필된 이 책은 나와 다른 수많은 이들이 페이스북에 느꼈던 것과 같은 낙관론을 드러내지만, 커크패트릭은 페이스북 성공이 일으킨 거의 모든 부작용도 미리 내다보고 있다. 이 책과 짝을 이룰 만한 책으로 시바 바이디야나단의 『안티소셜 미디어 Antisocial Media: How Facebook Disconnects Us and Undermines Democracy』(Oxford University Press, 2018)를 권한다. 이 책은 페이스북 기술과 그 기술이 이용자들에게 실제로 어떤 작용을 하는지를 커튼을 걷어 보여준다. 반드시 읽어야 할 책이다.

저커버그와 다른 이들은 영화 「소셜 네트워크The Social Network」와 영화 원작인 벤 메즈리치Ben Mezrich의 『소셜 네트워크』[5]가 허구라고 할 정도로 부정확하다고 비판한다. 안타까운 점은 이야기에 묘사된 주요 인물들의 성격과 행동이 대선 개입과 케임브리지 애널리티카를 통해 노골적으로 포착된 페이스북 지도부의 속성과 너무나 정확하게 일치한다는 점이다.

실리콘밸리의 문화를 다룬 양서는 여러 권 있다. 가장 먼저 읽기에 적합한 책은 에밀리 창의 『브로토피아』[6]이다. 창은 「블룸버그 테크놀로지」의 진행자로, 해리스가 「60 Munites」에 출연한 직후 나는 2017년 이 프로그

---

4 『페이스북 이펙트(The Facebook Effect: The Inside Story of the Company That Is Connecting the World)』, 임정진, 임정민 옮김, 에이콘출판, 2010년

5 『소셜 네트워크: 페이스북 그 우연한 시작, 처절한 배신, 화려한 성공의 이야기(The Accidental Billionaires: The Founding of Facebook: A Tale of Sex, Money, Genius, and Betrayal)』, 엄현주 옮김, 오픈하우스, 2011년

6 『브로토피아: 실리콘밸리에 만연한 성차별과 섹스 파티를 폭로하다(Brotopia: Breaking Up the Boys' Club of Silicon Valley)』, 와이즈베리, 2018년

램을 통해 트리스탄 해리스를 인터뷰했다(창은 그날 출산휴가 중이었다!). 젊은 아시아계와 백인 남성들이 실리콘밸리를 장악한 점은 페이스북과 유튜브, 그리고 다른 기업을 세운 문화의 기반이 된 것으로 보인다. 창은 사안의 핵심을 찌르고 있다.

안토니오 가르시아 마르티네즈의 『카오스 멍키』[7]는 회사를 차렸다가 자금이 고갈되자 페이스북에 취업해 광고 기술 분야에서 일했던 지은이가 케임브리지 애널리티카 사태를 가능케 했던 사업 관행의 초창기 풍경을 생생히 묘사하고 있다. 이 책의 렌즈를 통해 페이스북과 다른 플랫폼의 문화와 내부 관행을 명확하게 볼 수 있을 것이다.

애덤 피셔의 『천재의 실리콘밸리Valley of Genius: The Uncensored History of Silicon Valley』(Twelve, 2018)는 실리콘밸리가 성장하는 거의 모든 단계에서 참여했던 사람들의 인터뷰와 인용문을 모은 책이다. 책은 60년대 더글러스 엥겔바트로 시작해 현재에 이르기까지 꾸준히 행진하고 있다. 페이스북 설립자들과 초기 직원들과 가진 인터뷰는 반드시 읽어야 한다. 구글과 트위터의 초기 멤버들과 가진 인터뷰도 시사하는 바가 많다.

2016년 페이스북에서 나오는 불안한 신호를 알아챌 수 있도록 도와준 소설이 두 권 있다. 영화로도 제작된 데이브 에거스Dave Eggers의 『더 서클The Circle』(Alfred A. Knopf, 2013)은 페이스북과 구글의 특성을 적당히 조합한 가상의 기업을 묘사한다. 공상 과학소설SF로 쓰였지만 다루는 문제는 출간 뒤 불과 몇 년 뒤에 현실이 됐다. 로브 리드Rob Reid의 『After On』(Del

---

7 『카오스 멍키: 혼돈의 시대, 어떻게 기회를 낚아챌 것인가(Chaos Monkeys: Obscene Fortune and Random Failure in Silicon Valley)』, 문수민 옮김, 비즈페이퍼, 2017년

Rey, 2017)은 인공지능이 감각을 갖게 된 차세대 소셜 네트워크를 상상한다. 이 책은 길지만 믿을 수 없을 정도로 읽는 재미가 상당하다. 왜 공학자들은 의도하지 않은 결과에 대비할 수밖에 없는지 이해하게 될 것이다. 그런 의외의 상황은 항상 벌어지고, 그로 인한 영향은 점점 더 유해하다.

HBO의 TV 시리즈 「실리콘밸리」는 실리콘밸리의 창업 문화를 풍자하는데, 언제나 고개를 끄덕이며 수긍할 수밖에 없는 내용이 많다. 줄거리는 과장됐지만 지나칠 정도는 아니다. 실리콘밸리의 문화는 낯설다. 나는 처음 제작팀을 만났을 때 담당 PD인 마이크 저지^{Mike Judge}에게 이 드라마의 개요가 뭐냐고 물었다. 그는 "스티브 잡스 같은 사람들이 지지하는 히피 문화와 피터 틸^{Peter Thiel}의 자유주의 문화 간의 거대한 투쟁이 있지요."라고 말했다. "그리고 자유주의가 이기고 있구요."라고 내가 대답했다. 그는 미소를 지었다. 나는 테이블을 둘러보다가 내가 왜 거기에 있는지 깨달았다. "왜냐하면 나도 마지막 히피 중 하나이기 때문이지요."라고 말하자 제작진 모두 웃었다. 공개하자면 나는 두 번째 시즌 이후 드라마 「실리콘밸리」의 기술 컨설턴트로 일하고 있다.

트리스탄 해리스를 만난 뒤 기본 심리학부터 그것이 소프트웨어로 구현될 수 있는 방법에 이르기까지 설득적 기술에 대해 내가 배울 수 있는 모든 것을 배우는 데 몇 달을 보냈다. 나는 스탠포드대 교수로 트리스탄과 수많은 실리콘밸리 창업자들을 가르친 B. J. 포그 교수가 쓴 『설득적 기술^{Persuasive Technology: Using Computers to Change What We Think and Do}』(Morgan Kaufmann, 2002) 교재를 읽기 전에 트리스탄의 여러 인터뷰와 블로그 포스팅을 먼저 읽었다. 이 교재는 워낙 잘 쓰여진 책이라서 나는 학생들이 얼마나 쉽게 설득적 기술의 여러 기법을 이해하고, 그 위력을 깨달았을지 예상할 수 있었다. 포그 교수의 책에 준하는 일반 독자를 위한 책은 니르 이얄Nir Eyal의 『훅』[8]이다. 이얄은 설득적 기술의 예찬론자로, 소프트웨어에서 인간 심리를 이용하는 방법을 기업가들과 엔지니어들에게 가르치는 사업으로 성공을 거뒀다.

설득적 기술의 작동 방식을 이해한 다음 나는 그런 기술이 스마트폰과 태블릿, 컴퓨터 등에 미치는 심리적 영향을 다룬 흥미로운 책 두 권을 접했다. 애덤 알터의 『멈추지 못하는 사람들』[9]은 종합적이고 뛰어난 문장으로, 이해하기 쉽게 쓰여졌다. 모든 연령대에 걸쳐 광범위한 피해 사례를 다루고 있다. 꼭 읽어보기를 권한다. 니콜라스 카다라스의 『글로우 키즈Glow Kids: How Screen Addiction Is Hijacking Our Kids— And How to Break the Trance』(St. Martin's Press, 2016)는 어린이들에게 초점을 맞춘다. 만약 당신에게 어린 자녀가 있다면 이 책은 자녀들의 스크린 노출 시간을 줄이고, 다양한 앱으로부터 자녀를 보호하는 방안을 강구하게 만들 것이다. 또 다른 문제작은 다나 보이드danah boyd의 『소셜시대 십대는 소통한다』[10]이다. 부모라면 반드시 읽어봐야 할 책이다.

소셜미디어는 페이스북과 다른 플랫폼이 운영하는 거의 모든 나라에서 공론장을 장악했다. 자이넵 투펙치의 『트위터와 최루탄Twitter and Tear Gas: The Power and Fragility of Networked Protest』(Yale University Press, 2017)은 시

---

8 『훅: 습관을 만드는 신상품 개발 모델(Hooked: How to Build Habit—Forming Products)』, 조자현 옮김, 리더스북, 2014년

9 『멈추지 못하는 사람들: 무엇이 당신을 끊임없이 확인하고 검색하게 만드는가(Irresistible: The Rise of Addictive Technology and the Business of Keeping Us Hooked)』, 홍지수 옮김, 부키, 2019년

10 『소셜시대 십대는 소통한다(It's Complicated: The Social Lives of Networked Teens)』, 지하늘 옮김, 처음북스, 2014년

위대의 소셜미디어 활용과 권력층의 반격을 살핀다. 투펙치는 매달「뉴욕타임스」에 칼럼을 쓰고, 나는 거기에서 매번 새로운 것을 배운다. 이 책은 '아랍의 봄' 사태에서 실제로 어떤 일이 벌어졌는지, 그리고 왜 인터넷 플랫폼의 현재 인센티브가 항상 권력을 가진 자들에게 더 유리하게 작용하는지 내가 이해하는 데 도움을 줬다. 클린트 와츠의『해커들의 소셜미디어Messing with the Enemy: Surviving in a Social Media World of Hackers, Terrorists, Russians, and Fake News』(Harper, 2018)는 악의적인 세력들이 소셜미디어를 어떻게 활용하는지를 다룬 최고의 책이다. 그리고 무척 흥미롭다! 와츠는 FBI 요원이었고, 지금은 소셜미디어에서 벌어지는 적대 세력의 활동을 모니터하는 데 집중하고 있다. 나는 MSNBC에서 와츠를 여러 번 만났는데 그의 통찰 덕분에 이 책도 훨씬 나아졌다. 니얼 퍼거슨의『광장과 타워』[11]는 페이스북과 구글의 권력을 역사적 맥락으로 성찰하는 내용으로 무섭다.

재런 러니어의『지금 당장 당신의 SNS 계정을 삭제해야 할 10가지 이유』[12]는 짧고 명쾌하다. 러니어는 지난 30년간 테크놀로지 분야의 선구적 사상가로 특히 가상현실 초창기에 많은 기여를 했지만 이 책에서 그는 우려하는 공학자로, 기술 철학자로서 우리에게 말을 건넨다. 이 책은 10개나 되는 이유가 필요하지 않았지만 나는 그 모든 주장에서 무엇인가를 배웠다. 러니어의 주된 우려 중 하나인 인공지능의 제한이 없는 개발은 존

---

11 『광장과 타워: 프리메이슨에서 페이스북까지, 네트워크의 권력과 역사(The Square and the Tower: Networks and Power, from the Freemasons to Facebook)』, 홍기빈 옮김, 21세기북스, 2019년

12 『지금 당장 당신의 SNS 계정을 삭제해야 할 10가지 이유: 실리콘밸리 구루가 말하는 사회관계망 시대의 지적 무기(Ten Arguments for Deleting Your Social Media Accounts Right Now)』, 신동숙 옮김, 글항아리, 2019년

마코프가 『품격의 머신』^{Machines of Loving Grace}(Ecco, 2015)에서 다룬 주제다. 이 책은 어떻게 인공지능이 인간을 향상시키기보다 훼손할 위험이 있다고 경고한다.

빅데이터의 세계와 그것이 제기하는 도전을 이해하고 싶다면 캐시 오닐의 『대량살상 수학무기』[13]를 추천한다. 내가 읽은 책 중 알고리즘의 장단점과 추한 면을 가장 잘 설명하고 있다. 유발 하라리^{Yuval Harari}의 『21세기를 위한 21가지 제언』[14]은 로봇과 인공지능이 경제에서 사람의 관련성을 위협하는 미래의 시사점을 탐구한다.

인터넷 플랫폼의 위협을 발생시킨 사업 철학을 이해하지 않고는 그것이 몰고 온 위협을 제대로 파악하기 어렵다. 에릭 리스^{Eric Ries}의 『린 스타트업』[15]은 리스가 2008년 처음 제안한 이후 창업자와 벤처 자본가들의 바이블로 자리잡은 책이다. 피터 틸의 『제로 투 원』[16]은 페이스북의 최초 외부 투자자인 틸의 속마음을 엿볼 수 있게 해준다. 비록 틸이 주창하는 형태의 자유주의를 모두가 수용하는 것은 아니지만, 자유주의는 여전히 실리콘밸리에서 널리 유행하고 있다. 스캇 갤러웨이의 『플랫폼 제국의 미래』[17]는 놀라울 정도로 통찰력이 큰 비즈니스 서적이다. 전직 기업자이자 현 뉴욕

---

13 『대량살상 수학무기(Weapons of Math Destruction)』, 김정혜 옮김, 흐름출판, 2017년

14 『21세기를 위한 21가지 제언(21 Lessons for the 21st Century)』, 전병근 옮김, 김영사, 2018년

15 『린 스타트업: 지속적 혁신을 실현하는 창업의 과학(The Lean Startup: How Today's Entrepreneurs Use Continuous Innovation to Create Radically Successful Businesses)』, 이창수, 송우일 옮김, 인사이트, 2012년

16 『제로 투 원: 스탠포드대학교 스타트업 최고 명강의(Zero to One: Notes on Startups, or How to Build the Futur)』, 이지연 옮김, 한국경제신문사, 2014년

17 『플랫폼 제국의 미래: 구글, 아마존, 페이스북, 애플 그리고 새로운 승자(The Four: The Hidden DNA of Amazon, Apple, Facebook, and Google)』, 이경식 옮김, 비즈니스북스, 2018년

대 스턴^{Stern} 경영대학원 교수인 갤러웨이는 이 책에서 경제학과 사업에 대한 깊은 이해와 정곡을 찌르는 경영 및 전략 분석을 조합하고 있다.

이 책의 집필을 마친 몇 달 뒤에 대단히 가치 있는 책 네 권이 출간됐다. 하지만 그중 어느 책도 쇼샤나 주보프 교수의『감시 자본주의의 시대 The Age of Surveillance Capitalism: The Fight for a Human Future at the New Frontier of Power』(PublicAffairs, 2019)보다 내게 더 큰 영향을 미치지 못했다. 우리 시대의 가장 중요한 경제 모델을 상세히 설명하는 가운데 주요 요소를 적시하고, 어떻게 감시 자본주의가 개발됐고 어떻게 진화될지를 설명한다. 이 주제에 대한 책으로 한 권을 더 추천한다면 주보프 교수의 책이 될 것이다. '감시 자본주의'가 널리 이해되는 주제로 떠올랐다는 점은 이 책의 영향으로도 잘 설명이 된다. 많은 사람은 535페이지에 달하는 이 책의 부피에 주눅들지 모르지만, 내게는 한 페이지 한 페이지가 소중했다. 이 책은 모든 정책 입안자와 관련된 시민의 필독서가 돼야 한다. 인터뷰와 팟캐스트를 더 선호한다면 쇼샤나 주보프 교수를 다룬 내용은 많다. 그중 추천할 만한 것은 카라 스위셔의 '리코드디코드^{RecodeDecode}'다.

티머시 스나이더의『가짜 민주주의가 온다^{The Road to Unfreedom}』[18]는 적을 교란하기 위한 러시아의 소셜미디어 사용이 어떻게 진화했는지를 추적한다. 2011년 러시아의 전체주의 정권으로의 귀환과 2012년 민주주의 죽음을 연구한 뒤 스나이더는 러시아가 수많은 유럽연합 국가와 미국을 상대로 어떤 심리전과 정보 작전을 펼쳤는지 추적한다. 이 책은 서구 민주주의 체제가 잘 조직된 거짓 정보 캠페인과 증오 표현에 얼마나 취약한지

---

18 『가짜 민주주의가 온다(The Road to Unfreedom)』, 유강은 옮김, 부키, 2019

폭로한다. 스나이더는 민주주의가 신뢰와 개별성을 살찌우는 진실과 함께 시작한다는 사실을 설득력 있게 묘사한다. 순응과 안주는 민주주의와 자유의 적이다.

제이미 서스킨드Jamie Susskind의 『미래 정치: 기술에 의해 변화된 세상에서 함께 살기Future Politics』(Oxford University Press, 2018)는 코드와 알고리즘이 법보다 일상 생활에 더 큰 영향을 미치는 세계에 맞는 새로운 정치 이론을 제안한다. P. W. 싱거Singer와 에머슨 T. 브루킹Emerson T. Brooking의 『'좋아요' 전쟁: 소셜미디어의 무기화Like War: The Weaponization of Social Media』(Eamon Dolan/Houghton Mifflin Harcourt, 2018)는 정치와 외교 정책의 도구로써 무기의 대안으로 인터넷 플랫폼을 활용하는 것을 심도 있게 다룬다.

다른 주목할 만한 저서로는 하버드대 산하 버크먼 클라인 인터넷 및 사회 센터Berkman Klein Center for Internet and Society의 요차이 벤클러Yochai Benkler, 로버트 파리스Robert Faris, 할 로버츠Hal Roberts가 공동 저술한 『네트워크 프로퍼갠더: 조작, 거짓 정보, 미국 정치의 급진화Network Propaganda: Manipulation, Disinformation, and Radicalization in American Politics』(Oxford University Press, 2018), 옥스포드대 레이철 보츠먼Rachel Botsman 교수가 쓴 『신뢰이동』[19]은 독자들이 분열을 조장하는 인터넷 플랫폼에 맞서 싸울 수 있는 길을 소개한다. 마가렛 오마라Margaret O'Mara는 『코드The Code: Silicon Valley and the Remaking』(Penguin Press, 2019)에서 미국 정부의 지원을 등에 업은 기술

---

19 『신뢰이동(Who Can You Trust?: Technology Brought Us Together and Why It Might Drive Us Apart)』, 문희경 옮김, 흐름출판, 2019

산업계의 발전 과정을 그린다. 제니퍼 E. 로스먼Jennifer E. Rothman의 『홍보의 권리: 공개된 세계를 위한 프라이버시The Right of Publicity: Privacy Reimagined for a Public World』(Harvard University Press, 2018)는 이전까지 유명 인사에 적용된 법적 원칙을 모든 시민에게 적용함으로써 프라이버시에 관한 담론을 바꾼다.

2000년 이후 실리콘밸리가 얼마나 많이 변했는지를 인식하는 사람은 거의 없다. 문화적으로는 80년대나 90년대와 비교할 수 없다. 나는 실리콘밸리의 문화가 아폴로Apollo, 히피, 자유주의 세 가지 뚜렷한 시대로 구분된다고 생각한다. 아폴로 시대에 엔지니어들은 흰색 반팔 셔츠에 넥타이를 메고 플라스틱으로 만든 신분증을 착용한 백인 남성들이었다. 아타리로 시작된 히피 시대는 비디오 게임과 개인용 컴퓨터를 만든 애플로 상징된다. 이 시대는 90년대에 사그라들었고, 2000년 인터넷 거품이 터지기 전에 사라졌다. 앞선 두 시대에는 위대한 발명과 대규모 성장이 일어났고, 소비자와 정책 입안자들과 엄청난 규모의 선의와 신뢰를 쌓았다. 2000년 직후 시작된 자유주의 시대는 실리콘밸리의 가치 체계, 문화, 사업 모델에 근본적 변화를 몰고 왔고, 구글, 페이스북, 아마존이 전 세계적으로 공론장을 장악함으로써 사상 유례없는 부를 축적하기 시작했다. 나는 이상주의가 설령 방향이 잘못된 경우에도 그 의도는 진심이었기 때문에 아폴로와 히피 시대가 좋았다. 실리콘밸리의 초창기와 중간기의 미스테리를 풀어줄 훌륭한 책들이 있다. 꼭 읽어보시라!

적절한 시작점은 실리콘밸리의 원래 사업이었던 반도체다. 레슬리 벌린Leslie Berlin의 『마이크로칩을 만든 남자The Man Behind the Microchip: Robert

Noyce and the Invention of Silicon Valley』(Oxford University Press, 2005)를 추천한다. 이 책에 나오는 노이스^{Noyce}는 트랜지스터에서 인텔의 마이크로프로세서에 이르는 연결선이다. M. 미첼 월드롭^{M. Mitchell Waldrop}은 『드림 머신 The Dream Machine: J. C. R. Licklider and the Revolution That Made Computing Personal』(Viking, 2001)에서 어떻게 개인용 컴퓨터의 아이디어가 현실화됐는지 설명한다. 티에리 바르디니^{Thierry Bardini}의 『부트스트래핑^{Bootstrapping: Douglas Engelbart, Coevolution, and the Origins of Personal Computing}』(Stanford University Press, 2000)은 마우스를 만들고, PC 네트워크 세계를 시각화하고, 역사상 중요하게 평가되는 컴퓨터 데모를 펼쳤던 천재 공학자 더글러스 엥겔바트의 이야기를 들려준다. 마이클 A. 힐트직^{Michael A. Hiltzik}의 『저주받은 혁신의 아이콘』[20]은 스티브 잡스가 미래를 봤던 팔로 알토의 제록스 연구 센터로 독자를 안내한다. 레슬리 벌린의 『트러블메이커들^{Troublemakers: Silicon Valley's Coming of Age}』(Simon & Schuster, 2017)는 실리콘밸리의 형성에 기여한 유명하거나 잘 알려지지 않은 여러 남녀들의 이야기다. 월터 아이작슨^{Walter Isaacson}의 『이노베이터』[21]는 실리콘밸리를 만든 주요 인물들의 이야기이다. 존 마코프의 『PC 산업을 일군 60년대의 반체재 문화^{What the Dormouse Said: How the 60s Counterculture Shaped the Personal Computer Industry}』(Viking, 2005)는 어떻게 히피 문화가 PC 산업의 문화가 됐는지 보여준다. 톰 울프^{Tom Wolfe}의 『일렉트릭 쿨-에이드 애시드 테스트^{The Electric Kool-Aid}

---

20 『저주받은 혁신의 아이콘: 제록스 팔로알토 연구소(Dealers of Lightning: Xerox PARC and the Dawn of the Computer Age)』,이재범 옮김, 지식함지, 2018년

21 『이노베이터: 창의적인 삶으로 나아간 천재들의 비밀(The Innovators: How a Group of Hackers, Geniuses and Geeks Created the Digital Revolution)』, 정영목, 신지영 옮김, 오픈하우스, 2014년

Acid Test』(Farrar Straus and Giroux, 1968)는 중요한 시기, 실리콘밸리의 핵심 그룹이 수용한 문화에 대한 유용한 개론서다. 폴 프라이버거Paul Freiberger와 마이클 스웨인Michael Swaine의 『실리콘밸리의 불Fire in the Valley: The Making of the Personal Computer』(Osborne/McGraw-Hill, 1984)는 컴퓨터 클럽부터 마이크로소프트와 애플의 창업, 이후 두 회사의 경쟁에 이르기까지 초창기 PC 산업을 가장 잘 다룬 책이다. 개정판은 다른 부제를 달고 있는데, PC 산업의 쇠퇴기도 다루고 있다. 스티븐 레비Steven Levy의 『해커, 광기의 랩소디』[22]는 실리콘밸리의 주요 서브컬처sub-culture를 살핀다. 레비는 이것을 사건 그대로 썼고, 그래서 커크패트릭이 쓴 『페이스북 이펙트』처럼 특히 더 유익하다. 케이티 해프너Katie Hafner와 존 마코프가 쓴 『사이버펑크Cyberpunk: Outlaws and Hackers on the Computer Frontier』(Simon & Schuster, 1991)는 레비의 해커 스토리를 이어받아 그 뒷이야기로 끌어간다.

독자 여러분께 다른 인터넷 플랫폼의 기원에 대해서도 배워보라고 권한다. 브래드 스톤Brad Stone의 『아마존, 세상의 모든 것을 팝니다』[23]는 나를 충격에 몰아넣었다. 나는 제프 베조스가 벤처 자본 회사인 클라이너 퍼킨스 코필드 앤 바이어스Kleiner Perkins Caufield & Byers의 내 파트너들에게 처음 프레젠테이션하던 날을 기억한다. 아마존의 성공이 1990년 이후 가장 위대한 창업 성공 사례라는 주장은 결코 허황한 것이 아니다. 베조스는 굉장

---

22 『해커, 광기의 랩소디: 세상을 바꾼 컴퓨터 혁명의 영웅들(Hackers: Heroes of the Computer Revolution), 박재호, 이해영 옮김, 한빛미디어, 2019년

23 『아마존, 세상의 모든 것을 팝니다: 아마존과 제프 베조스의 모든 것(The Everything Store: Jeff Bezos and the Age of Amazon)』, 야나 마키에이라 옮김, 21세기북스, 2014년

하다. 그의 비교적 낮은 인지도는 그의 회사가 가진 엄청난 영향력을 가리고 있다.

『페이스북 이펙트』처럼 스티븐 레비의 『In the Plex: 0과 1로 세상을 바꾸는 구글 그 모든 이야기』[24]는 구글에 대해 예외적일 만큼 동정적이다. 그것은 구글의 속내에까지 접근하기 위해 치러야 하는 대가일 것이다. 구글이 당신의 관심사에 맞춰 검색 결과를 조정하고, 유튜브의 알고리즘이 음모론을 조장한다는 사실을 염두에 두는 한, 이 책에서 많은 가치를 얻을 수 있을 것이다. 닉 빌턴의 『비열한 트위터: 돈, 권력, 우정 및 배신의 실화Hatching Twitter: A True Story of Money, Power, Friendship, and Betrayal』(Portfolio, 2013)는 트위터가 언론인들에게 미치는 영향력이 크기 때문에 읽어볼 만하다. 그런 영향력은 트위터 경영진의 리더십과는 전혀 비례하지 않는 결과여서 더욱 흥미롭다.

1990년대 마이크로소프트의 전성기에 쓰여진 책은 많다. 당시 상황을 이해하는 데는 제임스 월리스James Wallace와 짐 에릭슨Jim Erickson의 『하드 드라이브: 빌 게이츠와 마이크로소프트 제국의 탄생Hard Drive: Bill Gates and the Making of the Microsoft Empire』(HarperBusiness, 1993)와 스티븐 메인스Stephen Manes와 폴 앤드루스Paul Andrews의 『게이츠: 마이크로소프트의 설립자는 어떻게 컴퓨터 산업을 재발명했는가Gates: How Microsoft's Mogul Reinvented an Industry.and Made Himself the Richest Man in America』(Simon and Schuster, 1994)를 추천한다. 근래 마이크로소프트의 최고 경영진이 회사

---

24 『In the Plex: 0과 1로 세상을 바꾸는 구글 그 모든 이야기(In the Plex: How Google Thinks, Works, and Shapes Our Lives)』, 위민복 옮김, 에이콘출판사, 2012년

의 비상한 중흥과 성장을 축하하는 책을 썼다. CEO인 사티아 나델라는 『히트 리프레시[25]』를 썼다. 마이크로소프트의 회장인 브래드 스미스[Brad Smith]와 캐럴 앤 브라운[Carol Ann Browne]은 『도구와 무기: 디지털 시대의 약속과 위험[Tools and Weapons: The Promise and The Peril of the Digital Age]』(Penguin Press, 2019)를 출간했다. 이들 책을 읽을 때 마이크로소프트가 감시 자본주의에 점점 더 깊이 발을 들여놓고 있다는 사실을 명심하기 바란다.

실리콘밸리에 대한 연구는 스티브 잡스를 빼고는 완성되지 않는다. 월터 아이작슨의 전기 『스티브 잡스[26]』는 베스트셀러였다. 나는 스티브 잡스를 개인적으로 아는 행운을 누렸다. 우리는 가깝지는 않았지만 나는 스티브 잡스를 오랫동안 알고 있었고, 그와 함께 일할 기회가 몇 번 있었다. 나는 최선과 최악 모두를 경험했다. 다른 무엇보다도 나는 잡스의 감독 아래 탄생한 모든 경이로운 제품에 무한한 존경을 보낸다.

이 참고 문헌은 내가 이 책을 쓰는 데 도움받은 책만을 담았다. 이런 주제를 다룬 좋은 책은 그 밖에도 많다.

---

25 『히트 리프레시: 마이크로소프트의 영혼을 되찾은 사티아 나델라의 위대한 도전(Hit Refresh: The Quest to Rediscover Microsoft's Soul and Imagine a Better Future for Everyone)』, 최윤희 옮김, 흐름출판, 2018년

26 『스티브 잡스(Steve Jobs)』, 안진환 옮김, 민음사, 2015년

찾아보기

마크 저커버그의 배신

민주주의의 최대 위협, 페이스북의 멘토가 적이 된 사연

발 행 | 2020년 8월 31일

지은이 | 로저 맥나미
옮긴이 | 김 상 현

펴낸이 | 권 성 준
편집장 | 황 영 주
편 집 | 조 유 나
디자인 | 박 주 란

에이콘출판주식회사
서울특별시 양천구 국회대로 287 (목동)
전화 02-2653-7600, 팩스 02-2653-0433
www.acornpub.co.kr / editor@acornpub.co.kr

한국어판 ⓒ 에이콘출판주식회사, 2020, Printed in Korea.
ISBN 979-11-6175-444-4
http://www.acornpub.co.kr/book/zucked

이 도서의 국립중앙도서관 출판시도서목록(CIP)은 서지정보유통지원시스템 홈페이지(http://seoji.nl.go.kr)와
국가자료공동목록시스템(http://www.nl.go.kr/kolisnet)에서 이용하실 수 있습니다.(CIP제어번호: CIP2020033431)

책값은 뒤표지에 있습니다.